Arquitetura e Psique

Coleção Estudos
Dirigida por J. Guinsburg
(*in memoriam*)

Coordenação de texto Luiz Henrique Soares e Elen Durando
Preparação Margarida Goldsztajn
Revisão Marcio Honorio de Godoy
Capa Sergio Kon
Produção Ricardo W. Neves e Sergio Kon.

Lucy Huskinson

ARQUITETURA E PSIQUE
UM ESTUDO PSICANALÍTICO DE COMO OS EDIFÍCIOS IMPACTAM NOSSAS VIDAS

Tradução
MARGARIDA GOLDSZTAJN

Título do original em inglês
Architecture and Mimetic Self: A Psychoanalytic Study of How Buildings Make and Break our Lives

© All rights reserved
Authorised translation from the English language edition published by Routledge, a member of the Taylor & Francis Group"

CIP-Brasil. Catalogação-na-Fonte
Sindicato Nacional dos Editores de Livros, RJ

H954a
　　Huskinson, Lucy, 1976-
　　Arquitetura e psique : um estudo psicanalítico de como os edifícios impactam nossas vidas / Lucy Huskinson ; tradução Margarida Goldsztajn. - 1. ed. - São Paulo : Perspectiva, 2021.
　　328 p. ; 23 cm. (Estudos ; 378)

　　Tradução de: *Architecture and mimetic self: a psychoanalytic study of how buildings make and break our lives*
　　Inclui bibliografia e índice
　　ISBN 978-65-5505-082-0

1. Arquitetura - Aspectos psicológicos. 2. Planejamento urbano - Aspectos psicológicos. 3. Identidade (Psicologia). 4. Comportamento humano. 5. Comportamento espacial. I. Goldsztajn, Margarida. II. Título. III. Série. 2

21-74365
　　　　　　　　　　　　　CDD: 720.19
　　　　　　　　　　　　　CDU: 72:159.964.

Camila Donis Hartmann - Bibliotecária - CRB-7/6472
09/11/2021　　　11/11/2021

1ª edição – 1ª reimpressão

Direitos reservados em língua portuguesa à
EDITORA PERSPECTIVA LTDA.

Alameda Santos, 1909, cj. 22
01419-100 São Paulo SP Brasil
Tel.: (11) 3885-8388
www.editoraperspectiva.com.br

2023

Sumário

Introdução:
Os Edifícios nos Projetam Tanto Quanto Nós a Eles IX

1. Os Modelos Arquitetônicos da Psique 1
2. O Evento Arquitetônico:
   Edifícios Como Eventos Que Revelam Nosso Ser 47
3. O Papel do Corpo no Evento Arquitetônico:
   Fortalecimento e Continência 79
4. Usando a Arquitetura Para nos Pensarmos Como Seres:
   Edifícios Como Depósitos de Pensamentos
   Inconscientes 125
5. O "Self" Que É Revelado Pela Arquitetura 171

Conclusão:
Arquitetura Que Captura a Imaginação – Projetando
e Respondendo a uma Arquitetura Evocativa 201

Notas 239

Referências 267

Relação de Imagens 283

Índice Remissivo 285

Agradecimentos 291

Introdução:
Os Edifícios nos Projetam Tanto Quanto Nós a Eles

Este livro argumenta que, quanto mais entendermos as motivações ocultas que sustentam o comportamento humano, mais bem equipados estaremos para projetar edifícios que satisfaçam nossas necessidades básicas, existenciais. Os critérios para um projeto arquitetônico eficaz têm sido, por muito tempo, fundamentados em princípios utilitários de função, eficiência, custo e impacto visual. Embora essas sejam considerações importantes, muitas vezes não atendem às necessidades básicas daqueles que habitam e usam os edifícios. Há frequentemente uma incompatibilidade entre os valores endossados pelo arquiteto e pelo urbanista e as necessidades existenciais da pessoa que utiliza seus projetos. Neste livro, pretendo demonstrar como nos envolvemos com a arquitetura no dia a dia de formas que não são tão óbvias para aqueles que projetam nossos ambientes construídos, e nem sempre tão evidentes mesmo para seus habitantes e para os que acreditam terem se tornado especialistas em seus bairros e se familiarizado com tudo o que os edifícios de suas residências e locais de trabalho têm a oferecer. Preocupo-me com a maneira com a qual nos identificamos com a arquitetura e fazemos uso de suas características de forma inconsciente, e como isso tem repercussões fundamentais para o nosso bem-estar. Uma tese central deste livro é que os edifícios nos projetam tanto quanto nós a eles, e nossa avaliação do projeto arquitetônico está enraizada numa necessidade básica de estabelecer uma identidade ou um senso de *self* que seja coerente e duradouro. Em outras palavras, irei explicar como nos sentimos atraídos pelas formas estruturais da arquitetura e buscamos, de algum modo, *imitar* seu caráter, a fim de adquirir delas qualidades e experiências essenciais que desejamos para nós mesmos. Veremos que as características da arquitetura podem, portanto, impactar nosso bem-estar, com resultados positivos ou negativos.

Arquitetos e urbanistas são pressionados pelo fato de terem que equilibrar as demandas cambiantes daqueles que usam e interagem com seus projetos com restrições como orçamentos, códigos e regulamentos construtivos e os ditames da geografia e da engenharia, para citar apenas algumas. Se considerarmos também o fato de que os edifícios sobrevivem aos estilos arquitetônicos e estéticos de tendências passageiras, descobrimos que a arquitetura está em uma posição precária e que inevitavelmente decepciona, pois sua ambição encontra pressões sempre presentes para fazer concessões. É necessário, portanto, que os arquitetos se familiarizem com as necessidades fundamentais dos seres humanos e que compreendam os desejos inatos que informam e moldam nossas relações com o ambiente construído; em outras palavras, que avaliem quais são nossas expectativas e nossos requisitos de edifícios, como eles afetam nosso senso de *self* e nosso bem-estar geral e, mais ainda, como projetos arquitetônicos podem ser modificados de modo a atender a tais necessidades.

Há extensos estudos sobre a relação entre o comportamento humano e a arquitetura e o planejamento urbano, porém a maioria deles se desvia da importante conexão entre o projeto arquitetônico e a construção da identidade pessoal. Uma razão provável para isso é a falta de clareza sobre o que a identidade pessoal de fato envolve. O que exatamente constitui o *self*, o estado de espírito e o bem-estar existencial, está aberto ao debate. Com quase tantas definições e teorias quanto filósofos, psicólogos e cientistas para defendê-las, como o arquiteto deve escolher entre elas? Quais são as características salientes desse fenômeno vital e complexo que ajudará o arquiteto a projetar e construir edifícios que sejam satisfatórios para aqueles que virão a usá-los? Este livro aborda os principais

INTRODUÇÃO: OS EDIFÍCIOS NOS PROJETAM TANTO QUANTO NÓS A ELES

FIG. I.1. *Strata SE1, Southwark, Londres* (BFLS Architects, 2010).

O Strata SE1 ganhou inúmeros prêmios, alguns dos quais reconhecem sua sustentabilidade e eficiência devidas, em parte, aos seus aerogeradores e a seu sistema combinado de calor e energia[1]. O público geral, contudo, é menos elogioso, e expressou seu desprezo pelo edifício ao nomeá-lo para o Carbuncle Cup, prêmio de arquitetura concedido anualmente pelo periódico *Building Design* à "mais horrível edificação do Reino Unido completada nos últimos doze meses" – prêmio esse que ganhou em 2010 por "serviços de *greenwash*[2], impropriedade urbana e feiura total que induz a vomitar o café da manhã". O jornal *The Telegraph* o classifica no sétimo lugar entre os "trinta edifícios mais feios do mundo". O *The Guardian*, jornal rival, o posiciona no terceiro lugar entre os "dez piores arranha-céus de Londres", comparando-o à ficcional Torre Negra de Mordor, de Tolkien (2014)[3]. © Colin, Wikimedia Commons, CC BY-SA 4.0.

aspectos da formação e da construção da identidade pessoal no que diz respeito ao ambiente construído, propiciando uma estrutura para avaliar nossa necessidade de características projetuais arquitetônicas específicas e nossas expectativas em relação a elas.

As divergências também prevalecem sobre o que constitui uma arquitetura de sucesso. Isso é talvez mais visceralmente sentido entre os arquitetos – os supostos especialistas – e a opinião pública. Nas últimas décadas, não é incomum, por exemplo, que projetos ganhem prêmios de prestígio por excelência arquitetônica ao mesmo tempo que figuram em listas populares de "denúncias públicas" dos edifícios "mais feios". Um caso em questão é o Strata SE1, ou "Electric Razor" (Barbeador Elétrico) ou "Knuckleduster" (Soco Inglês), como é comumente conhecido (Fig. I.1): um arranha-céu residencial de 43 andares em Southwark, Londres (construído entre 2007-2010; Arquitetos BFLS).

"Arquitetura de sucesso" é indiscutivelmente um nome inapropriado. A opinião popular sobre a arquitetura de sucesso é muitas vezes distorcida pela ênfase atribuída à estética visual e, para as inúmeras pessoas que não são usuárias regulares de um edifício, com frequência apenas a estética da fachada é levada em consideração. No entanto, como argumentarei, medidas podem ser tomadas para atingir o objetivo idealista de projetos "bem-sucedidos" se arquitetos e urbanistas se afastarem das percepções errôneas comuns sobre o que buscamos na arquitetura e nela esperamos encontrar e, inversamente, o que procuramos evitar e achamos problemático.

Concebidos de maneira ampla, projetos problemáticos podem ser interpretados como falhos em conciliar a utilidade, por um lado, e a visão artística, por outro. A arquitetura que atende à primeira em detrimento da última é projetada e construída de modo a maximizar funcionalidade e eficiência, muitas vezes buscando o máximo de aproveitamento do espaço com custo mínimo e de acordo com um modelo genérico, com embelezamentos e ornamentação também mínimos (ver Fig. 1.2). No entanto, edifícios projetados para tais especificações utilitárias geralmente têm um grande custo existencial para seus usuários. Os princípios utilitários por si só não podem acomodar as complexidades de nossas necessidades instintuais; em vez disso, são gerados edifícios estéreis que tratam as pessoas como se fossem previsíveis e semelhantes a máquinas, redutíveis aos mesmos preceitos racionais que orientam seus projetos. Edifícios dessa natureza tendem a dar a sensação de serem opressores e alienantes porque não conseguem acomodar nossa natureza contrastante e não racional – uma natureza expressa pela visão artística.

FIG. I.2 *Exemplos de arquitetura estéril: Manchester, Reino Unido.*

Exemplos de arquitetura estéril, projetada segundo princípios utilitários que tendem à repetição de características, a fim de promover a eficiência em vez da visão criativa. As tentativas superficiais de erigir edifícios uniformes que pareçam diferentes podem incluir a adição de distintas cores ou texturas. Como Jane Jacobs observa em seu estudo das cidades estadunidenses, é possível que essas tentativas superficiais sejam momentaneamente "atraentes", mas, em última análise, falham em disfarçar sua falta de caráter ou distinção[4]. As ilustrações são de edifícios em Manchester, Inglaterra, mas poderiam se referir a qualquer cidade do Reino Unido. Cidades em outros países possuem seus próprios estilos monótonos. Os dois últimos edifícios retratados aqui têm revestimento colorido. Essas imagens foram reproduzidas em cores na seção de gravuras.

© Lucy Huskinson.

Uma arquitetura que promove a visão artística em detrimento de sua utilidade é igualmente problemática. Isso pode levar a uma arquitetura idiossincrática ou "excêntrica", que visa uma declaração provocativa, contornando nossas expectativas do ambiente construído e subvertendo os princípios utilitários nos quais a arquitetura convencional se baseia. Suas referências distorcidas ao estilo histórico e seus comentários sociais irônicos com frequência falham em estabelecer um relacionamento com os usuários desses edifícios ou com quem com eles se depara. Em vez de cativar nossa imaginação ou nos motivar a novos modos de pensar, suas formas retorcidas e justaposições complicadas muitas vezes parecem uma paródia de si mesmas; mais ridículas, vulgares ou bregas do que genuinamente intrigantes (ver Fig. I.3).

São abundantes as concepções errôneas sobre o que exigimos de nosso ambiente construído, até porque nossas respostas à arquitetura são muitas vezes difíceis de mensurar e, em grande parte, inconscientes. Portanto, é injusto e irreal esperar que arquitetos e urbanistas tenham perícia no que tange ao complexo funcionamento do inconsciente e que incorporem esse

FIG. I.3. *Exemplo de arquitetura "excêntrica"*: M2 Tokyo, Aoyama Technical College (*Makoto Sei Watanabe Architects, 1990*).

Comumente conhecido como "o Robô" (especificamente, o robô Optimus Prime dos *Transformers*, no processo de transformação), esse edifício pretende exemplificar "uma nova ordem" por meio da "tolerância do caos" (www.makoto-architect.com).

© Wiiii, Wikimedia Commons, CC BY-SA 3.0.

conhecimento em seus projetos e construções de modo adequado. Espera-se, por conseguinte, que os capítulos a seguir forneçam um guia teórico útil em sua explicação dos aspectos mais salientes de nosso comportamento inconsciente em nossa resposta à arquitetura, nos ajudem a compreender nossas necessidades e usos de edifícios, e nos auxiliem ainda a entender como e por que somos atraídos por elementos e características específicos em projetos arquitetônicos.

As noções da psicanálise e de suas escolas de pensamento correlatas estão bem posicionadas para conferir sentido ao comportamento inconsciente e seu papel na construção da identidade e do relacionamento[5]. Tradicionalmente, a psicanálise, como um campo de estudo e prática terapêutica, tem se preocupado sobremaneira com as relações interpessoais e intrapessoais, deixando de lado, em relativo silêncio, os relacionamentos vitais que inevitavelmente temos com objetos e ambientes não humanos. É absurdo pressupor que o ambiente construído tenha pouco ou nenhum papel a desempenhar na formação de nossas vidas e equivale a presumir que o comportamento humano pode ser entendido como se estivesse num vácuo. Os problemas levados à psicoterapia são quase sempre atribuídos a conflitos interpessoais e intrapessoais, porém isso é de pouca valia nos casos em que o problema subjacente é, por exemplo, um aspecto do edifício

INTRODUÇÃO: OS EDIFÍCIOS NOS PROJETAM TANTO QUANTO NÓS A ELES XV

em que o cliente ou paciente vive ou trabalha. O psicólogo e crítico cultural James Hillman faz uma breve alusão a esse problema conceitual, observando que "problemas psicológicos" que vivenciamos no trabalho – como o absenteísmo, a necessidade de tomar pílulas, o assédio sexual – são frequentemente "problemas arquitetônicos"[6].

Ao desenvolver noções psicanalíticas para explicar nossa relação íntima com o ambiente construído, procuro não miná-las, porém estender sua aplicação a uma dimensão vital de nossa experiência que tem sido amplamente ignorada. Assim, além de propiciar uma estrutura que enfatiza os comportamentos inconscientes mais relevantes para os arquitetos, explico a importância da arquitetura e do ambiente construído para elaborar e expandir teorias psicanalíticas sobre o relacionamento e a identidade humanos.

Houve poucas tentativas de relacionar as teorias psicanalíticas à arquitetura, e a maioria delas procurou enfatizar as teorias da sexualidade de Freud e dar sentido às nossas identificações com edifícios em termos um tanto redutivos, como questões edipianas não resolvidas. Embora eu não negue a validade de tal pesquisa, suas discussões são frequentemente inúteis para as necessidades e os objetivos práticos do teórico, do profissional e do planejador da arquitetura. Este livro, em contrapartida, considera as noções psicanalíticas do comportamento inconsciente de forma mais ampla e procura adaptá-las, fundamentando-as em ideias correlatas de outros tópicos e práticas disciplinares, incluindo outros campos da psicologia, da estética e, é claro, da arquitetura.

OS MODELOS ARQUITETÔNICOS DO SER

A importância da arquitetura para a identidade e o bem-estar pessoal é abrangente e exige uma resposta interdisciplinar. O amplo interesse nas relações íntimas entre o *self* humano e a forma arquitetônica é talvez mais vividamente demonstrado no hábito secular de caracterizar a natureza humana por meio de metáforas e analogias arquitetônicas. Exemplos desse hábito, ou os vários "modelos arquitetônicos do ser", como irei me referir a

XVI

eles, são discutidos em uma série de textos espalhados ao longo dos tempos, da Antiguidade aos dias atuais, e abarcam campos, discursos e tradições díspares. Coletivamente, eles identificam um extenso catálogo de interpretações sobre a natureza e o comportamento humanos. A fim de apresentar os argumentos deste livro, enfocaremos sucintamente dois dos tipos mais proeminentes de "modelos arquitetônicos do ser": aqueles que enfatizam a forma do corpo humano como um modelo arquitetônico e os que chegam a modelos similares ressaltando o funcionamento da mente humana. O propósito desses modelos não é, como se presume com frequência, um exercício arbitrário de tradução de ideias sobre a natureza humana em um imaginário arquitetônico abstrato. Como demonstrarei ao longo de minha investigação, elas revelam *insights* úteis acerca das várias maneiras pelas quais tentamos, muitas vezes inconscientemente, inscrever-nos na tessitura arquitetônica de nossos ambientes, de modo a experienciar suas características como se estivessem em nós incorporadas como partes animadas de nós mesmos. Nos capítulos que se seguem, explicarei as consequências impressionantes dessa relação com a arquitetura para o cultivo de nosso senso de *self* e a qualidade de nossa relação com os edifícios que encontramos diariamente.

Talvez os "modelos arquitetônicos do ser" mais reconhecíveis, em especial para os arquitetos, sejam aqueles que identificam correspondências entre as características arquitetônicas e o corpo humano. Essa convenção costuma ser atribuída ao engenheiro arquitetônico romano Vitrúvio que, em *De architectura libri decem* (Dez Livros Sobre a Arquitetura), escrito por volta de 13-15 a.C., afirma que toda composição arquitetônica deve ter "um sistema exato de correspondência à semelhança de um ser humano bem formado"[7]. Essa ideia foi elaborada na Renascença italiana por arquitetos como Leon Battista Alberti que, em *De re aedificatoria* (Da Arte Edificatória), obra escrita entre 1443 e 1453 e publicada em 1485, se refere às colunas e às áreas fortificadas das muralhas como os "ossos" de um edifício, as paredes de preenchimento e os painéis como seus "músculos e ligamentos", e o acabamento de um edifício como sua "pele"[8]. Filarete, em *Trattato d'architettura* (Tratado de Arquitetura), escrito entre 1461 e 1464, afirma que os edifícios devem ser projetados de acordo com a parte mais bela da anatomia humana, a cabeça e suas partes

INTRODUÇÃO: OS EDIFÍCIOS NOS PROJETAM TANTO QUANTO NÓS A ELES   XVII

constituintes – com o vão ocupado pela porta formando uma boca, e as janelas acima, os olhos[9]. Francesco di Giorgio Martini, em *Trattati di Architettura, Ingegneria e Arte Militare* (Tratados de Arquitetura, Engenharia e Arte Militar), o primeiro escrito entre 1478 e 1481 e o segundo na década de 1490 (c. 1478-1490), ilustra suas ideias com uma série de desenhos que sobrepõem o rosto ou corpo humano aos planos de construção, elevações, colunas, capitéis e cornijas[10]. Contudo, foi o desenho conhecido simplesmente como *L'Uomo Vitruviano* (O Homem Vitruviano), de Leonardo da Vinci (c. 1490), que se tornou o símbolo icônico dessa tradição.

A convenção de igualar corpo e edifício continua na era moderna com iniciativas como a *Le Modulor* de Le Corbusier (1948), e ela é tão difundida que muitas vezes parece ter vida própria, manifestando-se de forma autônoma, além das intenções e do controle do arquiteto. Muitos de nós reconhecemos, por exemplo, a semelhança da fachada de um edifício com um rosto humano, de uma maneira não muito diferente da descrição de Filarete supracitada, com janelas como olhos e portas como bocas escancaradas (ver Figs. I.4 e I.5). Na verdade, de acordo com a pesquisa neurocientífica, todos nós estamos predispostos a perceber padrões simples, esquemáticos e semelhantes a rostos em nossos ambientes, com dois pontos para os olhos e, abaixo, uma forma diferente – geralmente vertical – para o nariz e uma forma horizontal mais abaixo ainda para a boca (conforme indicado pelo portão de ferro, Fig. I.6)[12].

A tendência erudita tem sido a de investigar as numerosas metáforas e analogias que encontram semelhanças entre a arquitetura e o corpo humano de acordo com seu simbolismo abstrato, com foco nas mensurações matemáticas envolvidas. Desejo, contudo, abordar seu significado e valor mais amplos, investigando-as à luz dos *insights* que elas transmitem sobre como nos identificamos com edifícios e empregamos nosso corpo e experiências de corporificação para fazê-lo. Ademais, quero explorar as implicações dessa interação corporal com o ambiente construído, a fim de entender por que tendemos a ser atraídos por projetos arquitetônicos específicos.

No cerne dessas representações do corpo humano inscritas na arquitetura está, devo argumentar, uma tendência humana inata de construir ou buscar – embora inconscientemente – formas

FIG. I.4. (*à esquerda*) *Face. Detalhe do edifício Whittle, Peterhouse College, Cambridge, Reino Unido (John Simpson Architects, 2014).*

Detalhe da parte de trás do edifício mostrando seu rosto surpreso – surpreso, talvez, ao saber de sua nomeação, em 2015, para a Carbuncle Cup, concedida ao edifício "mais feio" da Grã-Bretanha naquele ano[12].

© Lucy Huskinson.

FIG. I.5. *Face. (à direita) Detalhe do Museu Grosvenor, Chester, Reino Unido (Thomas Meakin Lockwood Architects, 1885-1886).*

© Lucy Huskinson.

arquitetônicas apropriadas com as quais suprir e facilitar experiências corporais significativas. Cada representação é uma versão em termos abstratos de uma experiência vital que colocamos em movimento, muitas vezes sem perceber e diariamente, com os vários edifícios, ruas e outras estruturas arquitetônicas que encontramos[14].

O teórico da arquitetura Neil Leach sugere que o significado amplo dos comentários de Vitrúvio sobre a semelhança proporcional de corpo e edifício ainda precisa ser compreendido, dada a escassa consideração de "como o uso dessas proporções pode ajudar os seres humanos a se relacionar com edifícios em um nível psíquico"[15]. Embora o foco da discussão de Leach seja diferente do meu[16], ele alude a uma ideia central para o meu argumento; o processo de identificação mimética. As representações da figura

INTRODUÇÃO: OS EDIFÍCIOS NOS PROJETAM TANTO QUANTO NÓS A ELES   XIX

FIG. I.6. *Face. Detalhe do portão de ferro, Gaskell Memorial Tower, Knutsford, Reino Unido (Richard Harding Watt, 1907).*
Embora seja muito provável que não fosse essa a intenção do projetista, o portão claramente apresenta em suas grades um rosto simples, com dois pontos para os olhos, uma forma abaixo para o nariz e uma boca horizontal mais abaixo.
© Lucy Huskinson.

humana inscritas em planos e outros desenhos da Renascença, diz ele, podem ser "entendidas como emblemáticas de uma tentativa de se relacionar com um edifício por meio de um processo de identificação mimética"[17]. Explicaremos como esse importante processo de identificação mimética é acionado quando vivenciamos a arquitetura de tal modo que passamos a incorporar suas formas e os vários significados subjetivos que atribuímos a elas como partes de nós mesmos, como se corpo e edifício estivessem fundidos em uma forma compósita. Uma abordagem psicanalítica fornece uma estrutura útil para dar sentido a essa curiosa interação e, nos capítulos seguintes, explicarei como e por que ela ocorre; ademais, apresentarei razões do porquê os projetos arquitetônicos têm um impacto tão vital sobre o modo em que experienciamos a nós mesmos.

O segundo "modelo arquitetônico do ser" proeminente que propicia um contexto útil para nossa investigação é o do tipo que emprega o imaginário arquitetônico a fim de encorajar ideias específicas. "Edifícios de memória" ou "palácios de memória", xx

como passaram a ser conhecidos, são um caso bem documentado. As origens da utilização do imaginário arquitetônico como um expediente mnemônico são frequentemente atribuídas aos antigos tratados retóricos romanos e gregos, como: *Rhetorica ad Herennium* (Retórica a Herênio) (autor anônimo, escrito no final dos anos 80 a.C.); *De Oratore* (Do Orador), de Cícero (55 a.C.); e a *Institutio Oratoria* (Instituição Oratória), de Quintiliano (95 d.C.)[18]. A técnica envolvida é principalmente um ato de composição, que implica a imaginação de um leiaute arquitetônico de uma série de distintos *loci*, como um edifício ou uma sequência de edifícios em uma rua. Alguém se imagina então caminhando ao redor deles e colocando dentro de cada *locus* uma imagem compósita de uma característica particular do *locus* e a ideia que deverá ser relembrada posteriormente. A lembrança de ideias é alcançada quando nos imaginamos novamente caminhando pelos *loci*, após o que as características arquitetônicas ali encontradas ativam as ideias buscadas que estavam a eles associadas.

A convenção de empregar o imaginário arquitetônico para estimular o pensamento vai muito além de sua eficácia como "depósitos" de ideias e mecanismos para estabelecer o arranjo eficaz de pensamentos. De fato, a arquitetura tornou-se sinônimo do ato de teorizar a si mesma, de modo que pensar é construção. O filósofo Martin Heidegger é famoso por ter feito a identificação literal do pensamento com a edificação em seu último ensaio *"Bauen – Wohnen – Denken" (Construir, Habitar, Pensar)*[19], porém suas ideias já faziam parte de uma tradição mais ampla e abrangente de pensar *por meio da* arquitetura. René Descartes, com seu "edifício" filosófico construído por um único arquiteto sobre "fundações seguras"[20], é frequentemente citado como tendo popularizado a convenção na filosofia ocidental, enquanto se considera que Immanuel Kant a tenha institucionalizado, por meio de sua crítica dos métodos construtivos apressados de Descartes e sua própria tentativa de erigir o edifício metafísico definitivo. O edifício supostamente mais duradouro de Kant é construído de acordo com os princípios universais da razão pura – um método, afirma ele, que dá "garantia total para a completude e a certeza de todos os componentes que abrangem esse edifício"[21]. E o imaginário arquitetônico não se limita aos constructos racionais dos filósofos; é prevalente também nos discursos contemplativos da religião. Na tradição cristã, por exemplo, o imaginário arquitetônico é empregado, entre outras coisas, como instrumento de ensino, em questões relacionadas ao corpo e à comunidade da Igreja, ao amor romântico e ao corpo virginal, e inclusive como um meio de meditação para a oração e a contemplação espiritual[22]. No século XVII, o imaginário arquitetônico, em geral com base na rica gama de alusões arquitetônicas presentes na *Bíblia*, atingiu proporções industriais, tendo sido produzido rapidamente para um público ávido[23].

Enquanto aqueles "modelos arquitetônicos do ser", que enfatizam a semelhança[24] da forma arquitetônica com a forma corporal humana, nos permitem um *insight* no que tange ao modo em que usamos nosso corpo para nos identificarmos com o ambiente construído, sugiro que o segundo tipo de modelos – aqueles que enfatizam uma correlação entre a estrutura arquitetônica e a construção do pensamento – fornecem *insights* sobre outro método ou estratégia que tendemos a empregar para nos identificarmos com o ambiente construído. Assim, além das identificações miméticas que estabelecemos por meio de nossas experiências de corporificação, explicarei como, inconscientemente, buscamos imitar ou "nos fundir" com edifícios pelos processos que sustentam a própria construção de nossos pensamentos. Meu argumento é que a analogia da arquitetura como um depósito de ideias é ilustrativa de nossa tendência inconsciente de utilizar as várias impressões do ambiente construído que adquirimos diariamente para que nos auxiliem a processar ideias que, de outra forma, poderíamos não ter se não houvéssemos nos identificado tão intimamente com suas características arquitetônicas. A estudiosa Mary Carruthers afirma, de forma convincente, que o objetivo da "arte da memória" nos tempos antigos não era simplesmente, como alegava Frances Yates, o de auxiliar no recordar de ideias e, desse modo, prover os alunos de uma memória prodigiosa para as informações que eles poderiam ser solicitados a repetir, mas essa "arte da memória" também tinha por finalidade fornecer a eles "os meios e as possibilidades para inventar seu material"[25]. Nesse sentido, o edifício imaginado, com seus vários *loci*, permite tanto o acesso a ideias esquecidas – ou *reprimidas*, como os psicanalistas costumam entendê-las – quanto a descoberta ou a construção de novas linhas de pensamento.

XXII

Argumentarei que somos atraídos a características arquitetônicas específicas para facilitar vários processos de pensamento e formular ideias. Dada a variedade de abordagens disciplinares que se baseiam na analogia entre edifício e ideias, podemos pressupor que fazemos uso da arquitetura para chegar a uma diversidade de tipos de pensamento e experiências de nós mesmos como seres pensantes, reflexivos. Podemos, por exemplo, usar características arquitetônicas para estabelecer um argumento abstrato, composto de ideias organizadas em uma sequência lógica; e, ao fazermos isso, podemos nos perder em pensamentos ou nos sentirmos integrados e no controle. Em contraste, uma estrutura arquitetônica pode encorajar nossos pensamentos a vagar por várias ideias associadas e caminhos imprevisíveis, permitindo-nos cogitar ideias inacessíveis por meio de uma abordagem mais direta e lógica. Tal pensamento pode muito bem trazer à tona *insights* sobre nós mesmos que não havíamos percebido até aquele momento.

Assim como a psicanálise está em boa posição para explicar o processo de identificação mimética em nossas identificações corporais com a arquitetura, ela também nos auxilia a entender por que e como utilizamos o imaginário arquitetônico no pensamento criativo. Em *Die Traumdeutung* (A Interpretação dos Sonhos), de 1900, por exemplo, Freud explica como, ao permitir que nossos pensamentos vaguem, desencadeamos um processo (que ele chama de "o trabalho do sonho") que une várias percepções de nosso ambiente com traços de memória, sentimentos e outras experiências, de acordo com elos associativos que têm significância pessoal para nós. Com base em estudos de caso – inclusive o próprio relato de Freud de sua visita à Acrópole em Atenas –, demonstrarei como características arquitetônicas específicas nos estimulam a acessar ideias que poderiam ter nos escapado e a nos envolver com aspectos de nós mesmos que, até encontrarmos tais características, passaram em grande parte despercebidos. A arquitetura provê alimento material para o pensamento, e a qualidade de seu projeto terá repercussões sobre o valor nutricional desses pensamentos. Nesse contexto, arquitetura de sucesso é aquela que descreverei como arquitetura *evocativa*. Projetos que incorporam extremos de utilidade ou visão artística não constituem uma arquitetura evocativa, porque tendem a nos distrair de maneiras inúteis e inibem os nossos processos de pensamento criativo e a elaboração criativa de nós mesmos.

Descrevi apenas alguns poucos "modelos arquitetônicos do ser" de um crescente repositório de exemplos. Minha decisão de selecionar os dois tipos para essa introdução foi determinada em parte por sua provável familiaridade para o leitor, dada a abundância de seus exemplos, e em parte pelo fato de que, tomados em conjunto, eles representam as duas metades da identidade humana como tradicionalmente concebida no pensamento ocidental – uma composição dualística de corpo e mente. Nenhum desses dois tipos procura, entretanto, eliminar o corpo ou a mente de suas considerações, não obstante seu foco específico. Por exemplo, os arquitetos que projetam edifícios de acordo com as proporções corporais o fazem com frequência tendo como objetivo induzir um estado de espírito harmonioso e encorajar a contemplação de verdades superiores. Do mesmo modo, a eficácia da "arte da memória" é extremamente aumentada se o sujeito evoca em sua imaginação a experiência tangível de seu corpo em movimento enquanto caminha entre os vários *loci* imaginários.

Uma crítica óbvia aos vários modelos do ser como ilustrações de nossa tendência de nos identificarmos com edifícios reais na elaboração de nós mesmos é o privilégio que eles em geral concedem à estética visual da arquitetura e da forma humana, com pouco ou nenhum reconhecimento das impressões que inevitavelmente acumulamos tanto do corpo quanto do edifício por meio de nossos outros sentidos. É difícil argumentar contra a importância atribuída à estética visual do projeto arquitetônico – observamos que a opinião popular provavelmente contestaria tais argumentos –, mas, como este livro procura demonstrar, há também aspectos vitais não visíveis do projeto arquitetônico que têm um papel a ser desempenhado, a fim de causar uma impressão e provocar uma resposta em nós. Os efeitos desses componentes não visíveis da arquitetura podem levar uma pessoa a cultivar uma identificação íntima e pessoalmente significativa com um edifício ou a estabelecer uma distância problemática dele, resultando potencialmente em sentimentos profundos de alienação e desorientação. Os sucessos e os fracassos da arquitetura baseiam-se em grande parte nesses elementos projetuais não visíveis, muitas vezes intangíveis. O fracasso de alguns arquitetos e urbanistas

XXIV

em seu investimento abrangente na estética visual, com pouca consideração ao impacto de seus projetos sobre os demais sentidos, está bem documentado, dando ímpeto para muitos pedidos por uma abordagem mais holística do projeto arquitetônico, que leve em conta uma gama mais ampla de experiências sensoriais. A visão, tradicionalmente considerada como o "mais nobre" dos sentidos devido às informações detalhadas que transmite sem interferência emocional do corpo, estabelece uma distância instintiva entre o sujeito e o objeto. Nesse aspecto, a audição é semelhante, porém considerada inferior devido à relativa falta de informações detalhadas que transmite. O paladar, o olfato e o tato, ao contrário, envolvem a experiência subjetiva do corpo de modo direto e, embora tradicionalmente rejeitados com base nisso, acredita-se que o olfato e o paladar, em especial, despertem a memória de forma mais vívida. Heidegger, por exemplo, afirma que é por meio do odor de um edifício que podemos nos lembrar de suas características projetuais mais distintamente[26]. Contudo, ao contrário da imagem visual, as impressões causadas por odores, sabores e tato são mais difíceis de convocar à imaginação. Eles são, por conseguinte, menos úteis para o praticante da arte da memória. Alego que uma arquitetura evocativa é aquela que induz uma gama completa de experiências sensórias.

Algumas ideias na tradição psicanalítica (notadamente as que atendem pelo nome de "relações de objeto") enfatizam o papel vital da sensação do corpo no desenvolvimento da personalidade, com especial importância atribuída à natureza autorreflexiva do tato como meio principal pelo qual uma pessoa estabelece seu sentido de *self* e seus relacionamentos com outras pessoas e coisas. A pesquisa nessa área é um terreno fértil para a teoria da arquitetura e, ao colocar esses discursos em diálogo uns com os outros, podemos começar a identificar as habilidades evocativas e não visíveis da arquitetura e como elas podem ser aproveitadas.

Dada a minha defesa da abordagem psicanalítica e as minhas reivindicações de sua eficácia em avaliar o impacto dos projetos arquitetônicos em nossa identidade e bem-estar, é apropriado investigar até que ponto os discursos psicanalíticos se apropriaram das imagens arquitetônicas em suas teorias sobre o comportamento humano. Mencionei que a psicanálise está principalmente preocupada com as relações entre as pessoas e simplesmente

INTRODUÇÃO: OS EDIFÍCIOS NOS PROJETAM TANTO QUANTO NÓS A ELES   XXV

não teve tempo, como disse um psicanalista[27], para investigar a natureza de nossas relações com o ambiente não humano. No entanto, como argumentarei, processos similares de identificação escoram ambos, tornando o ambiente construído uma característica não menos afetiva de nossas vidas. Alusões à arquitetura e ao ambiente construído na literatura psicanalítica são escassas e espalhadas por passagens em vários textos, mas quando comparadas e analisadas em conjunto, constituem uma ilustração valiosa acerca da nossa necessidade instintual da arquitetura e seu papel integral na construção do *self*.

Especialmente relevantes para a nossa investigação são as várias descrições dos "edifícios da psique", como irei me referir a eles, que podem ser identificados e, juntos, compreendem um grupo pouco conhecido de analogias arquitetônicas que procura explicar a composição e a dinâmica da psique ou da mente como se fosse um edifício de vários andares ou partes. Encontramos as descrições mais detalhadas nos escritos de Karl Albert Scherner (1825-1889), Josef Breuer (1842-1925), Sigmund Freud (1856-1939) e Édouard Claparède (1873-1940), e nos escritos e projetos arquitetônicos de Carl Gustav Jung (1875-1961). Se bem que raramente escrutinizados, esses edifícios da psique influenciaram as ideias de outras figuras conhecidas cujo trabalho é amplamente discutido no discurso arquitetônico. Entretanto, como as ideias que tais analogias influenciam são mais reconhecíveis do que os edifícios que as inspiraram, quaisquer inconsistências entre ambos muitas vezes não são reconhecidas e passam despercebidas. Gaston Bachelard, por exemplo, em sua célebre obra *La Poétique de l'espace* (A Poética do Espaço, 1957), discute o valor da casa onírica ("casa do sonho") para a integração do *self*, e reconhece C.G. Jung como fonte de seu pensamento. Desconhecido pela maioria de seus leitores, no entanto, Bachelard chega a conclusões errôneas acerca do leiaute espacial de uma metáfora arquitetônica que atribui a Jung, com consequências cômicas para a arquitetura e a psique. Ao colocar inadvertidamente cômodos destinados ao porão no topo do edifício e aqueles destinados ao sótão em seu porão, Bachelard chega a algo mais parecido a uma casa da psique desorientada e de pernas para o ar[28]. Le Corbusier é outro caso em questão. Considerada por alguns como tendo sido diretamente influenciada pelas noções junguianas[29], a arquitetura de

XXVI

Le Corbusier passou a representar para aqueles que estão familiarizados com as ideias de Jung o que só pode ser descrito como um mal-entendido perverso delas. De fato, como James Donald observa com propriedade, o suposto "modernismo terapêutico" de Le Corbusier foi provavelmente impulsionado por uma "reação fóbica" à dinâmica desordenada das cidades e à natureza imprevisível do comportamento humano[30]. Como resultado, a arquitetura de Le Corbusier não está muito alinhada com o esforço terapêutico que Jung subscreveu, mas é, em total contraste, paranoica e opressiva, expurgada de toda perturbação e desejo.

É lamentável que os vários edifícios da psique tenham recebido tão pouca atenção e sejam em grande parte rejeitados nos círculos psicanalíticos como metáforas arbitrárias[31]. Tal ignorância é lamentável, visto que, como este livro procura demonstrar, sua consideração cuidadosa nos leva a uma apreciação mais fundamentada do papel integral da arquitetura em nossa vida. Reunidos e analisados aqui em detalhes pela primeira vez, esses edifícios metafóricos nos revelam uma estrutura para dar sentido a várias estratégias comportamentais que empregamos em nossa negociação dos nossos ambientes construídos e aos impulsos ativados em nossa resposta a características e projetos arquitetônicos específicos – sejam eles os edifícios em que vivemos e trabalhamos ou os edifícios que imaginamos, como aqueles que informam os multifacetados "modelos arquitetônicos do ser".

OS CAPÍTULOS

Seguindo este capítulo introdutório, começamos o capítulo 1 com um levantamento geral dos edifícios da psique empregados no discurso psicanalítico como modelos arquitetônicos do ser. As principais características de seu projeto serão elaboradas ao longo de nossa investigação. O levantamento nos introduz à noção psicanalítica do *self* e aos aspectos da mente ou da psique que norteiam nossas relações com a arquitetura. Concebido de maneira ampla, o *self* psicanalítico é governado por instintos enraizados na mente inconsciente. Frequentemente em desacordo com as intenções racionais de nossa mente consciente, o inconsciente dá origem a tensões instintuais que podem levar

INTRODUÇÃO: OS EDIFÍCIOS NOS PROJETAM TANTO QUANTO NÓS A ELES   XXVII

tanto a comportamentos problemáticos quanto a realizações criativas. Os leiautes arquitetônicos dos edifícios da psique revelam a interação dinâmica de suas partes em resposta às impressões que o sujeito recebe de estímulos "externos". Como veremos, a maior ênfase é dada ao contraste entre os aspectos conscientes e inconscientes da mente como diferentes *loci* e suas interações.

Examinaremos uma série de edifícios e construções arquitetônicos que são empregados em trabalhos pioneiros da psicanálise, a fim de elaborar suas ideias centrais sobre as motivações instintuais do comportamento humano e o funcionamento da mente saudável e da doentia. Eles incluem a "casa da histeria" delineada por Josef Breuer[32] para abrigar as memórias problemáticas dos histéricos e sua renovação arquitetônica por Freud em uma fortaleza semelhante a um castelo[33], cujo esboço desenhado à mão para acompanhar sua discussão é pensado com a finalidade de replicar as fortificações torreadas em Nurembergue, na Baviera. Examinamos as analogias de Freud com relação a edifícios em ruínas e suas escavações arqueológicas[34], e sua apresentação da "cidade eterna" de Roma como uma cidade da memória[35]. O equipamento arquitetônico do corpo proposto por Karl Albert Scherner em *Das Leben des Traumes* e por Freud[36] é considerado antes de investigarmos os sonhos arquitetônicos de Jung ao lado de seus equivalentes da vida real. As semelhanças entre as propostas de Jung para uma casa da psique e as duas casas que ele projetou e construiu às margens do lago de Zurique são curiosas e propiciam *insights* inestimáveis sobre a maneira em que suas construções arquitetônicas e ideias psicológicas informam diretamente umas às outras.

Em cada exemplo, encontramos o aspecto inconsciente da mente colocado abaixo do nível do solo, seja como uma série de cômodos escuros que requerem permissão especial para entrar, ou como uma variedade de fragmentos que mal são discerníveis como partes de um edifício arquitetônico maior e mais coerente. A mente consciente, ao contrário, é um cômodo acima do solo, bem iluminado e totalmente acessível, onde nada está oculto e tudo é revelado. O corpo humano sustenta o edifício em suas fundações e, ocasionalmente, vários de seus órgãos figuram como cômodos específicos dentro do edifício ou como escadas, sacadas e janelas.

No capítulo 2, desenvolvo a ideia de um edifício como uma configuração dinâmica de partes que negociam as tensões instintuais e as divisões do *self*, considerando a natureza dos edifícios arquitetônicos como "eventos". Essa ideia pode parecer estranha de início, porém a noção de arquitetura como um evento dinâmico em vez de um objeto passivo em nosso campo de percepção é prevalente e parece estar ganhando popularidade nos estudos filosóficos sobre a arquitetura, em especial aqueles dentro da tradição fenomenológica. Recorro a alguns deles e relaciono sua discussão a ideias dentro da psicanálise e da teoria da arquitetura, para explicar como a arquitetura é definida pelo modo em que nos convida a participar de suas características materiais e em que chama a atenção para aspectos de nós mesmos dos quais, de outra forma, poderíamos não ter consciência. Refiro-me a essa característica da arquitetura como o "evento arquitetônico". Para nos ajudar a dar sentido ao "evento" e suas implicações tanto para o projeto arquitetônico quanto para a experiência do *self*, elucidamos os processos de identificação que ocorrem entre o sujeito e o edifício à medida que o evento se desenvolve. Os modelos da psique, com suas representações da mente inconsciente e da mente consciente, nos dão pistas sobre isso, especificamente, como cada capacidade da mente molda e organiza nossas percepções do projeto arquitetônico para estabelecer o "evento".

No capítulo 2, analiso uma ideia que é essencial para nossa investigação, ou seja, o modo pelo qual a identidade é configurada por um intercâmbio dinâmico entre duas tendências contrastantes ou comportamentos inatos, acionadas em nossa resposta ao ambiente. Elas se manifestam, por um lado, como um desejo de nos encontrarmos seguramente mantidos e contidos pelo lugar e, por outro, como um desejo de nos encontrarmos separados e livres do lugar. Um ambiente conducente a ambos facilita uma experiência do *self* coerente e confiante. Em contraste, se inibe um ou outro, o *self* fica suscetível à ansiedade e a crises potenciais de identidade. Essas ansiedades são mais apropriadamente entendidas como ansiedades espaciais e podem ser categorizadas nos termos mais amplos como uma resposta claustrofóbica ou agorafóbica ao ambiente. A primeira se refere a um ambiente que restringe e limita e, por meio de seu forte controle sobre o sujeito, ameaça se fundir com ele, induzindo sentimentos sufocantes, enquanto a última descreve um ambiente mal definido,

INTRODUÇÃO: OS EDIFÍCIOS NOS PROJETAM TANTO QUANTO NÓS A ELES   XXIX

que carece de estrutura e espaço e continência necessários ao sujeito para que se sinta seguro no lugar, induzindo, ao invés, sentimentos de isolamento e alienação[37].

Os capítulos restantes examinam o evento arquitetônico a fim de averiguar por que e como ele acontece (capítulos 3 e 4) e o que exatamente é exposto a uma pessoa no evento, em termos dos *insights* que revela sobre sua personalidade e o valor de determinados projetos e características arquitetônicos (capítulo 5). Na Conclusão, explico como podemos aprimorar e aproveitar o evento arquitetônico e fazer uso de nossas experiências de arquitetura para construir de forma mais eficaz ou evocativa. Examinamos algumas suposições comuns que arquitetos e *designers* (e críticos da arquitetura) adotam em sua abordagem equivocada da arquitetura evocativa e em seus julgamentos errôneos sobre o que a arquitetura evocativa envolve. Nesses casos, o evento arquitetônico, por um motivo ou outro, na maioria das vezes malogra.

No capítulo 3, investigo o papel do corpo no evento arquitetônico, para explicar como a identidade é construída por meio de um processo de identificação mimética com as características materiais do ambiente construído. Mencionei antes que existem escolas de pensamento dentro da tradição psicanalítica que enfatizam o corpo como um fator decisivo no desenvolvimento da personalidade. Aqui, desenvolvo e amplio essas ideias para explicar quão vitais são nossas identificações com a arquitetura para o estabelecimento de um senso de *self* coerente e duradouro. Afirmo que a arquitetura aumenta nossas experiências de corporificação e pode satisfazer nossa necessidade de nos sentirmos contidos, integrados e seguros no lugar. A qualidade dessas experiências, no entanto, é determinada em grande parte pelas características e projetos particulares da arquitetura percebida. Ou seja, enquanto um cômodo, um edifício ou uma rua podem facilitar uma sensação reconfortante de continência, outro pode desencadear ansiedades relacionadas a um espaço restritivo ou amplo demais. Só quando o sujeito se sente suficientemente contido por seu ambiente é que pode começar a fazer uso dele para fins criativos.

O capítulo 4 examina um segundo processo que sustenta o evento arquitetônico. Aqui, investigamos o papel da memória no evento e como é possível dizer que os edifícios evocam traços de memórias e inspiram pensamentos criativos. Baseamo-nos xxx

nas teorias da psicologia cognitiva sobre a formulação de nossos pensamentos criativos e o método estabelecido de Freud para o "trabalho do sonho", a fim de explicar como a arquitetura facilita pensamentos, ideias e experiências que, de outra forma, seriam inacessíveis para nós, tornados inconscientes e reprimidos. Por meio de ilustração e estudo de caso, analisamos um relato pessoal de Freud que descreve uma viagem feita por ele à Acrópole em Atenas, para demonstrar como as suas percepções acerca dos aspectos arquitetônicos o levaram a ter *insights* sobre si mesmo que não poderiam ter sido pensados por meios mais lógicos ou diretos.

Seguindo nosso pensamento acerca da identificação mimética e do trabalho do sonho como dois processos interligados que sustentam o evento arquitetônico, o capítulo 5 aborda a natureza dos *insights* que são revelados no evento, tanto em termos do tipo de informação que ele traz à luz quanto dos sentimentos que desperta. Aqui nos preocupamos com a experiência estética da arquitetura. Esse é um tópico vasto e complexo por si só, do qual estudiosos têm se ocupado há séculos. Estamos interessados, contudo, em duas categorias estéticas de experiência específicas, tradicionalmente atribuídas à arquitetura e que, como demonstrarei, transmitem com clareza impressionante o evento arquitetônico à medida que ele se desenvolve. Elas são o "estranho" e o "sublime".

Continua a haver, na exposição psicanalítica freudiana em especial, um desejo de manter uma distância conceitual entre as preocupações da psicanálise e as da estética, com tentativas de minimizar o valor da última. Desejo solapar tais afirmações demonstrando como as teorias do inconsciente e seu impacto na mente consciente, conforme postuladas por Freud e Jung, estão enraizadas em questões estéticas. Descobriremos que os modelos da psique concebidos por Freud e Jung revelam diferenças significativas em seu plano básico, com Jung desejando estender os cômodos do porão do inconsciente para além da alçada, ou "permissão de planejamento" concedida por Freud. Esse ponto de divergência tem implicações para os tipos de *insight* revelados no evento arquitetônico e conduz a diferentes tipos de experiência. Eu alego que a arquitetura, quando percebida e interpretada através de lentes freudianas, evoca experiências decididamente estranhas antes da revelação de *insights*, que são por natureza sublimes. Uma lente junguiana, ao contrário, percebe a arquitetura como estranha

INTRODUÇÃO: OS EDIFÍCIOS NOS PROJETAM TANTO QUANTO NÓS A ELES XXXI

antes de chegar a *insights* que, embora muitas vezes confundidos com o sublime, são na verdade distintamente numinosos. Ou seja, a extensão arquitetônica de Jung para o inconsciente aponta para o seu interesse pela capacidade ampliada de nossos pensamentos criativos, capacidade essa que ele caracteriza com um termo dotado de conotações religiosas e que tem sido tradicionalmente usado para descrever a arquitetura sagrada.

Os muitos exemplos de arquitetura que foram e continuam a ser citados como distintamente estranhos, sublimes ou numinosos denotam, portanto, em suas características, os componentes dinâmicos do evento arquitetônico à medida que ele se desenrola. Dado que os processos inconscientes de identificação que sustentam o evento envolvem toda a gama de experiências sensoriais, as investigações que procuram expor as características "estranhas", "sublimes" ou "numinosas" dos edifícios considerando apenas sua aparência visual chegarão inevitavelmente a conclusões insuficientes. É indiscutível que, em parte devido à ênfase atribuída à estética visual, muitas investigações traduzem os sentimentos de euforia e profundidade que sustentam o sublime e o numinoso em imagens de vasta mensuração geométrica ou de intensos detalhes ornamentados e, assim, identificam seus efeitos com uma arquitetura que impressiona pelo mero tamanho ou pela ornamentação intrincada, com catedrais góticas, edifícios elevados e enormes palácios abobadados citados como exemplos favoritos.

A redução do sublime e do numinoso a uma questão de mera dimensão é problemática e indicativa dos problemas e das falhas da arquitetura e do planejamento urbano atualmente. A Conclusão propõe uma solução para isso. Ali destaco princípios para projetos arquitetônicos evocativos que não são a preservação dos poucos edifícios grandiosos e icônicos que preocuparam muitos discursos sobre o sublime e o numinoso, mas estão presentes e predominantes nos edifícios comuns e mundanos que se alinham em nossas ruas e são encontrados diariamente. Em outras palavras, sugiro que todos os edifícios têm a capacidade de provocar o evento arquitetônico, mas, como veremos, apenas alguns o fazem.

Na Conclusão também refletimos por que alguns edifícios parecem mais evocativos do que outros, e como o evento arquitetônico pode ser aproveitado e encorajado até mesmo nos edifícios mais estéreis e pouco inspiradores. O impacto da arquitetura é

XXXII

uma via de mão dupla entre o edifício e o sujeito que o percebe. Assim, por um lado, explico como podemos aumentar nossa capacidade de *notar* as características únicas de nosso ambiente construído, a fim de nos tornarmos mais receptivos ao seu poder evocativo e permitirmos que edifícios aparentemente mais banais e sem vida capturem nossa atenção imaginativa. Por outro lado, exploramos princípios básicos que podem ser adotados para ampliar os projetos e as estratégias de arquitetos e urbanistas, ajudando-os a construir de forma mais eficaz para nossas necessidades existenciais. Também refletimos sobre alguns problemas comuns que ocorrem quando os *designers* desconsideram esses princípios.

Veremos que as respostas para projetar uma arquitetura evocativa não residem, como se pensa tradicionalmente, em projetar de maneira mais "bela" ou "harmoniosa"; tampouco são encontradas no desejo de chocar e sobressaltar por meio de projetos radicais que tentam subverter pressuposições comumente aceitas sobre como um edifício deve ser ou como deve funcionar. Ao contrário, a arquitetura evocativa é cultivada nas tensões criativas geradas quando ambos os pontos de vista são levados em conta ao mesmo tempo: quando o radical e a convenção colidem. A arquitetura é mais evocativa quando responde a ambos os aspectos de nossa mente, sem favorecer um em relação ao outro, quando atende às nossas necessidades concorrentes de regularidade *e* inconsistência, de certeza *e* obscuridade, de expectativa *e* surpresa, de beleza *e* feiura. O resultado é um projeto ambíguo que nos apanha de surpresa e nos cativa.

1. Os Modelos Arquitetônicos da Psique

As analogias arquitetônicas da mente ou da psique são tão prevalentes que se infiltraram na linguagem comum. Costumamos falar de "recessos da mente", "corredores da mente", olhos como "janelas para a alma", sentir-se "em casa consigo mesmo" ou estar "fora do lugar" ou "sentado em cima do muro", e assim por diante. C.G. Jung observa: "Quando alguém não está bem da cabeça, dizemos em alemão que ele [...] 'tem teias de aranha no sótão.'"[1]

É fácil ver de que maneira a concepção psicanalítica da psique como um todo divisível e dividido convida à comparação análoga com a arquitetura. Os modelos teóricos da psique traçados por Freud e seus contemporâneos muitas vezes contam com arranjos espaciais para delinear a estrutura da mente e seus vários processos e afetos, e às vezes são chamados de seus modelos "topográficos" da mente.

Os exemplos que consideramos aqui podem ser interpretados como dando continuidade à veia das tradições que empregam o imaginário arquitetônico como um recurso mnemônico para a coleta e a recordação de ideias, e daquelas que incorporam impressões do corpo humano no projeto arquitetônico. Pois os modelos arquitetônicos da psique incluem aspectos de ambas as tradições e os combinam em uma única imagem. Assim, a mente é apresentada em conexão com o corpo e nele incluída como uma psique corporificada e descrita como um contentor para o armazenamento e a descarga de memórias esquecidas e outros impulsos.

Embora os vários termos empregados por Freud para caracterizar a mente mudem de acordo com a evolução de suas ideias, a estrutura espacial que ele atribui a ela permanece constante. Freud e seus contemporâneos se esforçaram para apontar as limitações das analogias espaciais da mente, pois a mente não tem localidade anatômica e, ao contrário do cérebro ou de outro órgão material, não pode ser mapeada[2]. De acordo com Josef Breuer, colega de Freud, nos acostumamos a pensar em relações espaciais, de modo que qualquer tentativa de compreender a mente provavelmente recorrerá a metáforas espaciais, sendo a arquitetura uma escolha popular. Breuer escreve: "Assim, quando falamos de ideias que se encontram na região da consciência clara e de ideias inconscientes que nunca penetram na plena luz da autoconsciência, quase inevitavelmente formamos imagens de uma árvore com o tronco à luz do dia e as raízes na escuridão, *ou de um edifício com seus escuros porões subterrâneos*."[3]

Enquanto Breuer define a mente consciente simplesmente como ideias das quais temos conhecimento, as ideias da mente inconsciente são por ele caracterizadas em termos de sua relação espacial com o conhecimento consciente: como aquelas que "existem e atuam *abaixo do limiar* da consciência"[4]. O limiar que separa os dois aspectos da mente pode ser penetrado do lado inconsciente se as ideias inconscientes gerarem energia suficiente. Essas ideias "altamente carregadas" se tornarão conscientes, a menos que a mente consciente as considere muito problemáticas ou irrelevantes para suas necessidades, caso em que são dominadas pelo ego e depois reprimidas e mantidas abaixo do limiar, onde habitam o "porão subterrâneo" da mente.

A analogia de Breuer sugere uma simples casa da psique de dois pavimentos: a consciência apresentada como o pavimento superior bem iluminado, presumivelmente incluindo uma série de cômodos para hospedar suas várias ideias; e o inconsciente, em contraste, como cômodos escuros, situados no porão. Embora ele não mencione de modo explícito qual parte do edifício representa ideias conscientes (referindo-se apenas às ideias inconscientes

OS MODELOS ARQUITETÔNICOS DA PSIQUE 3

como os cômodos escuros abaixo do nível do solo), podemos deduzir de sua imagem correspondente da árvore que a consciência reside na parte do edifício situada acima do piso térreo que, à semelhança do tronco da árvore, é exposto à luz natural[5].

A analogia arquitetônica simples de Breuer suscita questões sobre os valores que ele atribui aos arranjos espaciais e as suposições que ele e nós fazemos sobre as relações espaciais em geral. Ao colocar o inconsciente *abaixo* da consciência, podemos presumir que uma estrutura hierárquica esteja implícita, com o inconsciente apresentado como de alguma forma inferior à consciência (conforme denotado no discurso psicanalítico com seu termo intercambiável "*sub*-consciência"). Por outro lado, podemos assumir que a localização do inconsciente denota uma função mais importante, como a base da qual depende a consciência e todo o edifício da psique, sem a qual ele desabaria. Podemos especular também sobre os valores atribuídos às características estéticas dos espaços divididos, deliberando sobre se a escuridão dos cômodos subterrâneos sugere uma qualidade sinistra ou misteriosa do inconsciente, ou se é simplesmente o caso de que cômodos desabitados raramente requerem instalações de luz.

Embora esse simples leiaute espacial convide a diferentes interpretações, os arquitetos dos vários edifícios da psique que examinaremos insistem com frequência em especificações exatas para seus projetos e, por meio delas, pretendem transmitir significados explícitos e inabaláveis. Freud, por exemplo, afirma um tanto comicamente que as escadas são representações da vagina, e subi-las ou descê-las é indicativo de relação sexual, enquanto James Hillman, como veremos mais tarde, identifica as torres como expressões do ego neurótico e do *self* descorporificado. Conquanto seja importante considerar as advertências enfáticas de Freud e Breuer sobre os perigos de interpretar ao pé da letra as analogias da mente – ou, como Freud coloca, de tomarmos "o andaime pelo edifício"[6] – isso não faz com que seja mais fácil dar ouvidos a seus conselhos. Isto é, eles não nos concedem a liberdade imaginativa para renovar ou mobiliar seus edifícios da psique como gostaríamos (e como a arte da memória desejaria que fizéssemos). Pelo contrário, seus edifícios são frequentemente rígidos e estilizados, em especial aqueles que ilustram a relação entre a mente e os arranjos anatômicos do corpo, pois em tais casos a arquitetura é guiada pelos arranjos estruturais pré-designados de distintas partes do corpo.

Nas ocasiões em que nossos pensadores psicanalíticos estabelecem uma correlação definitiva entre uma característica arquitetônica e sua contraparte psicológica, podemos presumir que, pelo menos para eles, existe algo na qualidade fenomenológica da característica arquitetônica em questão que reverbera fortemente uma certa função ou componente de nossa constituição psicológica. Interpretado sob essa óptica, podemos deduzir que a estrutura vertical do edifício de Breuer está em sintonia com a postura ereta do corpo e nossa experiência de nossa densidade muscular e seus movimentos necessários para sustentar a estrutura esquelética, enquanto a escada pode evocar a vagina sexualmente ativa para Freud devido às suas formas comparáveis (como passagens), funções (para conectar) e apresentação experiencial (como um órgão ou componente rítmico)[7]. A última analogia, em particular, pode parecer um tanto grosseira, porém ambas demonstram como essas analogias arquitetônicas revelam mais sobre nossas relações com a arquitetura do que se supõe que transmitam. Elas não são meros expedientes abstratos usados para ilustrar e esclarecer ideias complexas; fornecem *insights* sobre o potencial evocativo da arquitetura e a capacidade de certas características arquitetônicas de encorajar nosso relacionamento íntimo com elas e delas participar.

Com isso, certamente não desejo alegar (e nem Freud o faria) que nossos encontros com escadas são inevitavelmente sexuais, ou que provavelmente atingiremos um orgasmo cada vez que chegarmos ao degrau mais alto! Argumento que nossos teóricos psicanalíticos têm coisas importantes a dizer sobre a maneira em que nos identificamos com a arquitetura e nossas experiências do ambiente construído – ainda mais importantes, ao que parece, do que eles próprios perceberam, ou pelo menos do que é explicitado em seus escritos. Nos capítulos que se seguem, exploraremos como cada um de nós experiencia a arquitetura como se suas características fossem extensões de nosso próprio corpo e mente e, depois, como usamos as características arquitetônicas de nossos ambientes construídos para negociar as várias experiências que inconscientemente atribuímos a esses aspectos de nós mesmos. Explico, fazendo uso da teoria psicanalítica, como

OS MODELOS ARQUITETÔNICOS DA PSIQUE

chegamos a nos encontrar psicologicamente inseridos na arquitetura, de modo comparável às tentativas de nossos teóricos neste capítulo de transformar interpretações abstratas do corpo e da mente em modelos imaginados de edifícios.

Examinaremos agora alguns modelos e edifícios arquitetônicos mais proeminentes da psique. Começamos com outra casa de Breuer, projetada para alojar as memórias conturbadas da histeria, antes de visitar vários edifícios de Freud, incluindo uma estrutura semelhante a um castelo e toda a tessitura arquitetônica de Roma como a cidade da memória "eterna" de Freud. Nesses edifícios, descobrimos o inconsciente retratado de várias maneiras, como um domínio reservado de cômodos escuros e silenciosos abaixo do nível do solo, um cômodo que requer permissão especial para se entrar e por ele passar, e uma variedade de fragmentos arquitetônicos. A mente consciente, ao contrário, é o andar bem iluminado ou o conjunto de cômodos acima do solo, totalmente acessível, onde nada está oculto e tudo é revelado. Em seguida, examinamos o equipamento arquitetônico do corpo conforme ele se grava nos edifícios da psique, segundo descrição de Freud e Karl Albert Scherner (que influenciou os projetos de Freud), antes de prosseguirmos para analisar a tentativa de Jung de renovar radicalmente a convencional casa da psique conforme ele a concebia. Veremos que as diferenças entre os edifícios originais da psique projetados por Freud e Breuer e a renovação sustentada por Jung têm implicações importantes para as nossas relações com o ambiente construído, incluindo a forma com que nos identificamos com a arquitetura e seu impacto estético sobre nós. Abordamos essas implicações no capítulos 5 e na Conclusão, onde também contemplamos sua importância para o projeto da arquitetura evocativa.

A CASA DA HISTERIA DE BREUER (1893-1895)

Breuer desenvolve o modelo simples que consideramos anteriormente em um projeto mais complexo, que lhe permite descrever em mais pormenores a natureza e a dinâmica das ideias inconscientes no contexto de distúrbios emocionais e doenças físicas, ou sintomas "histéricos", como eram conhecidos anteriormente.

A obra *Studien zur Hysterie* (Estudos Sobre a Histeria, 1893-1895), trabalho colaborativo de Breuer e Freud, é mais comumente conhecido por incluir o famoso estudo de caso de Freud de sua paciente histérica Anna O. e a introdução de sua técnica de psicanálise como uma cura para as suas doenças. Contudo, é o capítulo "Teórico" de Breuer que nos diz respeito, pois é lá que encontramos tanto sua casa simples da psique de dois pavimentos e suas renovações em um edifício de "*vários andares*"[8]. Esse projeto mais complexo enfatiza a verticalidade de sua estrutura e continua a posicionar o inconsciente abaixo da consciência. Pode-se pensar que seria razoável postular um arranjo arquitetônico diferente para ilustrar a teoria da histeria de Breuer, com uma trajetória horizontal, como uma casa de um único pavimento que consiste em uma série de cômodos interligados, um ao lado do outro. No entanto, isso simplesmente não vai servir para Breuer[9]. Ele afirma:

Assim como só é possível entender a estrutura de tal edifício se distinguirmos os planos dos diferentes pavimentos, é necessário, penso eu, para compreendermos a histeria, prestar atenção às várias espécies de complicação na causação dos sintomas. Se as ignorarmos e tentarmos levar adiante uma explicação da histeria empregando um nexo causal único, sempre encontraremos um resíduo bastante grande de fenômenos inexplicados. É como se tentássemos inserir os diferentes cômodos de uma casa de vários andares na planta de um único pavimento.[10]

A descrição de Breuer da histeria é complexa e abrange várias páginas, mas dela podemos extrair seus planos para uma construção de aproximadamente três pavimentos, dois localizados no "subterrâneo" (pertencentes a duas atividades inconscientes que sustentam a formação de sintomas histéricos), e um posicionado acima do solo (consciência). Voltemos agora a essa casa da histeria, a começar como o faz Breuer, com seus alicerces.

Os alicerces do edifício são de natureza biológica e incluem o sistema nervoso[11]. Construídos sobre eles e, presumivelmente, ainda abaixo do nível do solo, estão os pavimentos que compreendem, diz ele, "sintomas ideogênicos" (falsas crenças ou delírios) e outros fenômenos que também "devem sua origem à sugestão"[12]. Em outras palavras, os pavimentos inferiores da casa transmitem o que Breuer chama de "expressões anormais" de conteúdo emocional, e são anormais porque se tornaram dissociadas ou despojadas das ideias ou experiências que deram origem às emoções em primeiro lugar. Essas ideias ou experiências – que para Breuer (e Freud) são geralmente de conteúdo sexual – permanecem "reprimidas" e alojadas nos pavimentos subterrâneos do edifício até que gerem afeto emocional suficiente para irromper através do teto para o andar superior da consciência e para a percepção desperta. A casa de Breuer retrata, pela sua estrutura, os procedimentos por meio dos quais os sintomas doentios são criados, descrevendo como as emoções são primeiro desconectadas de suas ideias ou experiências originais nos cômodos subterrâneos, antes de serem "convertidas" nos sintomas "puramente somáticos" acima do solo, onde podem ser experienciadas conscientemente pela pessoa histérica.

No pavimento mais baixo do edifício, as ideias são despojadas de seus afetos emocionais devido à avassaladora "excitação sexual" que despertam (ou, em alguns casos, admite Breuer, ao choque excessivo, "medo, ansiedade e raiva") e sofrem um processo (de "conversão" ou "sugestão") que transforma o afeto em fenômenos somáticos[13]. O próximo pavimento, e ainda abaixo do nível do solo, acomoda a ausência ou "vazio da consciência"; é um andar próximo ao nível do solo, mas não suficientemente consciente. Esse pavimento denota um "estado mental peculiar" que se assemelha à hipnose ou à "confusão alucinatória"[14]. Esse estado "hipnoide", como Breuer a ele se refere, é causado pela excitação e por choques emocionais que se originaram no andar de baixo, e por "fatores que esgotam as forças", como "privação do sono" e "fome"[15], que também podem ser colocados ali. Como Breuer nos diz que esse estado mental está presente em alguns casos de histeria, mas não em todos, não devemos considerar esse pavimento como uma característica projetual definitiva de sua casa da histeria, mas como um andar ou extensão opcional. Ele está localizado entre o porão inferior das "conversões de excitações afetivas" que já descrevemos, e o pavimento superior da consciência, no qual os sintomas somáticos são experienciados. Breuer nos diz que o estado "hipnoide" "facilita no mais alto grau tanto a conversão como a sugestão" – e talvez seja devido à relação próxima entre ambas que Breuer posiciona seus respectivos andares próximos um do outro, com o estado hipnoide colocado "no topo", como o "pavimento mais alto"[16]. Curiosamente, Breuer nos diz que, quando o estado hipnoide da mente está ativo, ele muitas vezes se alterna rapidamente com estados de vigília normais[17] e estabelece uma barreira para a mente consciente normal, impedindo que a pessoa histérica chame à percepção consciente as experiências que teve quando no auge de seu estado mental hipnoide[18]. Embora o próprio Breuer não faça uma conexão explícita entre o pavimento hipnoide e o pavimento mais elevado da mente consciente, dada a "alternância nítida" que ele descreve entre os dois, podemos presumir que se destinam a estar em proximidade espacial, posicionando assim o andar hipnoide perto do nível do solo.

Por fim, vem o pavimento superior da consciência que, embora não seja explicitamente identificado nessa analogia como um andar por si só, está, no entanto, implícito como tal. A consciência, observa Breuer, é o lugar onde os fenômenos histéricos finalmente "emergem" como se trazidos, finalmente, à luz[19]; um lugar acima do solo – como o tronco de uma árvore – se quisermos ser guiados por sua analogia anterior. Ademais, deduzimos da descrição feita por Breuer da mente consciente do histérico que a estética de sua contraparte arquitetônica é um de dois extremos. Ou é fortemente iluminado, distinto e com uma estrutura claramente delineada e organizada, ou é desorganizado, opaco e parcialmente sombreado. Isso ocorre porque as pessoas histéricas, afirma ele, ou têm "a mais clara inteligência, a maior força de vontade, o melhor caráter e a mais elevada capacidade crítica" ou são, em contraste, "parvas" e propensas à "tolice, à incompetência e à fraqueza de vontade"[20].

A casa da psique de Breuer pode ser guarnecida com a instalação de escadas muito necessárias para permitir o acesso entre seus pavimentos e facilitar os processos que os conectam. No que tange às escadas, o arquiteto Christopher Alexander observa acertadamente que elas "não são apenas uma maneira de ir de um andar para outro. A própria escada é um espaço, um volume, uma parte do edifício; e a menos que esse espaço seja feito para viver, será um ponto morto, e trabalhará para desconectar o edifício e despedaçar os seus processos"[21]. Da mesma forma, o arquiteto Juhani Pallasmaa afirma: "A escada é o órgão mais importante da casa [...] As escadas são responsáveis pela circulação vertical da casa, da mesma forma que o coração continua bombeando

OS MODELOS ARQUITETÔNICOS DA PSIQUE

sangue para cima e para baixo pelo corpo. Sem escadas, nossas casas não teriam pavimentos, porões e sótãos [...]. Como nossas casas modernas perderam seus sótãos e porões, também perderam sua memória."[22]

A adição de escadas no edifício de Breuer é em particular adequada quando consideramos suas conotações freudianas ao lado da afirmação de Breuer de que os sintomas histéricos se originam na excitação sexual. Conquanto o relato descritivo de Breuer comece na parte inferior do edifício e prossiga até o topo, isso não significa que devemos apenas subir a escada imaginada dentro dessa casa particular como se fosse uma escada rolante programada para viajar sempre para cima[23]. Na verdade, Breuer sugere, por exemplo, que o pavimento hipnoide estimula um movimento bidirecional, tanto para cima quanto para baixo, entre ele e o andar abaixo dele (pois o estado hipnoide, ele nos diz, tanto facilita quanto é moldado pela atividade alojada abaixo). Da mesma forma, ele admite que a histeria se origina de causas que residem tanto no subsolo, em cômodos "inadmissíveis à consciência", quanto em ideias conscientes que ele coloca acima do nível do solo[24]. Sugestiva de uma escada que permite a passagem em qualquer direção, para cima ou para baixo nos diferentes pavimentos do edifício, é a referência de Breuer às várias causas da histeria como "uma escala quase ininterrupta, passando por todas as gradações da imprecisão e da obscuridade, entre ideias perfeitamente conscientes" e aquelas que permanecem inconscientes[25].

A ARQUITETURA DA PSIQUE DE FREUD

Quando os estudiosos aludem às metáforas arquitetônicas freudianas da psique, eles tendem a se referir erroneamente à casa da histeria de Breuer. Embora a metáfora de Breuer da casa figure em um livro de autoria conjunta com Freud, ela consta em uma seção escrita apenas por Breuer e, ao contrário da crença comum, o modelo de Breuer não representa a própria visão arquitetônica de Freud da psique. De fato, em uma carta de 1907 escrita por Freud a Jung, Freud se distancia do projeto arquitetônico de Breuer: embora "a ideia do edifício de vários pavimentos venha de Breuer (na seção geral dos *Estudos*), o próprio edifício, creio eu, deve ser descrito de maneira bem diferente"[26]. Veremos que Freud se encarregou de projetar de novo a casa da histeria, usando uma variedade de exemplos. E embora o leiaute geral na maioria dos casos permaneça fiel ao modelo de Breuer, Freud passou a modificar aspectos específicos do projeto. O imaginário arquitetônico de Freud está espalhado em suas cartas, ensaios e monografias e, assim sendo, examinaremos seus vários projetos a partir do período pouco depois de 1895, quando sua publicação com Breuer foi finalizada, até e incluindo as obras maduras de Freud.

Começamos com um simples projeto freudiano radicalmente diferente do de Breuer em seu alinhamento horizontal. Aqui, o inconsciente não é colocado abaixo da consciência, como insiste Breuer, mas ao seu lado, a fim de criar duas salas adjacentes. A descrição de Freud raramente é citada e em grande parte não é reconhecida por seus estudiosos e comentaristas. Ela figura em uma de suas palestras introdutórias sobre a psicanálise, denominada "Resistência e Repressão"[27], e é apresentada por Freud de maneira similar à introdução de Breuer ao seu próprio edifício simples de dois pavimentos, com a ressalva de que metáforas espaciais para a representação da psique são limitadas. O edifício que Freud descreve compreende um grande salão de entrada com uma sala de estar adjacente. Esse edifício simples tem o objetivo de ilustrar como a mente censura seu material inconsciente, permitindo que apenas alguns aspectos passem para o reino da consciência, enquanto impede a entrada de outros. O inconsciente é representado pelo salão, dentro do qual os impulsos mentais empurram uns aos outros, "como indivíduos separados", competindo pela oportunidade de entrar na sala adjacente. Essa segunda sala é decididamente "mais estreita" do que o salão; é "uma espécie de sala de estar – na qual, ademais, a consciência reside"[28]. A sala de estar não representa apenas a consciência, que é somente um de seus moradores. Em vez disso, sugere Freud, a sala é dividida em duas áreas que representam duas funções contrastantes. A área mais distante do salão é habitada ou usada pela consciência, e a área mais próxima é atribuída ao "pré-consciente" – uma parte da mente que não é consciente nem inconsciente, da qual o material que não foi reprimido pode ser trazido à consciência com relativa facilidade por um comando do ego[29]. Nesse edifício, os impulsos

OS MODELOS ARQUITETÔNICOS DA PSIQUE

inconscientes podem se tornar conscientes apenas quando passam para o "fundo" da sala de estar, onde reside a consciência "como uma espectadora"[30].

Tal como ocorre no projeto de Breuer, Freud enfatiza a divisão de um edifício em pelo menos duas partes, para acomodar os contrastantes aspectos conscientes e inconscientes da psique. Essas partes, representadas aqui como salas, são divididas por uma barreira, como um teto ou uma parede. No exemplo de Freud, a barreira entre o salão e a sala de estar é habitada por um "guarda", que "age como um censor", examinando os diferentes impulsos mentais e impedindo a admissão na sala de estar àqueles que lhe "desagradarem"[31]. O guarda é semelhante a um "segurança" que verifica a identidade de uma pessoa na porta de um clube noturno antes de permitir ou de proibir a sua entrada. Dentro do edifício freudiano, o guarda é responsável, afirma Freud, pela repressão dos instintos (aqueles que têm sua entrada proibida) e pela censura dos sonhos (aqueles que têm permissão para entrar, porém com acesso limitado). Veremos que as experiências similares às oníricas desempenham um grande papel em nossos encontros cotidianos com edifícios e denotam a admissão de ideias inconscientes à percepção consciente, embora de forma codificada ou censurada.

Esse leiaute de um pavimento é incomum entre os edifícios da psique de Freud e, como tal, é improvável que por si só encapsule tudo o que ele pretende para sua visão de um projeto arquitetônico da psique diferente do proposto por Breuer; é simplesmente um dos vários planos potenciais de renovação que ele apresenta. Vamos agora consultar os outros planos de Freud e analisar como eles iluminam seu entendimento das relações entre os aspectos conscientes e inconscientes da mente e entre a memória e a experiência somática. Isso será útil em nossa discussão posterior sobre a natureza de nossas relações e identificação com a arquitetura.

Os Edifícios da Histeria de Freud

Em maio de 1897, dois anos após a publicação da casa da histeria de Breuer, Freud visitou Nurembergue. Ao retornar, enviou quatro cartas ao médico e colega Wilhelm Fliess, com uma série de notas detalhadas intituladas "The Architecture of Hysteria" (A

Arquitetura da Histeria)[32]. Nessas notas, Freud compara a histeria a estruturas arquitetônicas de defesa e fortificações ou antefortificações, projetadas para impedir o acesso aos interiores vulneráveis de vilas e cidades – ou, no caso da histeria, às memórias traumáticas do passado do sujeito. O estudioso W.J. McGrath afirma que Freud ficou tão impressionado com os edifícios medievais que viu em sua viagem a Nurembergue, que incorporou sua imagem a essa descrição da histeria. McGrath chega a sugerir que a "origem" da própria ideia de "A Arquitetura da Histeria", e a razão pela qual Freud escolheu esse título para seu relato da histeria, é a forte impressão que lhe causou "a arquitetura que viu" em Nurembergue[33]. O fato de Breuer ter descrito uma casa da histeria similar apenas dois anos antes em *Estudos Sobre a Histeria*, seu principal trabalho colaborativo com Freud, surpreendentemente elude a McGrath. Também escapa de sua atenção outra imagem arquitetônica pertinente e bem conhecida que Freud publicou apenas um ano antes de escrever sua carta a Fliess. Trata-se da descrição feita por Freud acerca de uma escavação arqueológica de vestígios arquitetônicos, que ele usa para ilustrar métodos psicanalíticos de interpretação à luz de sua afirmação de que a consciência depende do inconsciente para se organizar e se expressar. Figura em seu ensaio "A Hereditariedade e a Etiologia das Neuroses", como a seguir:

Imaginemos que um explorador chega a uma região pouco conhecida onde seu interesse é despertado por uma extensa área de ruínas, com restos de paredes, fragmentos de colunas e lápides com inscrições meio apagadas e ilegíveis. Ele pode se contentar em inspecionar o que está exposto à vista [...], mas pode agir de modo diferente. Pode ter levado consigo picaretas, pás e enxadas [...]. Com elas, pode remover o lixo e, começando dos restos visíveis, descobrir o que está enterrado. Se o seu trabalho for coroado de sucesso, as descobertas são autoexplicativas: as paredes arruinadas são parte das muralhas de um palácio ou de um depósito de tesouro; os fragmentos de colunas podem formar um templo [...][34].

Embora o analista possa observar de pronto a expressão *consciente* do problema psicológico (que é representada aqui como a superfície visível acima do solo do qual fragmentos arquitetônicos despontam, de maneira similar ao pavimento superior da casa de Breuer, em que os sintomas histéricos são percebidos), a fundação ou causa

OS MODELOS ARQUITETÔNICOS DA PSIQUE

inconsciente do problema permanece oculta e fora de vista. A causa deve, portanto, ser desenterrada e analisada com cuidado para ser entendida. Assim como a descoberta de um fragmento arquitetônico ou de uma muralha ou coluna não leva imediatamente a compreender todo o complexo, palácio ou templo de que faz parte, a experiência consciente de uma doença psicológica, afirma Freud, nem sempre nos leva de imediato a um diagnóstico preciso e a uma compreensão de sua causa e etiologia. Aqui, o edifício em ruínas representa a psique, e os fragmentos arquitetônicos, os conflitos psicológicos da psique perturbada. A metáfora sugere que podemos aprender mais sobre o conflito e compreender sua causa se examinarmos os arranjos espaciais das partes fragmentadas e dissociadas do *self* em relação à psique como um todo[35].

O tema arqueológico dessa analogia também aborda os graus do esforço exigido de uma pessoa para trazer à consciência eventos que aconteceram em seu passado recente e distante. Em outras palavras, as camadas dos restos arquitetônicos tendem a aumentar em idade quanto mais profundamente estiverem situados no solo, e o mesmo pode ser dito das memórias – memórias de um passado distante são menos acessíveis e mais difíceis de lembrar do que eventos recentes: elas estão mais distantes da "superfície" da consciência. Freud faz questão de enfatizar que as experiências traumáticas são difíceis de desenterrar, independentemente de quando aconteceram na vida de uma pessoa, porque sua natureza emocional e afetiva faz com que seja difícil lembrar-se delas e, portanto, elas foram banidas da memória, reprimidas ou, podemos dizer, "presas" no subsolo. É por isso que, na analogia arqueológica, podemos escavar um fragmento da base de uma coluna antes de localizar seu frontão, ou desenterrar um tijolo do fundo de uma parede antes de descobrir outro originalmente do topo.

A metáfora arqueológica de Freud é paralela à casa de vários pavimentos de Breuer, mas com diferenças notáveis que contribuem para a visão geral de Freud de um edifício diferente da psique. Elas incluem o arranjo fragmentário de suas partes, a busca pela estrutura e a direção do movimento no início da analogia, com Freud escavando para baixo a partir da superfície do solo e Breuer trabalhando a partir das fundações para cima.

Retomando as cartas de Freud a Fliess, podemos começar a apreciar como sua analogia arquitetônica é apenas uma de uma

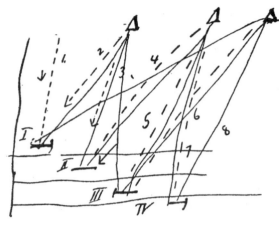

FIG. 1.1. *Freud, Diagrama da "Casa de Histeria", 1897.*

No esboço original, a linha pontilhada, as setas e os números estão em tinta vermelha, assim como a palavra "trabalho", à direita do esboço.

Freud © Vintage/Random House.

evolução de analogias arquitetônicas que Freud emprega para dar sentido à dinâmica da psique. De fato, se os sítios arquitetônicos de Nurembergue influenciaram o imaginário nas cartas de Freud a Fliess, foi simplesmente para guarnecer os modelos arquitetônicos que já haviam começado a tomar forma em sua mente. Voltemos à segunda série de notas que Freud enviou a Fliess e que inclui um curioso diagrama da histeria (Fig. 1.1[36]), que vários comentaristas interpretaram como um esboço de um edifício e, portanto, o projeto arquitetônico de Freud da histeria.

De acordo com os estudiosos William McGrath, em *Freud's Discovery of Psychoanalysis*, e Joan Resina[37], o diagrama é a imagem de uma torre de Nurembergue, completa com seus pináculos e cumeeiras tradicionais. Whitney Davis o considera um castelo genérico com torreões[38], enquanto Laurence Simmons o descreve como uma "fortaleza"[39]. Jane Rendell o interpreta de forma mais abstrata como um modelo arquitetônico ou topográfico que enfatiza a perspectiva espacial em geral[40].

Como um diagrama da histeria, o esboço representa como camadas as memórias, tanto as recentes quanto as antigas, do paciente histérico que se apegaram aos seus sintomas atuais. Os sintomas são representados pelos pequenos triângulos, enquanto o "trabalho" do psicanalista com o paciente é descrito como um movimento representado por linhas quebradas. Freud descreve o trabalho terapêutico como tendo que traçar "círculos repetidos através dos pensamentos que estão por trás" e dão suporte

OS MODELOS ARQUITETÔNICOS DA PSIQUE 15

a cada sintoma, até que, finalmente, o psicanalista e o paciente consigam expor esses pensamentos à consciência e, assim, revelar também sua conexão com as memórias mais profundas e reprimidas do paciente que, de outra forma, se manifestam por meio dos seus sintomas. No diagrama, esse avanço ocorre com o oitavo círculo, no qual a linha do trabalho termina. As repetidas visitas aos pensamentos que estão por trás, representados pela orientação circular da linha quebrada, são uma reminiscência do movimento que imaginamos dentro da casa da histeria de Breuer, de subir e descer as escadas imaginadas que conectam os pavimentos do edifício. Se considerarmos o diagrama de Freud como um esboço de um edifício, poderíamos muito bem imaginar cada quebra de suas linhas curvas como degraus individuais, e as próprias linhas como escadas que conectam os vários pensamentos que estão por trás às diferentes camadas – ou pavimentos – da memória. Whitney Davis imagina a linha quebrada do trabalho terapêutico de forma diferente, comparando-a às técnicas de um "restaurador", que trabalha "a fachada de um edifício a partir de cima". Semelhante ao trabalho do psicanalista e do paciente, Davis observa que os trabalhadores da restauração "descem no sistema da memória e saem dele novamente"[41].

À primeira vista, o esboço de Freud talvez seja mais fácil de compreender como imagem arquitetônica do que como relato etiológico da histeria. Sua semelhança com um castelo é facilmente reconhecida, e ambos, McGrath e Resina, desejam dar ao castelo em questão uma identidade específica, associando-o às fachadas das fortificações medievais que Freud encontrou em Nurembergue pouco antes de fazer o esboço (Fig. 1.2). A fundamentação lógica de Resina para igualar os dois é baseada na noção de que "uma arquitetura tão densamente histórica quanto a de Nurembergue é bem adequada" à teoria da histeria de Freud, que "busca levar em conta camadas de experiência ocultas por sintomas"[42]. McGrath dá suporte à sua alegação aludindo à semelhança de suas características projetuais específicas, observando, por exemplo, como as linhas sólidas do diagrama "formam três torreões piramidais" que "ecoam a forma piramidal dos telhados no topo das fortificações de Nürnberg [Nurembergue]". De mais a mais, os sintomas histéricos, afirma ele, são descritos como pequenos triângulos no topo de "cada pináculo", assim como os

FIG. 1.2. *Fortificações medievais, Nurembergue, Alemanha.*
© Andreas Praefcke, Wikimedia Commons, CC BY 3.0.

"pequenos cata-ventos em forma de bandeiras" que teriam adornado os pináculos das torres que Freud visitou[43].

A Roma Arquitetônica Como Cidade da Memória

Na Roma de Freud, o trabalho de escavação do arqueólogo é abandonado, pois o legado arquitetônico dessa cidade já está imediata e totalmente exposto à vista. Se um arqueólogo fosse retratado nessa analogia, ele rapidamente se veria sem emprego e na posição impossível de poder observar todas as camadas históricas da cidade ao mesmo tempo, com todos os edifícios e características arquitetônicas que, numa época ou noutra, foram erguidos em Roma, intactos e no lugar. O relato de Freud aparece em sua grande obra *Das Unbehagen in der Kultur* (O Mal-Estar na Civilização, 1930) como uma ilustração da maneira pela qual a mente conserva suas experiências dentro do inconsciente. Dado que, como Freud afirma, "nada do que uma vez se formou" em nossas mentes pode "perecer", cada experiência que tivemos que não seja de relevância imediata para nossas questões conscientes deve ser armazenada em uma diferente "camada" da mente.

OS MODELOS ARQUITETÔNICOS DA PSIQUE

"A Cidade Eterna" de Roma representa para Freud a contraparte arquitetônica análoga à mente inconsciente, como um local de armazenamento onde nada se perde e tudo é preservado. Podemos postular Roma como uma "entidade psíquica", diz ele, com um passado "longo e abundante" em que "nada do que outrora foi construído pereceu" e todas as "fases" de seu "desenvolvimento" arquitetônico "continuam a existir paralelamente à última". As ruínas da Roma antiga são conspícuas na cidade moderna – "mescladas" em sua "tessitura", como Freud afirmou –, porém em sua analogia ele procura amplificar sua presença ao lado de todas as demais estruturas arquitetônicas que, em um momento ou outro, foram erguidas na cidade, ressuscitando na mente cada edifício não mais presente na realidade e imaginando cada um intacto e no lugar ao lado de seus equivalentes modernos. Ao fazer isso, observamos a memória da cidade. Freud escreve:

Os palácios dos césares e o Septizônio de Sétimo Severo ainda estariam se erguendo em sua antiga altura sobre o Palatino e o castelo de Santo Ângelo ainda apresentaria em suas ameias as belas estátuas que o ornamentavam até a época do cerco pelos godos [...] no local ocupado pelo Palazzo Cafarelli, mais uma vez se ergueria – sem que o Palazzo tivesse de ser removido – o Templo de Júpiter Capitolino; não só em sua última forma, tal como o viam os romanos do Império, mas também no seu aspecto mais antigo, quando apresentava formas etruscas e era ornamentado por antefixas de terracota. Onde hoje está o Coliseu, poderíamos admirar ao mesmo tempo a desaparecida Casa Dourada, de Nero. Na praça do Panteão encontraríamos não apenas o atual, tal como legado por Adriano, mas, no mesmo sítio, o edifício original erigido por Agripa; na verdade, o mesmo trecho de terreno suportaria a igreja de Santa Maria sobre Minerva e o antigo templo sobre o qual ela foi construída. E talvez o observador tivesse apenas de mudar a direção do seu olhar ou a sua posição para evocar uma visão ou a outra.[44]

A composição de Roma por Freud contrasta em muito com as edificações filosóficas de Descartes e Kant que, como observamos na Introdução, exigem que o modelo arquitetônico do ser seja projetado e construído por um único arquiteto, de acordo com preceitos de certeza e raciocínio, de modo a garantir a unidade, a coerência e a confiabilidade geral da estrutura. Freud desrespeita esses princípios nesse modelo, atribuindo o trabalho de construção a muitos arquitetos, abrangendo séculos, cada qual com seus diferentes

FIG 1.3. *The Professor's Dream (C.R. Cockerell, 1848)*.
Esse quadro, com seus edifícios de todo o mundo, sobrepostos uns aos outros, lembra o que Freud tinha em mente para a sua cidade eterna de Roma.
© Royal Academy of Arts, Londres.

estilos e métodos construtivos. Ao fazer isso, ele estabelece uma paisagem urbana incoerente e incongruente que coletivamente parece como que projetada e construída de acordo com os preceitos de *phantasy*[45] e "imaginação". Essas abordagens contrastantes se tornarão significativas em nossa investigação no que diz respeito à maneira em que transmitem as duas estratégias principais que cada um de nós emprega em nossas interações com a arquitetura e na elaboração do nosso *self*. No próximo capítulo, explicamos

OS MODELOS ARQUITETÔNICOS DA PSIQUE

como a certeza e o raciocínio, por um lado, e a *phantasy* e a imaginação, por outro, descrevem as divisões instintuais do *self* e a forma de sua expressão ou manifestação em nosso comportamento. Por um lado, a consciência do ego, com sua disposição racional, busca se apropriar do ambiente, ordená-lo e estabilizá-lo, de modo a encontrá-lo familiar e previsível; o inconsciente, por outro lado, se envolve com o ambiente de forma desordenada, de maneiras imprevisíveis e insondáveis que podem desestabilizar o ego, surpreendê-lo e desalojá-lo do conforto de sua morada.

Freud decidiu abandonar sua analogia com Roma devido à natureza implausível de suas relações espaciais com vários edifícios posicionados em um mesmo local. Era como se suas sensibilidades racionais o alcançassem, encorajando-o a ceder ao fato inevitável de que os edifícios não são "eternos"; depois de um tempo eles desmoronam ou são demolidos e substituídos por outros. A cidade de Roma tornou-se para ele uma metáfora inadequada para a preservação atemporal do inconsciente. A decisão de Freud pode parecer abrupta, dado o detalhismo que ele investe em sua descrição da analogia, e a crítica de sua descrição está enraizada em um fato que é flagrantemente óbvio desde o início. No entanto, nós o encontramos chegando a conclusões semelhantes em outros lugares de seus escritos, o que sugere que ele vinha meditando sobre a validade dessa analogia por algum tempo, tanto antes quanto depois de seu aparecimento como a cidade de Roma em *O Mal-Estar da Civilização*. Por exemplo, em um ensaio que precede a analogia de Roma em quinze anos, Freud descreve o seguinte: "Quando uma aldeia se transforma numa cidade, ou uma criança num homem, a aldeia e a criança se perdem na cidade e no homem. Apenas a memória pode encontrar os antigos traços nesse novo quadro; e, de fato, os antigos materiais ou formas foram abandonados e substituídos por novos."[46]

Sete anos após a analogia de Roma, no ensaio "Construções em Análise"[47], Freud destaca algumas das discrepâncias entre os métodos e objetivos da psicanálise e os da escavação arqueológica e da edificação de casas. Enquanto a arqueologia apenas *reconstrói* o passado, a psicanálise, diz ele, o *constrói*, e de uma maneira diferente da construção de uma casa. Ou seja, os arquitetos planejam sua construção com antecedência; eles sabem imediatamente "onde todas as paredes devem ser erguidas e todas as janelas inseridas antes que a decoração interna dos cômodos possa ser realizada". Mas "as coisas acontecem de forma diferente em um tratamento analítico", porque o material inconsciente a partir do qual o psicanalista e o paciente constroem seu trabalho é volátil e imprevisível. O diagrama do castelo de Freud ilustra o trabalho terapêutico como um caminho interrompido e circular e aqui sua progressão indireta e não linear é descrita como fragmentos de trabalho realizados "lado a lado" e "alternando" entre diferentes pontos focais ou características[48]. Para ilustrar o ponto de vista de Freud, podemos imaginar o construtor, que ao tentar erigir um edifício usando métodos psicanalíticos, descobre que precisa decorar seus cômodos internos antes ou ao mesmo tempo que constrói as paredes externas que irão determinar a posição de cada cômodo.

A crítica de Freud à sua analogia com Roma remonta ao seu alerta sobre as limitações das metáforas espaciais para elucidar a natureza dinâmica da mente. Assim como o construtor que emprega métodos construtivos psicanalíticos para edificar sua casa irá inevitavelmente malograr, a analogia de Roma desmorona com o fundamento de que dois edifícios não podem estar no mesmo lugar ao mesmo tempo. A crítica de Freud, entretanto, não é de todo persuasiva. O analista acadêmico e freudiano Christopher Bollas observa: "Talvez se - tivesse sustentado a metáfora um pouco mais, sua dialética teria funcionado. Pois obliterações são de fato parte do inconsciente, tanto que, dependendo de como alguém desejasse olhar para a Roma de sua vida inconsciente, poderíamos ver tanto o preservado quanto o destruído."[49]

O estudioso E.V. Walter considera as críticas de Freud igualmente pouco convincentes e sugere que a analogia de Roma é sustentável se nos concentrarmos na natureza evocativa dos edifícios romanos, em vez de em sua localização geográfica. Ele escreve:

[Uma] cidade como Roma armazena todo o conteúdo da experiência passada – assim como a mente individual conserva sua própria experiência no inconsciente. Na metáfora de Freud, Roma é uma realidade física – um conjunto de edifícios e ruas. Mas um lugar é mais do que o seu físico, e as ruínas de uma cidade histórica são os espaços expressivos que guardam a experiência de seu passado.[50]

Walter aborda aqui temas centrais de nossa investigação, que serão examinados nos capítulos seguintes, como a utilidade de

OS MODELOS ARQUITETÔNICOS DA PSIQUE

analogias arquitetônicas da psique para seus *insights* sobre a natureza evocativa da arquitetura e a relação dos edifícios reais com os impulsos inconscientes que gerenciam nossas experiências e cultivam nosso senso de *self*.

O próprio Freud certamente reconheceu o poder evocativo da arquitetura. Sugeri, por exemplo, que a correspondência que ele faz entre a escada e a vagina é determinada em parte pelas sensações rítmicas que uma pessoa tem ao subir a escada; mas esse é apenas um dos muitos exemplos que Freud faz em sua alusão à natureza afetiva da arquitetura. Outros podem ser encontrados em *Über Psychoanalyse: Fünf Vorlesungen* (Cinco Lições de Psicanálise), na sua discussão sobre monumentos de pedra e sua semelhança com sintomas psicológicos em virtude de sua natureza simbólica, "mnemônica". Os monumentos de pedra não apenas celebram o passado, mas expressam, e muitas vezes aliviam, experiências traumáticas[51]. Contudo, talvez o exemplo mais notável seja a descrição intrigante de sua experiência da Acrópole em Atenas. Reminiscente de seu convite para que imaginemos os edifícios de Roma, tanto do passado quanto do presente, em sua localização e condição originais, encontramos Freud involuntariamente realizando um exercício semelhante ao observar as ruínas arquitetônicas da Acrópole. Examinaremos esse caso em detalhes no capítulo 4, para demonstrar de que modo as impressões do edifício fragmentado o compelem a imaginar como ele teria parecido em sua condição prístina e, em seguida, como a justaposição dessas imagens contrastantes levou Freud a se lembrar de outras informações fragmentárias de natureza mais pessoal – incluindo traços de memória de experiências que até aquele momento jaziam adormecidas, esquecidas, inconscientes e reprimidas dentro dele. Embora causalmente não relacionada, a experiência de Freud da Acrópole também revela, em uma inspeção mais minuciosa, que suas características arquitetônicas e material inconsciente convergem na mente de Freud por meio de uma sequência de significados associados que são pessoalmente evocativos e pungentes para ele. O relato anedótico de Freud nos propicia um estudo de caso útil que ajuda a elucidar como podemos nos envolver com a arquitetura de tal forma que ela imprima em nós vários significados e experiências, de outro modo inconscientes e inacessíveis, e que podem, como consequência, serem incorporados em nossa personalidade do ego consciente como uma reconstrução psicológica de nós mesmos.

As Casas Psicossomáticas de Freud e Scherner

Embora Freud nos advirta sobre os perigos de tomar ao pé da letra metáforas espaciais, ele chega traiçoeiramente perto de desprezar a sua própria instrução ao atribuir significados psicológicos rígidos e rápidos à arquitetura. Porém, como sugeri, essa tendência pode de fato expressar uma preocupação mais profunda – uma tentativa por parte de Freud (deliberada ou não) de indicar como formas e características particulares da arquitetura dão origem a, ou ecoam, as experiências específicas que temos de nós mesmos. Freud tende a se concentrar nas experiências corporais e, assim, às características arquitetônicas de seus edifícios da psique são frequentemente atribuídas partes específicas do corpo. Na verdade, poderíamos interpretar o edifício freudiano da psique como um mapa do corpo humano e suas várias sensações. Freud desenvolve a tradição de projetar edifícios de acordo com a forma e a medida do corpo, com a inclusão das experiências psicológicas, como ele as interpreta, das várias partes corporais em questão. As representações arquitetônicas de Freud do corpo humano são mais aparentes em sua obra icônica, *Die Traumdeutung* (A Interpretação dos Sonhos), na qual ele as discute como "símbolos oníricos", o que para ele significa os elementos temáticos e as imagens gerados pela mente inconsciente enquanto dormimos, imaginamos ou sonhamos acordados.

Segundo Freud, o inconsciente usa imagens arquitetônicas, entre outras, para retratar e transmitir seu material para nós. Esse imaginário, diz ele, com muita frequência, procura transmitir informações importantes sobre a condição de nosso corpo e de nossos órgãos genitais em particular. Ele escreve: "A frequência com que edifícios, localidades e paisagens são empregados como representações simbólicas do corpo e, em particular (com constante reiteração) dos órgãos genitais, certamente mereceria um estudo abrangente, ilustrado por numerosos exemplos."[52] Embora ele dê a entender que ainda não houve tal estudo, Freud se refere extensamente a um estudo que certamente poderia ser

OS MODELOS ARQUITETÔNICOS DA PSIQUE

interpretado como tal. Trata-se do trabalho do fisiologista Karl Albert Scherner (1861).

O motivo de Freud para citar o estudo de Scherner não é totalmente claro. Cerca de trinta anos antes de Breuer publicar sua casa da histeria, Scherner procurou demonstrar, Freud nos diz, a precisão com que o "corpo humano como um todo é retratado pela imaginação onírica como uma casa, e os diferentes órgãos do corpo, como partes de uma casa"[53]. Por um lado, Freud aplaude Scherner por demonstrar como o inconsciente gera símbolos oníricos e arquitetônicos, em particular: "É perfeitamente verdadeiro", Freud diz da hipótese de Scherner, que "os sonhos contêm simbolizações de órgãos e funções do corpo", de modo que, por exemplo, "os órgãos genitais masculinos podem ser representados por um bastão ereto ou por uma coluna, e assim por diante."[54] Por outro lado, Freud faz questão de descartar a hipótese de Scherner por ser "fantástica demais" e "extravagante".

Uma leitura mais atenta revela, no entanto, que o receio de Freud não é com a equação estrita que Scherner estabelece entre a imagem arquitetônica e a parte do corpo, mas com a insistência de Scherner de que as imagens oníricas são, para ele, causadas por sensações físicas que ocorrem quando dormimos, e não, como Freud deseja argumentar, por conflitos inconscientes que buscam expressão consciente. Em outras palavras, enquanto Scherner chega a algo que poderia ser interpretado como uma "casa do corpo", Freud postula uma "casa psicossomática" – que ao mesmo tempo representa e evoca as tensões entre corpo e mente e, portanto, inclui "restos psíquicos", "traços de memória" e outras características da histeria que figuram nas casas de Breuer e de Freud.

Uma importante implicação de suas visões divergentes sobre esse assunto é que, para Freud, as imagens ou os "símbolos" do inconsciente surgem a qualquer hora do dia, não só quando estamos dormindo; eles estão, diz ele, "habitualmente presentes" em todos os nossos pensamentos e comportamentos, não apenas em nossos sonhos. Isso significa que o imaginário arquitetônico é recrutado pelo inconsciente para expressar seu material a qualquer momento[55]. Mais tarde, desenvolveremos essa ideia e explicaremos como as teorias de Freud sobre o pensamento inconsciente podem ser aplicadas às nossas experiências cotidianas de arquitetura e como os edifícios permitem a transição de ideias inconscientes para a percepção consciente.

Freud se refere a vários exemplos no estudo de Scherner de ocasiões em que se diz que as sensações corporais moldam o imaginário onírico arquitetônico. Os sonhos que são estimulados por sensações originadas nos dentes, por exemplo, terão grandes saguões de entrada, com tetos altos e abobadados (que correspondem à cavidade oral) e escadas (que denotam aqui não a vagina, mas a descida da garganta até o esôfago). E os sonhos "com um estímulo intestinal podem levar o sonhador a percorrer ruas lamacentas"[56]. Mais cômica é a descrição de sonhos causados por dores de cabeça, pois eles provavelmente apresentarão "o topo da cabeça" como o "teto de um cômodo coberto de aranhas repulsivas semelhantes a sapos"[57]. Freud guarnece sua discussão com vários exemplos de sua autoria. Visto que ele atribui as imagens oníricas a experiências reprimidas, e insiste que essas experiências sejam geralmente de natureza sexual, ele tende a descrever o imaginário arquitetônico como representações da genitália masculina e feminina. Se o ambiente construído é percebido pela lente freudiana, poder-se-ia muito bem examinar uma paisagem de partes do corpo sexualizadas. Assim, para Freud, "espaços estreitos", "corredores inclinados", "portas trancadas e abertas", "armários", "objetos ocos" e "recipientes de todos os tipos" descrevem a vagina ou o útero[58]; enquanto "degraus", "escadas de mão" e "escadarias", como observamos, são "indubitavelmente símbolos da cópula", pois "chegamos ao topo" "em uma sucessão de movimentos rítmicos e com crescente falta de ar e então, com alguns saltos rápidos, podemos chegar novamente à base. Assim, o padrão rítmico da cópula é reproduzido ao se subir uma escada"[59]. "As paredes lisas pelas quais [se] sobe e as fachadas das casas", afirma Freud, correspondem a "corpos humanos eretos"[60], e os peitoris das janelas e as varandas das casas são seios femininos projetados[61]. "Dois cômodos que eram originalmente um", ou "um cômodo familiar dividido em dois" denotam uma concepção infantil dos órgãos genitais femininos e do ânus. Pilares e colunas representam as pernas e "todo portão representa um dos orifícios do corpo (um 'buraco')", e "todo cano de água é um lembrete do aparelho urinário"[62]. Freud conclui sua discussão afirmando que apenas quando a correlação entre a forma

OS MODELOS ARQUITETÔNICOS DA PSIQUE · 25

arquitetônica e a representação corporal é conhecida, "os sonhos se tornam inteligíveis" e podem ser interpretados adequadamente[63]. Os significados que Freud confere às imagens arquitetônicas podem parecer redutivos, não obstante sua sugestão de que a interpretação de cada imagem onírica deva ser considerada dentro da particularidade de seu contexto, incluindo a propensão do sujeito que a cria. Ele admite ainda que a casa, embora seja um "símbolo favorito" do corpo para Scherner (e claramente para ele também), não é o único[64]. Contudo, o impacto desse último ponto é um tanto diminuído, quando consideramos que os vários exemplos dados por ele para transmitir essas outras possibilidades desviam-se do elemento temático da casa apenas parcialmente e continuam a apresentar variações sobre o seu tema arquitetônico. Ele sugere, por exemplo, a cozinha, os corredores, os pátios, as ruas da cidade e as fileiras de casas[65].

> Felizmente, porém, [a imaginação onírica] não parece estar restrita a esse método único de representação [a casa]. Por outro lado, pode fazer uso de toda uma fileira de casas para indicar um único órgão; por exemplo, uma rua muito longa, repleta de casas, pode representar um estímulo dos intestinos. Além disso, partes isoladas de uma casa podem representar partes separadas do corpo [...] o espaço estreito em que as coxas se unem pode ser representado por um pátio cercado de casas, enquanto a vagina será simbolizada por uma trilha lisa, escorregadia e muito estreita, que atravessa o pátio.[66]

Freud é frequentemente acusado de reducionismo em sua interpretação de símbolos, sejam imagens oníricas ou sintomas físicos[67]. Tal reducionismo tem implicações importantes para nossa investigação, pois faz certas suposições e afirmações de valor sobre o modo como percebemos nosso corpo e, por extensão, a qualidade dos projetos arquitetônicos. Por exemplo, se uma dor de cabeça corresponde, como afirma Freud, a um teto coberto com criaturas "nojentas", somos levados a supor que uma janela quebrada, uma porta defeituosa, um teto rachado ou qualquer outra característica defeituosa ou desalinhada também denote uma doença física ou distúrbio mental. Se adotássemos tal enfoque, provavelmente questionaríamos se os projetos arquitetônicos pós-modernos ou desconstrutivistas, com suas características desincorporadas e estruturas retorcidas e fragmentadas, estão transmitindo uma mensagem patológica, revelando-se, ou revelando aqueles que usam ou apreciam suas construções, estar de alguma forma defeituosos, doentes e em necessidade de uma cura. Vamos explorar essas questões ao longo de nossa investigação.

Em seguida, no entanto, enfocaremos os modelos arquitetônicos da psique propostos por Carl Gustav Jung, cujas ideias sobre o inconsciente se desviam significativamente das de Freud. Jung acreditava que sua abordagem do inconsciente e de seu imaginário simbólico fosse mais flexível e realista do que a de Freud. Isso se reflete nos projetos de seus edifícios da psique e é sugerido também em seus comentários sobre o significado do elemento temático da casa conforme aparece nos sonhos: "A casa se repete com muita frequência como um símbolo nos sonhos", diz ele, "e geralmente significa a atitude habitual ou herdada, o modo habitual de viver, ou algo adquirido como uma casa, ou talvez o modo como se vive com toda a família."[68] Veremos mais tarde, no entanto, que suas analogias arquitetônicas não escapam às acusações de reducionismo pelos que alegam que também elas falham em transmitir a natureza evocativa da psique tão realisticamente quanto poderiam[69].

AS CASAS QUE JUNG CONSTRUIU

Dado que a concepção geral de Jung da psique como um todo divisível e dividido é semelhante à de Freud e Breuer, não é surpreendente que a estrutura geral de seus modelos arquitetônicos da psique também seja semelhante à deles. Na verdade, a casa da psique de Breuer (que, como observamos, muitas vezes é incorretamente atribuída a Freud) é considerada por alguns como tendo uma influência direta na de Jung[70]. Jung decerto parece replicar a simples casa da psique de Breuer ao descrever suas primeiras concepções do inconsciente, em uma época na qual não havia desenvolvido sua própria psicologia distinta. "Naquela época", ele escreve, "eu pensava no consciente como um cômodo na parte superior, o inconsciente como um porão embaixo e então a nascente da terra, isto é, o corpo, enviando os instintos para cima."[71] Quando Jung estabelece suas próprias ideias sobre a mente, o leiaute estrutural de seus edifícios da psique

OS MODELOS ARQUITETÔNICOS DA PSIQUE

também muda. O contraste entre o modelo arquitetônico da psique de Jung e a de Freud ou de Breuer destaca suas principais divergências teóricas e expõe os pontos de discórdia primordiais entre suas respectivas escolas de pensamento. No entanto, como veremos no capítulo 5, seus diferentes leiautes estruturais também têm implicações práticas em termos da natureza de nossas identificações com a arquitetura e da medida em que o ambiente construído nos molda.

Se considerarmos as casas de Freud e de Breuer em seu aspecto mais básico como edifícios de dois pavimentos, um acima do solo (consciência) e outro abaixo (o inconsciente), Jung renova o projeto com a adição de um terceiro pavimento, situado abaixo dos cômodos do inconsciente[72]. Jung, assim, divide o inconsciente em dois: o inconsciente *pessoal* (que corresponde vagamente ao inconsciente postulado por Freud e Breuer), localizado logo abaixo do nível do solo, e um reino mais profundo e arcaico, que ele denomina o inconsciente *coletivo*. Se o inconsciente pessoal abrange aquelas ideias e experiências que foram esquecidas ou reprimidas pelo indivíduo, o inconsciente coletivo é um reino instintual da experiência humana, que compreende padrões universais ou "arquetípicos" de comportamento que afetam a todos nós[73].

A mais icônica das descrições arquitetônicas de Jung é o relato de um sonho que ele afirma ter tido em 1909, quando viajava com Freud a Massachusetts. O sonho, diz ele, chamou sua atenção para a existência do inconsciente coletivo e, assim, prenunciou seu afastamento teórico do modelo freudiano da mente e o colapso traumático de seu relacionamento que ocorreu como resultado. É curioso que, dois anos antes, em 1907, quando conheceu Freud em Viena, Jung supostamente sonhou com outro edifício arquitetônico, cujos detalhes, sugiro, podem ser interpretados como um aviso prévio das diferenças entre suas ideias e o revés que aconteceria em seu relacionamento pessoal. No início de seu relacionamento, Jung passou a considerar a abordagem de Freud como redutiva e restritiva em suas interpretações da experiência psicológica – um problema que deixa sua marca no sonho sobre uma estrutura arquitetônica claustrofóbica que Jung teve enquanto estava com Freud. Jung contou o sonho a seu amigo Edward Armstrong Bennet, que o relata da seguinte forma: "Ele estava em um gueto em Praga e era estreito, retorcido e com teto baixo e escadarias suspensas. Ele pensou: 'Como diabos as pessoas podem viver em um lugar assim?'"[74] Mas, ao que parece, Jung teve de esperar até a casa dos sonhos de 1909 antes que fosse capaz de articular plenamente suas diferenças com Freud e transmitir essa discordância em termos arquitetônicos mais detalhados, ao mesmo tempo que percebia de maneira mais geral que os edifícios são verdadeiras "imagens da psique"[75].

A Casa dos Sonhos da Psique de Jung (1909)

Jung descreve um sonho, mas quatro versões ligeiramente diferentes da casa dos sonhos que nele figura. Elas são narradas em quatro publicações, escritas entre 1925 e 1964[76]. No sonho, Jung se vê inspecionando "uma grande e complexa casa, com muitos cômodos, corredores e escadas"[77], cujas características projetuais se tornam progressivamente mais velhas à medida que ele desce seus vários pavimentos. Ele começa no pavimento superior do edifício, em um cômodo de *design* rococó europeu do século XVIII – um *design* ornamentado de superfícies com babados e decoração elegante que ostenta, diz ele, uma "atmosfera habitável"[78], e assim, expressa o domínio tão confortável da consciência do ego. Jung afirma que "vivemos no pavimento superior"; assim como "o edifício se ergue livre sobre a terra, nossa consciência permanece como se acima da terra no espaço, com uma ampla perspectiva diante dela"[79]. Ele sai dessa parte do edifício e se vê descendo degraus e entrando em cômodos de construção do século XV ou XVI, com piso térreo de tijolo vermelho medieval[80]. Um "exame cuidadoso da argamassa revela" que o piso foi "reconstruído a partir de uma torre erigida no século XI". O andar térreo do edifício representa, diz Jung, o "primeiro nível do inconsciente": o inconsciente pessoal[81]. Jung descobre andares adicionais abaixo do nível do solo, que denotam níveis "mais profundos" e "mais obscuros" do inconsciente: o inconsciente coletivo. No sonho, esses andares incorporam uma antiga sala com teto em abóbada, que Jung deduz como sendo romana, e um cômodo ainda mais antigo no nível mais baixo da casa, que aparece como uma caverna semelhante a uma tumba talhada na

OS MODELOS ARQUITETÔNICOS DA PSIQUE

rocha, com espessa camada de poeira no chão, crânios, ossos e cacos de cerâmica[82] e "instrumentos neolíticos" e "restos de fauna"[83]. É no porão do inconsciente coletivo que Jung diz ter descoberto "o mundo do homem primitivo dentro de mim"[84]. Ao explorar os vários pavimentos do edifício, Jung está investigando os diferentes reinos da psique, cruzando as fronteiras entre o consciente e o inconsciente pessoal e o coletivo. Jung atribui a criação dessa imagem onírica às profundezas do inconsciente coletivo, mas também se pode argumentar que seu imaginário reflita, em suas características de *design*, os resíduos ou marcas de outros edifícios de importância pessoal para Jung, edifícios que foram preservados em sua mente inconsciente pessoal e, subsequentemente, entrelaçados na imagem onírica por meio de uma sequência de processos inconscientes que analisaremos mais tarde (no capítulo 4). Jung certamente acreditava que a casa dos sonhos era a sua; era, diz ele, "minha casa"[85]; "meu lar"[86]; "em que [eu] vivi"[87].

228 Seestrasse em Küsnacht e o Pavimento Superior da Casa dos Sonhos

Das muitas casas que impressionaram Jung, há várias que se assemelham, de uma forma ou de outra, à configuração arquitetônica da casa dos sonhos de 1909[88]. Poderíamos apontar uma série de casas de projeto e decoração similares às do pavimento superior da casa dos sonhos do século XVIII, que teve lugar de destaque em sua vida antes desse sonho. Mais notável, porém, é sua semelhança com a casa em Küsnacht, perto do lago de Zurique, que Jung projetou (em colaboração com seu primo, o arquiteto Ernst Fiechter) como sua casa de família e prática terapêutica, e um lugar para entreter conhecidos (Figs. 1.4, 1.5).

A casa em Küsnacht foi projetada e construída em dois anos, permitindo que Jung se mudasse em 25 de maio de 1909 – quatro meses antes de ter sonhado com a existência de sua casa da psique[89]. Andreas Jung, arquiteto e neto de Jung (e atual residente da casa em Küsnacht), considera "surpreendente" a correspondência entre o projeto original da casa e a descrição de Jung da casa dos sonhos: eles "coincidiam perfeitamente"[90]. Um esboço do trabalho

FIG. 1.4. *A casa de C.G. Jung, 228 Seestrasse, Küsnacht; fachada (construída em 1907-1909).*
©Martin Gledhill.

para a casa em Küsnacht, feito por Jung em ou por volta de 1906, retrata, como A. Jung coloca, um "pavimento superior barroco" com "luxuosas empenas em volutas", assentado sobre "um simples e rústico semiporão com fendas estreitas para janelas, que pode datar do início do século xv"[91]. Andreas Jung ressalta o ponto que faço questão de considerar, de que, uma vez construída, a casa "refletiria apenas as camadas convencionais – isto é, 'conscientes' – da imagem da psique humana delineada no sonho (a saber, o 'pavimento superior [...] em estilo rococó')"[92]. Para Andreas Jung, é "o centro da casa", ou seja, sua "enorme sala de jantar de

FIG. 1.5. *A casa de C.G. Jung, 228 Seestrasse, Küsnacht: detalhe da torre.*
©Martin Gledhill.

3,6 metros de altura no térreo", que exemplifica mais apropriadamente o pavimento superior da casa dos sonhos e "o gosto de Jung pelo século XVIII"[93]: "caiada de branco, com os recessos profundos das janelas, as suas portas, os armários de vidro embutidos, os painéis em nogueira e o teto decorado com uma moldura curva de estuque", essa casa "respira o espírito do século XVIII"[94]. De acordo com Bennet, confidente de Jung, para o próprio Jung a sala de estudos reverberava mais fortemente a decoração rococó do pavimento superior da casa dos sonhos[95]. Embora Andreas Jung faça a conexão entre a semelhança arquitetônica da casa em

Küsnacht com a casa dos sonhos de Jung de 1909, ele, curiosamente, parece não perceber o significado de sua própria descrição do saguão da casa em Küsnacht. O saguão é uma sala impressionante, situada no piso térreo do edifício e inclui, como Andreas Jung explica, um "revestimento de piso de ladrilhos de barro vermelho e [uma] escadaria espaçosa"[96]. Em outras palavras, o piso no térreo se assemelha ao piso de tijolo vermelho medieval do edifício dos sonhos de Jung.

Sabemos, por meio de suas cartas ao seu primo e a Freud, que Jung estava intensamente preocupado com o projeto e a construção do edifício em Küsnacht. De fato, se aceitarmos, como Jung o fez, a hipótese de Freud de que os acontecimentos do dia moldam o imaginário dos sonhos à noite, podemos presumir que os planos para a casa em Küsnacht tenham influenciado os sonhos de Jung na época de sua construção e inclusive quando de sua primeira viagem longe de seu novo lar, quando ele sonhou com a casa cujo pavimento superior lembrava a casa em que ele investiu tanto de sua atenção quando acordado.

O Presbitério na Basileia, a "Torre" em Bollingen e os Pavimentos Inferiores da Casa dos Sonhos

Se a casa em Küsnacht corresponde aos pavimentos "conscientes" acima do nível do solo da casa dos sonhos da psique de 1909, tanto o presbitério da Catedral da Basileia, onde o tio de Jung morava[97], quanto a casa que Jung projetou e construiu em Bollingen, perto do lago de Zurique, exemplificam seus andares inferiores e os aspectos inconscientes da psique[98]. Juntos, esses dois edifícios representam toda a casa dos sonhos da psique de forma concreta – embora, como veremos, o edifício em Bollingen sozinho tenha conseguido isso, de acordo com Jung (Fig. 1.6).

Bennet relembra o interesse de Jung pelas semelhanças entre a sua casa dos sonhos e o presbitério de seu tio. A casa dos sonhos era, como Jung contou a Bennet, "uma casa grande e complexa, vagamente como a casa muito velha de meu tio construída sobre as antigas muralhas da cidade de Basileia"[99], e "no antigo fosso da cidade"[100]. A característica significativa da casa paroquial eram seus dois porões, dispostos um acima do outro, sendo o "inferior"

FIG. 1.6. *A casa da "Torre" de C.G. Jung, Bollingen (construída por volta de 1923-1956).*
© Ruth Ammann, Zurique.

"muito escuro e como uma caverna"[101]. Em 1960 – meia década depois de Jung alegadamente ter sonhado com sua casa de vários pavimentos – o presbitério foi escavado para que pudessem ser feitas mudanças. Durante essas escavações, descobriu-se não apenas que o edifício havia sido "construído sobre ruínas romanas", mas também que, por baixo dessa camada romana, havia restos de "um porão" – um arranjo arquitetônico que combinava com as próprias "descobertas" de Jung em sua casa dos sonhos. Bennet lembra como essa coincidência estranha foi de grande interesse para Jung e consolidou sua impressão de que a casa dos sonhos "estava na família"[102].

A casa de Jung, ou "torre", como ele se refere a ela, não é menos notável em suas associações com o aspecto inconsciente da psique. Foi considerada por Jung como uma corporificação concreta de sua personalidade, "dos pensamentos mais íntimos" e "do saber"[103]. Isso pode explicar por que ele dedica um capítulo inteiro a ela em sua autobiografia. Apesar de sua importância para Jung, o edifício atraiu pouca atenção acadêmica e, portanto, tem um ar de mistério, adquirindo algo semelhante a um *status* mítico[104]. A torre é interpretada pelos estudiosos de Jung como uma representação da personalidade inconsciente de Jung e, de acordo com ele próprio, simboliza toda a psique, não apenas em seu método e elementos projetuais, mas também em seu efeito evocativo. Jung descreve como a torre o ajudou a se envolver com sua mente inconsciente e a se sentir em paz consigo mesmo. A torre Bollingen é uma casa da psique porque contém Jung, permitindo-lhe negociar os conflitos e as divisões dentro de si mesmo e, por conseguinte, se sentir integrado[105].

O edifício foi construído em cinco etapas, entre c. 1923 e c. 1956 (ver as Figs. 1.7-1.11). Seu projeto final e a disposição das partes não foram fixados desde o início. Não foi construído de acordo com um modelo prescrito, mas cresceu de modo gradual, como que organicamente, em resposta às necessidades psicológicas de Jung na época[106]. Jung descreve o edifício como "um lugar de amadurecimento – um útero materno, ou uma figura materna, no qual eu poderia voltar a ser o que fui, o que sou e o que serei. A torre me dava a sensação de ter renascido em pedra"[107]. Cada etapa do desenvolvimento de sua construção foi desencadeada por uma "morte" simbólica e um subsequente desejo de "renascimento" na personalidade de Jung, e ambas as etapas da construção, a inicial e a final, começaram em parte pelas mortes reais de sua mãe e de sua esposa[108]. O próprio Jung descreve como o início de cada etapa da construção do edifício deu a ele intensas sensações de "renovação" e, depois de concluída, ele se tornava cada vez mais ciente de que "algo ainda faltava" em si mesmo, de modo que ele se sentia "incompleto"[109].

A primeira fase de construção viu a conclusão de uma "residência primitiva de um pavimento", uma "estrutura redonda com lareira no centro e beliches ao longo das paredes"[110]. De acordo com o historiador da arquitetura Joseph Rykwert[111], após o Renascimento, a cabana primitiva se tornou uma imagem popular da busca por "pureza arquitetônica"; e as intenções de Jung para a sua própria residência de um pavimento certamente concordam com tal busca, pois, por meio dessa estrutura, nos diz, ele procurou "concretizar uma ideia de totalidade"[112]. Jung, no entanto, logo descobriu que essa estrutura era "primitiva demais" para as suas necessidades. Uma "mera cabana rente ao chão", como Jung se refere a ela, não poderia expressar para ele a qualidade dinâmica do inconsciente; e assim, em c. 1927, ele fez o primeiro de

FIG. 1.7. *A casa da "Torre" de C.G. Jung, Bollingen. Etapas de construção. Etapa 1: a "casa redonda".*

FIG. 1.8. *Etapa 2: o anexo em forma de torre.*

FIG. 1.9. *Etapa 3: o cômodo redondo para "concentração espiritual".*

FIG. 1.10. *Etapa 4: o pátio e a loggia.*

FIG. 1.11. *Etapa 5: o pavimento superior.*
© Martin Gledhill.

vários acréscimos, construindo algo semelhante, diz ele, a uma "casa normal de dois pavimentos" ou uma "torre de habitação" com uma "morada materna".

Assim como a cabana inicial de um pavimento não era satisfatória para Jung, o edifício de dois pavimentos que a substituiu "ainda não expressava tudo o que precisava ser dito [...], algo ainda estava faltando"[113]. E assim, quatro anos depois, por volta de 1927, ele acrescentou uma estrutura central com uma segunda torre quadrada como um anexo. Quando as fundações estavam sendo escavadas, um esqueleto humano foi descoberto dois metros abaixo da superfície – uma característica relacionada aos crânios e ossos situados abaixo do nível do solo da casa dos sonhos[114]. Depois de finalizada essa ampliação, ele começou a achar que seu edifício ainda era "primitivo demais" e assim, após outro período de quatro anos, ele o ampliou novamente em 1931, dessa vez adicionando um cômodo na torre semelhante aos que vira nas casas hindus, no qual, ele diz, "eu poderia viver só comigo mesmo"; um espaço para "concentração espiritual" e solidão[115]. A adição desse cômodo elevou a torre e lhe deu uma forma mais arredondada. Quatro anos depois, em c. 1935, Jung cercou uma porção de terreno e construiu um pátio e uma *loggia* para satisfazer seu desejo por um espaço aberto e mais amplo, em contraste com o espaço isolado de sua reforma anterior, que pudesse conectá-lo à vastidão do céu e à natureza. Jung sentiu que havia concluído seu edifício com suas quatro partes diferentes. No entanto, vinte anos depois, em c. 1956, após a morte de sua esposa, Jung, agora com oitenta anos, experimentou outro impulso para se tornar, como ele diz, "tal como sou". Isso resultou em uma extensão à área entre suas torres "materna" e "espiritual", com a construção de uma terceira torre. Essa torre, a mais alta das três, se tornaria a torre central de sua casa. Ele se lembra dessa etapa arquitetônica final de seu desenvolvimento pessoal como a seguir:

> Na linguagem da casa Bollingen, de repente percebi que a pequena ala central, até então muito baixa, tão oculta, era eu mesmo! Eu não podia mais me esconder atrás das torres "materna" e "espiritual". Então, naquele mesmo ano, acrescentei um pavimento superior, que representa a mim mesmo ou meu próprio ego. Antes, eu não teria sido capaz de fazer isso; eu o teria considerado uma ostentação presunçosa. Agora significava uma extensão da consciência alcançada na velhice. Com isso, o edifício estava completo.[116]

Comparado com as pedras pesadas das outras partes do edifício, esse pavimento da consciência do ego, localizado no topo da terceira torre, foi construído em parte de madeira, com grandes janelas que dão para o lago, conferindo a essa torre uma sensação mais leve. Jung estava finalmente satisfeito com o edifício após essa etapa final de construção. Era para ele o "todo significativo:

um símbolo de inteireza psíquica" – descrição que ele aplicara à cabana primitiva de seu projeto original[117]. Jung veio a se conhecer por meio da construção do edifício Bollingen e seu projeto tornou-se aparente para ele e tomou forma gradual à medida que aspectos de si mesmo lhe eram revelados por suas interações com o edifício. Depois de ter construído esse último pavimento e percebido que ele representava sua consciência do ego, sentiu que havia se tornado a "sua própria pessoa".

Dado o gradual – pode-se dizer, "orgânico" – desenvolvimento arquitetônico do edifício em seu alinhamento com a autocompreensão de Jung, a torre Bollingen pode ser interpretada como uma construção incomum que faz uso de métodos não convencionais de projeto e engenharia. Seu modelo não poderia ter sido elaborado com antecedência; tinha que ser descoberto. Os métodos construtivos de Jung eram semelhantes aos do arquiteto pouco prático que citamos anteriormente em relação a uma analogia de Freud. Tal arquiteto emprega métodos psicanalíticos de construção e projeta ao acaso, de acordo com os ditames do inconsciente. Embora Jung não tenha alcançado o feito sugerido pela analogia de Freud de decorar os cômodos internos de um edifício ao mesmo tempo que erigia suas paredes externas, num certo sentido o inconsciente o levou a decorar os "cômodos internos" de sua mente ao mesmo tempo que estabeleceu a tessitura externa e material das paredes da casa. Dado que a construção do edifício foi prolongada e realizada em várias etapas impregnadas de tensão emocional e conflito, talvez não seja surpreendente que a sua disposição espacial seja estranha, com alguns espaços bloqueados, apresentando uma justaposição irregular e complexa de formas[118]. A "torre" em Bollingen é um projeto que poucos, se é que existem esses poucos, provavelmente teriam encomendado.

A identificação do edifício Bollingen com o aspecto inconsciente da mente é acentuada quando sua simplicidade rústica é comparada à elegância do edifício em Küsnacht. A casa de Küsnacht, com seus imponentes traços barrocos, teve a intenção de impressionar (na verdade, dizem que Freud, por exemplo, invejava seu projeto[119]). Sua semelhança com o pavimento superior da casa dos sonhos sugere sua associação com o reino da consciência do ego – um ponto realçado pela função pretendida do edifício como um lugar para acomodar a agenda lotada de Jung e seus compromissos. O edifício Bollingen de Jung contrasta fortemente com o de Küsnacht em sua estética e função. Seu *design* minimalista e escassa mobília, com pequenas janelas e cômodos voltados para o interior, e sua localização em um ambiente relativamente remoto e isolado, contribuem para interpretá-lo como uma estrutura para todos os tempos. Dadas as suas associações com o inconsciente e sua função como algo mais parecido com uma *habitação* heideggeriana do que com um domicílio profissional ou familiar, o edifício Bollingen não convida à ornamentação ou a um *design* estilizado, e os únicos elementos decorativos necessários são aqueles fornecidos pela imaginação e pelos pensamentos contemplativos de seu habitante[120].

Edifícios Retribuem o Olhar

Por meio de suas associações com os aspectos inconscientes e conscientes da mente, as interações de Jung com os edifícios em Küsnacht e Bollingen permitiram-lhe negociar esses aspectos dentro de si mesmo e integrá-los de acordo. O estudioso Robert Mugerauer afirma: "Juntas, as casas fortaleceram cada dimensão da personalidade de Jung e levaram a uma abertura para a integração que agora celebram"[121]. No processo de seu projeto e construção e na experiência de morar nelas, as duas casas forneceram a continência necessária para a exploração consciente e inconsciente de seu *self*. É como se Jung tivesse se encontrado inscrito e inserido no edifício, dando vida ao modelo arquitetônico do ser. Se examinarmos os relatos biográficos de Jung, logo descobriremos que ele, de fato, interagiu com a arquitetura dessa maneira ao longo de sua vida[122]. Assim, dos sete aos nove anos de idade, Jung relata uma brincadeira divertida, porém comovente, com uma grande pedra (ele a descreveu como "minha pedra", assim como a casa dos sonhos de 1909 era, para ele, "minha casa") que se projetava de um muro no jardim da casa de sua infância em Klein-Hüningen. Ele descreve o jogo da seguinte maneira:

Estou sentado em cima dessa pedra e ela está embaixo. Mas a pedra também poderia dizer "eu" e pensar: "Estou deitada aqui nessa encosta e ele

OS MODELOS ARQUITETÔNICOS DA PSIQUE

está sentado em cima de mim." A questão então surgia: "Sou eu quem está sentado na pedra ou sou a pedra sobre a qual *ele* está sentado?" Essa pergunta sempre me deixava perplexo, e eu me levantaria, perguntando quem seria o quê [...] não havia nenhuma dúvida de que essa pedra tinha alguma relação secreta comigo. Eu poderia ficar sentado nela por horas, fascinado pelo enigma que ela me propunha.[123]

Envolver-se com a pedra dessa forma aliviava a mente perturbada de Jung. "Era", diz ele, "estranhamente reconfortante e tranquilizador eu me sentar sobre a minha pedra. De alguma forma, isso me livrava de todas as minhas dúvidas. Sempre que pensava que eu era a pedra, o conflito cessava."[124] Em outra ocasião, em idade semelhante, Jung guardou um "seixo do Reno, polido, oblongo e escuro" em um estojo de lápis, junto com uma pequeno modelo de figura humana que ele esculpira em madeira. Ele considerava a pedra como a "força vital" do homenzinho talhado[125] – e, podemos supor (da força vital), do próprio Jung também, uma vez que ele observa que "eu tinha uma vaga sensação de parentesco entre a 'pedra da alma' e a pedra que também era eu"[126].

As interações íntimas de Jung com pedra continuaram no projeto e na construção de edifícios. Essa atividade era para Jung um "rito de passagem", que o capacitava a se reconectar com as memórias de sua juventude e outros sentimentos e ideias que estavam adormecidos e inconscientes dentro dele[127]. É bem sabido que, na meia-idade, Jung embarcou em uma extraordinária exploração de sua mente inconsciente entre 1913 e 1916 (que ele chamou de seu "confronto com o inconsciente"[128]). Acredita-se que as experiências imaginativas e visionárias que ele vivenciou nessa época registradas em seu lendário *Das Rote Buch* (O Livro Vermelho) ou *Liber Novus*, publicado em 2009, foram expressões diretas do inconsciente, revelando a Jung vários conflitos psicológicos que não poderiam ter sido considerados e negociados por meios mais racionais. Suas visões foram analisadas longamente, mas o que nos interessa aqui é a concessão negligenciada por Jung de que seu "confronto com o inconsciente" começou com a construção de maquetes de edifícios. Ele relata em sua autobiografia que, sempre que se sentia assediado por sentimentos inexplicáveis, se via construindo "casinhas", "castelos" e "aldeias inteiras" com "pedras comuns, usando lama como argamassa"[129]: uma atividade que iniciou na infância, quando edificava "casinhas e castelos" de pedra e "portões e abóbadas", usando garrafas como suporte[130]. Jung descreve como ficou imerso nessa obra: "Continuava com meu brinquedo de construção depois do almoço todos os dias, sempre que o tempo permitia [assim] que eu acabava de comer [...] e [eu] continuava a fazê-lo até a chegada dos pacientes; e se eu terminasse meu trabalho cedo o suficiente à noite, voltava a construir"[131]. Seu brinquedo arquitetônico inspirou imensa criatividade – não apenas preparando o caminho para seus projetos arquitetônicos maiores em Küsnacht e Bollingen, mas no desenvolvimento de sua personalidade, na integração de seus sentimentos e memórias e nas ideias teóricas pelas quais ele veio a ser conhecido. Embora Jung não se estenda sobre a significação de suas interações com a arquitetura, ele admite que elas ajudaram a esclarecer seus pensamentos e "apreender as fantasias cuja presença em mim eu vagamente pressentia"[132].

Podemos continuar a rastrear a correspondência entre a arquitetura e o *self* de Jung nos relatos de vários sonhos que ele descreve como o tendo levado a entendimentos significativos sobre si mesmo e o funcionamento da mente humana de forma mais geral. A casa dos sonhos de Jung de 1909 foi, diz ele, "na verdade, um breve resumo da minha vida – a vida da minha mente"[133]; e "apontou que havia mais camadas de consciência [do que eu havia percebido até então]"[134]. Entretanto, esse é apenas um sonho arquitetônico entre muitos. Outros incluem uma cidade dos sonhos (que ele chama de "Liverpool") com ruas "sujas" construídas radialmente em torno da praça da cidade, no centro da qual ele descobre a "função salutar da psique"[135]. Jung também relata um sonho recorrente de uma "ala de hóspedes" desconhecida ou anexo de sua casa: "um antigo edifício histórico, há muito esquecido, mas minha propriedade herdada", com "mobiliário antigo e interessante"[136]. A natureza recorrente desse sonho final permitiu a Jung progredir na construção um pouco mais a cada vez. Pouco antes de a série de sonhos chegar ao fim, ele descobriu no edifício uma velha biblioteca, contendo vários livros desconhecidos, incluindo um livro de símbolos. "A casa era, é claro", afirma ele, "um símbolo da minha personalidade e seu campo consciente de interesses; e o anexo desconhecido representava a antecipação de um novo campo de interesse e pesquisa o qual minha mente consciente naquela época desconhecia"[137].

OS MODELOS ARQUITETÔNICOS DA PSIQUE

A frequência com que edifícios de natureza evocativa aparecem nos sonhos levou Jung a deduzir de seus aspectos comuns certas características da personalidade do sonhador. Em outras palavras, dado, como afirma Jung, que os edifícios são representações simbólicas da psique, sonhar com um edifício com áreas desconhecidas, "ocultas ou inexploradas" é se envolver com aspectos ocultos da personalidade – ou, como Jung coloca, a "estrutura potencial do ego" da pessoa, sua nova atitude ou orientação, da qual a mente desperta ainda não está ciente[138]. Da mesma forma, sonhar com uma parte de um edifício que é inacessível e fora dos limites, ou sonhar em se perder ou se desorientar dentro de um ambiente construído sugere que o sonhador é resistente às mudanças que estão começando a tomar forma dentro dele[139].

De acordo com Jung, não são apenas aqueles edifícios – imaginários ou reais – que nós mesmos criamos que nos moldam e nos transformam, mas também os edifícios e cidades com os quais interagimos diariamente. Dentro dos ambientes construídos de nossas cidades existe, afirma Jung, um "espírito que ali impera". A arquitetura das cidades pode ser apreciada esteticamente, diz ele, mas também pode afetar você "no fundo do seu ser a cada passo". Na mesma veia da pedra no jardim da infância de Jung, ele diz (com referência especial às cidades de Roma, Londres, Paris e Pompeia) que "um fragmento de muralha aqui e uma coluna ali fixam seu olhar em nós com uma face imediatamente reconhecível"[140]. Ao fazer isso, os edifícios "abrem perspectivas imprevistas" e permitem que "coisas inesperadas [se tornem] conscientes"[141].

CONCLUSÃO: CONSTRUINDO O "SELF" E O "SELF" NO INTERIOR DE EDIFÍCIOS

Prosseguirei ao longo de nossa investigação para desenvolver minha pesquisa dos modelos arquitetônicos da psique propostos por Breuer, Freud e Jung, e os edifícios e projetos arquitetônicos que eles usaram para transmitir os trabalhos da mente. A principal característica de nosso argumento é sua representação do inconsciente e do consciente como as duas facções principais da mente que impulsionam o comportamento e moldam a identidade. O projeto estético de cada característica do edifício da psique se destina a transmitir a qualidade dinâmica do componente específico da mente que representa e os tipos de sensações que geralmente induz quando ativada. Assim, a arquitetura da consciência está situada acima do nível do solo para convidar a luz natural para seus cômodos, a fim de enfatizar a acessibilidade de nosso estado de vigília e a necessidade de ele negociar influências externas. Não precisamos nos mover muito para dentro do edifício para encontrar a consciência; ela é evidente de imediato. Ademais, cômodos bem iluminados revelam tudo o que está no interior e à mão e, como sugere a casa dos sonhos de Jung de 1909, a consciência está cheia de móveis e outros bens e cômodos com decoração elaborada para encantar os olhos, que preocupam e confortam o ego. A arquitetura do inconsciente, ao contrário, está oculta e é de difícil acesso; consiste em cômodos que raramente visitamos e contém pertences que esquecemos que possuímos. Se os objetos podem ser ali discernidos (como os ossos e a fauna pré-histórica da caverna de Jung), eles indicam uma vida já vivida. Esses cômodos são escuros, ambíguos e amplos porque o inconsciente está cheio de potenciais ocultos.

A estética contrastante de cada parte do edifício exagera as maneiras distintas com que experimentamos nossos ambientes quando nos envolvemos com eles por meio de uma forma de pensar consciente ou inconsciente. Para fins de sua função pretendida – como material didático que procura esclarecer as divisões da mente –, o contraste entre os dois aspectos da mente é exagerado para apresentar cada um em sua forma pura. Mais tarde, porém, veremos que, quando negociamos nossos ambientes, utilizamos ambos os aspectos da mente e em vários graus, de modo que nossa experiência real envolve uma combinação de ambos. Quando acordados e totalmente conscientes, nossas impressões são moldadas por nossos poderes de raciocínio cognitivo e apresentadas a nós como uma sequência coerente de pensamentos. Nossa forma de pensar consciente busca significado por meio da ordem e da certeza; e se sente mais confortável em ambientes que facilitam e atendem às suas necessidades, como aqueles que são convencionais, familiares e previsíveis. O inconsciente não está sob a jurisdição do controle consciente. Ocasionalmente, o ego é capaz de impedir que material inconsciente penetre na

OS MODELOS ARQUITETÔNICOS DA PSIQUE

consciência, mas o próprio material inconsciente é compelido de maneiras que escapam ao ego com seu escrutínio consciente. Do ponto de vista da consciência do ego, o material e a atividade do inconsciente são absurdos, irracionais, imprevisíveis, caóticos e misteriosos. O inconsciente se manifesta por meio de estética ambígua, surpreendente, confusa e inquietante. Muitas vezes isso pode parecer ameaçador para o ego, porém essa ameaça não pode ser totalmente discernida, apenas intuída ou sentida, como uma percepção apreensiva de que algo está fora do lugar, não está certo, sem saber exatamente onde ou o quê.

A natureza dividida do *self* é tal que a pessoa se encontra sob pressão contínua para conciliar suas agendas conscientes e as estratégias de seu ego com as excitações do inconsciente. Isso não é tarefa fácil. Conquanto sejamos compelidos por nossas preocupações conscientes a estabelecer um senso seguro de *self* que seja autocontido e com uma identidade de ego coerente, o inconsciente busca afrouxá-lo e perturbá-lo, pressionando o ego a se remodelar. A natureza volátil do inconsciente ameaça usurpar os melhores planos do ego, balançando os alicerces sobre os quais ele se assenta e ameaçando despejá-lo da casa que acredita ter criado para si mesmo.

Ao mapear a mente e o corpo humanos em um imaginário arquitetônico, os modelos da psique fornecem *insights* sobre o potencial evocativo de características específicas de nossos ambientes construídos e a relação delas com as várias necessidades da psique, e a maneira como se expressam para nós. Vamos nos basear em seus *insights* nos capítulos seguintes, no intuito de explicar como passamos a nos identificar com o ambiente construído de uma forma que nos permite negociar as demandas instintuais concorrentes dentro de nós. Neste capítulo, começamos a ver como a semelhança entre arquitetura, corpo e mente pode levar uma pessoa a se sentir de alguma forma corporificada na tessitura material de um edifício. De mais a mais, como vimos no que tange às interações de Jung com a arquitetura e às motivações que sustentam a associação feita por Freud de características arquitetônicas específicas com partes específicas do corpo, essa experiência pode ser profundamente evocativa; é capaz de colocar em movimento uma nova autoconsciência que pode desbloquear o potencial criativo do sujeito. Chamo essa experiência evocativa de "evento arquitetônico" e, nos capítulos seguintes, tento explicar como isso acontece, por que acontece e por que a arquitetura é particularmente boa em revelar para nós aspectos latentes, ocultos e inconscientes de nós mesmos. Meu argumento tem repercussões importantes para o projeto arquitetônico e, no curso de nossa investigação, começarei a estabelecer diretrizes ou uma estrutura para o projeto e a construção de edifícios evocativos e, inversamente, para abordagens e projetos que devem ser evitados. Explicarei, por exemplo, por que projetos estilizados e idiossincráticos, que buscam impressionar, são com frequência muito menos evocativos do que se poderia presumir, ao passo que projetos convencionais, aparentemente mundanos e indefinidos, por outro lado, têm o potencial de serem muito mais impressionáveis – para melhor ou para pior – do que se pensa amiúde.

Veremos que as diferenças básicas entre os modelos da psique apresentados por Freud e Jung têm implicações significativas para o "evento arquitetônico", tanto em termos da natureza ou da profundidade da experiência envolvida em nossa identificação com a arquitetura quanto em termos dos tipos de sentimentos que se pode dizer que a arquitetura evoca. Dada a importância dessas implicações, concluirei este capítulo destacando as principais diferenças entre Jung e Freud.

Jung considerava a interpretação freudiana da psique rígida, opressiva e "tacanha"; era equivalente a um "gueto" "estreito, retorcido e com teto baixo", como no sonho de Jung. Carecia, afirmava Jung, de uma "profundidade" essencial. Para acomodar essa profundidade essencial, encontramos Jung empreendendo renovações radicais no modelo básico da psique de Freud, com uma extensão situada abaixo do pavimento subterrâneo. O acréscimo dessa parte do edifício e seu *design* estético enfatiza a maior flexibilidade e a extensão mais ampla que Jung deseja atribuir à parte inconsciente da psique. Chamado de "inconsciente coletivo", esse novo pavimento situado nos alicerces do edifício assenta o edifício em um terreno abrangente, que inclui em si todas as possibilidades para a experiência humana, inclusive, como Jung faz questão de afirmar, nosso relacionamento com o próprio Deus. Nesse aspecto, o modelo da psique de Jung pode ser interpretado como dando continuidade à tradição daquelas metáforas arquitetônicas e alegorias do discurso religioso mencionadas

OS MODELOS ARQUITETÔNICOS DA PSIQUE

anteriormente, que caracterizam e procuram explicar nossa natureza espiritual. Enquanto os modelos arquitetônicos de Freud enfatizam a relação entre corpo e mente, os de Jung relacionam esses aspectos de nossa identidade com a natureza abrangente do "espírito".

O edifício de Jung acomoda uma personalidade com possibilidades e interesses de longo alcance, que são mais objetivos e abrangentes do que aqueles que preocupam o habitante do edifício de Freud. Enquanto o edifício de Jung abre-se a perspectivas novas e desconhecidas, o edifício de Freud olha para o interior e para si mesmo como um depósito de experiências passadas não expressas. Se Jung conseguiu ou não projetar um edifício da psique mais amplo do que Freud, é uma questão que iremos avaliar. O influente psicólogo e crítico cultural James Hillman, cuja abordagem da arquitetura se tornará especialmente importante para nossa investigação no capítulos 5 e na Conclusão, é (por exemplo) inflexível ao afirmar que a torre de Jung em Bollingen, longe de permitir que Jung se envolva de forma produtiva com seu inconsciente, realiza o inverso, e começa a aliená-lo do mundo exterior, consolidando sua identidade de ego atual e aprisionando-a dentro de suas paredes. Em vez de permitir a livre expressão de conteúdos inconscientes, a torre Bollingen, de acordo com Hillman, mantém sua repressão por meio de um projeto arquitetônico opressor que impede Jung de se envolver significativamente com o mundo exterior. Ao fazer isso, a torre, afirma Hillman, simboliza não o inconsciente, mas o ego patológico que extrai sua identidade apenas de seus próprios recursos[142]. Como Hillman observa, "Estamos realmente em um lugar estranho dentro da torre [de Jung]"; como seu arquiteto e habitante, Jung se identifica com uma "personalidade autoconfinada em paredes de pedra". O edifício Bollingen é para Hillman um "monumento em pedra ao ego autoconfinado"[143]. Hillman provavelmente situaria o edifício da psique de Jung dentro de um gueto opressor do tipo que Jung atribui a Freud. Nessa leitura, as pedras do edifício de Jung não contemplam todo o ser de Jung, como ele sugere; elas simplesmente retribuem-lhe o olhar, não para questionar a consciência do ego, mas para afirmar o que o ego já pensa que vê.

Investigaremos por que e como o projeto de um edifício é vital para a formação de nossa identidade e senso de *self*, e discutiremos alguns dos problemas existenciais básicos que enfrentamos quando interagimos com edifícios que, por uma razão ou outra, impedem nosso uso deles. As construções arquitetônicas manifestadamente estilizadas ou aquelas com características indefinidas que não nos impressionam de forma alguma, o que muitas vezes leva seus usuários a se sentirem desorientados e fora de lugar, são as mais problemáticas. Amiúde não imediatamente detectadas ou atribuídas à própria arquitetura, essas experiências podem ter um efeito prejudicial no bem-estar de uma pessoa, inibindo sua capacidade de autoexpressão e a negociação de conflitos inconscientes, problemas que podem se manifestar em uma variedade de sintomas.

No próximo capítulo, examinaremos mais de perto como estabelecemos relações íntimas com as formas materiais da arquitetura por intermédio das estratégias instintuais concorrentes do ego e do inconsciente que impulsionam nosso senso de *self*. Irei explicar como a identidade pessoal é estabelecida pelas tensões e conflitos que surgem em resposta aos nossos ambientes. A identidade é forjada a partir do nosso desejo de, por um lado, consolidar experiências de ordem, estrutura e segurança e, por outro, de afrouxá-las e desestabilizá-las de modo a experimentar uma liberdade de desapego e ilimitação. Isso acontece contra o plano de fundo de nossos ambientes construídos, com nosso desejo correspondente de, por um lado, nos fundirmos com suas características materiais de modo a nos sentirmos encerrados por eles e apegados com segurança à sua forma estrutural e, por outro lado, de nos separarmos deles para nos sentirmos autônomos e autossuficientes.

2. O Evento Arquitetônico

Edifícios Como Eventos Que Revelam Nosso Ser

De acordo com a teoria psicanalítica, a identidade ou a personalidade não é fixa, mas se desenvolve pela interação do ego e do inconsciente. O ego depende dos instintos inconscientes para a sua renovação contínua, e o inconsciente requer a consciência do ego como veículo para a sua expressão. Esses aspectos contrastantes da mente são codependentes. Se um fosse expresso em detrimento do outro, a personalidade sofreria como resultado[1]. Em termos gerais, se o material inconsciente tivesse sua expressão negada e não pudesse, portanto, reabastecer o ego ou mantê-lo sob controle, o ego se tornaria estultificado e rigidamente autocontido, de modo a ser "tacanho", preconceituoso e resistente a novas experiências. Uma pessoa nessa situação é alienada de seu ambiente, achando que ele é persecutório. Da mesma forma, se o inconsciente tivesse domínio total, o ego ficaria gravemente enfraquecido e vulnerável à fragmentação por um ataque de impulsos que buscam romper sua identidade delimitada. Uma pessoa nessa situação teria dificuldade em se distinguir de seu ambiente, sentindo-se como se estivesse fundida nele. Esses são casos extremos que provavelmente atribuiríamos à doença mental. No entanto, afirmo que é a interação dinâmica entre essas duas posições, vivenciadas em relação ao ambiente em que nos encontramos, que sustenta o desenvolvimento saudável da personalidade.

Decerto não sou a primeira a fazer tal afirmação. O arquiteto Neil Leach, por exemplo, descreve a identidade como um "vaivém contínuo" entre duas tendências humanas contrastantes: sentir-se "conectado" ao ambiente e "distinto" dele[2]. Elas funcionam, diz ele, como uma "relação figura/fundo", de modo que a identidade é, "em última análise, uma questão de primeiro e segundo plano. É uma questão de definir o *self*" por meio desses movimentos oscilantes, "contra um determinado ambiente". O meio ambiente é um fator crucial na formação da identidade, pois "consiste em um reservatório de impulsos que condicionam a existência humana". Além disso, Leach afirma,

se fôssemos destacar o papel do ambiente físico dentro desse regime, talvez pudéssemos apontar para uma série de edifícios icônicos e formações geográficas que figuram com proeminência na psique nacional [e] para aqueles de menor importância que, no entanto, estruturam nossa vida cotidiana. É aqui que podemos reconhecer o potencial do "lugar" como um registro de marcadores que condicionam a identidade pessoal[3].

Embora os edifícios comuns que estruturam nossas vidas pessoais possam parecer menos significativos do que os edifícios icônicos que moldam a identidade cultural de nações, continuarei argumentando que eles não são menos vitais a partir de uma perspectiva psicológica. Na verdade, qualquer edifício, especialmente aqueles que encontramos com regularidade, configura a nossa identidade.

O geógrafo humanista Yi-Fu Tuan descreve a identidade humana como um paradoxo convincente, que se desenvolve a partir de desejos concorrentes que estabelecem nossa atração pelo lugar (descrito por Tuan como "topofilia") ou nossa aversão a ele ("topofobia")[4]. De uma forma similar à nossa descrição das questões do ego e do inconsciente, Tuan se refere ao lugar como o *locus* de "segurança" e ao espaço como "liberdade"; necessitamos de ambos, afirma ele, uma vez que estamos "apegados a um e ansiamos pelo outro"[5]. Georg Simmel, sociólogo do início do século XX, afirma que "toda a nossa atividade" é guiada por nossas tendências contrastantes de "separação" das coisas e de "conexão" a elas. Essas tendências são demonstradas em nosso uso de duas

O EVENTO ARQUITETÔNICO

estruturas arquitetônicas: a ponte e a porta. Enquanto a ponte, diz Simmel, enfatiza a conexão, a porta tem um "significado mais rico e vivo", lembrando-nos de que "separar e conectar são apenas dois aspectos precisos do mesmo ato", pois "o limitado e o ilimitado são contíguos"[6]. Jane Jacobs, em seu estudo influente das cidades estadunidenses, alude à nossa percepção do meio ambiente como guiada por um de "dois conjuntos conflitantes de impressões". Por um lado, somos compelidos a nos identificar com a "intensidade" de seus "detalhes" e sua "atividade" e, por outro, com seu "infinito" e "amorfo" "anonimato da distância"; o primeiro inspira "intimidade" e o último "desapego"[7]. De acordo com Jacobs, se ambas as impressões estão presentes em um grau similar, o ambiente parece caótico, incoerente e perturbador; o sujeito é subsequentemente compelido a suprimir uma impressão para permitir que a outra tenha precedência. Curiosamente, Jacobs afirma que arquitetos e urbanistas tendem a suprimir a intimidade dos detalhes em favor de uma estética de desapego, distância e repetição, o que está em contraste com a maioria das pessoas, que tende à abordagem oposta.

Outro tipo totalmente diferente de pensador, o filósofo do século XIX Friedrich Nietzsche propõe dois traços opostos – o apolíneo e o dionisíaco – que são discerníveis no mundo como impulsos criativos nas pessoas e características estéticas das obras de arte, incluindo a arquitetura[8]. O apolíneo denota traços que apelam à consciência do ego, tais como individualidade, clareza, particularidade, contraste e convenção, enquanto o dionisíaco denota aqueles que correspondem ao inconsciente, como o caos, a incerteza, o frenesi, a contradição e a ilimitabilidade. Se o ego consciente tem uma disposição apolínea, o inconsciente é distintamente dionisíaco em caráter, pois o apolíneo caracteriza uma consciência de si mesmo como um ser distinto e autocontido, distinguível de seu ambiente; o dionisíaco denota a perda da individualidade e descreve um *self* que é dilacerado e dissolvido em seu ambiente[9]. As experiências mais criativas, afirma Nietzsche, são aquelas que envolvem as tensões antagônicas surgidas quando ambos os aspectos estão presentes – com tanta energia dionisíaca quanto a consciência apolínea pode conter. Retomaremos essa ideia na Conclusão, onde enfatizo a importância de incorporar contradições aos projetos arquitetônicos como uma forma de encorajar nossa identificação com eles.

Os edifícios, como veremos, são particularmente bons para nos ajudar a conciliar nossos desejos conflitantes, fornecendo-nos orientação e continência fundamentais. Eles são, portanto, instrumentais no cultivo de identidade e *self*. Mencionei antes que os problemas psicológicos ocorrem se é negada expressão ao ego ou ao material inconsciente, e isso é igualmente verdadeiro para os instintos concorrentes que temos em resposta a nossos ambientes: buscar nos fundirmos com eles ou nos separar deles. Se um dos instintos é enfatizado em detrimento do outro, a situação leva à ansiedade espacial. Os sintomas dessa ansiedade, amplamente concebidos como "claustrofobia" e "agorafobia", nos alertam para os perigos de promover um impulso em negligência do outro e são igualmente indicativos de ambientes problemáticos que não atendem às nossas necessidades existenciais.

Muito já foi escrito sobre agorafobia e claustrofobia nas disciplinas de psicologia, urbanismo e arquitetura. Embora pareça haver pouco consenso sobre a etiologia dessas condições, elas tendem a ser apresentadas como diferentes fases de uma mesma ansiedade, expressas como uma oscilação entre, por um lado, um desejo de contato e relacionamento desencadeado por um medo de isolamento e alienação e, por outro, um desejo de retraimento e distância desencadeado pelo medo de que o contato e o relacionamento venham a sufocar e a aniquilar[10]. Essas ansiedades são geralmente consideradas problemas que exigem tratamento e cura. Contudo, em certo sentido, elas também refletem a interação dinâmica entre as tendências contrastantes da personalidade de modo mais geral e expressam, embora de forma extrema, as diferentes disposições ou impulsos fundamentais do *self* que venho descrevendo. Sugiro que esses dois tipos de ansiedade sejam os correlatos espaciais ou arquitetônicos do colapso intrapsíquico nas relações, que pode ocorrer quando as necessidades do ego ou do inconsciente têm sua expressão negada. Em outras palavras, claustrofobia e agorafobia denotam ao mesmo tempo um colapso nas relações espaciais saudáveis entre o *self* e o meio ambiente *e* um colapso intrapsíquico nas relações entre o ego e o inconsciente. Lida dessa maneira, a claustrofobia descreve o ego que está contido rigidamente demais em seus limites autoimpostos[11], e a agorafobia descreve o ego que está fora do lugar e perdido em um espaço vasto e ilimitado. As necessidades de ambos os aspectos da personalidade requerem "espaço" adequado para sua expressão, a fim de evitar tais ansiedades e permitir que o desenvolvimento saudável do *self* continue relativamente desimpedido. Como Leach coloca, "é entre esses dois estados, o horror do *self* indiferenciado e o horror do *self* alienado, que a identidade é formada"[12].

Como explicarei em detalhes mais tarde, o ambiente construído oferece oportunidades para nos envolvermos de forma mais produtiva com nós mesmos e nos encontrarmos mais bem orientados e integrados em nossos ambientes. No presente capítulo, veremos por que os edifícios são particularmente bons em atender às necessidades de ambas as facetas de nossa personalidade e em encorajar sua mediação ou diálogo. Irei explicar isso primeiro em termos do ego, descrevendo a maneira pela qual a arquitetura comunica ao ego experiências de estrutura, forma e continência duradouras que o ego está muito ansioso em adquirir para si. Argumentarei que os edifícios fortalecem o ego, proporcionando-lhe uma impressão robusta e duradoura de si mesmo – que o ajuda a se sentir mais adequadamente equipado em sua defesa para afastar as ansiedades agorafóbicas de autodúvida, falta de distinção e potencial dissolução ou aniquilação. Em seguida, veremos como os edifícios acomodam o inconsciente em sua capacidade de evocar um excedente aparentemente "infinito" de significados e uma extensa qualidade que não pode ser apropriada ou reduzida às racionalizações do ego. Essa qualidade infinita propicia uma flexibilidade vital à experiência de estrutura e continência, que concede à pessoa uma importante experiência de liberdade e a impressão de que existem possibilidades e potenciais desconhecidos dentro dela. É uma experiência que enriquece o ego com uma disposição ampliada e mais objetiva, ajudando-o a se defender contra as ansiedades claustrofóbicas de isolamento, restrição e inércia. Minha conclusão é que os edifícios são profundamente evocativos e, portanto, interpretados de forma mais apropriada como *símbolos* da identidade humana.

Afirmo que, quando percebemos edifícios, não os percebemos de modo literal, como objetos passivos que se submetem total e completamente à nossa expectativa e compreensão. Em vez disso, nós os percebemos como objetos dinâmicos, ou melhor ainda, como *eventos* que nos envolvem na qualidade de participantes de

52

sua forma estrutural e, da mesma forma, são envolvidos em nossas experiências corporais e no processo cognitivo que sustenta nossos pensamentos criativos. De mais a mais, defendo que essa relação íntima nos obriga a usar as características materiais do edifício para nos orientar e integrar e, no processo, adquirir uma atitude enriquecida e mais objetiva. Os edifícios são *simbólicos* de nosso ser e, portanto, evocam ambas as facetas do *self* dividido, proporcionando-nos maiores oportunidades de experienciar aspectos de nós mesmos antes ocultos de nossa consciência. De uma perspectiva freudiana, a autorrevelação que pode ser evocada na percepção da arquitetura equivale a uma experiência de um material que foi esquecido e reprimido; revela significados de valor e relevância pessoais. De uma perspectiva junguiana, em contraste, a revelação inclui um material de natureza "arquetípica", que tem significado universal ou coletivo e, portanto, aplicável a todas as pessoas. Meu argumento é que os edifícios são participantes ativos da criação e do desenvolvimento da personalidade; eles fazem a mediação entre nossos instintos e desejos e ajudam a conciliar seus conflitos. Pode-se dizer, portanto, que os edifícios nos projetam e nos constroem ou reconstroem, tanto quanto nós os projetamos e construímos.

CONSTRUINDO ESTRUTURAS DURADOURAS PARA NÓS MESMOS

Poucos contestariam que a vida em si é confusa. Não existem verdades evidentes sobre o significado ou o propósito da vida com as quais todos concordem. O filósofo pré-socrático Heráclito declarou que a vida é um estado de fluxo, de devir e de morrer[13], de modo que todas as estruturas que parecem permanentes e duradouras estão na verdade gradualmente se dissolvendo e erodindo. A única certeza na vida é que nós também, pelo menos em nossa forma física, finalmente morreremos. E, no entanto, a maioria de nós teria dificuldade em viver com esse fato como nosso único guia, ou de agir acreditando que nossas experiências pessoais são, em última análise, desprovidas de sentido e irrelevantes no grande esquema das coisas. Por conseguinte, muitos filósofos sugeriram que somos compelidos a criar nossas próprias verdades

O EVENTO ARQUITETÔNICO

e valores e que, ao impô-los ao mundo, o tornamos coerente e significativo. Em outras palavras, que tornamos a vida significativa porque projetamos nela nossa necessidade de significado. É esse traço da condição humana que o filósofo Nietzsche procurou expor. De acordo com Nietzsche, a grande maioria de nós é motivada por uma "vontade de verdade" que, diz ele, nos ilude a pensar que as verdades que inventamos para nos empoderar e nos fazer sentir seguros na vida estão enraizadas no universo como realidades duradouras, eternas. Esses sistemas de verdade fabricados, diz ele, podem entravar gravemente nossas vidas, ditando como devemos viver e nos impedindo de considerar perspectivas alternativas e concorrentes. Nietzsche oferece uma série de saídas para esse dilema, uma das quais é particularmente relevante para nossa investigação: adotar uma abordagem *estética* da vida. Isso pode nos permitir, afirma ele, encontrar a continência que buscamos sem nos rendermos aos delírios inibidores. As formas de arte apolíneas – das quais a arquitetura é a mais pura – nos ajudam, diz Nietzsche, a superar as ansiedades provocadas pelo fluxo da vida, evocando dentro de nós uma atitude "similar à onírica" em relação às nossas experiências, que cultiva a ilusão de que existe uma realidade oculta mais profunda ou uma verdade superior que sustenta as formas de arte que percebemos. Essa dimensão oculta é de nossa própria criação e nos fornece uma estrutura flexível que nos ajuda a criar e a recriar nossos próprios valores e senso de *self*. O importante para Nietzsche é que encontremos os meios para continuar a nos recriar e nunca sermos levados a acreditar que nossas identidades e valores são fixos. Ao contrário dessas narrativas delusionais motivadas pela "vontade de verdade", a arquitetura como uma forma de arte apolínea nos liberta de delusões inúteis que nos escravizam a modos prescritivos de ser. Nessa leitura nietzschiana, a forma do edifício nos propicia um senso ilusório da estrutura e da continuidade que desejamos para nossas vidas: uma ilusão criativa que nos ajuda a construir uma narrativa coerente para nós mesmos sobre o valor e o significado da vida, de modo tal que não nos restrinja ou nos cegue para a possibilidade de descobrir outras ideias e modos de ser latentes no fluxo caótico da vida que de outra forma nos envolve.

Nietzsche sugere que a arquitetura, como uma forma de arte apolínea, pode nos conduzir, por intermédio da atitude "similar à onírica" que ela induz, a uma posição que nos permita assegurar o fluxo da vida para fins criativos. Examinaremos a importância dos efeitos "similares aos oníricos" da arquitetura posteriormente neste capítulo e com mais detalhes no capítulo 4; mas o que quero enfatizar aqui é a importância da forma estrutural da arquitetura para imprimir em nós a ilusão de que temos integridade estrutural permanente. Não sou a primeira a fazer tal afirmação. Alguns filósofos, arquitetos e psicanalistas sugeriram uma visão semelhante, se bem que de forma menos explícita. Uma ideia sugerida, com frequência, por exemplo, é que os edifícios nos ajudam a aceitar nossa mortalidade e morte iminente. Aqui, os edifícios são descritos como uma espécie de abrigo existencial que tanto defende as ansiedades provocadas pelos temores agorafóbicos da dissolução do *self* quanto ajuda a diminuí-las. O psicanalista F. Robert Rodman, por exemplo, afirma:

O ambiente construído se distingue por sua presença estrutural, sua qualidade de sobrevivência. [... edifícios] nos dão uma sensação de valor permanente. Prezamos esses edifícios em parte porque *sobreviveram*; eles falam de permanência relativa no fluxo do tempo. Isso parece óbvio. Como seres humanos, feitos de carne e osso, sujeitos aos caprichos do corpo e, em última análise, incapazes de escapar da própria morte, valorizamos aquilo em que podemos confiar que continue, aquilo que pode nos proteger por sua força intrínseca. Valorizamos as pessoas acima de tudo, mas também valorizamos o que é construído, em particular o lugar em que vivemos. [...] a não destruição contínua do ambiente construído nos tranquiliza [...] Prezamos os edifícios em parte pela sua sobrevivência [...] Essa sobrevivência contribui para a natureza reconfortante do mundo construído que cerca nossas vidas desordenadas.[14]

Ele prossegue, sugerindo a posição que desejo defender: "O ambiente construído fornece a ilusão de ordem na qual o trabalho de criar ordem a partir da desordem é aliviado [...]. Aqui estou justapondo a desordem interna da mente com a integridade duradoura e estrutural do ambiente construído que habitamos em grande parte."[15]

O arquiteto Yi-Fu Tuan afirma algo similar ao sugerir que os edifícios transmitem um senso vital de continência permanente por meio de sua solidez, tamanho e forma. "Se a arquitetura tem prestígio", diz ele, "uma das razões para tal reside no aspecto de permanência do edifício", e isso é conseguido através de materiais de construção sólidos e tamanho absoluto. Se o edifício também é simétrico, construído na forma de um círculo, quadrado ou polígono, ele reivindica ser atemporal – eterno. O fato de não ter frente ou fundo sugere que o edifício está além da necessidade humana de orientação e movimento, que transcende as insignificantes divisões humanas de tempo e seus projetos[16].

Ao participarmos de alguma forma da estrutura duradoura de um edifício ou nos tornarmos integrados a ela, imaginamo-nos preservados e, assim, encontramos os meios de administrar nossas ansiedades espaciais. Peter Buchanan, arquiteto e crítico cultural, explica que nossa experiência de nós mesmos como inscritos dentro de um edifício é uma projeção inconsciente do *self* em outra forma material:

Um dos mais [*sic*] propósitos fundamentais da arquitetura, subestimado pela maioria dos arquitetos, é como um meio pelo qual criamos a nós mesmos. Indiscutivelmente, apenas a linguagem desempenha um papel tão importante quanto a arquitetura para impulsionar a evolução cultural pela qual criamos a nós mesmos. Contudo, vai muito além disso: ao projetar nossa psique no espaço dessa maneira, não apenas criamos a nós mesmos, mas também [criamos nosso] ambiente [,] com o qual sentimos uma forte relação, então nos sentimos em casa em um mundo do qual a autoconsciência e a consciência da morte, de algum modo, nos deslocam.[17]

Considerando que Buchanan descreve nossa tendência de nos projetar no espaço como uma resposta aos sentimentos desconfortáveis de deslocamento que acompanham nossa consciência da morte, afirmo que procuramos nos projetar fora de nosso corpo mortal e na estrutura duradoura dos edifícios a fim de sentir que adquirimos fortificação e proteção adicionais contra a ansiedade da morte. Assim como tornamos a vida significativa e coerente projetando nela nosso desejo de certeza e orientação, nossa percepção da arquitetura implica que projetemos na sua estrutura e solidez a experiência de continência estabilizadora que buscamos para nós mesmos. No próximo capítulo, explicarei a dinâmica da projeção e o papel importante que ela desempenha em nossas identificações com a arquitetura, instigando-nos, por exemplo, a perceber os edifícios como extensões de nós mesmos.

Os edifícios, obviamente, não permanecem em condições pristinas; eles "devêm e morrem", como afirma Heráclito. Suas características materiais estão sujeitas a renovação, deterioração e demolição. No entanto, as mudanças em sua tessitura material não diminuem seu poder de imprimir em nós o caráter da sua – e da nossa – própria integridade estrutural. Na verdade, é amiúde por ocasião de uma mudança repentina e inesperada para um edifício familiar que nossas identificações com ele são mais visceralmente sentidas. Relatórios sugerem que o colapso ou a destruição de edifícios familiares ou a construção de edifícios novos e modernos[18] dentro de um ambiente urbano bem estabelecido incitam sentimentos poderosos nas pessoas, fazendo com que se sintam desorientadas, independentemente de gostarem ou não do edifício em questão. Se a solidez e a estrutura de um edifício conferem um grau de fortalecimento existencial a uma pessoa, é razoável pressupor que a demolição de sua forma material transmitirá à pessoa, em algum nível, a realidade de sua mortalidade e fragilidade. O "trabalho do arquiteto", como o psicanalista Christopher Bollas apropriadamente observa, "envolve importantes questões simbólicas de vida e morte", pois o ato de "[d]emolir a estrutura existente para dar lugar a uma nova se aproveita de nosso próprio senso de existência limitada e prediz nosso fim"[19]. A desorientação causada pela demolição de um edifício familiar é uma resposta ansiosa à repentina exposição à nossa mortalidade e ao entendimento de que não somos tão duradouros quanto imaginávamos. O fortalecimento existencial emprestado pelo edifício acabou e, ao mesmo tempo, nosso senso de nossa própria ordem permanente está substancialmente enfraquecido e ameaçado. Essa reação tem características agorafóbicas, pois sugere um desejo intensificado de nos sentirmos contidos com segurança pelo ambiente, a fim de nos defendermos da exposição e da dissolução. A construção de um novo edifício em um ambiente familiar pode evocar uma ameaça similar aos confortos da autocontinência que a pessoa cultivava até então. A presença do novo edifício questiona sua abordagem habitual da vida, levando-a a se reorientar para o marco desconhecido. Como afirma a estudiosa Juliet MacCannell: "É como se a arquitetura inovadora perturbasse alguma camada profunda da existência, que coloca a estrutura fundamental do mundo (ou nosso lugar de fantasia dentro dele) em perigo – ou pelo menos em dúvida."[20] O novo edifício ameaça invadir e violar nossa experiência de autocontinência e, por conseguinte, instiga algo parecido a uma reação claustrofóbica sufocante.

Mudanças repentinas no ambiente construído propiciam oportunidades inestimáveis para explorar as identificações que as pessoas fizeram com suas características e o impacto sobre seu senso de *self* e bem-estar. Embora o ego com frequência experimente a atividade inconsciente como uma ameaça à sua autocontinência, essa ameaça pode trazer um resultado positivo para o ego. Ao afrouxar os vínculos do ego, o inconsciente pode encorajá-lo a explorar para além deles e a se redescobrir como há pouco situado. A desorientação experienciada com a destruição do edifício familiar ou a imposição de um edifício desconhecido, embora perturbadora e frequentemente desagradável, pode ser o prelúdio de uma nova orientação do ego; oferece uma oportunidade para que a pessoa reavalie a si mesma e seus vínculos, superando, assim, preconcepções antiquadas de si e de seu ambiente.

Um edifício familiar que desaparece de repente pode ativar uma necessidade de a pessoa se encontrar contida com segurança em outro lugar do ambiente construído; entretanto, sua capacidade de transmitir continência ao ego muitas vezes durará mais do que sua morte física pela memória de suas formas materiais. Preservamos a integridade estrutural do edifício em mente. Nesse aspecto, somos nós que comunicamos ao edifício sua natureza permanente por meio de nossas reconstruções mentais dele. No capítulo 1, discuti a preservação intercambiável do *self* e do edifício no contexto da analogia freudiana da mente como a "cidade eterna" de Roma; porém, para uma ilustração mais prática, precisamos simplesmente lembrar como é mudar de casa.

Continuamos a ocupar nossas antigas casas, ainda que não estejamos fisicamente presentes nelas; do mesmo modo, nossas antigas casas continuam a nos ocupar. Como sugere Bachelard, "as moradas do passado permanecem em nós para sempre". "Para além das nossas lembranças, a casa em que nascemos está fisicamente inscrita em nós"; até mesmo "a sensação do menor trinco permaneceu em nossas mãos [...] Em resumo, a casa em que nascemos gravou em nós a hierarquia das várias funções do habitar."[21] Em um movimento interessante, Bachelard inverte o modelo arquitetônico convencional da psique, com suas representações das várias funções da psique como imaginário arquitetônico, para afirmar que "somos o diagrama das funções do habitar aquela casa particular [nossa primeira casa]"[22]. Bachelard afirma que a "casa em que nascemos torna-se imbuída de valores oníricos que permanecem depois que ela já não existe mais", e esses valores constituem, como ele e eu afirmamos, "um corpo de imagens que dá à humanidade provas ou ilusões de estabilidade"[23].

Bollas, em termos surpreendentemente semelhantes aos de Bachelard, equipara o edifício que chamamos de lar aos "cantos e fendas de partes de nós mesmos" e aos "locais de nidificação para a nossa imaginação"[24]; e a partir daí ele passa a considerar as repercussões estranhas da identificação íntima que temos com nossas antigas casas: "Nossa crença em fantasmas sempre será, pelo menos inconscientemente, autorizada pelo fato de que sempre permaneceremos em nossas antigas casas, assim como pressupomos que ao nos mudarmos para uma nova moradia, seus antigos habitantes também ainda estarão lá."[25]

Outras oportunidades para explorar as identificações entre o *self* e o edifício surgem quando um edifício familiar parece frágil e à beira do colapso. A correspondência entre a instabilidade percebida do edifício e os sentimentos de dúvida e insegurança no percebedor são evidentes, por exemplo, em casos comunicados de roubo e relatos de edifícios "inabitáveis" ou em ruínas. Exploramos a natureza evocativa das ruínas no capítulo 4, com foco especial na descrição de Freud de sua estranha experiência frente às ruínas da Acrópole. Basta dizer aqui que as imagens de edifícios em ruínas exploram nossas ansiedades de dissolução e chamam a atenção para os efeitos do inconsciente conforme ele se agita dentro de nós, ameaçando romper o ego e o estado estável de identidade que estabeleceu com fluxos de sentimentos e pensamentos reprimidos. Em relatos de roubo, a vítima (via de regra o proprietário) em geral descreve a provação de ter sua casa invadida e saqueada como uma violação de sua pessoa, comparando-a a um ataque físico ao seu corpo[26]; alguns chegam a ponto de descrever a provação em termos de estupro ou agressão sexual[27]. Nos casos em que a segurança de um edifício foi violada, aqueles que se identificaram com o edifício muitas vezes sentirão que também foram violados. A identificação de uma pessoa com o edifício roubado continua como antes do roubo; tudo o que muda é seu caráter. À medida que o edifício muda de um local de segurança e continência para outro que é inseguro, exposto e vulnerável, a pessoa também incorpora essas mudanças em seu senso de *self*.

De acordo com MacCannell, os edifícios incitam mais "comoção emocional" do que qualquer outro objeto, fazendo-nos reagir de "formas altamente afetivas e extremamente pessoais"[28]. Sugiro que um motivo para isso sejam as relações íntimas que temos com eles e as identificações fundamentais que estabelecemos com eles para dar sentido a nós mesmos. Nós nos relacionamos com os edifícios na expectativa inconsciente de que eles nos conterão, nos orientarão e nos fortalecerão por meio de suas próprias estruturas duradouras, de modo que quando algo inesperado acontece ao edifício e passamos a questionar sua natureza permanente, experimentamos um choque em nosso sistema, por assim dizer, com a revelação ou percepção inesperada de que nossas vidas não são tão estáveis e duradouras quanto acreditávamos. Afinal, era, como diria Nietzsche, uma ilusão. Os edifícios são os arquitetos de nossa pessoa; eles nos fornecem uma integridade estrutural vital que nos permite sentir que somos coerentes e estáveis e estamos seguros no lugar. Nossos sentimentos de desconforto no tocante aos nossos ambientes construídos não são uma questão trivial; não se trata simplesmente de gosto estético – se gostamos ou não de um edifício – mas de uma questão de preocupação existencial. Ou seja, a dissonância que uma pessoa sente entre si mesma e um edifício significa uma ameaça potencial à sua identidade, ameaça essa que pode se manifestar em sentimentos de ansiedade, alienação e exposição. Tal cenário, no entanto, como afirmei, não é de todo desastroso, pois oferece oportunidade para autodescoberta e crescimento pessoal.

A ARQUITETURA QUE INIBE

Aleguei que a identidade é alcançada pelo intercâmbio dinâmico entre dois impulsos concorrentes que são estimulados quando interagimos com nosso ambiente. Por um lado, somos obrigados a nos unir ou fundir com nosso meio ambiente para nos descobrirmos contidos nele com segurança. Para tanto, buscamos inconscientemente objetos que nos imprimam sua solidez e forma estrutural permanentes, de modo que nos sintamos mais integrados e fortalecidos. Por outro lado, somos compelidos a nos retirar de nosso ambiente e a afrouxar quaisquer ligações que tenhamos feito com ele, para nos sentirmos livres, sem restrições. Também observamos que um contrapeso ou uma oscilação entre os dois é necessária se o ego quiser evitar ansiedades espaciais problemáticas resultantes de se ficar fixado rigidamente demais em seus vínculos ou isolado e desenraizado sem eles. A arquitetura nos convida a participar da solidez de suas formas e a nos encontrarmos contidos nelas e integrados por elas. Mas também fornece o contrapeso vital para isso, encorajando-nos a nos separar delas e a nos sentirmos distintos e livres. Abordaremos isso em seguida, porém, antes, quero refletir sucintamente sobre um grupo de pensadores que considera os edifícios e outras estruturas arquitetônicas não como contentores para o *self* ou mediadores de seu desenvolvimento, mas, pelo contrário, sua prisão, restrição e sufocação. Para esses pensadores, a arquitetura é nada menos que um sintoma de nossa própria patologia, que nos afasta do mundo natural sem oportunidade de autodescoberta e crescimento pessoal.

Muitos desses pensadores estão associados a movimentos populares "verdes" conhecidos por vários nomes, como ecopsicologia, psicologia verde e ecologia profunda. Tais pensadores consideram a arquitetura como edifícios ego-cêntricos que nos isolam dos impulsos inconscientes que nos enriquecem ao encorajar nosso envolvimento com o mundo mais amplo, além de nossos próprios interesses imediatos. Os edifícios são descritos em termos condizentes com o ego neurótico, que está impregnado de preconceito e doença, com pouca esperança de cura[29]. O mundo natural, como antítese do ambiente construído, é reverenciado como um lugar de saúde, um lugar que nos reviverá apenas se formos capazes de escapar da cidade opressora. O mundo natural é apresentado como um lugar ameaçado pela invasão do canteiro de obras, que busca devorá-lo com uma expansão urbana indisciplinada. Em um trabalho amplamente aclamado de ecopsicologia, Theodore Roszak diagnostica o ambiente construído como uma *doença* do ego que infecta nossas relações com nosso corpo e com o mundo natural. Os edifícios têm, afirma ele, um distúrbio muscular que contorce sua massa corporal e, em nossa identificação com eles, distorce nossa própria capacidade de "intimidade sensória" com os outros. Roszak mantém que essa imagem corporal neurótica e experiência disfuncional de corporificação "nos isola da vitalidade espontânea" e nos afasta do mundo natural[30]. A urbanização – ou a disseminação infecciosa da "varíola da cidade", como ele a denomina – é interpretada por ele como um sintoma patológico das delusões de grandeza, onipotência e megalomania de nosso ego, que infectam o mundo com "estruturas poderosas" que "declaram aos céus: 'Vejam, estamos aqui. Levem-nos em conta!'"[31]

O psicólogo James Hillman parece igualmente interessado em equiparar a arquitetura ao ego neurótico e seu desejo de se fortalecer a fim de ampliar sua magnificência iludida[32]. A crítica de Hillman à "torre" de Jung em Bollingen como um "monumento de pedra ao ego autoconfinado" que aprisiona Jung dentro de suas paredes pode ser interpretado no contexto mais amplo de sua crítica às estruturas das torres em geral. Para Hillman, as torres são simbólicas (ou sintomáticas) da mentalidade moderna e seu fracasso em se envolver com a vida além de sua aparência superficial. Elas representam para ele uma estrutura defensiva problemática que magnifica nossa necessidade de estabilidade e continência, procurando nos enclausurar em uma arquitetura impenetrável e paranoica, que nos isola de tudo o que está além de seus limites, como se a vida exterior fosse uma ameaça à segurança interior. Hillman associa a torre de Jung com os problemáticos "arranha-céus gigantescos de Chicago e NYC [cidade de Nova York]"; todos os quais expressam "individualismo emparedado, a doença do [...] século XX"; "em vez de *conectar*, eles agora estão *excluindo*"[33].

Para Hillman, os edifícios em geral – e especialmente as torres – criam em seus habitantes sentimentos de "desdém" pelo mundo[34]. Em uma nota não publicada e sem data, Hillman equipara "paranoia" com a percepção que se tem no topo de um prédio alto: nosso "olhar para longe", "olhar para baixo", "olhar para cima" – em outras palavras, vistas de grande distância que acentuam nossa separação do mundo em vez de nossa participação nele[35]. Em outra nota não publicada, Hillman descreve edifícios como locais de "controle'" e torres como estruturas "heroicas" que colocam você "no topo, acima de todos os demais"[36]. Características arquitetônicas específicas, como janelas e portas, são igualmente alvo da crítica de Hillman. A janela é enfatizada, não como o velho ditado nos faz acreditar, como uma abertura "para a alma", mas como um atalho para o isolamento social e para a "fantasia paranoica" de que qualquer coisa pode entrar e invadir nosso espaço privado[37]. A porta é também um mecanismo defensivo, descrito por Hillman como um emblema de "repressão". De acordo com essa ideia, uma porta não abre para nós um mundo de possibilidades, mas se fecha sobre nós, para nos isolar de tudo o que está do outro lado[38].

Se Roszak e Hillman explorassem os modelos da psique descritos no capítulo 1, eles se veriam presos nos pavimentos superiores, esquecidos das escadas que permitem o movimento por todo o edifício e para os cômodos escuros e extensos do porão na outra extremidade. Ambos os pensadores parecem identificar os edifícios apenas com a consciência do ego e suas correspondentes preocupações estéticas de ordem, estabilidade, apropriação e apego ao lugar. Eles identificam a arquitetura com sua capacidade de nos estruturar e nos encerrar, e não reconhecem sua capacidade também de despertar aqueles impulsos inconscientes que procuram nos afrouxar e nos apartar de seus confins; ao fazer isso, sua arquitetura inevitavelmente induz uma claustrofobia doentia.

Em contraste com as afirmações de Roszak e Hillman aqui citadas, sugiro que os edifícios não abrigam somente o ego; tampouco atendem apenas às suas necessidades, mas – como sugerem os modelos da psique – abrigam e simbolizam a interação entre a consciência do ego e o inconsciente no desenvolvimento da identidade como um todo, não em parte. Os edifícios se prestam ao ego para satisfazer suas necessidades de estrutura permanente, mas também estão bem-dispostos no que tange às questões contrastantes do inconsciente. Qualquer compulsão que possamos ter de nos encontrarmos alojados em segurança é acompanhada por um desejo de mergulhar nos mistérios do desconhecido; e essa interação dinâmica, argumentarei, sustenta nossa percepção da arquitetura e determina a medida em que nos identificamos com projetos arquitetônicos específicos.

Iremos agora voltar nossa atenção para a maneira em que os edifícios atendem às necessidades do inconsciente por sua capacidade de imprimir em nós seu caráter extenso e seu excedente "infinito" de significado, que frustra nossas tentativas de total e literalmente compreender nossas percepções deles. A qualidade extensiva de um edifício provê a experiência de continência de uma flexibilidade vital que nos encoraja inconscientemente a explorar e reavaliar nossas preconcepções de nós mesmos, bem como as propriedades funcionais do edifício. Aqui é exposta a natureza *dinâmica* do edifício, revelando-se ser um *evento* que convida o sujeito a participar do ato da sua revelação, e não um objeto passivo de que nos apropriamos à vontade.

ARQUITETURA COMO EVENTO E CONTENTOR DE EXCEDENTE INFINITO

Há uma definição de arquitetura que está ganhando impulso em disciplinas correlatas, que à primeira vista parece radical ou um tanto bizarra, porém nem tanto quando examinada um pouco mais de perto. Essa definição não se preocupa tanto com a tessitura material de um edifício, mas com as experiências evocativas que essa tessitura promove, em especial aquelas que nos levam a uma experiência intensificada de nós mesmos ou a uma auto-compreensão aprimorada. Teóricos de campos de estudo díspares passaram a definir a arquitetura como algum tipo de evento. Meu argumento é que esse "evento" da arquitetura transmite ao percebedor do edifício *insights* sobre si mesmo que não poderiam ter sido alcançados apenas pelos esforços de deliberação racional. Os edifícios, eu afirmo, nos convidam a nos envolvermos com eles a fim de explorar aspectos não mapeados e inconscientes de nós mesmos. Nos capítulos seguintes, explicarei como isso acontece e por que é importante conceituar a arquitetura não só em termos de suas características materiais, como também em termos de seu potencial dinâmico.

O dinamismo que escora um edifício é considerado por muitos como sua característica definidora. A esse respeito, o valor do projeto arquitetônico não está em suas características geométricas ou na qualidade de seu acabamento; tampouco pode ser reduzido à mente do percebedor. Está, como o estudioso Lindsay Jones afirma, "na negociação ou na relação interativa que inclui tanto o edifício quanto o observador – no *evento arquitetônico-ritual* em que os edifícios e os participantes humanos estão envolvidos"[39]. Esse evento dinâmico sintetiza a base ontológica do edifício; é a sua característica definidora, aquilo que o estabelece como edifício e não outra coisa. De acordo com Jones, "inúmeros estudos continuam a perpetuar a ficção de que os edifícios têm significados inerentes e estáveis – o que [...] certamente não têm"[40]. Por conseguinte, se quisermos fazer uso de um edifício e entender suas propriedades, não devemos perder tempo, diz ele, "decifrando definitivamente os códigos" que não estão nele, mas enfocá-lo como faríamos com uma obra de arte, como "um movimento da história, um *processo* ou sequência de ocasiões no qual nem o intérprete nem a obra de arte podem ser considerados partes autônomas"[41]. Para Jones, a arquitetura é "um evento que seduz"[42]; é uma "ocasião dinâmica" ou "situação cerimonial" que leva "pessoas e edifícios à interação ativa"[43]. Outros teóricos definem arquitetura de forma semelhante. Para citar apenas alguns: Aldo Rossi considera a arquitetura um "ritual"[44]; para Jane Jacobs, as ruas realizam um "balé local"[45]; a arquitetura também é uma "performance" para David Maclagan[46]; Bernard Tschumi define arquitetura como "ação" e "evento"[47]; para Neil Leach é um "processo dinâmico"[48]; para Henri Lefebvre, a arquitetura é um "projeto" inserido em espaços "qualitativos, fluidos e dinâmicos"[49].

O dinamismo inerente ao edifício é muitas vezes associado à sua capacidade de evocar uma superabundância ou "excedente" de significado[50]. Em termos psicanalíticos, isso sugeriria que os edifícios convidam a uma resposta em um nível ou registro de experiência distinto das deliberações racionais de nossa mente consciente. O excedente de significado do edifício ultrapassa os limites e recursos da consciência do ego e articula um fluxo indiferenciado de significados similares aos processados e expressos pela mente inconsciente. O material inconsciente, embora incompreensível e evasivo, se dá a conhecer por meio de seus efeitos, assim como a superabundância de significados evocados pelo edifício faz com que nos relacionemos com ele. A descrição do arquiteto Henri Lefebvre da natureza dinâmica da arquitetura em sua célebre obra *La Production de l'espace* (A Produção do Espaço) se encaixaria confortavelmente em uma descrição psicanalítica da natureza do significado inconsciente: pois a arquitetura, diz ele, não tem um "significado" (ou "significados"), mas um *horizonte de significados*: uma multiplicidade específica ou indefinida de significados, uma hierarquia mutável na qual ora um, ora outro significado passa momentaneamente ao primeiro plano, por meio de – e para – uma ação particular[51].

O mesmo poderia ser dito do seguinte trecho de Heidegger sobre um prédio de colégio, cuja natureza ou "Ser" não pode ser determinada por sua estrutura geométrica, mas por suas texturas afetivas:

Ali, do outro lado da rua, encontra-se o edifício do colégio. Um ente. A partir do exterior, podemos vasculhar todos os lados do edifício; no seu interior, podemos percorrê-lo do porão ao sótão, e observar tudo o que ali pode ser encontrado: corredores, escadas, salas de aula e suas mobílias. Em toda parte, encontramos entes, inclusive em uma ordem bem definida. Onde está agora o Ser deste colégio? Afinal, ele é. O edifício é. Se algo pertence a este ente é justamente seu Ser e, não obstante, não encontramos esse Ser dentro do ente.[52]

O significado de um edifício para esses pensadores não pode ser decifrado ou decodificado e expresso em termos racionais, porque um edifício gera continuamente significados em seu intercâmbio dinâmico com a pessoa que o percebe. A pessoa, como observamos, se envolve com seu ambiente tanto consciente quanto inconscientemente, e o edifício, ao que parece, tem muito a transmitir por meio de nosso envolvimento inconsciente com ele. Como Jones observa,

uma vez [seus edifícios] erguidos, para o melhor ou para o pior, arquitetos e construtores perdem quase imediatamente o controle da importância e dos significados de seus projetos. E, por conseguinte, conforme os seguidores (e estudiosos) usam, refletem e "brincam com" as estruturas construídas em seu ambiente, eles interrompem infinitamente antigos significados e despertam novos[53].

A isso, eu simplesmente acrescentaria que qualquer pessoa – não apenas seguidores ou estudiosos – desperta significados nos edifícios com os quais interage. Heinrich Klotz, historiador da arquitetura pós-moderna, afirma da mesma forma que, "quer os arquitetos gostem quer não, um edifício atua como um veículo de significado, mesmo que se suponha ser ele desprovido de significado"[54]. É o edifício como um excedente dinâmico de significados que sugere sua utilidade como um verdadeiro contentor para o aspecto elusivo e inconsciente do *self* – aquele aspecto vital que não pode ser apropriado ou totalmente compreendido pelo ego.

A NATUREZA SIMBÓLICA DOS EDIFÍCIOS

Muitos pensadores tentaram localizar e explicar os tipos de experiências que os edifícios evocam e, assim, procurar fazer algum sentido do impensável excedente de significados que eles evocam. A psicanálise e suas escolas correlatas chamam esse excedente de "inconsciente" e assumem a responsabilidade de investigar sua natureza e efeitos e o papel que desempenha na formação de nosso comportamento. Embora a estética como campo de investigação não tenha um nome específico para esse aspecto incognoscível, ela também tenta, como um de seus principais objetivos, entendê-lo. A filósofa Susanne Langer, por exemplo, define estética como "a compreensão de uma ideia não dita"[55]; e a estudiosa Murielle Gagnebin a define como "um discurso sobre o irrepresentável", que tem a "tarefa impossível de explicar o inefável"[56]. Como observa Maclagan: "Em outras palavras, ambas, a estética e a psicanálise, têm que lidar com efeitos que são subliminares ou inconscientes, que dependem de vários tipos de vazamento entre as realidades subjetivas e objetivas, e que com frequência estão quase fora do alcance da linguagem."[57]

No decorrer dessa investigação, adotarei a noção útil e abrangente do "símbolo" para elucidar a natureza daquilo que foge à compreensão, mas que, no entanto, transmite por meio de sua imagem importantes significados, efeitos ou, como sugere Maclagan, "vazamentos". A noção do símbolo é adotada por estetas e psicanalistas para descrever um "excedente" de significado, ou aquilo que evoca mais do que pode ser racionalmente discernido. Na psicanálise e suas escolas de pensamento correlatas, o símbolo descreve a experiência do ego de afetos inconscientes e, portanto, é considerado um registro de experiência que faz a mediação entre o ego e o inconsciente e incorpora ambos. O símbolo pertence, pois, ao conhecido e ao desconhecido, ao revelado e ao oculto. O edifício, nesse contexto, pode ser considerado um objeto simbólico, que simboliza os dois aspectos do *self* e facilita a relação entre ambos.

O que então queremos dizer com essa noção de símbolo que, eu afirmo, une estética e psicanálise[58] em seu esforço comum de lançar luz sobre as dinâmicas que sustentam nossa experiência da arquitetura? O simbolismo é uma área de estudo aberta ao debate, que diz respeito a uma miríade de disciplinas, incluindo, por exemplo, linguística e teologia. Não deveria ser surpreendente, portanto, que não haja uma definição categórica do símbolo. Na verdade, mesmo dentro da psicanálise e suas escolas correlatas existem teorias concorrentes sobre sua natureza e o poder de seus afetos. No capítulo 5, examino duas das teorias mais proeminentes, a de Freud e a de Jung, a fim de explicar como suas visões contrastantes sobre o simbolismo têm repercussões significativas para nossa compreensão do evento arquitetônico, tanto em termos da natureza de nossas identificações com a arquitetura quanto no que tange aos tipos de *insights* que a arquitetura é capaz de revelar sobre si mesma e sobre nós.

No que se refere ao seu significado etimológico, o termo "símbolo" deriva do *symbolon* grego e amalgama os termos *syn*, que significa "juntos", e *bolē* que significa "atirar", "lançar" ou o "golpe de um feixe ou raio", sugerindo assim sua natureza dinâmica como um "atirar junto" elementos contrastantes a fim de se estender para fora. Desde o final do século XVI[59], esse "atirar-junto" tem sido interpretado como uma relação de uma coisa "substituindo" ou "representando" outra, de modo que se considera geralmente que os símbolos constituem um significante que representa um significado. O significado, nesse caso, representa um valor, uma verdade ou um significado, que não é imediatamente discernível no próprio significante, mas nele está implícito. A noção do símbolo adotada por estetas e psicanalistas, entretanto, tem maior poder evocativo e potencial criativo do que sugere essa definição geral. Essas duas disciplinas enfatizam o fato de que o significante não pode encapsular o sentido do significado; ambas as disciplinas consideram o significante simplesmente como a melhor representação disponível do significado e do significado incognoscível em si mesmo. Assim, quando nos referimos a um símbolo em termos da estética ou da psicanálise, aludimos a um significante e ao "excedente" de sentido que não pode ser racionalmente discernido pelo significante, no entanto, é por ele evocado.

O símbolo compreende o significante conhecido e o significado desconhecido como dois aspectos contrastantes, reunidos em uma mesma imagem. Quando percebemos algo com *status* simbólico, somos compelidos a empregar um registro de experiência diferente daquele envolvido em nossa percepção literal das coisas, pois nossa atenção para o objeto simbólico não repousa sobre o próprio objeto, mas é direcionado para além dele, para significados que não são imediatamente evidentes ou discerníveis no objeto. Para reiterar as observações de Lefebvre sobre o objeto arquitetônico, ele "não tem um 'significado' ('significados')", porém nos direciona para um *horizonte de significados* "indefinido". É claro que ainda podemos perceber o edifício em termos literais e, assim, registrar a geometria de sua forma e a solidez de sua estrutura e assim por diante. De fato, afirmei que impressões como essas fornecem vitalidade ao ego, alimentando seu desejo por experiências de autocontinência e estrutura coerente. Contudo, igualmente importante é a nossa capacidade de perceber a natureza simbólica do edifício e, assim, nos envolver com suas características não literais ou inconscientes, por meio da superabundância de significados e possibilidades que dizemos evocar. De alguma forma, a arquitetura nos convida a perceber sua forma material de uma maneira não literal e a contornar nossa compreensão cognitiva de suas características, a fim de recorrer ao reservatório inconsciente de significados indiferenciados que evoca.

As descrições da natureza simbólica da arquitetura – como acontece com qualquer discussão que tenta elucidar o que se estende para além do pensamento racional – serão inevitavelmente complicadas e cometerão erros em direção ao poético e ao absurdo. No entanto, é uma noção importante, que encontra apoio e alguma clareza nas ideias influentes de outras pessoas. O filósofo Roger Scruton, por exemplo, em sua obra influente, embora muitas vezes esquecida, *Aesthetics of Architecture* (Estética da Arquitetura), desenvolve o registro não racional da experiência que empregamos em nossa percepção de edifícios, ao qual ele dá o nome de "percepção imaginativa"[60]. Retomamos sua análise a seguir.

Percepção Imaginativa

Scruton se baseia na epistemologia de Immanuel Kant para explicar a diferença entre "percepção imaginativa" e "percepção vulgar", como ele se refere a elas. De acordo com Scruton, Kant foi provavelmente o primeiro filósofo a dar uma explicação adequada da percepção imaginativa e a postular a "imaginação" como uma faculdade de nossas mentes por meio da qual nossas sensações e conceitos são unidos. Para Kant, quando percebemos algo, como um edifício, inevitável e imediatamente postulamos um conceito dele. Simplificando, aplicamos nosso entendimento aos dados sensoriais que recebemos para organizá-los em um todo unificado e, assim, compreender os dados como uma impressão de alguma coisa particular: por exemplo, um "edifício". A diferença entre a percepção vulgar e a percepção imaginativa para Scruton e sua leitura de Kant reside na medida em que a imaginação é limitada pelas regras de compreensão que são impostas na experiência. Na percepção vulgar, a imaginação é restringida por regras de compreensão, de modo que um edifício percebido ordinária ou literalmente se conformará com o conceito racional de "edifício" ao qual o percebedor está acostumado. Porém, se o edifício é percebido imaginativamente – ou "esteticamente", nos termos de Kant – a imaginação não é mais restrita pelas regras da compreensão, é "livre" para contemplar o objeto do edifício além dos limites da razão. A percepção imaginativa, diz Scruton, está subordinada a "padrões de pensamento e atenção a que não somos, de modo algum, obrigados, pelo que vimos, a aderir"[61]. Em outras palavras, nossa percepção imaginativa de um edifício pode nos levar a considerar ideias que não são imediata e racionalmente discerníveis na forma material do próprio edifício. De acordo com Scruton, os edifícios evocam esse registro imaginativo de experiência e, ao fazê-lo, se apresentam não como "um objeto de nossa atenção", mas como "um modo de atenção para outras coisas"[62]. Ele ilustra isso com o exemplo de uma catedral. Ver uma catedral através da percepção imaginativa, diz ele, não é uma questão de se envolver com suas características projetuais materiais, mas vê-la "como sabemos que ela não é". Ou seja, olhamos através dela, e não para ela e, como resultado, cogitamos em um fluxo de pensamentos imaginativos sobre coisas que não são visíveis na própria catedral. Scruton, portanto, afirma que nossa percepção da catedral "está imbuída do pensamento de algo ausente"[63]. A percepção imaginativa, sugiro, é equivalente a um registro inconsciente de experiência.

Scruton distingue entre o edifício que é percebido imaginativamente e suas propriedades materiais que são descobertas por meio da percepção vulgar. A percepção vulgar de um edifício como uma "massa de alvenaria" significa prestar atenção nele com um "objetivo intelectual especial", como diz Scruton, um desejo de "descobrir" algo sobre ele[64]. Em termos psicanalíticos, "a percepção vulgar" ou, como me referirei a ela, a "percepção literal"[65], é a abordagem tomada pela consciência do ego em seu desejo de apoderar-se do edifício para seus próprios fins. Perceber o edifício imaginativamente, por outro lado, é prestar atenção nele sem nenhuma intenção subjacente, mas descobrir algo útil nele, empregando – como Scruton afirma de forma enigmática – um "tipo diferente de compreensão". Nossa análise tentará expor e esclarecer o que esse tipo diferente de compreensão realmente implica.

Scruton prossegue afirmando que a arquitetura pode ser percebida *apenas* imaginativamente; nunca é uma mera "massa de alvenaria". Ele afirma: "Não é só por a arquitetura ser o objeto ocasional da experiência imaginativa (pois, o que não o é?), mas porque é um objeto apropriado daquela experiência e não pode ser entendida exceto em termos imaginativos."[66] Para Scruton, os edifícios ordenam imaginativamente nossa experiência e de tal forma que "por mais que despojemos a nossa experiência de interpretação, ela retém o caráter de liberdade que é um dos traços distintivos de um ato imaginativo"[67]. Em outras palavras, e em termos psicanalíticos, os edifícios encorajam a expressão inconsciente livre, permitindo que nossa experiência do edifício se desvie dos limites do entendimento racional, direcionando posteriormente nossa atenção para possíveis significados que não estão disponíveis à nossa mente consciente por meio de sua percepção literal do edifício.

Scruton resume seu argumento aludindo ao símbolo como o caráter definidor da experiência arquitetônica:

há duas maneiras pelas quais a experiência e o conceito podem se combinar: a forma da percepção literal e a forma da imaginação. [...] [N]a experiência da arquitetura, é a imaginação que prevalece. Isso não significa simplesmente que a experiência arquitetônica seja inerentemente interpretada, mas que pode ser modificada por meio de argumentos, permanece livre de preconcepções literais e adquire um *status* totalmente distinto daquele da percepção vulgar, ou seja, o *status* de um símbolo[68].

O EVENTO ARQUITETÔNICO 71

Sugiro que as impressões que recebemos em nossa percepção da arquitetura põem em movimento um fluxo de ideias, sentimentos e experiências inconscientes. No capítulo 4, examino essa sequência de eventos para explicar por que se pode dizer que a arquitetura, em particular, recruta nosso registro imaginativo de experiência e como empregamos o excedente de significados desencadeado pela arquitetura para moldar nosso senso de *self*. Irei diferenciar entre a sequência linear de pensamentos empregada pela consciência do ego em sua percepção literal da arquitetura e a sequência errante de pensamentos associados – muitas vezes referida como "pensamento onírico" ou "associação livre" – encorajada pelo inconsciente em nossa percepção imaginativa da arquitetura. Scruton afirma que a percepção imaginativa envolve "padrões de pensamento e atenção" que não estão disponíveis para a percepção literal. A psicanálise concebe a atividade inconsciente em termos similares. Embora caótico e imprevisível, pensa-se que o inconsciente configura seu material de tal forma que padrões de pensamentos, sentimentos e ideias associados podem ser discernidos de modo vago. Meu argumento é que a arquitetura captura nossa atenção inconsciente ao nos obrigar a perceber suas formas imaginativamente e, ao fazê-lo, nos propicia uma oportunidade inestimável de negociar aspectos inconscientes de nós mesmos, incluindo conflitos reprimidos, traços de memória e outros fragmentos de experiência.

DESCOBRINDO-NOS POR MEIO DA ARQUITETURA

Neste capítulo, começamos a explorar por que os edifícios são considerados eventos dinâmicos ou dramas que nos convidam a participar deles. Nossa participação é estimulada quando percebemos o edifício "imaginativamente". A percepção imaginativa desencadeia impressões que não podem ser discernidas por nossa percepção vulgar e literal do edifício. Isso ocorre porque a percepção imaginativa é guiada por preocupações inconscientes que ignoram nossas expectativas cognitivas e nos levam a experienciar o edifício de maneiras surpreendentes. As impressões que adquirimos no evento arquitetônico são confusas e vagamente organizadas como padrões ou grupos de ideias associadas.

Veremos depois como esse arranjo depende das técnicas espaciais empregadas pelo inconsciente, que subsequentemente reúne as impressões do edifício com seu próprio material fragmentado e as configura em uma narrativa pessoalmente significativa para nós. As técnicas espaciais que emprega são dirigidas por nossa compulsão inata de nos fundir e nos separar de nossos ambientes.

No evento arquitetônico, os modelos da psique são colocados em prática. À medida que prosseguirmos em nossa análise do evento, ficará cada vez mais claro que a arquitetura não é simplesmente uma contraparte metafórica do *self*, seu representante abstrato; a arquitetura evoca o *self* e nos convida a reavaliar quem pensamos ser. Os edifícios corporificam e respondem a ambos os componentes do *self* dividido. Eles fornecem ao ego, na qualidade de agente da consciência, uma experiência de estrutura duradoura que ele deseja constantemente, a fim de afastar ansiedades fundamentais de dúvida, instabilidade e aniquilação. E eles engajam o inconsciente por meio de sua natureza elusiva, descrita por muitos como uma superabundância de significado ou formas indiferenciadas – uma natureza que frustra o ego cognitivo em suas tentativas de entendê-lo. Ao contrário do que lamenta Roszak e outros "pensadores verdes" associados, os edifícios não são edificações (do ego) que expressam um desejo ego-cêntrico de ter poder sobre, e de se apropriar de, um terreno incerto; eles são símbolos do *self* dividido ou da psique como um todo. Os edifícios nos apresentam oportunidades criativas. Eles não são inerentemente opressivos ou defensivos, mas, ao contrário, verdadeiros locais para o cultivo da personalidade, levando-nos, se assim o permitirmos, a uma atitude e perspectiva mais objetivas do que a orientação do ego poderia alcançar ao agir sozinho.

Nos capítulos que se seguem, argumentarei que os edifícios são ocasiões para a redescoberta do *self* e oportunidades para a negociação daqueles aspectos de nossa personalidade que normalmente estão ocultos. Alego que o "tipo diferente de entendimento", como afirma Scruton, ativado em nossa percepção da arquitetura é aquele enraizado em uma capacidade aumentada de autorreflexão e uma maior apreciação dos ambientes construídos em que nos encontramos. A arquitetura é um drama que recoloca o percebedor dentro de si mesmo e em relação aos edifícios que utiliza, permitindo que se sinta mais orientado e contido.

O EVENTO ARQUITETÔNICO

Fiz alusão a vários teóricos que definem a arquitetura como um evento; ainda há outros que apoiam a ideia de que o evento da arquitetura é especificamente um evento existencial que revela *insights* vitais sobre a natureza de nosso ser[69]. Heidegger, por exemplo, chega à famosa conclusão de que estamos ontologicamente conectados a edifícios; que são locais de habitação que reúnem e revelam o nosso ser[70]. Hans-Georg Gadamer afirma que a arquitetura exemplifica a natureza simbólica do nosso ser[71]. O arquiteto Stanley Abercrombie afirma que "o homem apreende" a arquitetura "não como um objeto remoto, mas como um cúmplice próximo em sua própria realidade"[72]. O arquiteto Bruno Zevi alega que a arquitetura é "o palco em que nossas vidas se revelam"[73]. Como já citado, o arquiteto Peter Buchanan afirma que "um dos mais [*sic*] fundamentais propósitos da arquitetura, subestimado pela maioria dos arquitetos, é como um meio pelo qual criamos a nós mesmos"[74]. O *designer* Cecil Balmond define edifícios como "viagens" pessoais; a "estrutura" do edifício, diz ele, "se revela não como um esqueleto mudo, mas como uma série de provocações; às vezes explícitas, outras, ambíguas"[75]. O psicanalista Stephen Sonnenberg, em resposta à definição de Balmond, ressalta a importância existencial da arquitetura, afirmando que, para Balmond, os edifícios são "oportunidades de estar no mundo de forma criativa, sem os grilhões da velha rotina e da rigidez dos aspectos emocionais, cognitivos e perceptuais da existência humana. O edifício é para ele [Balmond] um veículo que abre sua mente para novas e amplas formas de ser, pensar, sentir e projetar"[76].

Essas afirmações me levaram a questionar por que deveria haver uma ligação ontológica entre a arquitetura e o *self*. Ou seja, o que há na natureza ou no caráter dos edifícios que lhes confere o poder de nos moldar? Por que os edifícios, em vez de qualquer outro objeto, são tão hábeis em revelar verdades existenciais? Como o evento arquitetônico realmente funciona e por que ocorre? E quais são exatamente as "duras verdades" existenciais que descobrimos no processo? Os capítulos restantes fornecerão respostas a essas perguntas. Terminaremos este capítulo com algumas pistas que nos ajudarão ao longo do trajeto. Elas surgem na obra saliente do psicanalista Christopher Bollas. Irei me basear em suas ideias e desenvolver outras à medida que nossa investigação se desenvolve.

As ideias de Bollas sobre "objetos evocativos" e "objetos transformacionais" são particularmente úteis para a nossa pesquisa sobre o evento arquitetônico. Segundo Bollas, ao longo da vida articulamos nosso caráter ou personalidade por meio do uso de objetos. Nossa escolha de objetos e a maneira como os usamos é determinada por sua forma ou aparência estrutural. Bollas descreve como nossa seleção de objetos equivale a uma *colisão* entre nossa "forma humana" e a "estrutura do objeto", que resulta em nossa "transformação". Somos, diz ele, "nutridos pelo encontro" e ganhamos com ele os "conteúdos internos" do objeto[77]. Indiscutivelmente, nos articulamos por meio de todo e qualquer objeto dado, o que sugere que existe uma vasta e extensa gama de estruturas potenciais que podem ser integradas em nós. A resposta para o motivo pelo qual somos compelidos a selecionar edifícios como um objeto favorito para a elaboração de nós mesmos está em sua forma estrutural.

Dado que nossa experiência de objetos e coisas é influenciada por nossa avaliação subjetiva deles, muitas vezes é difícil falar sobre sua qualidade objetiva. Tradicionalmente, a psicanálise e sua escola de pensamento correlata, conhecida como "teoria das relações de objeto", têm demonstrado pouco interesse em diferenciar os objetos de acordo com a eficácia terapêutica de sua forma material. No entanto, voltando-nos para o trabalho de Bollas, podemos começar a apreciar como as teorias psicanalíticas podem ser utilizadas e desenvolvidas nessa direção. No início de *Being a Character* (Sendo uma Personagem), Bollas afirma:

Achei bastante surpreendente que na "teoria das relações de objeto" muito pouco se pense na estrutura distinta de um objeto, que geralmente é visto como um contentor das projeções do indivíduo. É certo que os objetos nos encerram dentro deles. Contudo, ironicamente, é precisamente *porque* eles sustentam nossas projeções que a característica estrutural de qualquer objeto se torna ainda mais importante, uma vez que também nos colocamos em um contentor que, após uma re-experiência, nos processará de acordo com sua integridade natural.[78]

Bollas sustenta que o potencial evocativo de qualquer objeto depende da sua integridade estrutural, que é determinada pelas suas características materiais. A integridade estrutural de um objeto é intrínseca a ele e independente de qualquer qualidade subjetiva que possamos subsequentemente nele projetar. Bollas

O EVENTO ARQUITETÔNICO

conclui que cada objeto faz com que nós, seus usuários, passemos por uma experiência interna específica que corresponde ao caráter formal do objeto. Por exemplo, se "eu escolher ouvir um disco ao invés de ler um livro, seleciono algo que irá trazer à tona experiências interiores específicas à seleção de um objeto musical, enquanto se eu tivesse selecionado um livro eu imaginaria algo que teria patrocinado outro tipo de experiência interior"[79]. Bollas se refere à experiência interna que surge da nossa "colisão" ou interação com a forma estrutural de um objeto como o "potencial de processamento" do objeto[80]. "Cada coisa no léxico de objetos", afirma ele, "tem um efeito evocativo potencialmente diferente em virtude de sua forma específica [,] que estrutura em parte a experiência interior do sujeito."[81]

Dado que Bollas escreveu um ensaio intitulado "Architecture and the Unconscious"[82] (Arquitetura e o Inconsciente), um de apenas quatro selecionados para sua antologia *The Evocative Object World* (O Mundo do Objeto Evocativo), poderíamos supor que sua intenção seja enfatizar a arquitetura como um objeto evocativo de importância especial, com um potencial de processamento particularmente rico. O ensaio, contudo, não apresenta nenhum argumento ou alegação explícita nesse sentido. Entretanto, dá isso a entender por meio de várias afirmações que ressoam e dão suporte às ideias que já discuti. Assim, para Bollas, os edifícios são importantes objetos evocativos em virtude de sua forma estrutural sólida e duradoura, o que nos confere, na qualidade de seus usuários, os meios para negociar sentimentos de morte e de mortalidade humanas e o fato de que esses edifícios provavelmente sobreviverão a nós, seus habitantes. Essa ideia complementa minha afirmação de que somos compelidos a nos identificar com a estrutura permanente sugerida por nossos edifícios devido ao nosso desejo inato de autopreservação; ao nos identificarmos com eles, nos identificamos com a estrutura que desejamos para nós mesmos. A forma estrutural de um edifício é, portanto, particularmente comovente para nós porque nos propicia experiências procuradas de *continência duradoura*: o que quer dizer, uma sensação de nós mesmos como fortificados, integrados e seguros no lugar. Pode até nos transmitir sentimentos de imortalidade.

O trabalho de Bollas nos ajuda a entender o potencial de processamento dos edifícios e as experiências importantes de continência que eles evocam, tanto em geral quanto no que tange às nossas primeiras experiências de transformação. Assim, além de nos proteger das ansiedades da morte e da destruição, a arquitetura nos relaciona com nossas primeiras experiências na infância, em um momento no qual nossa autoconsciência gradualmente emergiu, com a constatação de que somos seres autônomos, distintos dos objetos e das outras pessoas. Em nossas interações com a arquitetura, despertamos uma experiência que Bollas deduz ser uma "memória existencial" ou um cunho das primeiras experiências transformacionais que tivemos em relação ao nosso objeto original de continência – que, para Bollas, é a mãe (ou cuidador principal). Não podemos recordar cognitivamente a ocasião momentosa de nossa primeira transformação em um ser autoconsciente com identidade. Mas o que permanece disponível para nós, afirma Bollas, é o desejo de replicar ou reviver o processo transformacional que levou à nossa transformação em um *self*. É esse desejo que nos compele, ao longo da vida, a procurar objetos que proporcionem experiências semelhantes de transformação[83].

Se, como afirma Bollas, nossa primeira transformação foi posta em movimento por nossas experiências de continência (em relação ao nutridor), segue-se que os objetos que aparecem para nós por meio de suas características materiais como contentores são preparados para acionar nossa memória existencial de transformação e, como tal, especialmente atraentes para nós. De todos os objetos não humanos que se apresentam como contentores, o edifício é sem dúvida o mais atraente e, acima de tudo, o edifício que chamamos de lar. O lar nos contém. Como observa o teórico da arquitetura Andrew Ballantyne, o edifício que chamamos de lar "testemunhou nossas injúrias e nossos constrangimentos" e "nos viu em nosso pior estado", mas, apesar disso, "ainda nos abriga e nos protege, então nos sentimos seguros ali e, surpreendentemente, nutrimos fortes sentimentos por ele, mesmo que passe despercebido na maioria das vezes"[84]. Escorar nossas identificações íntimas na arquitetura é a expectativa inconsciente de que ela nos fará passar por uma experiência enriquecedora e transformacional.

Mais tarde, exploro o que outros psicanalistas disseram sobre as primeiras experiências de continência e transformação na

O EVENTO ARQUITETÔNICO

infância, a fim de verificar suas repercussões em nossas experiências de arquitetura na vida adulta. Alegarei que os edifícios não são objetos apenas para uso adulto, porém desempenham um papel vital ao longo de nossa vida. Irei tão longe a ponto de sugerir que o ambiente construído é parte integrante das primeiras experiências de transformação – uma reivindicação um tanto controversa, que atribui à arquitetura o nobre papel de cúmplice da mãe (ou outro cuidador humano), ajudando-a a estabelecer e cultivar a identidade do bebê e sua experiência inicial e original do *self*.

Encerro este capítulo com uma nota de advertência e um esboço dos próximos capítulos. Assim como Freud nos alerta para não "confundir o andaime com a construção" em nosso tratamento das metáforas espaciais, também devemos estar atentos, à medida que prosseguimos em nossa pesquisa, para os perigos de racionalizar o conteúdo do inconsciente e interpretar a natureza simbólica da arquitetura em termos literais.

Dado, como afirmamos, que edifícios são eventos dinâmicos que revelam e ocultam uma miríade de possíveis significados e provocam uma resposta imaginativa, quaisquer *insights* que eles supostamente evocam no sujeito não podem ser de todo compreendidos ou decifrados em termos literais. A psicanálise permite a decodificação da linguagem inconsciente apenas até certo ponto (como encontramos, por exemplo, em seu método de interpretação dos sonhos). No entanto, presumir que um edifício possa ser apropriado como um objeto passivo e levado a desistir de seus segredos é negar sua natureza simbólica essencial. Como Scruton nos lembra, a arquitetura "não é tanto uma coisa com propriedades que se pode descobrir, mas um modo de encarar as propriedades do seu objeto", e essa abordagem não tem "desejo de 'descobrir' nenhuma preocupação especial com os fatos"[85]. Portanto, é com certo grau de cautela e especulação que continuo a investigar, tentando dar sentido ao evento arquitetônico e avaliando características e projetos arquitetônicos por seu potencial evocativo. De fato, como irei concluir, aqueles projetos arquitetônicos que buscam criar afetos evocativos forçando, assim, uma resposta inconsciente daqueles que os utilizam, na maioria das vezes produzem edifícios que parecem ridículos e semelhantes a uma paródia de *insight*. A razão para tal é que caem na armadilha de buscar meramente *representar* a dinâmica inconsciente por meio de seus projetos estilizados, ao invés de evocá-la.

Nos capítulos seguintes, examino o evento arquitetônico para dar sentido aos processos psicodinâmicos que o sustentam. Por uma questão de clareza, desejo examinar o evento arquitetônico de acordo com o que considero ser seus três componentes ou fases interrelacionadas. Ao fazer isso, serei capaz de destacar e escrutinar com mais eficácia os comportamentos, instintos e sentimentos mais salientes da complexa mescla que sustenta nossas relações com a arquitetura. A primeira fase ou aspecto é o encontro inicial do sujeito com o edifício, após o que é desencadeada sua identificação com as características do edifício; a segunda descreve o desapegar do sujeito com relação ao edifício e seu retraimento para dentro de si; e a fase ou aspecto final é marcada por um momento de *insight* e transformação pessoal, à medida que a mente inconsciente do sujeito revela seu material e conduz a um novo senso de *self*. São evidentes dentro de cada fase os desejos flutuantes do sujeito de se conectar ou se fundir com o edifício e de se desconectar ou se separar dele. Também evidente dentro de cada fase é o papel integral desempenhado pelo corpo do sujeito, suas memórias e suas experiências correspondentes de corporificação e integração.

Nosso corpo e nossas memórias nos aprovisionam com experiências inestimáveis de continuidade, sem as quais não teríamos nenhuma identidade coesa sobre a qual discorrer. Por conseguinte, não é surpreendente que desempenhem um papel tão importante no evento arquitetônico, como o principal meio pelo qual participamos dele e experienciamos seu impacto. De fato, como veremos, nosso corpo e nossas memórias estão intimamente envolvidos em nossa "percepção imaginativa" do mundo e nas "ideias imaginativas" que, se diz, constitui o próprio significado da arquitetura.

3. O Papel do Corpo no Evento Arquitetônico

Fortalecimento e Continência

No final do capítulo anterior, aludi ao corpo e à memória como dois componentes vitais da identidade que facilitam uma autoconsciência coerente e pessoal. Consideraremos cada qual sucessivamente nos próximos dois capítulos, a começar com o corpo, para explicar como nosso senso de *self* é constituído por meio de experiências de corporificação que surgem quando nosso corpo entra em contato com outros objetos. Argumentarei que nossos encontros corporais com o ambiente construído levam a uma experiência enriquecida e fortalecida de nós mesmos como integrados e autocontidos. No capítulo anterior, também discuti a importância das ideias de Bollas no que tange a objetos evocativos e transformacionais. Expliquei como a identidade é formada por meio de uma "colisão" entre sujeito e objeto, colisão que é inconscientemente antecipada pelo sujeito como um desejo de repetir suas primeiras experiências de transformação (a "colisão" original, por assim dizer), que levou à formação de sua identidade de ego e à autoconsciência. Este capítulo elucida a teoria psicanalítica que sustenta essa narrativa e a aplica às nossas primeiras experiências da arquitetura – o "evento arquitetônico original" –, delineando suas repercussões sobre nossos relacionamentos subsequentes com o ambiente construído.

Veremos que antes do desenvolvimento de um ego cognitivo – e antes, portanto, da capacidade de racionalizar a experiência –, o bebê dá sentido a seu mundo por meio das interações do seu corpo com os objetos que encontra. A compreensão disponível para o bebê é comparável ao registro imaginativo da experiência que desejo associar ao evento arquitetônico. Ambos implicam os tipos de colisões que Bollas descreve, envolvendo a fusão psicológica de sujeito e objeto e a consequente incorporação das características do objeto no sujeito. O evento leva o sujeito a perceber essas características não como qualidades de um objeto independente e externo a ele, mas como parte integrante de si mesmo. Iremos rastrear esse processo de identificação no contexto de uma variedade de relatos psicanalíticos, para ver como suas interpretações sutilmente diferentes desse processo vital lançam luz sobre nossas relações com a arquitetura. O evento arquitetônico neste capítulo é compreendido como a circunstância e o momento da identificação do sujeito com características materiais específicas do edifício, e o modo de *participação*, como o descrevemos no capítulo anterior, é entendido em termos psicanalíticos como a *incorporação* dos traços arquitetônicos ao sujeito.

CORPOS INSTÁVEIS, ARQUITETURA INSTÁVEL

Começamos nossa análise da relação entre a experiência do corpo e a arquitetura a partir da perspectiva daqueles que têm algum tipo de deficiência física, na sua imagem corporal ou na sua memória, pois é indiscutivelmente em tais casos que a correlação entre as características estruturais da imagem arquitetônica e a experiência consigo próprio é mais perceptível. Poder-se-ia questionar as formas arquitetônicas que são incorporadas àquelas do corpo ou da mente deficiente. Poderíamos perguntar o que são e quais as suas repercussões sobre o evento arquitetônico. Mais tarde, viramos essas questões de cabeça para baixo, a fim de abordar o problema da perspectiva dos projetos arquitetônicos que parecem questionar nossas preconcepções sobre como um corpo humano – ou edifício – deve parecer e como deve funcionar, com foco em projetos (frequentemente rotulados de desconstrutivistas ou pós-modernos) que refletem, em suas características

O PAPEL DO CORPO NO EVENTO ARQUITETÔNICO

distorcidas, deformadas e explosivas, um modelo corporal que é comparativamente torcido e deformado, decapitado e fragmentado. Contudo, aqui registro alguns exemplos e ilustrações interessantes que podem ser encontrados em toda a literatura psicanalítica no que diz respeito a pessoas que foram diagnosticadas com doenças psicossomáticas de gravidade variada, e que parecem se identificar com um imaginário arquitetônico que é, de uma forma ou de outra, incomum e não convencional[1]. O imaginário relatado tende a ser tratado como uma representação da mente perturbada do paciente ou da pessoa que o projetou ou demonstra um apego a ele. Ao fazer isso, esses relatos psicanalíticos sugerem uma identificação entre o sujeito deficiente e uma estrutura arquitetônica deficiente; porém, como nos lembra os elogios e prêmios conferidos a muitos projetos desconstrutivistas, tais supostas "deficiências" propiciam oportunidades para imensa criatividade e recompensa.

Já discuti a ligação entre as formas distorcidas de arquitetura e as experiências instáveis do *self* que comumente vivenciamos nas ocasiões em que um edifício familiar passa por mudanças substanciais em sua estrutura – por exemplo, em casos de renovação radical, erosão, demolição ou substituição por outro edifício desconhecido. Em tais casos, a capacidade do edifício de agir como um "contentor permanente" para o *self* é questionada, com repercussões palpáveis para o percebedor. Registramos, também, a tendência de Freud para diagnosticar as doenças de seus pacientes de acordo com as estruturas arquitetônicas que figuram em seus sonhos como deformadas ou não exatamente como deveriam ser. No entanto, é nos escritos de outros pensadores psicanalíticos sobre casos relatados de experiência patológica que encontramos a correlação mais notável entre um *self* distorcido e uma estrutura arquitetônica distorcida. Eugene Mahon, por exemplo, descreve o caso de Miranda, uma jovem que ficou profundamente traumatizada pela separação dos pais e, subsequentemente, absorta em desenhar "casas estranhas", com "portas estranhas", que pareciam "grandes lágrimas", na tessitura do edifício. De acordo com Mahon, o *self* traumatizado de Miranda é expresso por meio de uma arquitetura traumática. "Para Miranda, a arquitetura era um desenho dilacerado, que só poderia produzir um modelo rachado, uma casa torta." A capacidade de Miranda de conceber uma estrutura coesa foi prejudicada; os edifícios que ela constrói posteriormente revelam "seus próprios afetos voltados contra o *self*". Mahon continua a observar que os efeitos do trauma de Miranda "estavam minando a segurança arquitetônica de sua imagem corporal e mental". Apenas quando foi capaz de "recuperar seu próprio senso de agir" no contexto de sua situação desesperadora, ela pôde "construir casas melhores, por assim dizer, a partir de plantas mais adaptativas, engenhosas e não neuróticas"[2].

Trinta anos antes do relato de Mahon, encontramos um caso comparável relatado por Donald Meltzer, dessa vez de um menino autista cuja incapacidade de autorreflexão e falta de "espaço interior" eram expressas em seus desenhos de casas bidimensionais. Tal como aconteceu com Miranda, esse menino inominado preocupava-se com seus desenhos arquitetônicos. Seus projetos compreendiam "portas e portões, geralmente com grades complexas de ferro forjado", e tomavam a forma de "casas góticas vitorianas". Como Donald Meltzer relata:

Um dia, ele desenhou meticulosamente uma casa ornamentada vista de frente em um lado da página, uma casa em Northwood, enquanto do outro lado desenhou uma vista dos fundos de um *pub* no Southend. Assim, a criança demonstrava sua experiência de um objeto bidimensional; quando você entra pela porta da frente, sai simultaneamente pela porta de trás de um objeto diferente. Na verdade, é um objeto sem interior.[3]

A construção bidimensional do edifício, alega Meltzer, denota a incapacidade do menino de experimentar um senso de autocontinência em sua identificação com outros objetos. Em outras palavras, o diagnóstico de Meltzer da condição do menino sugere que ele é incapaz de adquirir a experiência de *continência permanente* normalmente alcançada em nossas identificações com a arquitetura – o que significa que o menino é incapaz de se sentir fortalecido, integrado e seguro no lugar. Ele se identifica com a arquitetura e usa a imagem de um edifício para articular a qualidade de seu mundo interior, porém ambos são, como diz Meltzer, "finos como papel", "sem um interior delineado". Como sugere Meltzer, existe nesse menino "uma falha primária da função de continência do objeto externo e, portanto, da formação do conceito de *self* como um contentor", e essa "deficiência de continência está relacionada à ausência de espaço interno do *self*"[4].

O PAPEL DO CORPO NO EVENTO ARQUITETÔNICO   83

A correlação entre a forma estrutural de uma imagem arquitetônica e a da experiência consigo próprio é rastreável em um espectro de composições arquitetônicas e temperamentos psicossomáticos; mas, sem dúvida, é mais perceptível nos casos de instabilidade, quando, por exemplo, a pessoa está ansiosa ou doente, ou a imagem arquitetônica está desordenada e degradada. É uma correlação da qual os arquitetos muitas vezes tentam tirar vantagem, procurando evocar sentimentos específicos no sujeito, tais como sentimentos de prazer e intriga, ou mesmo mal-estar e desconforto, com vários graus de sucesso. Na Conclusão, avalio a eficácia dessas tentativas, porém neste capítulo pondero sobre a significação psicológica da semelhança das características materiais do edifício e a experiência de corporificação de uma pessoa. Argumentei que o edifício captura nossa atenção inconsciente por meio de sua promessa de estrutura permanente e continência duradoura que desejamos para nós mesmos. Pretendo agora explorar o papel do corpo no contexto dessa atração e as identificações entre corpo e edifício que surgem posteriormente. Argumentarei que o edifício é um objeto especialmente evocativo para nós, não só devido às correspondências percebidas entre sua forma estrutural e nossa composição do corpo, mas na *expectativa* de que algo será alcançado ou adquirido por meio dessa correspondência; ou seja, há uma expectativa de que o edifício nos transforme ou nos enriqueça por intermédio do nosso reconhecimento inconsciente da nossa afinidade com ele.

Como observei na introdução, analogias entre o corpo humano e a arquitetura têm sido observadas há séculos. As ideias de Vitrúvio sobre a proporção corporal em particular continuam a influenciar os projetos de muitos edifícios até hoje. Não obstante o significado simbólico da similitude entre a forma do corpo e a estrutura arquitetônica ter sido enfatizado – muitos estudos, por exemplo, procuram explicar sua significância em termos de uma medição da ordem celestial ou cosmológica e da beleza –, a utilidade dessa semelhança para elucidar nossas relações com a arquitetura e seu impacto psicológico sobre o percebedor e o usuário de edifícios raramente é considerada. Meu argumento ajudará a preencher essas lacunas, explorando as repercussões psicológicas da semelhança no estado de espírito e bem-estar de uma pessoa. Alego que a consciência, em algum nível, da afinidade entre o corpo do sujeito e o ambiente construído dá origem a desejos concorrentes de fundir-se com o edifício e de separar-se dele. A dinâmica cambiante entre os dois tipos de engajamento com o edifício incentiva mudanças significativas no sujeito, levando-o a se sentir mais integrado e mais bem contido em sua relação com o ambiente construído. A significância da correspondência entre corpo e edifício vai muito além de uma medição específica ou da proporcionalidade da forma; sugere uma experiência fundamental do *self* como uma identidade flexível e dinâmica, aberta a novas possibilidades de ser e de autoexpressão. Se focássemos meramente as medições e os princípios que unem os dois, poderíamos facilmente ignorar a vitalidade que cada qual transmite ao outro, uma vitalidade que leva o sujeito a uma experiência intensa e a uma apreciação mais profunda não apenas de si, mas também do edifício que ele percebe.

Como exatamente a semelhança percebida entre corpo e edifício exerce influência sobre uma pessoa? Eu aludi no capítulo 2 ao ato inconsciente de "projeção" como uma explicação preferida por ambos, psicanalistas e teóricos da arquitetura. Com referência aos últimos, mencionamos a afirmação de Peter Buchanan de que "ao projetar nossa psique no espaço", "criamos a nós mesmos" como sujeitos que "se sentem em casa" no mundo. Podemos também citar Juhani Pallasmaa, um arquiteto que considera a projeção uma resposta instintiva que ocorre quando reconhecemos inconscientemente a semelhança entre nossa forma corporal e a estrutura de um edifício. "Compreender a escala na arquitetura", afirma ele, "implica a medição inconsciente do objeto ou do edifício por meio do próprio corpo e a projeção do seu esquema corporal no espaço em questão." Ademais, quando projetamos nossos seres corporificados no edifício, sentimos uma sensação intensificada de continência ou, como Pallasmaa coloca, "Sentimos prazer e proteção quando o corpo descobre sua ressonância no espaço."[5]

Pallasmaa e Buchanan são apenas dois dos vários teóricos da arquitetura que postulam a projeção como o meio pelo qual nos identificamos com o ambiente construído e utilizamos nossa percepção dele para nos aprimorarmos. Pallasmaa descreve a projeção como um "intercâmbio curioso" que ocorre entre o corpo humano e o edifício; é uma "interação corporal", como uma voz em uma conversa "inconsciente" com outra. Se "projetamos nossas emoções e sensações" no edifício, diz ele, "ele nos empresta sua autoridade e aura" e, por meio dessa interação, "encontramos a nós mesmos", mas em uma versão aprimorada. Creio que é esse intercâmbio curioso, ou "colisão" de formas, como sugere Bollas, que Jung vivenciou quando criança com a grande pedra em seu jardim (onde, para lembrar, a compreensão de Jung de sua identidade mudava entre ele e a pedra, de tal forma que a qualquer momento ele se considerava o menino sentado na pedra ou a pedra sobre a qual estava sentado), e está ativo dentro de cada um de nós em nossos encontros diários com a arquitetura[6].

Se o ato de projeção descreve o empréstimo de nós mesmos ao edifício em nosso desejo de interagir ou nos fundir com ele, as noções psicanalíticas correspondentes de "introjeção" ou "incorporação" descrevem a resposta que recebemos do edifício[7]. Quando colocamos algo de nós mesmos "no" edifício, ele responde na mesma moeda, emprestando-nos suas características – sua "integridade estrutural", como Bollas se refere a ela, ou "aura", como sugere Pallasmaa – que são subsequentemente incorporadas em nós. Em apoio a essa noção, Pallasmaa afirma que, quando experienciamos um edifício, seu "movimento, equilíbrio e escala" são "sentidos inconscientemente" por todo o nosso corpo "como tensões no sistema muscular e nas posições do esqueleto e dos órgãos internos". Ele continua: "Ao experimentar uma estrutura, imitamos inconscientemente sua configuração com nossos ossos e músculos [...] [As] estruturas de um edifício são inconscientemente imitadas e compreendidas por meio do sistema esquelético. Sem saber, realizamos a tarefa da coluna ou da abóbada com o nosso corpo."[8]

O curioso intercâmbio que ocorre entre uma pessoa e um edifício pode ser explicado pela dinâmica de projeção e incorporação que o sustenta. É um intercâmbio criativo e vital que atende pelo nome de mimetismo ou mimese.

MIMESE

O intercâmbio que ocorre entre o corpo do sujeito e o edifício revela um ato de mimese altamente criativo para o sujeito no desenvolvimento do *self*. Traduzido do grego antigo como "imitação", a origem do termo "mimese" é frequentemente atribuída a Platão, que o empregou – em c. 380 a.C., na *República* – de forma depreciativa para se referir às formas de arte que buscam apenas imitar a realidade. Platão considerava esse tipo de arte uma influência corruptora sobre a sociedade, pois ela desvia os cidadãos da busca por verdades superiores e do envolvimento com a própria realidade. Desde Platão, mimese passou a denotar um conjunto complexo de significados dinâmicos, incluindo, como sugere Matthew Potolsky, "emulação, imitação, dissimulação, duplicação, teatralidade, realismo, identificação, correspondência, representação, verossimilhança, similitude"[9].

Embora o termo raras vezes seja empregado no discurso psicanalítico convencional, uma teoria da mimese se encontra inegavelmente no cerne de sua compreensão do comportamento humano e, em particular, da maneira com que construímos identidade e estabelecemos relações. Ideias de identificação mimética têm influenciado uma ampla gama de disciplinas díspares, incluindo, é claro, a teoria da arquitetura, onde foi sugerida como uma explicação para a nossa conexão corporal com edifícios[10].

Iremos agora rastrear essa importante noção de mimese conforme ela figura nas principais teorias psicanalíticas acerca da construção da identidade humana, a fim de lançar luz sobre os intercâmbios dinâmicos que ocorrem entre nós e os edifícios que encontramos. Nossas descobertas irão sublinhar a significância vital da semelhança entre características arquitetônicas e experiência corporal para o percebedor do edifício, e nos ajudarão a compreender que nossos encontros evocativos com a arquitetura têm mais influência em nossa identidade pessoal do que poderíamos nos dar conta.

Iremos examinar a noção de mimese em dois enfoques psicanalíticos contrastantes e com frequência conflitantes. Não obstante suas divergências, eles estão de acordo no tocante ao ponto fundamental que desejo enfatizar aqui, ou seja, que a identidade pessoal é uma conquista criativa contínua e inconscientemente buscada em nossas interações corporais com os objetos de nosso ambiente. Consideraremos em primeiro lugar a leitura de identidade de Jacques Lacan como a consequência do reconhecimento do sujeito acerca da semelhança entre as experiências que ele atribui ao seu corpo e a imagem especular de sua

O PAPEL DO CORPO NO EVENTO ARQUITETÔNICO

forma corporal refletida. Nessas ocasiões, o corpo é percebido, diz Lacan, como uma "estátua" ou réplica em pedra, que o sujeito busca animar assumindo sua forma estruturada[11].

Seguindo nossa análise sobre o papel da identificação mimética na teoria da identificação de Lacan, abordaremos a teoria das relações de objeto e sua afirmação central de que a autoconsciência é construída por meio de suas relações com outros objetos ou partes de objetos. Essa teoria está associada a uma série de pensadores proeminentes na tradição psicanalítica, porém as ideias mais pertinentes à nossa investigação são as de Donald Winnicott, Esther Bick e Didier Anzieu[12]. Enquanto o bebê de Lacan depende em grande parte da visão, a teoria das relações de objeto tende a enfatizar o tato à medida que a pele do bebê entra em contato com outros objetos. As primeiras experiências desse encontro tátil (mais frequentemente descrito como o toque da mãe) são consideradas a ocasião para as primeiras experiências do *self*, pois fornecem ao bebê as experiências necessárias de continência e integração para estabilizar os impulsos frenéticos que, de outra forma, o oprimem, conferindo-lhe a capacidade de se concentrar e se tornar um ser mais coerente e autorreflexivo. É importante ressaltar que essas experiências continuam ao longo da vida. De fato, acredita-se que a qualidade das experiências de continência do bebê estabeleça o modelo para todas as relações objetais futuras e, assim, determina a maneira e a medida que uma pessoa é capaz de se relacionar com os objetos de seu ambiente e, mais tarde, usá-los na elaboração de si mesma. Na primeira relação objetal também está em jogo a capacidade de uma pessoa de antecipar seus ambientes e de confiar que eles proporcionem a experiência desejada e esperada.

O pensamento psicanalítico coloca as "pessoas" no centro do palco como os principais "objetos" de nossas relações. Acredita-se que nossas primeiras relações com nossos pais estabeleçam o modelo para nossos relacionamentos posteriores, tanto com nós mesmos quanto com os outros. A mãe (ou cuidador principal) é comumente considerada o recurso crucial para a regulação do bem-estar emocional do bebê – por meio de seu toque, seu cheiro, o tom de sua voz e suas expressões faciais. Decerto não desejo subestimar a importância vital das pessoas ou dos "objetos humanos" para estabelecer o senso de *self* e de bem-estar. No entanto, sua significância não deve diminuir o importante papel desempenhado por objetos não humanos. Em outras palavras, como argumentarei, se registramos inconscientemente uma semelhança vital entre nós e outros seres humanos, provavelmente também registramos a semelhança entre nós e objetos não humanos e, ao fazê-lo, encontramos nesses objetos não humanos um recurso igualmente válido com o qual podemos construir ou elaborar a nós mesmos. O "ambiente nutridor", de acordo com o psicanalista e teórico das relações de objeto Donald Winnicott, refere-se explicitamente ao vínculo entre mãe e bebê; contudo, sugiro que ele pode e deve ser estendido de modo a incluir o ambiente não humano – e não considerado apenas uma influência implícita ou de plano de fundo no estado de espírito da mãe enquanto cuida de seu bebê, mas uma influência direta e explícita sobre o próprio bebê, além de sobre sua mãe. De mais a mais, afirmo que, assim como as relações objetais mais antigas com a mãe continuam a moldar uma pessoa ao longo de sua vida, o mesmo acontece com as primeiras relações com o ambiente não humano.

Seguindo nossas análises dos relatos contrastantes da construção e do desenvolvimento do *self* nas teorias de Lacan e representativos da teoria das relações de objeto, irei, portanto, analisar o papel potencial e a significância do ambiente não humano em seus relatos, com especial ênfase no ambiente construído. Para desenvolver meu argumento, devo recorrer a ideias importantes de trabalhos psicanalíticos não convencionais – notadamente os de Harold Searles e J.W.T. Redfearn, cujos *insights* sobre a natureza afetiva do ambiente não humano foram em sua maior parte negligenciados ou ignorados, devido talvez à sua divergência da corrente principal do discurso psicanalítico. Faremos menção também a ideias relevantes da filosofia de Maurice Merleau-Ponty e de Theodor Adorno.

Antes de passarmos a analisar a identificação mimética na teoria lacaniana e na teoria das relações de objeto, creio ser útil fazer um breve apanhado sobre a contribuição de Freud para uma teoria geral da identificação mimética, da qual Lacan e os teóricos das relações de objeto derivam e desenvolvem amplamente suas próprias ideias. Embora Freud admita que as sensações corporais moldam a personalidade do ego[13], ele não faz uma análise geral de sua relação, optando, em vez disso, por tratar do plano

O PAPEL DO CORPO NO EVENTO ARQUITETÔNICO

mental da experiência humana e sua atividade intrapsíquica como o fator decisivo no desenvolvimento do *self*[14]. Dada a sua ênfase escolhida, as ideias de Freud serão mais úteis para essa pesquisa no próximo capítulo, onde examino como nossa percepção da arquitetura desencadeia um fluxo de ideias, sentimentos e traços de memória inconscientes, amplamente inacessíveis para nós. Entretanto, e apesar do relativo silêncio de Freud sobre a importância do corpo, uma teoria de identificação mimética por meio da experiência corporal pode ser encontrada no cerne da psicanálise freudiana e de sua compreensão básica do autodesenvolvimento e das relações humanas. É o que enfocaremos sucintamente, antes de delinear como Lacan e os teóricos das relações de objeto procuraram desenvolver a leitura de Freud de maneiras diferentes, cada qual lançando luz sobre o modo em que nos identificamos com a arquitetura.

Mimese Freudiana

De acordo com Freud, nossa vida é governada por nossa imitação das características que desejamos nos outros, e nossas experiências no presente, incluindo nossas ações mais deliberadas e pensamentos conscientemente concebidos, são imitações de experiências passadas que esquecemos e reprimimos. O *self* freudiano é um conglomerado de ocasiões passadas em que o sujeito imitou inconscientemente o comportamento dos outros. Como o estudioso Matthew Potolsky o descreve, "A individualidade e a identidade não são dadas no nascimento, mas compreendem um amálgama mimético daqueles que influenciaram o ego, termo de Freud para o senso de *self*", de modo que "somos as pessoas que imitamos."[15]

Para Freud, a identidade é flexível e é construída e reconstruída à luz dos laços emocionais com outras pessoas[16]. Não podemos escolher quem imitamos ou influenciar quem somos em um determinado momento. As identificações mais potentes que fazemos são aquelas formadas em nossas primeiras experiências com nossa mãe (ou cuidador principal) em posição privilegiada para assumir o primeiro e mais dominante dos modelos para nossa imitação; é ela quem continua a nos moldar, independentemente de nossos melhores esforços para resistir.

É importante ressaltar que, para Freud, a imitação não significa um ato consciente de emulação ou replicação, mas um momento de *assimilação* inconsciente, por meio do qual os traços desejados do outro são incorporados ao *self*[17]. A imitação do outro não resulta em uma representação igual do outro, mas em uma reinterpretação criativa dele. Nesse sentido, a imitação é um ato de autocriação ou autoconstrução. Dado que o *self* é fundamentado na assimilação dos traços de outras pessoas, a autoconsciência inevitavelmente envolverá a consciência de uma "alteridade" que não pode ser de todo apropriada ou possuída pelo sujeito e nele integrada. Como Potolsky observa, "a identificação instala um estranho traço de alteridade no cerne da identidade, tanto que podemos ser surpreendidos pela direção, pela intensidade ou pelo caráter emocional de nossas identificações"[18]. Dentro da teoria freudiana da identificação mimética, podemos, portanto, rastrear as duas questões ou impulsos contrastantes do *self* dividido que são a chave para a formação e o desenvolvimento da identidade e do senso de *self* de uma pessoa. Por um lado, há uma compulsão de se *fundir* com os objetos a fim de incorporar suas características que desejamos para nós mesmos – traços característicos que escoram nosso senso de continência e, subsequentemente, ajudam a aliviar nossas ansiedades quanto à desintegração. Por outro lado, essa fusão envolve a incorporação de algo essencialmente "outro", uma alteridade inconcebível – ou, para usar um termo que empreguei no capítulo 2, um "excedente infinito" – que dá origem a uma experiência do não-eu dentro de mim. Isso poderia ser interpretado como se nos fosse emprestada uma capacidade aumentada de percepção inconsciente, permitindo-nos discernir uma distância existencial entre nós e os objetos de nossa identificação – uma capacidade que posteriormente ajuda a aliviar nossas ansiedades de sermos esmagados ou sufocados pelo outro.

A identificação, diz Freud, "se esforça para moldar o próprio ego de uma pessoa segundo o aspecto daquele que foi tomado como modelo"[19]. Ou seja, quando o sujeito cria laços emocionais com outra pessoa, as características atraentes dessa pessoa são internalizadas pelo sujeito como ideais penetrantes que colorem seu comportamento e sua perspectiva subsequentes. Essa "moldagem" pelo outro é tangivelmente sentida no sujeito como um "enriquecimento" de seu próprio senso de *self*[20]. Freud, como sabemos, restringe sua teoria da identificação mimética à assimilação de traços atrativos que percebemos nas pessoas; contudo, desejo estender sua teoria para sugerir que um cenário semelhante ocorre em nossa percepção da arquitetura e de suas características desejáveis. Ou seja, o "evento arquitetônico", como o denominei, descreve a ocasião em que características da forma material de um edifício são inconscientemente buscadas pelo sujeito para reforçar e guarnecer seu senso de *self* com sua promessa de continência permanente. Por conseguinte, desejo ampliar e desenvolver modelos humanocêntricos de psicanálise para permitir que o objeto arquitetônico seja um "modelo a ser seguido", potencialmente enriquecedor e transformador para o sujeito. Tal proposição não é tão improvável se levarmos em conta a afirmação de Bollas de que elaboramos a nós mesmos através de nossa escolha de qualquer objeto que nos atraia por sua forma estrutural, e se a considerarmos ao lado de minha alegação de que as formas estruturais da arquitetura são particularmente atraentes em sua promessa de conter e nutrir.

A leitura de Freud do procedimento mimético que sustenta nossas identificações com os outros e o uso que fazemos deles foi criticada por seu paradoxo em pressupor a existência de uma identidade de ego autocontida, para permitir que o ego venha a existir. Ou seja, se, como Freud afirma, o ego é formado por meio dos laços que estabelece com os outros, podemos perguntar qual seria então o estado do ego anterior à sua atividade formadora de laços? Simplificando, o que vem antes do ego para permitir que ele passe a existir como ego? Jacques Lacan procurou resolver esse problema conceitual. Sua solução foi propor que, antes de estabelecer um ego, o bebê é um fluxo caótico de impulsos, pois sem ego o bebê carece de recursos cognitivos para estabelecer vínculos com os outros. A criança impotente deve dar sentido ao mundo da única maneira que puder; e o faz, argumenta Lacan, por meio de suas experiências corporais. No trabalho de Lacan encontramos um modelo de identificação mimética que leva em conta o reconhecimento da semelhança entre a forma corporal e outro objeto como o fator decisivo no desenvolvimento da identidade. Pois somente por meio da consciência dessa semelhança a criança pode encontrar os recursos para superar seu ambiente caótico e turbulento.

A Estátua de Lacan

Lacan descreve a importância do corpo para a criação do ego em seu célebre ensaio "Le Stade du miroir comme formateur de la fonction du Je telle qu'elle nous est révélée dans l'expérience psychanalytique" (O Estádio do Espelho Como Formador da Função do Eu Tal Como Nos É Revelada na Experiência Psicanalítica"[21]. O aspecto que nos interessa no "estádio do espelho" proposto por Lacan é o seu "valor estrutural", como a ele Lacan se refere, e de que modo ele ilumina as relações entre o corpo e o ego e entre a experiência de autocontinência que alcança e a realidade caótica que supera[22]. Na discussão de Lacan sobre o estádio do espelho, encontramos paralelos úteis com o evento arquitetônico, em particular no que tange à significância de uma estrutura semelhante a uma pedra para transmitir ao sujeito que a percebe uma ilusão vital e criativa de estabilidade e continência.

Lacan afirma que a identificação original feita pelo bebê antes de sua capacidade de se identificar com os outros é com ele mesmo. Essa identificação narcísica ocorre quando o bebê reconhece pela primeira vez sua imagem corporal refletida – daí o nome de Lacan para essa ocasião como o "estádio do espelho" do desenvolvimento do ego[23]. O reconhecimento da semelhança entre o *self* corporificado e sua imagem especular é uma identificação de corpo e psique em um; ou seja, é um reconhecimento espacial do *self* como um *self* corporificado. Enquanto os bebês têm um senso fragmentário e caótico de *self* – pois sua falta de coordenação e domínio sobre si mesmos os tornam dependentes de outros para que negociem suas funções e necessidades corporais – a imagem do corpo que eles encontram no reflexo especular de si mesmos é unificada, coerente, fixa e autônoma. Lacan descreve a imagem especular como uma estátua. Segundo ele, essa imagem de totalidade é no início ameaçadora para o bebê, de modo que sua resposta primeira à estátua é de tensão agressiva. O bebê é compelido a aliviar essa tensão e consegue fazê-lo, diz Lacan, identificando-se com sua imagem especular e assimilando-se à sua forma coerente e estatuária. É no processo de identificação com a estátua que o ego se forma. Lacan nos diz que o momento da identificação é de júbilo para o bebê, pois ele adquire um senso imaginário de mestria e uma capacidade recém-descoberta de negociar e conter as tensões

O PAPEL DO CORPO NO EVENTO ARQUITETÔNICO

caóticas que vivenciou. É importante ressaltar que, para Lacan, e para nossa investigação, o processo de autodescoberta é fundamentado em uma ilusão de estabilidade e certeza: um falso – e essencialmente criativo – reconhecimento de si mesmo como limitado, corporificado e contido no espaço.

Para Lacan, o objeto que facilita a descoberta do *self* é o *self* em pedra. A imagem especular é "a estátua na qual o homem se projeta"; a "estátua" que olha de volta para nós[24]. De acordo com Lacan, o *self* é continuamente redescoberto ao longo da vida em nossas interações com vários objetos, incluindo o imaginário arquitetônico que, como Lacan escreve, aparece com frequência em sonhos como "estruturas fortificadas", um "campo fortificado" ou "estádio" que contém dentro de si "o altivo e remoto castelo interno"[25]. Nós nos identificamos com o *self* de pedra porque ele está "repleto das correspondências que unem" nossas experiências de nós mesmos com ele[26]. O *self* de pedra é uma imagem idealizada para o bebê, pois é um corpo autocontido e ereto sem a necessidade do apoio de outrem. A estátua "simboliza a permanência mental do *Eu*"; assim, quando a criança passa a se identificar com ela, seu mundo interior é enriquecido e guarnecido de uma ilusão fortificante de estabilidade: a construção do ego como um "altivo" "castelo interno".

A estátua é a pedra angular da identidade do ego e, sendo o desenvolvimento do *self* um processo contínuo, as identificações miméticas entre o *self* e as formas estatuárias continuam ao longo da vida, tornando o *self*-pedra um companheiro sempre presente na construção da realidade. A estátua não é, portanto, um *evento* único que chega ao fim na construção original do ego, e o "estádio" do espelho em si nunca é superado. Lacan afirma que, muito depois de a criança ter dominado sua imagem especular, ela mantém o olhar fixamente. Assim, a identidade que criamos para nós mesmos é povoada, diz Lacan, por muitas imagens semelhantes a estátuas ou "autômatos" que continuam a estabilizar o olhar de nossos egos. A identidade é uma conquista contínua, e o ego continuará a se moldar à imagem de outros contentores estabilizadores que ele percebe, e esses se estendem além do corpo para incluir, Lacan admite, "até mesmo as coisas ao nosso redor"[27].

Em minha análise de Bollas, sugeri que poderíamos possivelmente projetar aspectos de nós mesmos em qualquer objeto e usá-lo como um contentor psicológico para nós mesmos. Lacan também sugere que uma grande variedade de objetos possui as propriedades estatuárias exigidas para facilitar o desenvolvimento do ego. Como um comentarista de Lacan afirma, "*tudo*" no mundo de Lacan, "torna-se uma 'estátua na qual o homem se projeta' e se apresenta diante de si mesmo"[28]. No entanto, como seguirei argumentando, as formas materiais do ambiente construído são particularmente cativantes nesse aspecto e nos compelem a usá-las mais do que outros objetos para nossas necessidades de continência. Lacan parece sugerir isso em seu reconhecimento de nossa sucessiva "busca pelo altivo e remoto castelo interno", "campo fortificado" e "estádio". De fato, a convenção no discurso arquitetônico, de explicar as características materiais de um edifício em termos das sensações corporais que transmite ao percebedor, adiciona mais suporte a essa noção ao apresentar edifícios como objetos evocativos, principalmente em sua capacidade de incitar uma resposta do corpo. As palavras do arquiteto Pallasmaa antes citadas, por exemplo, explicam isso em termos que poderiam ter sido retirados com facilidade de um comentário sobre o bebê lacaniano olhando para a estátua de seu reflexo no espelho. Para repetir, "Ao experimentar uma estrutura, imitamos inconscientemente sua configuração com nossos ossos e músculos"; "sem saber, realizamos a tarefa da coluna ou da abóbada com o nosso corpo"; isso "reforça" a nossa experiência da dimensão vertical do mundo"[29].

Se Lacan fosse projetar um modelo da psique para acompanhar aqueles pesquisados no capítulo 1, ele provavelmente consistiria em uma estrutura proeminente, sólida e vertical, que expressa, por meio de sua "postura ereta" e forma imponente, um caráter de "estabilidade" e "prestígio"[30]. É indiscutível que tais critérios se aplicam em algum grau a todos os edifícios, mas talvez a coluna ou o pilar seja a característica arquitetônica mais óbvia para ecoar o relato lacaniano. Durante séculos, a coluna tem sido caracterizada como o corpo humano na postura ereta[31]. Isso é ilustrado de forma mais impressionante pelas cariátides: figuras femininas esculpidas que se erguem eretas como colunas, com entablamentos em suas cabeças, conforme encontramos no pórtico do Erectêion na Acrópole em Atenas, e no *design* da arquitetura neoclássica grega da Igreja de St. Pancras em Bloomsbury, Londres (Fig. 3.1). A coluna é uma metáfora em particular

FIG. 3.1. *Cariátides, Igreja de St. Pancras, Londres (William e Henry William Inwood, 1819-1822).*
Essas cariátides são configuradas a partir de moldes de gesso daquelas do *Erectêion*, na Acrópole, Atenas.
© Lucy Huskinson.

adequada para o *self* integrado lacaniano em virtude, também, de sua função, pois as colunas eram tradicionalmente incorporadas em projetos para permitir que o edifício permanecesse de pé, já que sua estrutura portante poderia negociar e estabilizar as várias pressões, forças e tensões decorrentes do peso e da massa do edifício e de influências externas imprevisíveis, como o vento e as tempestades.

A ênfase dada à postura vertical, ereta, da figura humana que informa não apenas a estátua de Lacan, mas também a maioria dos modelos da psique, tem seus críticos. Tal crítica é mais prontamente expressa nas reações à convenção arquitetônica herdada de Vitrúvio, de construir de acordo com a forma e as proporções do corpo humano (na maioria das vezes, masculino) ereto. Estudiosos e arquitetos têm questionado o privilégio concedido a essa postura corporal ao sugerir alternativas, tais como o corpo em uma postura diferente, agachado ou deitado. Os projetos arquitetônicos de Santiago Calatrava são uma prova disso, pois muitos deles são informados por seus esboços de corpos humanos

FIG. 3.2. (*ao lado*) *Figuras humanas, esboço* (Santiago Calatrava).

© Santiago Calatrava LLC.

FIG. 3.3. (*embaixo*) *Gare do Oriente, Lisboa* (Santiago Calatrava, 1998).

© João Pimentel Ferreira. Wikimedia Commons, CC BY 3.0.

em posições dinâmicas. Ver, por exemplo, seu esboço de figuras humanas com a cabeça abaixada e os braços totalmente estendidos para os lados (Fig. 3.2) – figuras que são subsequentemente integradas aos seus projetos, como a *Gare do Oriente*, em Lisboa (concluído em 1998; Fig. 3.3).

Os projetos de Oscar Niemeyer são influenciados pela "curva livre e sensual", como ele diz, no "corpo da mulher preferida"; e, como seus esboços mostram, seu modelo está geralmente nu e reclinado[32] (Fig. 3.4).

Outros chegam ao ponto de questionar nossas preconcepções fundamentais sobre a forma corporal com projetos informados por corpos mutilados, decapitados e explodidos. Exemplos são o *Turning Torso* de Santiago Calatrava (construído em 2001-2005), um arranha-céu residencial em Malmö, Suécia, influenciado por seus esboços de um torso masculino decapitado e desprovido de braços, em uma postura de torção[33] (Figs. 3.6, 3.7), e a arquitetura de Frank Gehry, que muitas vezes se assemelha a seus esboços

FIG. 3.4. *Centro Cultural Internacional Oscar Niemeyer, Estuário de Avilés, Astúrias, Espanha (Oscar Niemeyer, 2011).*

O esboço de Niemeyer de uma mulher reclinada adorna o auditório de seu Centro Cultural Internacional.

© Aliance, Wikimedia Commons, CC BY-SA 3.0.

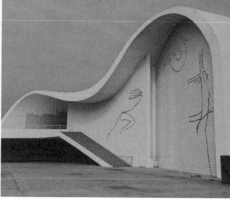

FIG. 3.5. *Teatro Popular, Niterói, Rio de Janeiro (Oscar Niemeyer, 2007).*

O esboço de mulheres dançando adorna seu Teatro Popular em Niterói.

© Mario Roberto Durán Ortiz, Wikimedia Commons, CC BY 4.0.

FIG. 3.6. *Esboço do Turning Torso (Santiago Calatrava).*

© Santiago Calatrava LLC.

FIG. 3.7. *Edifício Turning Torso, Malmö, Suécia (Santiago Calatrava, 2005).*

© Knuckles, Wikimedia Commons, CC Figs. BY 2.5.

 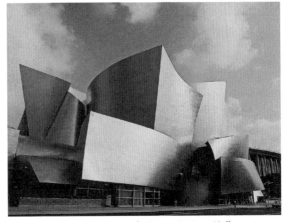

FIG. 3.8. *Esboço da figura humana, detalhe do Don Giovanni no Walt Disney Concert Hall.*
© Gehry Partners, LLP.

FIG. 3.9. *Walt Disney Concert Hall, Los Angeles, Califórnia (Frank Gehry, 2003).*
© Jon Sullivan, Wikimedia Commons, PD.

frenéticos de figuras humanas que parecem estar explodindo em um exaltado emaranhado com seus ambientes construídos[34] (Figs. 3.8, 3.9). Projetos como esses ressoam os casos que já relatei do menino autista que expressava sua falta de mundo interior por meio de seus desenhos de casas bidimensionais[35] e da jovem traumatizada que expressava sua experiência de *self* por meio de desenhos de casas "estranhas" e "tortas"[36].

A integração do plano mental e da constituição fisiológica do *self* é alcançada nos encontros do sujeito com estruturas arquitetônicas que lhe apresentam visões idealizadas de autonomia, domínio e continência que, mais tarde, passa a incorporar em si mesmo. Para Lacan, contudo, o estabelecimento do ego, como na interpretação freudiana da identificação mimética, incorre não só em novas experiências de estabilidade e fortalecimento, mas também em experiências de um estranho senso de alteridade. O estudioso Mikkel Borch-Jacobsen, no capítulo "The Statue Man" do já citado *Lacan: The Absolute Master*, chama a atenção para esse importante senso de alteridade no estádio do espelho de Lacan em termos da notável incompatibilidade, como ele a vê, entre a imagem da estátua – que parece sem vida, inanimada e semelhante a um objeto – e o *self* que é alcançado por meio da identificação com ela:

O PAPEL DO CORPO NO EVENTO ARQUITETÔNICO   99

Assim é o mundo descrito por Lacan, tão estranhamente petrificado e estático, uma espécie de imenso museu povoado por "estátuas" imóveis, "imagens" de pedra e "formas" hieráticas. O mundo que Lacan descreve como estritamente "humano" é, ao mesmo tempo, o mais inumano dos mundos possíveis, o mais *unheimlich* [estranho], em qualquer caso: é o mundo dos duplos de Freud, um mundo sombrio, onde cada imagem do ego já é um "precursor estranho" de sua morte.[37]

O ego lacaniano é fundamentado em uma correspondência ilusória entre o *self* e a imagem especular. De fato, a estátua à qual o bebê se assimila é uma imagem incompleta e imprecisa do bebê; pois o espelho reflete uma imagem invertida e falha em retratar o bebê como ele aparece por trás. Indiscutivelmente, é essa incongruência essencial (ou *méconnaissance*, como Lacan se refere ao termo) entre a estátua e o bebê que instaura na identidade do ego resultante um senso vital de falta ou "alteridade", que – como discutimos no tocante à noção de Freud de identificação mimética – poderia informar e ajudar a facilitar nosso desejo de nos desapegarmos de nosso ambiente. A estátua lacaniana oferece aos nossos desejos concorrentes a capacidade de desapego e fusão. Ao se identificar com a estátua, o sujeito adquire sua forma rígida e ossificada, que guarnece seu mundo interior com uma experiência de continência permanente, enquanto o estranho senso de alteridade experienciado na incongruência entre os dois garante que uma distância existencial vital possa ser mantida entre o sujeito e os objetos de seu ambiente.

Voltemos agora à abordagem psicanalítica das relações de objeto, que enfatiza a importância da identificação com objetos que são decididamente mais carnais e animados. Em contraposição à rigidez da estátua de Lacan em um mundo que é "totalmente visual"[38], a teoria das relações de objeto se concentra na elasticidade tépida da pele em um mundo formado e moldado predominantemente pelo tato.

TOCANDO O EU-PELE

Na Introdução, observamos a importância histórica atribuída pelos arquitetos a uma estética do visível, com suas aspirações de clareza e desapego. Em contraste, a imediação do tato é uma consideração relativamente nova dentro do projeto arquitetônico e o reconhecimento da importância dos sons, e mesmo dos odores, ainda mais recente. Como esses últimos sentidos são altamente valorizados na teoria das relações de objeto, o diálogo teórico desta última com o discurso arquitetônico poderia lançar mais luz sobre a importância desses sentidos e o papel que desempenham no desenvolvimento e na melhoria de relações significativas com o ambiente construído. Na teoria das relações de objeto, a experiência autorreflexiva do tato é a chave para a construção do *self* e para a criação de laços emocionais com os outros. A pele, nesse cenário, não só define os contornos materiais do corpo de uma pessoa, como também dá origem à sua capacidade de pensar e de autorreflexão além de estabelecer relacionamentos.

Na teoria das relações de objeto descobrimos uma noção de identificação mimética comparável à proposta pelos filósofos Theodor Adorno e Max Horkheimer. Adorno e Horkheimer descrevem a mimese como um meio para obter um autoconhecimento autêntico e natural, em total contraste com o conhecimento redutivo do raciocínio abstrato que propaga, dizem eles, uma distância não natural entre o *self* e seu ambiente. Adorno e Horkheimer criticam a cultura moderna por sua tendência alienante de promover o pensamento abstrato em detrimento das emoções e dos instintos e por valorizar o sentido da visão como principal meio de estabelecer a subjetividade e o autoconhecimento, em detrimento dos outros sentidos[39]. A mimese é sua solução para o problema. A mimese é alcançada, dizem eles, por meio de gestos táteis – "tocar, aplacar, aconchegar-se" e "persuadir"[40]. Gestos táteis estimulam a pele e pavimentam o caminho para uma relação recíproca entre *self* e objeto na qual, por exemplo, a sensação de um objeto tocando o *self* é experimentada ao mesmo tempo que o *self* toca o objeto.

Embora Freud tenha lançado as bases para uma psicologia do corpo ao declarar que o ego é "antes de tudo um ego corporal", uma "projeção mental da superfície" do corpo[41], ele deixou que outros tratassem das implicações dessa afirmação e desenvolvessem uma teoria mais abrangente em torno dela. A superfície do corpo à qual Freud alude foi amplamente interpretada como a pele física autorreflexiva do bebê, que registra suas várias interações

O PAPEL DO CORPO NO EVENTO ARQUITETÔNICO

com aqueles que se envolvem ativamente com ele. A partir de suas experiências táteis – e as descritas por Adorno e Horkheimer parecem particularmente relevantes aqui – o bebê passa a reconhecer sua autonomia como um ser distinto em relação a outro. Se a mãe (ou cuidador principal) for suficientemente afetuosa com seu bebê, com seu toque carinhoso e voz tranquilizadora, ela propiciará o ambiente de continência exigido pelo bebê para o desenvolvimento de seu ego.

Esther Bick foi uma das primeiras a discutir o papel crucial da pele para "unir" as sensações do bebê, possibilitando-lhe superar as "ansiedades catastróficas" que, de outra forma, surgiriam de seu estado não integrado:

Em sua forma mais primitiva, as partes da personalidade parecem não ter nenhuma força de união entre si e devem, portanto, ser mantidas juntas de uma forma que seja experimentada por elas passivamente, a pele funcionando como um limite. Mas essa função interna de conter as partes do *self* depende inicialmente da introjeção de um objeto externo, experimentado como capaz de cumprir essa função. Mais tarde, a identificação com essa função do objeto substitui o estado não integrado e dá origem à fantasia de espaços internos e externos.[42]

O bebê em seu estado não integrado precisa desesperadamente ser contido e, assim, empreende uma "busca frenética", como Bick coloca, por qualquer coisa que possa prender sua atenção, mesmo que por um momento fugaz. Essa experiência fornecerá ao bebê a continência e a integração de que necessita. A sugestão de Bick de que qualquer objeto, inclusive objetos não humanos, pode facilitar a continência do bebê é significativa para nossa pesquisa. Embora o toque da pele da mãe (especificamente, ela observa, o "mamilo" da mãe na boca do bebê, junto com o "pegar no colo, sua fala e cheiro familiar") seja, ela afirma, "o objeto ideal", qualquer objeto não humano capaz de prender a atenção do bebê será suficiente. Posteriormente, Bick alude de forma concisa à eficácia da iluminação e a cheiros diferentes dos da mãe. Podemos estender isso a outros objetos não humanos, incluindo uma gama de experiências pertencentes às características arquitetônicas registradas pelo bebê – e não apenas suas qualidades visuais e táteis, como também os sons e cheiros que revelam. Jung admite, em uma carta a Freud, que "as primeiras tentativas miméticas" de um bebê incluem seu "olhar fixo em um objeto brilhante"[43]. Nuanças, formas e texturas contrastantes no ambiente arquitetônico do bebê provavelmente atrairão sua atenção se estiverem dentro de sua faixa de percepção. Esses pontos focais podem incluir: uma rachadura no gesso; uma luz emoldurada por uma janela; a moldura decorativa que separa o teto da parede; o zumbido da água quente em um cano; as paredes texturizadas de seu próprio berço; o som de uma porta se fechando; o ritmo da corrente de ar por baixo da porta; o som de passos em uma escada. Qualquer que seja a fonte material da experiência de continência do bebê – humana ou não – ela o afetará profundamente; é, afirma Bick, "experienciado concretamente como pele"[44]. Quando a atenção do bebê é capturada por alguma coisa, ele passa pela experiência de se sentir "segurado" por ela, uma experiência que Bick iguala às sensações registradas pela pele. A união de suas sensações leva o bebê a uma consciência e a um reconhecimento de seu próprio espaço interno fechado[45].

O psicanalista Didier Anzieu desenvolve ideias similares às de Bick em obras tais como *Le Moi-peau* (O Eu-Pele, 1974), *Une Peau pour les pensées* (Uma Pele Para os Pensamentos, 1986) e *Les Enveloppes psychiques* (Os Envelopes Psíquicos, 1990). De acordo com Anzieu, antes do desenvolvimento do eu cognitivo, ou "eu pensante", como ele o chama, o bebê depende de algo denominado "eu-pele" que executa por intermédio de várias funções primitivas as tarefas que por fim serão realizadas pelo ego cognitivo. Isso inclui a manutenção do senso de *self* do bebê por sua "continência" e "inscrição"[46]. O eu-pele não está disponível para o bebê desde o nascimento, mas é gradualmente alcançado em resposta a estímulos que tocam a superfície de sua pele. Esses estímulos levam o bebê a construir uma imagem mental de si mesmo como um contentor capaz de manter juntas as suas experiências[47]. Na ausência de um eu cognitivo, a imagem que o bebê estabelece de si mesmo não é racionalmente deduzida de suas experiências, mas é "fantasiada", isto é, o bebê faz uso de um registro imaginativo e primitivo de experiência para se construir. Nesse estágio inicial de seu desenvolvimento, o bebê não percebe a si mesmo como um ser individual, separado de seu ambiente e, em vez disso, estabelece, através da estrutura reflexiva de sua pele, a ilusão de si mesmo como uma "pele compartilhada" com seu cuidador humano, uma "fantasia de inclusão recíproca" e de "empatia recíproca"[48].

O PAPEL DO CORPO NO EVENTO ARQUITETÔNICO

Embora o eu-pele seja um substituto do "eu-pensante", ele não termina após o desenvolvimento desse último, porém continua a funcionar ao longo da vida. Como observa o estudioso Marc Lafrance, "o eu-pensante já está sempre formado e informado pelo eu-pele; ou, dito de outra forma, o eu-pele é o suporte permanente e o plano de fundo sempre presente do eu-pensante"[49]. A pele e as sensações que ela processa prosseguem em seu papel vital na formação da identidade de modo que continuamos a nos relacionar com objetos, coisas e outras pessoas por meio de nossa percepção imaginativa deles, experienciando a nós mesmos como se estivéssemos fundidos a eles, com "pele compartilhada". Enquanto Anzieu discute essa união fantasiada do *self* e do outro no contexto das relações entre as pessoas[50], também podemos aplicá-la às nossas relações com objetos não humanos e com a arquitetura em particular, pois descobrimos no cerne do evento arquitetônico uma experiência dinâmica autorreflexiva e autoconstrutiva que é comparável em sua atividade e função ao eu-pele. Quando percebemos um edifício de modo imaginativo, nos identificamos com suas formas de continência e nos experienciamos como se estivéssemos fundidos a ele e inscritos por ele, como se incorporássemos uma pele comum de carne e pedra.

Anzieu explica que a fusão imaginada do *self* e do outro, embora repetidamente experimentada ao longo da vida, é em si uma experiência temporária, pois os intercâmbios que ocorrem através da superfície da pele do sujeito o levam a tomar consciência das fronteiras espaciais de seu corpo em relação ao outro, e passa a reconhecê-lo como um contentor para seus próprios conteúdos psíquicos, separados do outro. Essa consciência acarreta, diz ele, a "supressão" da "pele comum e o reconhecimento de que cada um tem sua própria pele". Em oposição a Lacan, que associa a realização da autonomia com sentimento de júbilo, Anzieu a descreve como uma ocasião para "resistência e dor"[51].

A habilidade de trocar a pele compartilhada sinaliza a capacidade de se imaginar física e psiquicamente limitado e autocontido: tendo, diz Anzieu, um interior e um exterior[52]. Nesse cenário, as sensações do corpo e da pele são transpostas para a mente, onde são configuradas psiquicamente e registradas como experiências que pertencem ao *self*. Nesse aspecto, os espaços físico, material e psíquico constituem-se mutuamente. De acordo com Anzieu, as várias funções do eu-pele que fornecem ao *self* sua estrutura determinam a natureza dessa configuração e a maneira pela qual as sensações corporais são transpostas em conteúdos psíquicos[53]. Embora Anzieu faça questão de empregar imagens específicas para descrever essa estrutura e suas funções – incluindo uma bolsa, uma tela, uma peneira e, mais tarde, um espelho[54] –, sua descrição do desenvolvimento do *self* é sugestiva de um andaime arquitetônico ou um edifício em construção. Em termos que lembram a descrição de Lacan da estátua, Anzieu refere-se ao eu-pele como uma "pedra de toque" para todas as sensações e percepções[55], que dá "solidez" ao *self* e "suporte" a ele, "escorando-o"[56].

Nos relatos de Lacan e Anzieu, descobrimos um ego que é construído para cima, como que se preparando para residir dentro de um corpo na postura ereta. Esse arranjo estrutural informa a maioria dos modelos da psique que examinamos no capítulo 1 – se bem que não todos, como descobrimos na representação de Freud das duas salas colocadas lado a lado. Na verdade, antes de continuarmos a considerar o impacto de nossas primeiras relações objetais em nossos relacionamentos com a arquitetura na vida adulta, quero mencionar brevemente outra imagem arquitetônica que foi sugerida no contexto do papel da pele no desenvolvimento do ego. Essa imagem dá suporte a uma estrutura vertical que é construída "para cima", mas com ênfase nas fundações sobre as quais é erigida. O teórico das relações de objeto Thomas Ogden desenvolve a noção do psicanalista James Grotstein[57] de "chão" sensorial para enfatizar que a autocontinência fornecida pela pele é uma "fundamentação" crucial do *self*, pois é sobre esse chão, diz Ogden, que o bebê constrói sua identidade[58]. Podemos inferir disso que a identidade é construída do chão para cima; o foco de Ogden, entretanto, permanece firme no nível do chão, de modo que ao considerar a natureza em desenvolvimento da identidade, ele não aponta para renovações na estrutura do edifício, como se poderia esperar, mas para a maneira pela qual "reconstituímos" este "chão de experiência". Curiosamente, Ogden sugere que podemos reconstituir nosso "chão" ao longo da vida engajando-nos em várias "atividades de continência", incluindo, diz ele, aquelas que nos envolvem interagindo com a arquitetura. A título de exemplo, ele se refere a atividades semelhantes em espécie àquelas ocasiões de integração

O PAPEL DO CORPO NO EVENTO ARQUITETÔNICO   105

que propus para o bebê de Bick. Ogden sugere "focar em formas geométricas simétricas no teto ou na parede, ou usar um dedo para traçar formas na parede"[59].

RESISTÊNCIA PSICANALÍTICA AO AMBIENTE NÃO HUMANO E AO OBJETO ARQUITETÔNICO

Lacan, Anzieu e outros podem aludir ao imaginário arquitetônico para transmitir suas interpretações sobre a construção e o desenvolvimento da identidade do ego, mas estão comprometidos com o objeto humano ou sua imagem como modelo e objeto de nossas identificações mais antigas e subsequentes. Se, como afirmei, a identidade é estabelecida pela interação de desejos de fusão e separação de nosso meio ambiente, Lacan e os teóricos das relações de objeto que descrevi entendem esse meio ambiente como o corpo humano. Assim, o bebê constrói seu senso de *self* por meio de sua *fusão* imaginativa com o corpo da mãe (ou sua própria imagem especular). Isso marca o momento da identificação mimética do bebê com as impressões de continência fornecidas pelo outro corpo em relação às suas próprias experiências sensoriais. Contudo, a união fantasiada deve chegar ao fim, pois a continência conferida ao bebê lhe fornece a integração de suas experiências e a capacidade de autorreflexão. No ato de autorreflexão, o bebê se diferencia do outro. Isso marca a ocasião da *separação* do *self* do ambiente, da autocontinência e da autonomia.

Desejo chamar a atenção, entretanto, para o papel integral do ambiente não humano no contexto da construção e desenvolvimento do *self*, e do objeto arquitetônico como o objeto mimético e modelo para nossas identificações mais antigas e subsequentes. Essa é uma posição controversa a ser tomada e vai contra a corrente do discurso psicanalítico convencional, segundo o qual o ambiente não humano e seus objetos são considerados arbitrários ou irrelevantes, e o objeto arquitetônico ou ambiente construído quase não é mencionado.

O conceito celebrado de Winnicott de "ambiente de *holding*" pretende definir a relação interdependente entre o sujeito e seu ambiente, porém se estende apenas até o plano interpessoal das relações sociais[60]. Grotstein, com seu conceito de "objeto de fundo", tenta ampliar o terreno do ambiente afetivo ainda mais, de modo a incluir componentes não humanos, destacando, por exemplo, a importância do "lar" e da "vizinhança" para o desenvolvimento do *self*, com sua provisão de "um senso de *ser* e de *segurança*" e a "garantia" de "continuidade de espaço e continência"[61]. No entanto, a utilidade dessa ideia para nossa investigação é um tanto reduzida quando descobrimos que Grotstein interpreta o não humano em termos de tradições sociais, culturais e religiosas; ele não está interessado nas características materiais dos objetos não humanos. Assim, o ambiente afetivo que Grotstein tem em mente é constituído não tanto pela tessitura arquitetônica do lar, nem pelas ruas e traçado urbano do bairro, mas pelas interações sociais que acontecem ali[62].

Por que a tessitura material de nossos ambientes é ignorada? O psicanalista Harold Searles, em seu trabalho amplamente esquecido e agora fora de catálogo *The Nonhuman Environment in Normal Development and in Schizophrenia* (O Ambiente Não Humano no Desenvolvimento Normal e na Esquizofrenia) sugere que os psicanalistas simplesmente não tiveram tempo para considerar a importância do ambiente não humano. As relações intrapessoais e interpessoais são "tão complexas", diz ele, e de "tal importância premente" que continuaram a preocupar os psicanalistas[63]. Entretanto, como Searles aponta, sua falha em atentar para esse impacto como um fator decisivo em suas investigações sobre o comportamento humano os leva inevitavelmente a conclusões absurdas e a postular a vida humana como "vivida no vácuo – como se a raça humana estivesse sozinha no universo, perseguindo destinos individuais e coletivos em uma matriz homogênea de inexistência, um fundo desprovido de forma, cor e substância"[64].

O psicólogo junguiano J.W.T. Redfearn sugere que o desprezo psicanalítico por objetos não humanos provavelmente deixa transparecer uma resistência mais profunda no trabalho:

Quando alguns analistas falam sobre a primeira relação da criança com partes da mãe, como o seio, ao invés da pessoa inteira da mãe, o que isso tem a ver com a personalização e a psicologia da "pessoa inteira" *versus* a "pessoa em parte"? Não estamos lidando com um período antes de haver uma diferenciação entre "pessoas" e "coisas"? Ou seria essa uma forma astuta de evitar a pergunta?[65]

O PAPEL DO CORPO NO EVENTO ARQUITETÔNICO

Redfearn continua a sugerir que os psicanalistas evitam intencionalmente a pergunta. Pois admitir que objetos não humanos nos afetam de maneiras fundamentais envolve, diz ele, aceitar um "animismo primitivo" como uma posição viável – uma posição que muitos consideram questionável, afirma ele, devido a um mal-entendido do que realmente envolve. Redfearn assinala que o animismo primitivo não é, como a grande maioria dos psicanalistas provavelmente acredita, "o nome de uma religião peculiar que as pessoas da Idade da Pedra seguem", mas "uma verdade básica sobre nós mesmos e o mundo real que todos nós precisamos reaprender"[66]. Ele prossegue:

Não há dúvida de que os conflitos internos são "trabalhados" tanto com "coisas" [não humanas] quanto com "pessoas", desde que paixões estejam envolvidas. Se se diz que é regressivo ou animista ou irracional tratar as coisas como pessoas, só podemos responder que é assim que operamos, que operamos melhor dessa maneira e, decerto, operamos naturalmente dessa maneira.[67]

Encontramos resistências até mesmo nos discursos que defendem explicitamente o ambiente não humano como o principal local e ocasião para o desenvolvimento e o aprimoramento da personalidade, em sua criação de obstáculos desnecessários que impedem o ambiente construído e seus objetos arquitetônicos de figurar em suas narrativas. Como observamos no capítulo 2, existem, por exemplo, vários discursos "verdes" que estabelecem uma divisão incoerente e inútil entre um mundo natural idealizado, com seus objetos orgânicos resplandecentes que garantem saúde e cura, e um ambiente construído denegrido que leva à doença e à desintegração psicológica[68].

A Concessão Psicanalítica: A Arquitetura como Memorial à Mãe

Nem é preciso dizer que o ambiente arquitetônico tem uma influência inevitável no humor e no bem-estar da mãe, o que, por sua vez, afeta sua capacidade de conter e nutrir seu filho. Bick de pronto admite isso em suas observações de uma mãe e seu bebê: "Seguiu-se uma mudança para uma nova casa em condição ainda inacabada. Isso perturbou gravemente a capacidade de *holding* da mãe e a levou a um afastamento do bebê."[69] Mas, como observamos, Bick vai além, sugerindo que objetos não humanos – com suas várias "luzes" e "cheiros" – podem realizar a tarefa da mãe, mesmo que apenas por um breve momento, capturando a atenção do bebê e fornecendo-lhe a experiência vital de integração. Mencionamos, também, o reconhecimento de Lacan do poder do imaginário arquitetônico para sustentar o olhar da imagem especular da estátua. Essas concessões, embora relevantes para nossa investigação, são meros vislumbres do papel potencial do ambiente construído na edificação do *self*.

De modo geral, quando as teorias psicanalíticas concedem poder à arquitetura, é sob a forma de uma relação objetal na vida adulta posterior. Em outras palavras, o ambiente construído e seus objetos arquitetônicos são investidos de significância apenas na medida em que facilitam identificações preestabelecidas com objetos *humanos*. Assim, a mãe, como o primeiro e principal objeto humano de nossa identificação, é com frequência apresentada no discurso psicanalítico como o meio pelo qual mais tarde desenvolveremos nossas sensibilidades estéticas e nossa apreciação da arquitetura ou da arte em geral. Talvez mais influente a esse respeito seja a noção postulada por Winnicott do "objeto transicional" ou "espaço transicional", a fim de explicar como nossas primeiras experiências com relação à mãe informam nossa capacidade de brincar imaginativamente com nossos ambientes na vida posterior. Em seu esforço para se adaptar à autonomia recém-adquirida e ao ambiente apartado, a criança busca fortalecer sua autocontinência exercendo domínio sobre outros objetos. Winnicott descreve como o bebê aprende a brincar de forma imaginativa com esses objetos e atribui a eles as qualidades de continência originalmente fornecidas pela mãe tranquilizante. O ursinho de pelúcia, o cobertor ou outro objeto favorito torna-se um "objeto transicional" para o bebê, um objeto que lhe apresenta a ilusão desejada de que ele está fundido com aquele objeto. O objeto transicional está imbuído de um simbolismo para o bebê, de ser parte dele e parte do outro. Um dia, diz Winnicott, o bebê de repente descarta o ursinho de pelúcia. Esse não é um ato arbitrário, mas uma conquista de grande significado que marca a ocasião em que o bebê é capaz de se conter sem apoio e de dominar seu ambiente com confiança. O jogo

O PAPEL DO CORPO NO EVENTO ARQUITETÔNICO

criativo com nossos ambientes como espaços transicionais nos quais é possível negociar continua ao longo da vida. Nossa apreciação de objetos estéticos como a arquitetura é considerada por Winnicott um exemplo desse jogo e uma reconstituição de nossa identificação original com a mãe, à medida que procuramos dar sentido à nossa separação dela[70].

Alego que há motivos para sugerir que o ambiente construído tem um impacto decisivo sobre nós em nossas primeiras identificações, como cúmplice da mãe (ou cuidador principal), agindo com ela para criar o ambiente de *holding* dentro do qual a identidade do bebê é conformada e estabelecido o modelo para seus relacionamentos futuros. Essa interpretação daria maior ênfase à variedade de formas arquitetônicas, texturas, imagens, cheiros e sons que capturam a atenção do bebê de Bick e a partir dos quais ele cria a pele que o envolve e o ordena. Maior importância também seria atribuída ao plano de fundo contra o qual a estátua lacaniana emerge. Esse plano de fundo não seria mais irrelevante ou um vazio inexplicável a partir do qual a figura corporal aparece como que magicamente. Em vez disso, lhe seria concedido um papel mais realista como um ambiente que interage continuamente com a percepção do sujeito, mudando em textura e tom de acordo com os movimentos corporais do bebê e em resposta à sua compreensão gradual de que é distinto da "estátua" em primeiro plano. Falando de planos de fundo de forma mais geral, o esteticista Gilbert J. Rose observa, de forma adequada, que eles são mais apropriadamente concebidos como "uma oscilação dinâmica entre figura e fundo do que um contexto estável para a projeção de imagens mentais"[71]. O filósofo Merleau-Ponty afirma, de modo similar:

No que diz respeito à espacialidade [...], o próprio corpo é o terceiro termo, sempre entendido tacitamente da estrutura figura-fundo, e em cada figura destaca-se no duplo horizonte do espaço exterior e do espaço corporal. Deve-se, portanto, rejeitar como abstrata qualquer análise do espaço corporal que leve em conta apenas figuras e pontos, uma vez que estes não podem nem ser concebidos nem ser desprovidos de horizontes.[72]

O plano de fundo contra o qual a estátua de Lacan emerge é, eu afirmo, uma constituição importante do *self* que não deve ser ignorada, o que muitas vezes ocorre, devido à nossa tendência de focar no primeiro plano[73]. O bebê inevitavelmente interage com o ambiente de fundo para determinar quais aspectos ou características podem ser dele desvinculados para estabelecer a imagem em primeiro plano do corpo estatuário. Os aspectos que não são incorporados à imagem de primeiro plano são, no entanto, vitais para sua criação e manutenção.

Restabelecendo a Arquitetura Como Cúmplice da Mãe

Embora haja uma tendência no discurso psicanalítico de considerar a mãe como o objeto principal de nossa identificação primeira e de conceber o ambiente construído como irrelevante, não é incomum encontrar exemplos de metáforas e analogias que identificam a arquitetura com o corpo ou partes nutridoras do corpo da mãe, incluindo seus seios e útero[74]. Nesses casos, o edifício é apresentado como um substituto da mãe e, portanto, como um objeto que pode fornecer a continência e encorajar o poder transformador exigido por seu bebê. Como o crítico de arte e estudioso da psicanálise Adrian Stokes coloca, "um belo edifício" se anuncia como "uma mãe que alimenta inesgotavelmente"[75]. Desejo, no entanto, virar de ponta-cabeça a metáfora da construção como mãe, por assim dizer, para sugerir que consideremos a maneira pela qual a mãe é como um edifício – como parte do ambiente arquitetônico com o qual construímos a nós mesmos. A esse respeito, a mãe pode ser interpretada como uma característica arquitetônica do primeiro edifício que dá origem ao evento arquitetônico original. Para esse fim, podemos revisar o famoso ditado de Winnicott, "Não existe essa coisa chamada bebê"[76], para proclamar, em vez disso, "Não existe essa coisa chamada edifício." Embora a intenção de Winnicott fosse que sua frase expressasse o fato psicológico de que um bebê não pode ser descrito ou compreendido sem aludir à sua mãe ou ao cuidador principal, desejo enfatizar que também estamos inextrincavelmente ligados a edifícios por meio de nossas identificações miméticas mais antigas e subsequentes com eles, de modo que a incorporação do objeto arquitetônico ao *self* estabelece o ambiente de continência por meio do qual tanto o edifício quanto o *self* são realizados[77].

Há uma ligação fundamental entre a mãe nutridora e a arquitetura evocativa e uma conexão entre as respostas do sujeito a cada uma. Assim, a percepção imaginativa do edifício que delineamos no capítulo 2 e a identificação mimética pré-cognitiva do bebê com seu ambiente envolvem uma fusão ilusória com um objeto e a separação dele, que dá origem a uma reconstrução ou reconfiguração do *self*. Seria absurdo propor o ambiente construído como um substituto viável para a mãe no nutrimento de seu bebê, e certamente não quero levar em conta tal proposição. Desejo apenas sugerir que consideremos o potencial criativo do ambiente construído e seu impacto sobre o bebê, em conjunto com os cuidados da mãe. Em outras palavras, proponho que a arquitetura atua como *cúmplice* da mãe por ocasião do evento transformador original do bebê, e não, conforme postulam as teorias psicanalíticas e de desenvolvimento convencionais, como um *derivado* da mãe ou um *memorial* às suas qualidades nutridoras vivenciadas na vida adulta.

Existem dois relatos psicanalíticos relativamente desconhecidos que, de algum modo, dão suporte à minha alegação não convencional. Eles são encontrados nas obras do psicanalista Harold Searles e do psicólogo junguiano J.W.T. Redfearn. Mencionei anteriormente a crítica de ambos os pensadores ao campo psicanalítico por ignorar o ambiente não humano como um fator integral no desenvolvimento da identidade humana e do comportamento humano em geral. Longe de ser um plano de fundo arbitrário ou passivo contra o qual a identidade e as relações humanas são forjadas, o ambiente construído e suas formas arquitetônicas são considerados por Searles e Redfearn como recursos vitais para estabelecer o senso de *self* do bebê e modelo para seus relacionamentos futuros. É importante ressaltar que nenhum dos pensadores nega a importância da mãe (ou de outro cuidador humano) em seus esquemas; eles simplesmente reconsideram o papel dela à luz da relação do bebê com o ambiente não humano e propõem que mãe e edifício trabalhem juntos para estabelecer a continência exigida pelo bebê. Contudo, como exatamente eles atuam juntos e em que estágio do desenvolvimento do bebê o trabalho do objeto arquitetônico se torna mais significativo é interpretado de forma bem diversa entre cada um dos pesquisadores interessados nesse ponto.

Tanto Searles quanto Redfearn descrevem a natureza afetiva do ambiente construído e concebem a arquitetura como um importante constituinte do mundo-objeto não humano. Para ambos, mãe e edifício são indistinguíveis quando da identificação e da fusão ilusória do bebê com seu ambiente; entretanto, é no período correspondente de separação do ambiente, quando o bebê se descobre como autônomo, integrado e limitado, que a diferença entre as teorias de Searles e de Redfearn é perceptível. Assim, de acordo com Searles, o bebê se descobre em relação ao meio ambiente não humano antes de sua descoberta de si mesmo em relação à mãe e ao mundo-objeto humano. Para Redfearn, por outro lado, a relação do bebê com o ambiente não humano indica sua separação bem-sucedida da mãe. Delinearemos em seguida as características salientes de seus relatos.

O Ambiente Afetivo Construído Antes da Mãe

De acordo com Searles, o ambiente não humano e seus objetos são tão importantes para o desenvolvimento do bebê quanto o objeto-mundo humano, porque o bebê é incapaz de discriminar entre ambos. Se quisermos aceitar a ideia convencional de que o senso de *self* do bebê é constituído por sua relação com o seio materno, de modo que ele percebe o "mamilo" dela como "o centro" de sua "própria personalidade"[78], devemos reconhecer, afirma Searles, que o bebê alimentado por uma mamadeira perceberá de forma semelhante esse "objeto inanimado" como o centro de sua personalidade. Searles conclui que esse objeto não humano terá uma "influência importante, se bem que sutil, sobre o curso do desenvolvimento posterior da personalidade"[79]. A mamadeira é acompanhada por uma abundância de outros objetos não humanos que interagem com o bebê para atrair sua atenção por meio de suas sensações corporais autorreflexivas, incluindo aqueles objetos arquitetônicos já mencionados e que atraem a atenção do bebê de Bick. Searles argumenta que esses objetos não humanos não são representações simbólicas de seres humanos, como a "mãe" ou o "mamilo"; eles são "objetos *reais* – coisas do mundo não humano que são investidas de vitalidade pela propensão do bebê para animá-los". Ademais, antes que o bebê perceba os objetos humanos como distintamente "humanos", deve haver, afirma Searles, uma fase em que ele experimenta uma "afinidade profunda" e "unidade" com o ambiente não humano[80].

O PAPEL DO CORPO NO EVENTO ARQUITETÔNICO

Encontramos no relato de Searles fases distintas da transformação do bebê em um ser autoconsciente e autônomo. O primeiro e original evento transformador ocorre quando de sua separação do ambiente não humano: um evento que é marcado por sentimentos de estar "vivo" em contraste com aqueles objetos não humanos "inanimados" com os quais o bebê foi fundido. Em seguida, o bebê tem os recursos para se distinguir do "setor animal do ambiente não humano" e experimentar a si mesmo, como Searles diz, como "não apenas vivo, mas *humano*". (Podemos situar o estádio do espelho de Lacan nesse ponto, quando o bebê se reconhece como uma versão animada da estátua inanimada.) Somente depois de o bebê ter negociado sua relação com o ambiente não humano, ele pode se tornar consciente de si mesmo em relação à mãe, como um "*indivíduo* humano vivo, distinto de outros seres humanos"[81].

O fracasso em se diferenciar do ambiente não humano tem graves repercussões para a capacidade de se relacionar mais tarde com outras pessoas. A título de exemplo, Searles descreve o caso de um paciente adulto, do sexo masculino, que, até os seis anos, desenvolvera fortes ligações com o sótão de sua casa. Nesse caso, o ambiente construído é o ambiente afetivo não humano que Searles defende. Esse cômodo proporcionou ao paciente de Searles uma sensação de segurança e continência, de modo que sempre que era obrigado a sair dele se sentia extremamente ansioso. No que diz respeito à qualidade das suas relações com outras pessoas, era evidente para Searles que o "homem nunca tinha realmente, até agora, deixado o sótão, em termos da sua orientação de sentimentos para com as outras pessoas". Isso se manifestava no prazer do homem em manipular as pessoas como se elas fossem objetos para usar e delas se apropriar, como alguém faria com um objeto inanimado, e sua frustração com os outros – como se eles fossem "grandes obstáculos mecânicos em seu caminho"[82]. Searles sugere que o relacionamento do bebê com o ambiente não humano pode ser mais crítico do que seu relacionamento com a mãe e exercer maior influência na qualidade de sua personalidade e de relacionamentos posteriores, uma vez que uma falha em negociar com o ambiente não humano e em se distinguir dele pode levar a relações interpessoais severamente problemáticas.

Além de estabelecer a "segurança emocional" e a "estabilidade e continuidade da experiência" necessárias para construir o senso de *self* do bebê, o ambiente construído, de acordo com Searles, continua a prover à pessoa, ao longo da vida, os recursos necessários para criar relacionamentos saudáveis. Ele observa, por exemplo, que o ambiente não humano se apresenta à criança como um "campo de prática" útil para desenvolver habilidades e "capacidades úteis" das quais dependerá em seus relacionamentos humanos posteriores[83]. Searles continua a afirmar que o ambiente não humano permite que as crianças descubram que são "poderosas de várias maneiras, mas não onipotentes", ajudando-as a apreciar e a aceitar o valor de outras pessoas[84]. Ele exerce, em todos os momentos da vida, uma influência estabilizadora, proporcionando "alívio das tensões e satisfação para as fomes que surgem na vida entre outros seres humanos", oferecendo "paz, estabilidade e companheirismo quando os relacionamentos interpessoais estão cheios de ansiedade e solidão"[85]. O ambiente construído nos propicia, ao longo da vida, um espaço de continência no qual podemos explorar nossos sentimentos, livres de julgamento e censura[86].

Os Edifícios Facilitam a Separação Vital da Mãe

O ambiente não humano desempenha um papel importante no relato de Redfearn sobre o desenvolvimento da identidade quando da separação do bebê de sua mãe e a descoberta de que ele é um indivíduo autônomo. Para avaliar seu relato, precisamos entender o conceito de "despersonalização" que o sustenta.

De acordo com Redfearn, o bebê estabelece sua separação da mãe ou de outro cuidador humano por meio da despersonalização dela. Essa atividade é, diz ele, uma contraparte necessária para nossa tendência de personalizar coisas não humanas, projetando características humanas em objetos inanimados e trazendo-os à vida (uma atividade que Redfearn descreve como animismo primitivo). A despersonalização, ao contrário, envolve a remoção ou retirada de qualidades humanas dos objetos – independentemente de esses objetos serem humanos ou não humanos –, a fim de permitir que sejam compreendidos em termos mais abstratos e simplificados[87]. Descrevi anteriormente um ato de

O PAPEL DO CORPO NO EVENTO ARQUITETÔNICO 115

despersonalização com a criança winnicottiana, que não precisava mais de seu ursinho de pelúcia e o jogou fora. O ursinho não é mais necessário porque não contém mais as projeções feitas pela criança da mãe tranquilizante; o objeto é, portanto, despersonalizado ou despido dessas qualidades maternas de sentimento e perde seu atrativo. Esse ato de despersonalização transforma o que fora um ilusório parte-sujeito e parte-objeto em um objeto banal e arbitrário da realidade, que pode ser apropriado e descartado à vontade – uma mera "coisa" que não mais expressa o brincar imaginativo da criança. A despersonalização do objeto representa uma conquista importante no desenvolvimento da criança. De acordo com Redfearn, a despersonalização é um processo útil e necessário na adaptação do bebê à realidade, pois facilita o afastamento do bebê da fusão ilusória com sua mãe e sua adaptação a uma realidade distinta dela[88].

Redfearn descreve os desejos oscilantes de se fundir e de se separar dos objetos de nosso ambiente como desejos de unir e alienar por meio de ocasiões de personalização e despersonalização. As ideias de Redfearn ecoam várias afirmações que fiz neste capítulo sobre o desenvolvimento da identidade e o importante papel desempenhado pelo corpo em sua identificação com características arquitetônicas. Assim, à luz de nossa tendência para a personalização de objetos, ele afirma que "quando nossos instintos de unificação ou união estão operando [...] os objetos são naturalmente tratados como autoprojeções ou representações do *self*, e esse *self* sempre parece ter uma configuração corporal". Ele observa, ademais, que essa configuração corporal é expressa mais claramente pelo "projeto de casas e cidades", pois elas são "forjadas para imitar e expressar o *self* e, particularmente, o *self* corporal"[89]. Descobrimos, porém, que o imaginário arquitetônico desempenha um papel crucial no ato de despersonalizar o objeto humano e em instigar a separação do corpo do bebê do de sua mãe.

Se, como Redfearn alega, o ato de personalização envolve experiências de corporificação, a despersonalização, por contraste, reflete um desejo de descorporificação do *self* que se fundiu com o objeto humano (a mãe)[90]. A despersonalização ocorre, afirma Redfearn, quando há uma ansiedade preponderante de que a pessoa esteja intimamente fundida além da conta com o objeto; é uma defesa contra "se importar demais ou ter medo de estar muito envolvido" com ele[91]. Nesse sentido, a despersonalização fornece os meios para aliviar as ansiedades claustrofóbicas que surgem quando nos sentimos constritos por nossos ambientes, instigando nossa separação deles e encorajando nosso desejo de autocontinência. A descorporificação, portanto, marca a separação da mãe, "no nível em que a imagem corporal da mãe e a imagem corporal da pessoa são identificadas". Essa separação é provocada pelo bebê que emprega, nas palavras de Redfearn, atos graduais de "abstração, mecanização" e "geometrização", que procuram descorporificar a mãe e, aos poucos, transformar sua imagem em algo "menos pessoal", menos humano, e mais abstrato[92]. Redfearn afirma que essa atividade propicia à criança o tipo de "atitude científica" que é expressa e utilizada na "atividade e no imaginário arquitetônicos"[93]. De fato, essa fase vital de desenvolvimento do *self* nada mais é que uma construção arquitetônica, ou, nas palavras de Redfearn, "o grande projeto de engenharia"[94]. Para ele, o edifício é o símbolo mais apropriado para o *self* autônomo. Edifícios, especialmente aqueles em ruínas, mais comumente expressam, diz ele, a mãe descorporificada e despersonalizada; eles são uma imagem geometrizada de seu afeto maternal[95].

Assim como Searles considerava os ambientes não humanos como "campos de prática" úteis para as crianças trabalharem seus conflitos, preparando-as para relacionamentos mais saudáveis com outras pessoas, a concepção de Redfearn do edifício como uma imagem abstrata e descorporificada da mãe nos concede "espaço suficiente" para negociar os sentimentos e afetos que persistem em nossas experiências da mãe real e pessoal e de outras pessoas que subsequentemente aparecem em nossas vidas[96]. Redfearn explica que as casas de bonecas, como uma imagem arquitetônica da mãe descorporificada, funcionam da mesma maneira. A casa de bonecas incentiva as crianças a representarem em suas brincadeiras seus sentimentos em relação a outras pessoas em sua casa[97]. Quer se trate de edifícios reais, imaginários ou casas de bonecas, as imagens arquitetônicas nos oferecem um recurso eficiente de continência, que nos permite negociar sentimentos e conflitos em um ambiente seguro, que nos protege de experiências de "muita dor e superestimulação"[98].

As identificações miméticas com objetos humanos ou não humanos, seja a mãe ou o edifício ou uma combinação de ambos,

O PAPEL DO CORPO NO EVENTO ARQUITETÔNICO

117

são transformações criativas do *self*. As fusões e separações do *self* *vis-à-vis* seus objetos são essenciais para a construção da identidade pessoal. As concepções de Redfearn de personalização e despersonalização podem ser entendidas no contexto dessas orientações cambiantes entre o *self* e o ambiente. Elas levam, diz ele, a uma "transformação" do *self*, com "a estruturação da mente" e o desenvolvimento das "funções de continência, enquadramento e limitação necessárias para nos lembrarmos [de nós mesmos], bem como para a arte, a religião, o pensamento e o fortalecimento da mente"[99].

Os relatos de Searles e Redfearn dão maior escopo à arquitetura como um objeto original de nossa identificação do que os discursos psicanalíticos convencionais. Enquanto a teoria psicanalítica dominante considera a arquitetura uma relação objetal posterior, derivada das primeiras experiências nutridoras da mãe, Searles e Redfearn sugerem um envolvimento muito anterior e mais fundamental no desenvolvimento da identidade, que contribui para um modelo no que tange às futuras relações objetais da pessoa. Como um amálgama de objetos não humanos "inanimados", a arquitetura constitui no esquema de Searles o primeiro objeto em relação ao qual o bebê descobre que ele é autoconsciente, ou está "vivo", como Searles coloca. Em outras palavras, a arquitetura terá um impacto sobre nós por ocasião de nossa primeira e original experiência de transformação. Se a arquitetura fosse percebida como um "objeto animado" (devido à personalização dele pelo bebê), ela ainda precederia a mãe e outros "objetos humanos" no entendimento de Searles sobre a construção da identidade. À arquitetura no modelo de Redfearn, por outro lado, é atribuída o importante papel de desencadear a separação da mãe e propiciar os recursos conceituais com os quais se pensa ser. Aqui, a arquitetura fornece ao *self* seu ego cognitivo.

CONCLUSÃO:
A CARNE DO EDIFÍCIO E O EDIFÍCIO DA CARNE

Neste capítulo, começamos a explorar como a identidade é construída por meio das interações corporais do sujeito com o ambiente construído e seus objetos arquitetônicos. Essas interações são guiadas pelo impulso inato do sujeito para tanto se fundir quanto se separar de seu ambiente. Chamei de *evento arquitetônico* a construção da identidade em resposta ao ambiente construído e, para maior clareza, o dividi em três componentes ou fases sobrepostas. Para recapitular, eles incluem o encontro inicial do sujeito com o edifício ou a característica arquitetônica, seu afastamento ou desapego dele e a revelação de um novo senso de *self*. O modo em que cada fase ou aspecto envolve as experiências corporais do sujeito e seus pensamentos e memórias inconscientes é central para a nossa investigação, pois são considerados componentes fundamentais da identidade humana, sem os quais não haveria um *self* coeso para vivenciar. Alego que o evento arquitetônico enriquece e aprimora nossas experiências de corporificação e integra nossos pensamentos inconscientes, nossas memórias e outras ideias e sentimentos esquecidos na consciência cognitiva. Este capítulo começou a explorar o primeiro deles, com o envolvimento do corpo nas três fases do evento arquitetônico da maneira em que ele interage com o objeto arquitetônico por intermédio de um processo de identificação mimética. Nossa investigação baseou-se em vários modelos psicanalíticos de desenvolvimento psicológico, sendo que cada qual coloca o corpo no centro do palco como o instrumento que usamos para nos negociar em relação aos nossos ambientes.

O evento arquitetônico é um evento que se desdobra inconscientemente na interação do sujeito com as formas materiais do edifício. Interpretamos essa interação como uma percepção imaginativa. A percepção imaginativa é o único meio de relacionamento e interpretação do bebê antes que ele estabeleça a capacidade de compreensão racional. É um modo de cognição que continua ao longo da vida, trabalhando ao lado de nossa percepção "comum" e mais consciente das coisas, que leva à nossa compreensão literal e racionalizada delas. No capítulo 2, explicamos como os edifícios convidam nossa percepção imaginativa em relação a eles, compelindo-nos a considerá-los não como objetos literais com seus próprios limites distintos, mas como *eventos* que nos encorajam a participar de suas características estruturais, como se fossem extensões de nós mesmos, ou como se nós fôssemos extensões deles. Essa forma de interação com os edifícios pode ser considerada uma continuidade das identificações

O PAPEL DO CORPO NO EVENTO ARQUITETÔNICO

miméticas de nossos primeiros relacionamentos. É um modo de relacionamento fundamental, mais fundamental do que nossa capacidade de racionalizar, que dá origem a uma consciência mais profunda de nós mesmos.

No próximo capítulo, analiso como a percepção imaginativa do adulto é propiciada por experiências não disponíveis ao bebê, com seu ego incipiente. Analiso o evento arquitetônico à luz do segundo de nossos dois componentes da identidade humana, a memória. Explicarei como nossa percepção imaginativa da arquitetura na vida adulta envolve nossos pensamentos inconscientes, nossas experiências reprimidas e nossas memórias esquecidas, e como eles subsequentemente moldam o evento arquitetônico e são por ele revelados. Veremos que, além de fazer uma identificação mimética com a arquitetura, nos envolvemos com as três fases ou aspectos do evento arquitetônico por meio de um processo denominado "trabalho do sonho". Trata-se de uma atividade criativa que utiliza nossas percepções da arquitetura para retrabalhar e reconfigurar nosso material esquecido e reprimido em uma forma mais controlável e contida, que faculta nosso envolvimento cognitivo com esse material e possibilita que o experimentemos de novo.

Finalizo este capítulo analisando o que exatamente incorporamos a nós mesmos através de nossas identificações corporais com o ambiente construído. Concluí no capítulo 2 que envolvia uma experiência de *continência permanente*, que nos esforçamos para alcançar a partir de nosso impulso inato de autopreservação, protelando suas ansiedades correspondentes de desintegração e aniquilação – ansiedades que pertencem, talvez, às nossas experiências anteriores à descoberta do objeto contentor. Também concluí que a continência que buscamos deve ser flexível o suficiente para nos permitir a liberdade de nos desenvolvermos, evoluirmos e nos defendermos contra ansiedades de sufocação e restrição – ansiedades que encorajam nossa compulsão inicial de nos separarmos e nos desapegarmos dos objetos com os quais nos fundimos. No decorrer deste capítulo, várias formas e imagens foram sugeridas como características do objeto que põe em movimento essa experiência vital de continência permanente. Assim, Lacan descreve o objeto da continência permanente como um andaime vertical, uma fortificação, com solidez essencial; Anzieu também o descreve como um andaime de suporte e distingue entre seu espaço interior e exterior; Bick sugere que é uma superfície dinâmica de várias texturas sensoriais distintas; Ogden refere-se a ele como a colocação de um piso que pode ser remodelado para acomodar diferentes projetos estruturais; Winnicott o descreve como um espaço seguro e flexível; e Searles alude a ele como um espaço pacífico, estável e íntimo. Coletivamente, essas caracterizações nos levam a postular que um projeto arquitetônico que evoca continência permanente é aquele que se assemelha a um recinto tridimensional, talvez mais alto do que largo, com várias texturas de superfície e aberturas. Ou seja, algo semelhante a uma caixa! Embora tal projeto possa parecer um tanto banal é, psicologicamente falando, em particular evocativo – quando esses recintos fechados são dispostos em uma variedade de justaposições, como veremos mais tarde. Na verdade, como Adrian Stokes observa, "A geometria plana da construção, os volumes e linhas simples, as formas principais, são potencialmente carregadas de sentimento."[100] O teórico da arquitetura Thomas Thiis-Evensen propõe uma ideia similar, com foco nos componentes essenciais de um edifício – "piso", "parede" e "telhado" –, que juntos compreendem um recinto fechado similar a uma caixa, com uma base, lados e tampa que ecoam com força nossa própria constituição corporal, como um "interior no meio de um exterior"[101]. Diante disso, somos compelidos, diz ele, a descobrir essas formas fundamentais dentro de nossos ambientes como "arquétipos arquitetônicos"[102]. Cada uma dessas formas arquitetônicas reverbera a nossa própria experiência corporal, porém de formas ligeiramente distintas, de acordo com seus diferentes arranjos espaciais. Assim, o piso para Thiis-Evensen denota uma experiência corporal de "acima e abaixo"; a parede, de "dentro e ao redor"; e o telhado, de "através, por cima e por baixo"[103]. Thiis-Evensen prossegue afirmando que essas formas arquitetônicas e seus arranjos espaciais são complementados pela "expressão existencial" do edifício, que ele interpreta como as impressões que o edifício dá de seu – e, por extensão, nosso – "movimento, peso e substância"[104]. No entanto, como essa estrutura arquitetônica, parecida com uma caixa, transmite a flexibilidade e a liberdade de que precisamos para nos desenvolver e crescer? Como podemos identificar em seu projeto as

O PAPEL DO CORPO NO EVENTO ARQUITETÔNICO

características que irão estimular nosso desvinculamento de sua estrutura? Devemos simplesmente pressupor que a estrutura em forma de caixa deve incorporar várias aberturas, que garantam que ela não nos encerre de modo firme demais?

No capítulo 2, exploramos a natureza "infinita" da arquitetura com sua superabundância de significados e, neste capítulo, expliquei como o sujeito incorpora essa característica como um senso elusivo e misterioso de alteridade, em conjunto com o caráter fortalecedor e estrutural da arquitetura, quando ele se identifica com o objeto arquitetônico. Dada sua qualidade elusiva, o caráter infinito da arquitetura não é aparente ou discernível de imediato nas características materiais de seu projeto, mas é sugerido naquelas características que parecem mal colocadas, ocultas, ausentes ou não exatamente esperadas. Ele é insinuado por aquelas características arquitetônicas que estão fora da vista, atrás de portas fechadas e sob o assoalho; dentro de suas renovações não realizadas e não planejadas; onde a fachada deslocada encontra as paredes do edifício; e, conforme descrito pelos modelos da psique do capítulo 1, dentro de seus recessos indistintos e sombrios e espaços escuros e extensos.

A qualidade "infinita" elusiva da arquitetura também é sugerida nos ritmos, no fluxo e nos movimentos de suas formas, daquelas características que atraem a atenção do bebê, mas com frequência passam despercebidas pelo adulto. A composição dinâmica é difícil de mensurar e localizar dentro do próprio edifício, pois é com mais frequência percebida de modo inconsciente e identificável de forma mais perceptível por meio de seus efeitos associados. Rose sugere que o arranjo formal da arquitetura (e de obras de arte em geral) corresponde aos arranjos da mente do sujeito e às várias mudanças e movimentos que ocorrem dentro da psique ou da personalidade[105]. Ao discorrer sobre o poder visual de um arranjo "artístico", Rose afirma que ele "externaliza, momento a momento, a atividade da mente em câmera lenta, ampliada e abstraída"; e por meio de seus "ritmos delineados", nos apresenta uma "imagem" de nosso próprio "processo interior" e das "lutas internas não conciliadas". Rose continua a afirmar que somos compelidos a seguir e a nos envolver com as características visuais de sua imagem, a fim de nos sentirmos "nutridos e avivados"[106]. Adrian Stokes apresenta um relato semelhante das formas visuais da arquitetura. Como "possuidora de muitas referências corporais", a arquitetura, diz ele, "reflete um processo dinâmico ou em evolução, bem como o fato da construção"[107]. Enquanto Stokes admite, e de modo similar a Rose, que o jogo visual de formas espaciais tem, como Rose coloca, um "poder especial sobre nós", ele sugere que poucos provavelmente concederiam tal poder às aparentemente "formas estáticas, físicas" dos edifícios[108].

No entanto, descobrimos rapidamente que Stokes faz questão de se considerar um desses poucos. Ao falar da arquitetura, ele afirma:

Tal imobilidade, porém, muitas vezes envolve uma sensação de peso arrastado, de encurvamento ou inchaço de um contorno com o qual nos preocupamos profundamente, pois temos um enorme prazer [...] em apalpar nosso caminho, rastejar, por assim dizer, sobre um volume representado, articulado para esse fim. [...] [Projetos arquitetônicos] podem convidar a uma forma de exploração muito primitiva e até cega [ou inconsciente, poderíamos dizer]. Em um de seus aspectos, também as relações de cor e textura evocam em nós o mesmo sentido de processo, de desenvolvimento, de uma forma crescendo a partir de outra ou entrando e se dobrando nela.[109]

Não posso terminar este capítulo sem me referir à influente fenomenologia de Merleau-Ponty e sua leitura de nossa percepção corporal do mundo como a chave para nossa consciência subjetiva. Merleau-Ponty se assemelha a Stokes e a Rose na medida em que sua descrição de "objetos", incluindo a arquitetura, enfatiza sua fluidez e sincronização com nossa subjetividade e movimentos corporais. Para Merleau-Ponty, as "coisas" são sempre apenas "acessíveis à inspeção do corpo"[110], de modo que os significados que atribuímos a elas são determinados por nossa participação corporal na forma do edifício. Seu nome para este entremesclar do corpo e de seu ambiente é "carne". A carne envolve "meu corpo" como "a textura em que todos os objetos são entretecidos"[111]. Como nas noções de "pele" propostas por Bick e por Anzieu, "carne" aqui implica a pele física do sujeito, mas não é sinônimo dela. "Carne" é mais semelhante a um meio elementar, como ar ou carbono, no qual os significados do *self* e do mundo são constituídos como um só[112].

Significativamente, para Merleau-Ponty, a "carne" não se restringe ao bebê; tampouco a mãe ou qualquer outro ser humano detém direitos exclusivos sobre o que a carne abrange. Em vez disso, nos fundimos com todo e qualquer objeto que percebemos e a todo momento. Assim como Bollas descreve a "colisão" de sujeito e objeto, Merleau-Ponty fala das estruturas de objeto e sujeito "se abrindo um sobre" o outro, como uma rede conjunta de significados, envolvidos na mesma carne[113]. Ele é menos um habitante do edifício em que vive do que este é um habitante dele; sua casa, ele afirma, é "um domínio familiar em torno de mim se ainda tenho suas distâncias e suas direções 'em minhas mãos' ou 'em minhas pernas', e se partem de meu corpo fios intencionais em direção a ele"[114]. Seu corpo e sua casa são constituídos um pelo outro.

Se Merleau-Ponty fosse falar do "poder" da arquitetura, seria sob o aspecto de seus arranjos sensoriais, que fluem e refluem em relação aos nossos movimentos corporais. Nenhum órgão dos sentidos é privilegiado em nossa percepção do edifício; todos os sentidos trabalham em conjunto, um incluído no outro, para que estejamos "abertos" às formas que percebemos. Assim, afirma Merleau-Ponty, não tocamos simplesmente "a solidez e a fragilidade do vidro" com nossa pele, mas as sentimos através de nossos olhos; também vemos, diz ele, "a elasticidade do aço" e o "peso de um bloco de ferro fundido" afundando na areia; e ouvimos a "dureza e a irregularidade das pedras do calçamento das ruas"[115]. O mero fato de ver, ouvir, tocar ou cheirar um edifício faz com que estejamos abertos para um envolvimento corporal completo com suas características, e esse envolvimento sinestésico penetra mais profundamente do que a superfície física de nossa pele, para construir uma identidade única e pessoal e um senso de *self*. As características materiais da arquitetura são, como Merleau-Ponty afirma sobre qualquer objeto ou "coisa", "correlativos do meu corpo e, em termos mais gerais, de minha existência, da qual meu corpo é apenas a estrutura estabilizada"[116].

No próximo capítulo, abordarei o papel do pensamento e da memória no evento arquitetônico. Essa pesquisa ajudará a dar continuidade ao desenvolvimento das características materiais da arquitetura evocativa, além de sua descrição um tanto grosseira como uma estrutura semelhante a uma caixa multitexturizada e perfurada. Explicarei como a mente inconsciente e elusiva interage com o mundo por meio de uma circulação de "excedente infinito" e, como resultado, nossas experiências do mundo podem nos desorientar e confundir. Descobriremos que nossas mentes inconscientes podem ser evocadas, e até certo ponto acessadas, por projetos arquitetônicos que incorporam elementos paradoxais, ambíguos e surpreendentes – projetos que mantêm em tensão criativa características que são, ao mesmo tempo, convencionais e distorcidas.

4. Usando a Arquitetura Para nos Pensarmos Como Seres

Edifícios Como Depósitos de Pensamentos Inconscientes

No capítulo anterior, examinamos o evento arquitetônico à luz das identificações miméticas forjadas em nossa percepção da similaridade entre nossas experiências de corporificação e as formas de continência da arquitetura. Essa atividade, como vimos, é nosso primeiro modo de relacionamento e continua a operar por toda a vida, informando nossa experiência imaginativa das coisas. Antes do estabelecimento de um ego com capacidade de pensamento abstrato, o bebê é compelido a negociar o ambiente por meio da resposta do seu corpo às formas corpóreas que interagem com ele. A capacidade cognitiva de autorreflexão que gradativamente surge dessas interações corporais fornece à pessoa maiores recursos para o autodesenvolvimento e a construção da identidade. Neste capítulo, analisamos o papel da memória no evento arquitetônico, para explicar como nossas interações com a arquitetura nos propiciam oportunidades de renegociar experiências passadas ou impressões de nós mesmos que foram esquecidas, tornadas inconscientes ou reprimidas. Ao fazer isso, descobrimos que a arquitetura é um recurso inestimável para a integração da autoexperiência e para moldar uma identidade coerente e duradoura. Explicarei que, além de nossas identificações miméticas com a arquitetura por intermédio de nossas experiências corporais, participamos do evento arquitetônico por um registro imaginativo de experiência que atende pelo nome de "trabalho do sonho" ou "pensamento onírico" na psicanálise.

"Pensamento onírico" é um método de identificação disponível à pessoa com um ego maduro e consolidado, que tenha a capacidade de pensar e autorrefletir. Como veremos, o pensamento onírico é um modo de "pensamento" inconsciente que funciona paralelamente e muitas vezes em conflito com nossos poderes de raciocínio, levando a *insights* surpreendentes e imprevisíveis e frustrando nossas expectativas sobre nós mesmos e nossos ambientes.

No capítulo anterior, discuti como os edifícios passam a ser vivenciados como extensões do próprio corpo do sujeito, com sentimentos concomitantes de um senso de *self* mais distinto, fortalecido e contido. Neste capítulo, descrevo como os edifícios aumentam nossa capacidade de autorrefletir e de pensar de forma mais produtiva e criativa, garantindo-nos acesso à nossa mente em seu nível inconsciente de funcionamento, com seu repositório de experiências que, de outra forma, seriam inacessíveis ao pensamento cognitivo ou à mente consciente, com sua forma mais direta e literal de pensar. Explicarei de que modo usamos edifícios como contentores incubatórios para a transformação de nossos pensamentos inconscientes fragmentários em ideias criativas e, ademais, como suas características arquitetônicas nos compelem a usá-los dessa forma, fornecendo-nos "pistas" sensoriais com as quais podemos interpretar e traduzir seu excedente infinito de significados em *insights* pessoais e úteis. Nesse cenário, o ambiente construído nos dá oportunidades de autoredescoberta, propiciando-nos os recursos para nos envolvermos com aspectos de nós mesmos que normalmente estão "fora dos limites", ocultos e mantidos fora de vista.

Na maioria das vezes, não temos consciência do evento arquitetônico à medida que ele se desenrola. É mais provável que observemos seus efeitos e não tenhamos consciência do ambiente construído como sua causa. Isso ocorre porque nossa participação no evento é inconsciente e encorajada por processos – como projeção e incorporação – que não podem ser conscientemente acionados. O evento arquitetônico depende da ativação de um registro "imaginativo" da experiência, e essa

USANDO A ARQUITETURA PARA NOS PENSARMOS COMO SERES

atividade é dependente da ausência ou suspensão de nossas faculdades cognitivas de raciocínio. Enquanto o bebê conta com um registro imaginativo de experiência na ausência dos poderes críticos de raciocínio, os adultos, que dependem de tais faculdades cognitivas para sua orientação no mundo, podem experimentar a suspensão dessa faculdade como algo desorientador e estranho, o que os leva a se sentirem "incomodados" consigo mesmos ou "deslocados" em seu ambiente. O acionamento de nossa imaginação indica que nosso julgamento racional, que acompanha nossa atenção direta ou focada nas coisas, foi suspenso de modo a permitir que nos envolvamos conosco e com nosso ambiente de uma maneira menos focada, mais "onírica". Neste capítulo, irei explicar a atividade e os processos que sustentam essa "mudança de marcha" mental e como ela é ativada em nossas interações com a arquitetura.

Para nos ajudar em nossa pesquisa, recorrerei a uma anedota intrigante e muitas vezes esquecida relatada por Freud por ocasião de sua visita à Acrópole em Atenas, em 1904. Usarei seu relato como um estudo de caso sobre "pensamento onírico" para ilustrar como a mente inconsciente de Freud utiliza suas percepções da Acrópole e do entorno para acessar seus pensamentos inconscientes, e como ele reconstrói seu senso de *self* à luz deles. A visita de Freud à Acrópole deu origem a uma experiência estranha que permaneceu inexplicada para ele por vários anos, até que finalmente a interpretou como uma manifestação de memórias esquecidas e sentimentos reprimidos de culpa que ele nutria em relação ao pai[1]. Embora Freud admita que o edifício dera início a um "processo de transformação" na medida em que esse processo "incluía a mim, a Acrópole e minhas percepções dela"[2], ele explica essa transformação puramente com base na conjuntura de sua vida interior e emocional; ele não considera a possibilidade de que o ambiente arquitetônico tenha contribuído para a sua causa. A maioria dos estudiosos que passou a examinar seu relato também ignora o poder afetivo da cena arquitetônica, optando, como Freud, por considerar que sua atividade mental estava totalmente removida e isolada do ambiente físico em que o evento ocorreu. Em contraste, sugiro que o ambiente arquitetônico na verdade desempenhou um papel, e um papel significativo. Argumentarei que, por intermédio da percepção imaginativa de

Freud das características materiais da Acrópole, ele descobre os meios de acessar memórias, ideias e experiências que estavam latentes, esquecidas ou reprimidas. Além disso, tais características incluem as que estão fisicamente presentes para Freud e as que são impressas nele por sua ausência evocativa – notadamente, neste caso, a imagem do edifício em sua condição original e prístina, tal qual surgiu na imaginação de Freud, como que sobreposta à estrutura em ruínas fisicamente presente. Em outras palavras, alego que as várias características materiais do ambiente construído que Freud percebeu o encorajou a obter acesso a ideias que permaneceriam indisponíveis se acessadas apenas por meio da deliberação racional. Sua percepção imaginativa do ambiente construído lhe concede a estrutura de continência com a qual configurar ou moldar seu material inconsciente em um arranjo que pode ser revelado à percepção consciente e, num momento posterior, pensado e vivenciado como pessoalmente significativo. Ademais, sugiro que a experiência de Freud não é incomum, nem tampouco o é a Acrópole no que diz respeito a essa questão. O relato de Freud serve para ilustrar (embora, talvez, com um grau incomum de clareza) a maneira em que a mente inconsciente faz uso do ambiente construído para organizar e revelar seu material.

Já vimos outros relatos acerca do impacto psicológico da arquitetura que chegam a conclusões semelhantes às minhas no que tange à interpretação da experiência de Freud na Acrópole. Searles, por exemplo, se refere à liberdade que nos é concedida pelo ambiente construído para expressar sentimentos não resolvidos e lutas emocionais; Rose e Stokes aludem à arquitetura como evocativa de nossos conflitos internos e irreconciliáveis; e Jung fala da atividade oculta e inconsciente que ocorre dentro da tessitura arquitetônica das cidades, fazendo com que "perspectivas imprevistas" se abram, "coisas inesperadas" se tornem conscientes e sejam "postuladas questões que estavam além da [minha] capacidade de lidar"[3]. Contudo, como veremos, é nos detalhes do relato de Freud que encontramos talvez a descrição mais clara e abrangente do "evento arquitetônico" na literatura psicanalítica – que nos permite rastrear suas várias fases ou aspectos à medida que o evento se desdobra por meio da percepção imaginativa de Freud do edifício, desde sua identificação inicial com ele até os *insights* que lhe são revelados para ajudá-lo a negociar conflitos internos inacessíveis aos recursos cognitivos de sua mente consciente.

Antes de nos voltarmos às experiências de Freud, devo explicar as diferenças essenciais entre os pensamentos inconsciente e consciente, e como é possível dizer que o inconsciente "pensa" de forma criativa e imaginativa. Faço isso delineando os vários papéis que os estudiosos tendem a atribuir a cada tipo de pensamento dentro do contexto do pensar criativo e da resolução de problemas. Modelos tradicionais e técnicas de resolução de problemas envolvem um procedimento ou sequência de estágios comparáveis às três fases ou aspectos do evento arquitetônico conforme os descrevi. Um exame mais atento de sua semelhança nos ajudará a esclarecer a quais tipos de pensamentos o inconsciente dá origem e sua utilidade para nós, à luz das limitações impostas por nossos julgamentos racionais e nossas ideias mais conscientemente determinadas.

"PENSANDO" INCONSCIENTEMENTE

No capítulo 2, descrevi como a arquitetura desafia a definição racional ao evocar um excedente de significados, que subsequentemente "abre" ao percebedor do edifício as extensas possibilidades de sua própria natureza. Nesse sentido, os edifícios facilitam um tipo de pensamento e compreensão diferente daquele adquirido por nossa percepção literal das coisas e da compreensão racional que origina. Em contraposição ao raciocínio prescritivo e presuntivo, que nos direciona ao conhecimento que buscamos, o tipo de pensamento e compreensão envolvido aqui é imprevisível. Em comparação com o curso linear da lógica, implica uma teia emaranhada de pensamentos, sentimentos e impressões associativos que gravitam ou convergem em torno de pontos focais de significados compartilhados, cujo conteúdo pode parecer bizarro e sem sentido a partir de um ponto de vista racional. Quando abordamos as coisas com o objetivo de usá-las de uma maneira específica, na expectativa de que cumpram uma função ou propósito particular, tendemos a restringir nossa percepção de sua forma e caráter e as percebemos meramente como objetos para a nossa apropriação imediata. Em contraste, abordamos as coisas de modo inconsciente quando não estamos imediatamente preocupados com elas e permitimos que nossas mentes vaguem com liberdade e, assim, consideramos sequências de pensamentos que não seguem uma agenda prescrita. Ao possibilitar que nossa mente vagueie dessa forma, sem restrições impostas por preocupações práticas e "listas de tarefas", nos tornamos mais receptivos ao excedente de significados evocado por nossos ambientes construídos. O evento arquitetônico, como veremos, traz os dois tipos de pensamento a um diálogo criativo.

Jung descreve a diferença entre os dois tipos de pensamento em termos de foco e direção. Ele diz que pensamos e percebemos as coisas "com atenção dirigida" quando nossos pensamentos "imitam a sucessão das coisas objetivamente reais". Em tais casos, "as imagens em nossa mente se sucedem na mesma sequência causal rígida em que os eventos ocorrem fora dela"[4]. Em outras palavras, o pensamento dirigido segue a lógica da dedução causal e alimenta tanto nossas expectativas quanto nossas pressuposições sobre como as coisas são e deveriam ser. É uma forma de pensamento da qual nenhum engenheiro arquitetônico pode abrir mão; os edifícios que eles projetam, no entanto, fogem da conceituação racional, transmitindo um excedente de significados que não podem ser "pensados inteiramente" de maneira lógica. Os projetos arquitetônicos nos levam, em outras palavras, a um tipo diferente de pensamento, que descrevemos no capítulo 2 como imaginativo e simbólico e ao qual Jung se refere como "não dirigido". O pensamento não dirigido, afirma Jung, é um "jogo automático de ideias" que "se afasta da realidade para as fantasias do passado ou do futuro"[5]. Pensamos sem direção quando removemos nossa atenção concentrada dos objetos e "não mais obrigamos nossos pensamentos a seguir uma trilha definida, mas os deixamos flutuar, afundar ou se elevar de acordo com sua gravidade específica"[6]. Como explicarei, enquanto o pensamento dirigido se baseia em correspondências lógicas entre as ideias e a realidade percebida, o pensamento não dirigido percebe as formas como uma colagem aleatória de associações inconscientes, como "imagens empilhadas sobre imagens" e "sensações sobre sensações", dispostas "não como são na realidade, mas como gostaríamos que fossem"[7]. O inconsciente pensa sem direção ao ligar uma série de imagens, sentimentos, memórias e sensações à percepção que a pessoa tem das coisas.

No capítulo 1, fiz uma distinção entre esses tipos de pensamento contrapondo o edifício metafórico projetado por Descartes, construído de acordo com preceitos de certeza e raciocínio que estabelecem um edifício seguro e duradouro, ao de Freud, que cria sua "eterna" cena urbana com "fantasia" e "imaginação", para estabelecer uma arquitetura que é incoerente e incongruente. Freud emprega o termo "associação livre" para descrever esse tipo de pensamento, e compara sua sequência tênue de imagens às "vistas cambiantes" da janela de um trem que se move[8]. No próximo capítulo, veremos como nosso corpo em movimento incentiva esse tipo de pensamento inconsciente, e como caminhar em ambientes construídos (em especial quando vagamos sem uma rota prescrita em mente) fornece ao inconsciente "alimento para o pensamento", propiciando-lhe uma maior variedade de formas evocativas com as quais configurar e revelar suas ideias.

Quando não somos restringidos por diretrizes conscientes, nossa mente vagueia com liberdade, movendo-se de uma ideia para outra em uma cadeia aparentemente arbitrária de associações, sob a orientação ou influência de nossos desejos e inclinações inconscientes. Muitas vezes, notamos nosso envolvimento nesse tipo de pensamento pouco antes de cair no sono ou quando nos damos conta de que estamos sonhando acordados; os psicólogos, entretanto, afirmam que estamos preocupados com o pensamento inconsciente ou não dirigido com muito mais frequência do que provavelmente imaginamos: na verdade, eles alegam que o inconsciente nos afeta a cada momento, influenciando até mesmo nossos planos mais cuidadosamente elaborados. Ao pensar dessa forma, criamos linhas de pensamento que se ramificam em diferentes direções, cada qual uma expressão de nossos interesses inconscientes na época. Se a mente consciente pensa causalmente em uma sequência lógica de ideias e conceitos, pode-se dizer que a mente inconsciente pensa de forma imaginativa, recorrendo a um vasto reservatório de impressões disponíveis. Neste capítulo, explico como o pensamento inconsciente é uma elaboração de uma teia de percepções e experiências de objetos reais em nossos ambientes "externos" que são mescladas e justapostas com experiências e impressões alojadas em nosso mundo "interno" ou intrapsíquico, que adquirimos ao longo da vida, algumas das quais estão profundamente reprimidas e de outra forma esquecidas, enquanto outras são lembradas com maior facilidade como memórias vívidas.

Embora o pensamento inconsciente agrupe materiais que possam parecer não relacionados, Freud e seus seguidores foram inflexíveis ao argumentar que se alguém rastreasse as várias técnicas empregadas pelo inconsciente à medida que ele reúne e agrupa seu material, poderiam ser detectados padrões sugestivos de um arranjo coerente e significativo. Analiso posteriormente duas dessas técnicas ("condensação" e "deslocamento"), a fim de explicar como elas podem ser empregadas para desconstruir o "evento arquitetônico", isolando seus vários componentes (inclusive as impressões sensoriais do projeto arquitetônico, traços de memória de eventos específicos, sensações emocionais e outros resquícios de experiência e ideias fragmentadas) e descobrindo os significados comuns que informam seu arranjo.

Ao fazer uso dos métodos propostos por Freud para tentar decifrar aproximadamente a atividade inconsciente, as características materiais de um projeto arquitetônico e as experiências pessoais reprimidas do sujeito podem, pelo menos em teoria, ser desemaranhadas para identificar as associações significativas que unem as duas. Para Freud, esse significado subjacente aponta para um conflito não resolvido, que se tornou inconsciente porque é traumático demais para ser contemplado e integrado à personalidade consciente. O evento arquitetônico viabiliza uma oportunidade para essa contemplação, com as formas contentoras do edifício – vivenciadas, como vimos, como uma extensão estabilizadora e fortalecedora do *self* – proporcionando um ambiente mais confortável e terapêutico no qual é possível cogitar sobre pensamentos difíceis.

Potenciais Criativos do Pensamento Inconsciente

O pensar com ou sem direção, ou a percepção das coisas de forma consciente ou inconsciente, depende do que estamos fazendo no momento. Quando nossa concentração é perturbada e os caminhos lineares de pensamento correspondentes são interrompidos, podemos nos tornar mais sintonizados com as associações inconscientes que aplicamos aos objetos de nossa experiência.

USANDO A ARQUITETURA PARA NOS PENSARMOS COMO SERES   133

O pensamento não dirigido não pode ser conscientemente planejado, porém pode ser encorajado; e, para descobrir exatamente de que modo, iremos recorrer a descrições bem estabelecidas de técnicas e métodos de resolução de problemas empregados para aprimorar o pensamento criativo e produtivo.

Muitos estudos empíricos celebram a eficácia do pensamento não dirigido para resolver problemas cuja solução não pode ser alcançada fazendo uso de estratégias lógicas ou de deliberação racional. O psicólogo cognitivo Guy Claxton, por exemplo, descreve o "cérebro de lebre" e a "mente de tartaruga" para argumentar que a inteligência e a capacidade de resolver problemas aumentam quando o pensamento racional (o cérebro de lebre) é abandonado para permitir que o inconsciente (a mente de tartaruga) pense por nós. Claxton afirma que "muitas vezes, nossas melhores e mais engenhosas ideias não resultam de cadeias de raciocínio perfeitas". Elas "ocorrem", "aparecem subitamente em nossa cabeça", "como se surgissem do nada"[9]. Com frequência, nossas melhores ideias assomam nos momentos mais improváveis e nos lugares mais imprevisíveis: quando estamos no chuveiro, fazendo tarefas domésticas ou saindo para uma caminhada. Em outras palavras, elas costumam ocorrer em ocasiões nas quais não estamos *tentando* pensar e forçar as ideias à percepção consciente, porém quando estamos prestando atenção em algo totalmente diferente.

Sugiro que ideias engenhosas e pensamentos perspicazes não surgem do nada, mas são produto ou consequência de um processo gradual que emprega ambos os tipos de pensamento e utiliza nossa percepção imaginativa das coisas para desencadear e colocar em movimento vários pensamentos, sentimentos e ideias inconscientes que estavam latentes em nós. Esse processo, como veremos, costura esses vários elementos em uma narrativa coerente que é posteriormente revelada pelos objetos evocativos em nosso ambiente. Para esclarecer e explicar esse processo, abordarei primeiro a interpretação seminal do pensamento criativo delineada pelo matemático, filósofo da ciência e físico teórico Henri Poincaré (1854-1912). O relato de Poincaré é particularmente útil para nossa investigação, pois diferencia entre os papéis do pensamento dirigido e os papéis do pensamento não dirigido na criação de ideias perspicazes; ademais, as fases

134

que ele atribui ao processo do pensamento criativo correspondem às fases ou aspectos que atribuí ao evento arquitetônico. Assim, no relato de Poincaré, encontramos uma estrutura útil para dar sentido à atividade inconsciente conforme ela sustenta o evento arquitetônico – desde a coleta de seu material até sua disseminação como uma ideia evocativa e perspicaz por meio das características materiais do edifício[10].

As Distrações Criativas de Henri Poincaré

O breve relato de Poincaré aparece no capítulo "Criação Matemática" em seu estudo *The Foundations of Science* (1908)[11]. Ali ele explica as circunstâncias que o levaram à descoberta de várias fórmulas matemáticas e, por conseguinte, a deduzir de suas experiências um método genérico para a resolução de problemas e para o pensamento produtivo. Ele nos conta como passou quinze dias infrutíferos tentando provar um teorema. "Todos os dias", diz ele, "sentava-me à mesa de trabalho por uma ou duas horas, tentava um grande número de combinações e não chegava a resultados" (p. 387). As coisas mudaram quando uma noite, "ao contrário do meu habitual, bebi café puro e não consegui dormir". Nesse ponto, "as ideias cresceram em multidões; eu as senti colidir até que os pares se entrelaçassem, por assim dizer, formando uma combinação estável. Na manhã seguinte, eu havia estabelecido a existência das funções fuchsianas". Poincaré solucionou o problema matemático que não tinha sido capaz de resolver por esforços racionais combinados e "teve apenas que escrever os resultados, o que levou somente algumas horas" (p. 387).

Poincaré dá suporte a esse relato com outros exemplos similares de quando as ideias matemáticas que buscava repentinamente se tornaram conhecidas a ele em ocasiões nas quais não estava preocupado com elas. Por exemplo, uma mudança de rotina em uma viagem a Coutances, na Normandia, permitiu-lhe, diz ele, "esquecer o meu trabalho matemático"; mas assim que entrou no ônibus para continuar sua jornada, lembrou-se de como uma ideia que estivera procurando lhe ocorreu, com uma sensação de certeza absoluta. Ao voltar para casa, testou e verificou a ideia que lhe tinha surgido do nada (p. 387-388). Em outra ocasião, quando "desgostoso" com seu fracasso em estabelecer resultados

USANDO A ARQUITETURA PARA NOS PENSARMOS COMO SERES 135

válidos por meio de esforço considerável, Poincaré decidiu interromper os estudos e passar alguns dias descansando à beira-mar. "Certa manhã, caminhando na encosta", escreve ele, "a ideia me ocorreu, com as mesmas características de brevidade, subitaneidade e certeza imediata" (p. 388). Em outra ocasião, Poincaré descreve como procurou explicar por meio da dedução racional uma série de funções matemáticas que continuavam a intrigá-lo. Começou, diz ele, fazendo um "ataque sistemático contra elas, ultrapassando-as uma após a outra". Todo esse trabalho, diz ele, "era perfeitamente consciente"; porém "meus esforços só serviram [...] para me mostrar a dificuldade" do problema. Poincaré relembra nessa época como teve que desistir de seus estudos para cumprir o serviço militar – uma mudança que o deixou "ocupado de forma diferente". Em seguida, conta como, ao caminhar por uma rua, "surgiu de repente a solução para a dificuldade que me havia detido". Ele agora tinha em mente "todos os elementos e só precisava organizá-los e colocá-los juntos" (p. 388).

Poincaré deduz dessas experiências que a deliberação racional por si só é em geral improdutiva, e somente quando alguém se desvincula desse tipo de pensamento, uma ideia decisiva ou solução procurada para um problema pode "de repente" se revelar. É importante ressaltar que Poincaré conclui que a solução não surgiu simplesmente porque sua pausa permitiu que seus pensamentos racionais e esforços dirigidos pudessem descansar e se recuperar, mas, ao contrário, "é mais provável que esse descanso tenha sido preenchido com trabalho inconsciente e que o resultado desse trabalho se revelou depois" (p. 389). Em outras palavras, ao se preocupar com uma atividade diferente, Poincaré foi capaz de direcionar seus pensamentos racionais para outro lugar e permitir que seu inconsciente tivesse a oportunidade de trabalhar no problema. Os pensamentos inspirados que parecem surgir do nada são considerados por Poincaré como o produto de sua mente inconsciente, que revisa e reconfigura o trabalho iniciado por seus esforços dirigidos. O trabalho inconsciente, afirma Poincaré, somente é fecundo "se for, por um lado, precedido e, por outro lado, seguido por um período de trabalho consciente". As inspirações repentinas só podem acontecer depois que uma circunstância de deliberação consciente não conseguiu atingir os resultados desejados; tais esforços, contudo, afirma ele, "não foram tão estéreis quanto se pensa; eles ativaram a máquina inconsciente" (p. 389). Da mesma forma, o pensamento dirigido é necessário depois que o pensamento inconsciente revelou seus *insights*, para verificá-los e, talvez, também, diz ele, para "moldá--los" ou reorganizá-los um pouco, a fim de defini-los de forma mais distinta.

Como o inconsciente pensa e chega a seus pensamentos inspirados? Poincaré não fornece uma resposta definitiva. Ele diz que o inconsciente é "capaz de discernimento" e deduz suas próprias "combinações" de ideias daquelas obtidas por meio de nossas deliberações racionais iniciais. Ele também afirma que o inconsciente estabelece um "grande número" de combinações de ideias, a maioria das quais irrelevantes para o problema em questão. Apenas as combinações que são "harmoniosas e, por conseguinte, "úteis e belas" irão, diz ele, "afetar mais profundamente nossa sensibilidade emocional" e, assim, "invadir o domínio da consciência", para capturar nossa atenção. As demais ficam adormecidas ou, como Freud argumentaria, reprimidas. Segundo Poincaré, nossa mente é similar a uma "peneira", que emprega uma sensibilidade estética especial para auxiliar e determinar quais das combinações inconscientes são úteis ou "harmoniosas" para as nossas necessidades e, portanto, podem receber expressão consciente. A leitura de Poincaré aqui é semelhante à figura de Freud do "guarda" que encontramos no capítulo 1, que se posiciona no limiar entre as salas da consciência e do inconsciente, e decide quais dos vários impulsos mentais podem passar para a consciência com base no fato de agradá-lo ou de desagradá--lo[12]. Usando o relato de Poincaré, podemos começar a especular sobre os métodos que empregamos para nos envolver com o excedente de significados evocado pela arquitetura e a partir dos quais *insights* significativos são compostos e revelados. Por meio de um registro inconsciente e imaginativo da experiência, o percebedor do edifício é capaz, de algum modo, de "peneirar" esse excedente de significado para estabelecer combinações de ideias relevantes para suas necessidades ou questões inconscientes e que são subsequentemente reveladas ao sujeito na culminação do evento arquitetônico.

A fim de fazer uso do modelo de pensamento criativo de Poincaré para nossa investigação da atividade inconsciente – em

USANDO A ARQUITETURA PARA NOS PENSARMOS COMO SERES

particular, a maneira em que ela usa impressões e imagens do ambiente construído para configurar e revelar seus pensamentos inspiradores –, precisamos esclarecer seus vários estágios e relacioná-los às fases do evento arquitetônico. Para isso, devo contar com a ajuda do psicólogo social e economista Graham Wallas, que buscou estabelecer um modelo de pensamento criativo em quatro estágios: a partir do relato de Poincaré[13]; de Freud, com seu método do "trabalho do sonho"; e, mais uma vez, de Bollas e sua importante noção do objeto transformacional[14].

Estágios do Pensamento Criativo

Em sua influente obra *The Art of Thought* (A Arte do Pensamento, 1926), Wallas delineia quatro estágios ou sequências claras na descrição de Poincaré do pensamento criativo. O primeiro, "preparação", é um período de pensamento dirigido que indica nossa preocupação com atividades que requerem nosso julgamento e deliberação racionais. Esse pensamento focado não pode ser sustentado de modo indefinido e invariavelmente chega ao fim, em especial quando somos confrontados com um problema que não podemos resolver. Nesse ponto, o segundo estágio, "incubação", entra em jogo. Aqui, nossa mente "muda de marcha" e se desconecta das estratégias do pensamento dirigido que se mostraram insuficientes para nossas necessidades. O período de incubação assinala uma mudança em nosso modo de pensar. Aqui, a mente consciente fica distraída por outras atividades que a encorajam a prescindir de sua fixação na tarefa anterior. Poincaré descreve várias atividades, incluindo viajar de ônibus, caminhar pela praia e beber uma xícara de café. Essas atividades podem parecer triviais e totalmente não relacionadas às tarefas que preocupam nossa mente consciente e até mesmo prejudiciais às nossas necessidades conscientes. No entanto, como Poincaré, Wallas e Claxton sustentam, elas são vitais para o pensamento criativo e a resolução de problemas, pois fornecem nutrição cognitiva, ou "alimento para o pensamento", ao aplicar à tarefa ou ao problema em questão uma perspectiva diferente daquela proporcionada por nossa abordagem mais comedida por meio da lógica e do raciocínio. Quando ocupados em atividades de distração, somos menos influenciados pelos julgamentos racionais da consciência do ego e mais receptivos ao jogo criativo e imaginativo do inconsciente.

No que diz respeito ao evento arquitetônico, o período de incubação pode ser identificado como a ocasião em que o edifício é percebido imaginativamente e o sujeito se sente de alguma forma fundido com ele. Nesse momento, as faculdades racionais da pessoa são temporariamente suspensas, permitindo-lhe desviar a atenção de sua percepção literal do edifício e se envolver com suas características mais elusivas que, de outra forma, passam despercebidas. Os edifícios, já argumentei, são particularmente evocativos para nós e, no contexto de nossa discussão atual, podemos explicar essa qualidade em termos da capacidade de um edifício de nos distrair e nos compelir a considerar ideias que não fomos capazes de compreender por um esforço concertado.

A fase de incubação termina com a revelação repentina de uma ideia inspirada[15]. Sua presença costuma ser acompanhada por sensações de surpresa, como o proverbial "do nada". Sua presença sentida marca o terceiro estágio do processo criativo de Wallas, a "iluminação". O quarto e último estágio, "verificação", emprega o pensamento dirigido mais uma vez, no intuito de avaliar a ideia surpreendente, corroborar sua validade e, possivelmente, reformulá-la um pouco para enfatizar e esclarecer seu significado. Em termos psicanalíticos, o terceiro e o quarto estágios são difíceis de distinguir. Em termos freudianos, o estágio da iluminação significa o retorno de um pensamento reprimido e, portanto, a revelação de uma experiência importante até então esquecida. Em termos junguianos, ao contrário, a iluminação é a revelação de uma verdade arquetípica que até aquele momento era em grande parte não familiar e desconhecida. Depois da iluminação e da revelação desse material até então oculto e inconsciente, o sujeito deve aceitar os pensamentos "dados" a ele ou rejeitá-los[16]. O ego do sujeito deve decidir o que fazer, e sua resposta equivale ao estágio da verificação. Se o ego decidir rejeitar tais pensamentos, ele procurará manter-se separado deles, reprimindo-os ou se dissociando deles, preparando-os para que retornem em um estágio posterior. Se aceito, o material é integrado à personalidade consciente, que é enriquecida com uma atitude mais desenvolvida e objetiva.

Neste capítulo, estamos preocupados principalmente com a transição entre os estágios dois e três – quando o período de incubação, no qual se pensa sem direção, leva à iluminação ou revelação do *insight* ou da ideia inspirada – a fim de lançar luz sobre o evento arquitetônico à medida que ele se desenvolve, a partir do momento de nossa percepção imaginativa da arquitetura até a revelação de seus *insights*. Poincaré não é muito útil quando se trata de explicar o estágio de incubação e o que exatamente acontece durante esse período de atividade inconsciente para que acione a iluminação. Nem Wallas. Na verdade, tampouco os estudos da psicologia cognitiva em geral. De todos os estágios do processo do pensamento criativo, o período de incubação é o que mais atrai atenção e crítica, por ser indiscutivelmente sua parte mais essencial, se bem que a menos compreendida.

A hipótese mais popular parece ser aquela que postula a ideia dotada de *insight* como uma *combinação* de elementos ou ideias que repentinamente nos são revelados; entretanto, muitos ficam perplexos quanto à forma em que essas combinações ocorrem, e acredita-se que sejam produto de eventos aleatórios e fortuitos[17]. Se nos voltarmos para as teorias psicanalíticas, contudo, podemos construir a partir de suas ideias uma explicação coerente para tais combinações, que atribua propósito ao período incubatório como um centro de atividade organizada, motivada por impulsos inconscientes que buscam expressão consciente. Segundo essa leitura, o período incubatório é um período particularmente ativo para o inconsciente, pois ele revisa e reconfigura os pensamentos e as ideias a que se chegou anteriormente por meio de esforços de deliberação racional. Poincaré foi, sem dúvida, o primeiro a alegar que a atividade inconsciente não gera combinações aleatórias de ideias, mas estabelece aquelas que são de uso ou interesse especial para o sujeito. No próximo capítulo desenvolvo essa noção importante, baseando-me nas teorias do pensamento inconsciente de Freud – especificamente seus conceitos de associação livre e o trabalho do sonho – e a teoria dos objetos transformacionais de Bollas. Ao implementar as ideias de Freud, podemos articular os métodos do inconsciente à medida que ele *reúne* e *ordena* seu material em combinações significativas; e com a teoria de Bollas podemos elaborar uma explicação coerente dos métodos do inconsciente à medida que *dissemina* seu material recolhido de tal forma que atrai a atenção consciente do sujeito e induz (dentro dele) sentimentos de esclarecimento.

140

Após essa discussão das ideias de Freud e Bollas, estarei em melhor posição para formular uma hipótese sobre a eficácia psicológica do ambiente construído em ordenar nossos pensamentos e nos conciliar com ideias, sentimentos e experiências que estavam adormecidos e inconscientes dentro de nós. Sugiro que o período de incubação é uma ocasião de atividade inconsciente intensificada, um tempo de distração durante o qual o inconsciente *reúne* as várias imagens e impressões que adquirimos de nosso ambiente (como o cenário visto da janela do trem em movimento de Freud), e *seleciona* e nos *direciona para* os objetos ou coisas naquele ambiente que ressoem com mais força o material que procura transmitir. Nesse processo, os objetos em nossos ambientes atraem nossa atenção com sua promessa inconsciente de liberar *insights* sobre a nossa pessoa. Em virtude de sua forma permanente e de seu excedente de significado, o ambiente construído é engenhoso e atrativo em particular para o inconsciente, permitindo-lhe realizar seu trabalho com eficiência. Para ilustrar essa hipótese, devo retornar à Acrópole e ao momento de *insight* a que chegou Freud quando examina a cena arquitetônica diante de si. Irei desconstruir o evento arquitetônico à luz do relato de sua experiência, no intuito de ilustrar como a percepção de Freud das características arquitetônicas do ambiente construído incentiva sua mente a "mudar de marcha" e fazer uso de um registro imaginativo da experiência, que coloca em movimento a construção inconsciente e a disseminação do *insight* pessoal de Freud. Chegarei à conclusão de que as formas materiais do ambiente construído encorajaram Freud a se envolver em experiências esquecidas ou reprimidas, difíceis demais para negociar e pensar de maneira dirigida e consciente.

O "TRABALHO DO SONHO": ELEMENTOS
FUNDAMENTAIS DE UM "INSIGHT" INCONSCIENTE E
DE UM PROJETO ARQUITETÔNICO EVOCATIVO

Descrevi o pensamento inconsciente como uma reunião das impressões que recebemos de nossos ambientes com aquelas que povoam nossos universos interiores, como traços de memória latentes, desejos rejeitados e impulsos não permitidos. Também descrevi

USANDO A ARQUITETURA PARA NOS PENSARMOS COMO SERES 141

a reunião como um agrupamento de vários fragmentos de experiência em conjuntos ou combinações de significados associados. Mas por qual método o inconsciente faz isso? Jung nos deu uma pista antes ao sugerir que o inconsciente "embaralha e organiza as coisas não como elas são na realidade, mas como gostaríamos que fossem"[18]. Mencionamos, também, a alusão de Poincaré a uma sensibilidade estética especial que penetra as ideias disponibilizadas à mente inconsciente para determinar quais "se encaixam". Mas é a Freud que nos voltamos para um relato mais abrangente dos métodos empregados pelo inconsciente ao agrupar a massa de pensamentos e impressões acumulados por uma pessoa em uma experiência significativa, que é revelada no evento arquitetônico.

Freud afirmou que a interpretação dos sonhos é a "via real para o conhecimento das atividades inconscientes da mente"[19]. De mais a mais, sustentou que se rastrearmos os métodos empregados pelo inconsciente na concepção e construção dos sonhos – o método do "trabalho do sonho", como Freud se referiu a ele – podemos começar a interpretar os significados subjacentes de nossas experiências similares às do sonho, incluindo aqueles fluxos de pensamentos não dirigidos que ocorrem quando percebemos objetos imaginativamente. A dialética entre o pensamento consciente e o inconsciente e entre a percepção literal e a imaginativa é, portanto, comparável ao contraste entre a vigília e o sonho.

Os sonhos, como os edifícios, são simbólicos por natureza e, portanto, seu significado não pode ser transmitido diretamente em termos literais. Assim, sua aparência manifesta não denota seu significado definitivo, mas transmite ou evoca uma multidão ou superabundância de significados possíveis. Ademais, os sonhos, como os edifícios, são projetados e construídos com uma variedade de materiais e de acordo com métodos e técnicas que não são tão evidentes de imediato. Os elementos fundamentais dos sonhos são aqueles materiais (pensamentos, percepções, memórias, desejos) que o inconsciente ativamente reúne a partir de nossas experiências de vigília nos vários agrupamentos significativos a partir dos quais constrói nossas narrativas oníricas[20].

Sempre ávido por elaborar ideias com metáforas arquitetônicas, Freud visualiza a relação entre o sonho tal como ele se apresenta a nós ao acordar e seu significado oculto, inconsciente, como uma igreja italiana com uma "fachada" que mal se

FIG. 4.1. *Santuario di Santa Maria dei Miracoli, Saronno, Itália (c. 1498): fachada (1596-1613)*.

Esse edifício ilustra bem a analogia de Freud, com sua contradição em estilo e escala entre a fachada e o resto do edifício.

© Klausbergheimer

assemelha e não tem "nenhuma relação orgânica com" a estrutura situada atrás dela[21]. Freud se refere aqui à tradição italiana de adicionar fachadas de um estilo arquitetônico posterior a edifícios mais antigos, a fim de demonstrar, por analogia, que os sonhos, conforme se apresentam – suas fachadas – escondem significados que não podem ser imediatamente discernidos em sua apresentação[22].

Freud, entretanto, está ansioso por chamar a atenção para uma diferença importante entre a construção de edifícios e os sonhos. Em paralelo com sua distinção entre os métodos e as abordagens adotados pelo arquiteto e os do psicanalista (sendo que o arquiteto, como mencionamos, segue modelos prescritos em seu trabalho de construção, enquanto o psicanalista constrói de forma mais desordenada, compondo o plano como e à medida que constrói), Freud sugere que a fachada de um sonho é diferente da fachada de um edifício, porque a fachada do sonho é "desordenada e cheia de lacunas", tanto que em muitos lugares "partes da construção interna" terão "forçado seu caminho" nela para aparecer[23]. Essa diferença é suficiente, pensa Freud, para

FIGS. 4.2, 4.3. *Números 23 e 24, Leinster Gardens, Paddington, Londres: fachada (c. 1860).*

Essas fachadas dão à analogia de Freud um toque moderno. Embora pareçam ser duas casas vitorianas geminadas dentre cinco casas semelhantes, de cinco andares cada uma, com fachadas de estuque branco, completas com varandas, colunas, grades e outras ornamentações arquitetônicas, o observador astuto perceberá que suas dezoito janelas estão escurecidas e nenhuma tem uma caixa de correio. Uma volta pela parte de trás do edifício imediatamente revela que a fachada é exatamente isso – um acessório cenográfico colocado na frente de um espaço vazio onde as demais casas costumavam estar. Se espiássemos o vazio, veríamos a linha do metrô e, possivelmente, um trem viajando entre Paddington e Bayswater. Os números 23 e 24 em Leinster Gardens não são casas geminadas, mas a frente de um duto de ar para a descarga de fumaça e vapor da rede ferroviária subterrânea de Londres.

© Alex George.

reformular sua descrição metafórica de modo a refletir a natureza dos sonhos com mais precisão[24]. Curiosamente, ele decide não dispensar de todo o imaginário arquitetônico, mas escolhe simplesmente modificar as características projetuais específicas de sua metáfora arquitetônica para permitir os arranjos incoerentes da construção de um sonho. Em seguida, ele se refere aos sonhos como se fossem edifícios que foram construídos a partir de pedaços extraídos das ruínas de edificações anteriores. A título de ilustração, ele alude às ruínas da Roma antiga – a cidade eterna e inconsciente de Freud – "cujos pavimentos e colunas forneceram o material para as estruturas mais recentes" da cidade, incluindo seus "palácios barrocos"[25].

Os sonhos muitas vezes parecem sem sentido e absurdos ao acordarmos, porque são compostos de partes selecionadas pelo inconsciente a partir de um vasto repositório de materiais aparentemente díspares ao longo de diferentes períodos – incluindo o passado recente e o distante e esquecido – e depois organizados de acordo com suas associações inconscientes. Os sonhos, como os palácios barrocos de Roma, saqueiam os despojos de períodos anteriores para sua própria composição. Como observa Ken Frieden, "na construção de sonhos [,] como na de alguns edifícios", existe "uma lacuna temporal entre o trabalho nos níveis da fundação e da fachada". Assim, ao "aludir à lacuna temporal entre as fases de uma construção arquitetônica, Freud reforça sua concepção dos sonhos como combinações de materiais da infância [memórias] e eventos recentes."[26] O que nos interessa, no entanto, é o que a analogia nos diz sobre nossas identificações inconscientes com a arquitetura, e quais características ou projetos arquitetônicos provavelmente irão de pronto atrair nossa atenção inconsciente.

Já comecei a descrever várias características arquitetônicas que despertam e evocam nossa resposta inconsciente, incluindo aquelas de grande extensão, espaços escuros e as sugeridas por sua ausência acentuada. Na discussão de Freud a respeito da composição dos sonhos e do imaginário semelhante ao sonho, aprendemos sobre os arranjos espaciais que sustentam essas características e a variedade de materiais utilizados em sua construção. Descobriremos que o inconsciente é revelado por meio de uma bricolagem de materiais que se justapõem em *designs* confusos e irregulares. São as características distorcidas e desconcertantes da arquitetura que mais prontamente cativam nossas mentes inconscientes e colocam em movimento os processos do pensamento criativo que sustentam o evento arquitetônico. Características arquitetônicas ambíguas e surpreendentes nos provocam a que nos desvencilhemos de nossa percepção "vulgar" ou literal dos edifícios, fazendo-nos hesitar e nos envolver com eles imaginativamente, de modo não dirigido.

Durante séculos, os arquitetos procuraram incorporar características complexas e confusas em seus projetos, no intuito de minar as expectativas daqueles que com eles interagem e instilar sensações de tensão e mal-estar. Essas tentativas são muitas vezes

USANDO A ARQUITETURA PARA NOS PENSARMOS COMO SERES   145

vistas como uma ação contrária às convenções arquitetônicas que buscam, em total contraste, projetar de acordo com princípios utilitários, transmitidos por projetos simples, funcionais e uniformes. Como vimos, os efeitos do inconsciente são sentidos mais visceralmente quando as expectativas da consciência do ego, com sua tendência para a certeza e a ordem, são frustradas. É provável que, de início, um projeto arquitetônico que cativa nossa atenção inconsciente e põe em movimento nossa percepção imaginativa pareça seguir as ordens convencionais de *design*, mas após uma inspeção mais minuciosa, se afasta delas, pela incorporação de curiosos alinhamentos espaciais que surpreendem e confundem o espectador. Como argumentarei mais tarde, essas distorções devem ser sutis e ambíguas, não tão óbvias a ponto de chamarem a atenção imediata para si mesmas como a característica central do edifício, pois é provável que isso resulte em uma paródia do inconsciente e de seus efeitos, por meramente representar o inconsciente em vez de evocá-lo. Esses *designs* zombam de nossas sensibilidades em vez de questioná-las, e muitas vezes parecem mais ridículos ou cafonas do que evocativos. Elaborarei em maiores detalhes o que quero dizer com essas distorções sutis delineando como outros arquitetos e teóricos as conceberam e procuraram empregá-las em projetos arquitetônicos.

Arquitetura Que Distrai, Desconcerta e Surpreende

Fred Botting se refere à arquitetura do revivalismo gótico como uma reação contra a arquitetura neoclássica; é, diz ele, a "sombra" que "atormenta" e "se contrapõe às ideias de forma simétrica, simplicidade, conhecimento e propriedade"[27]. Ao passo que a arquitetura neoclássica busca encantar e entreter a mente consciente com a precisão de suas proporções calculadas, a gótica a confunde com uma ornamentação intrincada e complexa, "sombras estranhas" e "ausência de limites"[28]. Entretanto, talvez o estilo maneirista seja o que ilustra com mais clareza uma intenção de subverter as convenções arquitetônicas de sua época, mantendo elementos de conformidade, porém os reorganizando em uma composição estranha que é ao mesmo tempo familiar e não familiar, curiosa e ambígua. O estilo maneirista originou-se na Itália

FIG. 4.4 *Vestíbulo, Biblioteca Laurentiana, Florença (Michelangelo, 1524).*
Esse vestíbulo demonstra elementos maneiristas claramente. Segundo Hauser (*Mannerism*, p. 281), ele renuncia à uniformidade, ao equilíbrio e ao ritmo harmonioso da arquitetura clássica, mas também à sua lógica tectônica. As dimensões de suas características estão fora de sincronia com seus atributos funcionais. Assim, as escadas são enormes em relação ao espaço limitado disponível para elas, os marcos pesados das janelas rasas são exagerados, porém não revelam nenhuma vista; os pesados consoles parecem todos maiores devido à sua falta de propósito. Outros fatores menos marcantes contribuem igualmente para o mal-estar que causa o efeito total, como, por exemplo, as colunas nos nichos que não têm função, os consoles que parecem inclinar-se para trás em vez de para a frente como seria de esperar, e cantos que parecem vir na direção do observador, em vez de recuar. A articulação das paredes cria a impressão de uma fachada de *palazzo*, mas aqui a fachada da rua é forçada para um interior, cujos limites ela ameaça romper[29].

© Sailko, Wikimedia Commons, CC BY 2.0.

USANDO A ARQUITETURA PARA NOS PENSARMOS COMO SERES 147

como uma reação contra a uniformidade e o equilíbrio de forma e proporções propagado na Renascença e adquiriu importância mais recentemente, nas décadas de 1960 e 1970, como um desafio aos projetos utilitários e insípidos do modernismo internacional. A principal diferença entre a arquitetura maneirista e todas as demais arquiteturas, como afirma o historiador da arte Arnold Hauser, é que a arquitetura maneirista

cria uma concepção de espaço inconciliável com as concepções espaciais empíricas e implica um antagonismo desconcertante dos critérios de realidade. Toda arquitetura que não é puramente utilitária até certo ponto leva o observador para além da vida cotidiana, mas o maneirismo o isola de seu ambiente, não apenas no sentido de que o conduz a um plano mais alto, colocando-o em uma estrutura inusitada, cerimoniosa e harmoniosa, mas também no sentido de que enfatiza sua alienação diante dela[30].

A arquitetura maneirista, afirma Hauser, encontra sua "expressão mais pura e notável no paradoxo", acentuando "tensões entre elementos estilísticos"[31]. Seus arranjos se parecem, em espécie, às composições semelhantes ao sonho do inconsciente. Assim, as tensões e a natureza paradoxal da arquitetura maneirista dependem, defende Hauser, de seu "desafio" do "ingenuamente natural e racional e da ênfase dada ao obscuro, ao problemático e da natureza ambígua, incompleta do manifesto que aponta para seu oposto, o elo latente e faltante na corrente [...] O conflito expressa o conflito da própria vida e a ambivalência de todas as atitudes humanas"[32].

Por meio de sua ludicidade visual, a arquitetura maneirista desafia nossos sentimentos de controle e autocontinência, induzindo desconforto pela incerteza, levando a pessoa a se sentir, como diz Hauser, "perplexa, desarraigada, insegura, removida para uma estrutura espacial artificial que parece abstrata em relação à experiência comum"[33]. Como resposta a esse estado ansioso, o sujeito é compelido a renegociar o espetáculo arquitetônico, empregando uma abordagem mais introspectiva, que põe em foco seu envolvimento íntimo com o edifício e uma base segura dentro do edifício e dentro de si mesmo. Isso é conseguido ao se desvincular de uma percepção literal, "vulgar", que tenta sem sucesso racionalizar o espetáculo à distância e, em vez disso, exercita uma percepção imaginativa de suas características.

Em termos similares aos de Hauser, o arquiteto Robert Venturi, em *Complexity and Contradiction in Architecture* (Complexidade e Contradição em Arquitetura) defende uma arquitetura que contorna a ordem da mentalidade racional – que incita, diz ele, "uma sensibilidade para o paradoxo" que "permite com que coisas aparentemente diferentes existam lado a lado" e, por meio de "sua própria incongruência", chegam a um "tipo diferente de verdade"[34]. Esse "tipo diferente de verdade" é alcançado por intermédio de um registro de experiência que permite paradoxos e distorções. A alusão de Venturi a um "tipo diferente de verdade" que surge em nossa resposta à arquitetura complexa e incongruente é comparável ao "tipo diferente de compreensão" de Scruton, evocado pela arquitetura de forma mais geral (ver capítulo 2). Ambos, eu afirmo, são oriundos de processos inconscientes de pensamento que podem ser acessados apenas quando nossos esforços dirigidos de consciência, com seu desejo de determinar certo conhecimento, estão relaxados ou, melhor ainda, suspensos. Venturi sugere que uma suspensão temporária pode ser alcançada por meio da "percepção simultânea de uma multiplicidade de camadas" e outras características arquitetônicas complexas, pela razão de que "envolve lutas e hesitações para o observador"[35]. Ele detalha essas características arquitetônicas complexas; elas incorporam, diz ele, "elementos que são híbridos mais do que 'puros', transigentes mais do que 'limpos', distorcidos mais do que 'diretos', ambíguos mais do que 'articulados', perversos tanto quanto impessoais, enfadonhos tanto quanto 'interessantes' [...] redundantes em vez de simples [...], inconsistentes e equívocos em vez de diretos e claros [...], vitalidade desordenada mais do que unidade óbvia"[36].

Mais tarde, Venturi ampliou sua lista de elementos e os descreveu como características que constituem uma "arquitetura maneirista dos dias de hoje". Os seguintes elementos, quando incorporados à tessitura do projeto arquitetônico, aumentam a probabilidade de hesitação e dificuldade no percebedor:

Acomodação, Ambiguidade, Tédio, Tanto...Como, Rupturas, Caos, Complexidade, Contradição, Contraste, Ruptura de Convenção, Desvios, O Todo difícil, Descontinuidade, Desordem, Dissonância, Diversidade, Dualidades, Estupidez, Eclético, Diário, Exceções, Ruptura de generalidade, Desequilíbrio, Inconsistência, Incorreto, Inflexão, Ironia, Saltos em escala, Justaposições, Camadas, Significado, Monotonia, Ingenuidade, Obscuridade, Comum, Paradoxo, Pluralismo, Pop, Pragmatismo, Realidade, Escalas (plural), Sofisticação, Sincronização, Tensão, *Terribilità*, Vernacular, Perspicácia, Luta livre.[37]

O teórico da arquitetura Kevin Lynch, em sua célebre obra *Image of the City* (A Imagem da Cidade), sugere que o elemento surpresa pode ser incorporado ao projeto de qualquer edifício, desde que inclua "pequenas áreas" de "confusão" visível na "estrutura total" do edifício[38]. Lynch atribui o poder do ambiente construído à sua "legibilidade", a qual caracteriza como uma relação de contrastes, com a capacidade de, por um lado, "oferecer segurança" – ou continência do ego, como expliquei – e por outro, "aumentar a profundidade e a intensidade potenciais da experiência humana"[39]. Para Lynch, os ambientes mais evocativos são os vívidos e surpreendentes: em outras palavras, aqueles que apelam tanto às sensibilidades da consciência do ego, com seu desejo de distinção e convenção, quanto às do inconsciente, com sua tendência para agir contra as expectativas da consciência do ego. As pequenas áreas de confusão embutidas em um projeto irão instigar surpresa, ele afirma, desde que não comprometam a estrutura geral distintiva do edifício. Embora Lynch não o diga explicitamente, podemos presumir, a partir de seu argumento, que uma área de confusão muito grande dentro de um projeto resultaria em um ambiente perturbador e ilegível.

A descrição de Lynch de um projeto arquitetônico surpreendente é sugestiva dos estágios do pensamento criativo. Assim, um edifício, afirma ele, provocará "novos impactos sensoriais" em uma pessoa apenas se confundir ou desnortear. Essas confusões sutis contribuirão para a imagem "distinta" e "vívida" do edifício e permitirão que "o significado se desenvolva sem a nossa orientação direta"[40]. O edifício surpreendente é aquele que tem "um fim em aberto, é adaptável à mudança" e encoraja "o indivíduo a continuar a investigar e a organizar a realidade" por meio de sua expressão subjetiva[41].

Jane Jacobs, em sua influente investigação das cidades estadunidenses, fala da necessidade de "recortes visuais" no ambiente construído. Como Venturi e Lynch, Jacobs afirma que tais quebras ou distorções visuais na continuidade da forma arquitetônica dão origem a uma maior consciência do caráter evocativo do

150

edifício ou da rua e de nossa participação nele[42]. Recortes, ou "chamarizes", como Jacobs também os denomina, são, afirma ela, um "atributo sedutor" do projeto arquitetônico[43] – eles nos distraem e frustram nossas expectativas do ambiente construído. Os recortes visuais podem ser empregados em qualquer ambiente construído, incluindo, afirma Jacobs, a construção de um grupo de edifícios, de modo que suas fachadas sejam "colocadas à frente do alinhamento normal para que haja uma saliência, com a calçada correndo por baixo"[44].

Pensamentos não dirigidos ou pensamentos inconscientes podem ser evocados por características que confundem nossas sensibilidades do ego com suas expectativas de ordem e consistência. Tais pensamentos são evocados por projetos arquitetônicos que são, por si só, e no contexto de seus ambientes, curiosos, ambíguos, confusos, distorcidos, paradoxais e irregulares. Nos exemplos supramencionados, encontramos elementos projetuais dessa natureza que são dotados de um poder de provocar uma percepção intensificada do edifício ou uma consciência mais vívida de seu caráter, e isso é exemplificado na resposta do sujeito, como uma hesitação ou perplexidade seguida de surpresa ou curiosidade. Em outras palavras, pode-se dizer que essas características suscitam as distrações necessárias para colocar em movimento uma percepção imaginativa da arquitetura, na qual nossa mente inconsciente começa a trabalhar para reunir, construir e disseminar seu material. Abordaremos agora os métodos propostos por Freud para o trabalho do sonho, a fim de verificar como exatamente esses arranjos confusos levam a *insights* evocativos.

Os Procedimentos Espaciais Distrativos do Trabalho do Sonho

No relato de Freud, o inconsciente emprega quatro métodos ou procedimentos para construir seus pensamentos semelhantes aos do sonho: condensação, deslocamento, representação e elaboração secundária. Coletivamente, esses métodos do trabalho do sonho constituem a maneira pela qual o inconsciente "pensa" e, portanto, os meios pelos quais ele tanto *seleciona* dentre os muitos significados e experiências evocados em nossa percepção imaginária da arquitetura, como os *reúne* nos *insights* significativos

USANDO A ARQUITETURA PARA NOS PENSARMOS COMO SERES   151

revelados no evento arquitetônico. Esses métodos são operações *espaciais* que determinam o arranjo de materiais inconscientes na composição de sonhos e de projetos arquitetônicos evocativos. Como Steve Pile afirma, são "operações *espaciais* sobre convergência e divergência"[45], e informam tais arranjos e relações como "configuração, sequência, justaposição, inversão, convergência, distribuição, procissão, movimento, moção, proximidade e distância, ausência e presença, direção, arquitetura, comportamento, combinação e composição"[46].

As duas principais operações espaciais do trabalho do sonho que instruem e moldam o pensamento não dirigido ou o pensamento onírico são a *condensação* e o *deslocamento* (as outras duas, "representabilidade" e "elaboração secundária", assumem papéis de apoio ao guarnecer a composição de pensamentos oníricos com a fachada de sua narrativa manifesta). A condensação reúne material (ideias, pensamentos, sentimentos, impressões e assim por diante) fundindo-o em uma ideia ou imagem condensada. A alusão de Poincaré às ideias tendo "colidido até que os pares se entrelaçassem" para formar "uma combinação estável" sugere a atividade de condensação. A ideia ou imagem estabelecida pela condensação é um composto de várias ideias e imagens que não têm relação imediatamente óbvia entre si, mas, em uma inspeção mais minuciosa, podem sugerir, alega Freud, uma ou mais variedade de relações, por meio, por exemplo, de sua proximidade, congruência, combinação, composição, substituição, sucedâneo ou mesmo sua contradição lógica. Já podemos começar a ver como uma imagem semelhante à onírica, estabelecida por meio da condensação, com suas confusas relações espaciais, é comparável às "complexidades e contradições" da arquitetura que Venturi defende, às "interrupções visuais" propostas por Jacobs e às áreas de confusão sugeridas por Lynch.

A condensação revela uma imagem ou ideia como um ponto de convergência para várias cadeias de pensamento compatíveis; cada uma delas pode sugerir uma maneira diferente de relacionamento[47]. Vemos tais operações espaciais em jogo naquelas características arquitetônicas que cumprem mais de uma função, por exemplo, em uma estrutura de suporte que também encerra e dirige o espaço, ou em um muro que também é uma torre. Elas também estão em jogo no que tange a edifícios renovados que, em seu uso e expressão alterados, transmitem vestígios de significados passados ao mesmo tempo que seu significado atual – como encontramos, afirma Venturi, em *palazzi* que se tornam museus ou embaixadas e nos trajetos que circundam as fortificações medievais nas cidades europeias que se transformam em bulevares no século XIX[48]. A eles podemos adicionar os muitos hospícios, hospitais e prisões vitorianos que foram transformados em apartamentos de luxo. De acordo com Freud, "a via das associações leva de um elemento do sonho a vários pensamentos do sonho; e de um pensamento do sonho a vários elementos do sonho"[49].

A condensação é a operação espacial responsável pelo fato de os sonhos, assim como a arquitetura evocativa que convida nossa percepção imaginativa e nosso pensamento similar ao onírico, parecerem, da perspectiva da razão (ou da percepção literal), como diz Freud, um tanto "breves, escassos e lacônicos em comparação com a gama e a riqueza" de significados que podem evocar[50]. Somente quando nosso raciocínio é suspenso, um rico conjunto de significados pode ser considerado.

O deslocamento, a outra relação espacial do trabalho do sonho, reúne e organiza seu material substituindo um elemento por outro, de modo que nossa interpretação racional do sonho ao acordarmos tem um ponto focal diferente do significado inconsciente que ele encobre[51]. O deslocamento é responsável pela distorção do imaginário onírico, fazendo com que ele pareça ambíguo, enganoso e confuso. Ele imbui uma imagem ou ideia de significação simbólica, estendendo seu significado para além de sua aparência ou função literal. Encontramos essa operação espacial em funcionamento na arquitetura maneirista, como Hauser afirma explicitamente: "a impressão que provoca é de que a ordem de coisas que se aplica alhures foi deslocada por outra, uma ordem fictícia"[52]. Com mais frequência, o deslocamento emprega relações de oposição e contração para desviar nossa atenção daqueles elementos da imagem onírica ou do pensamento similar ao onírico que denotam seu significado real e atraí-lo para outros que são menos óbvios, aparentemente arbitrários ou inesperados. Na tentativa de nos propiciar uma má orientação, o deslocamento muitas vezes altera os afetos emocionais que normalmente atribuiríamos a imagens e ideias específicas, aumentando ou reduzindo seus afetos a uma intensidade que

USANDO A ARQUITETURA PARA NOS PENSARMOS COMO SERES

normalmente não despertariam, ou transferindo a intensidade de uma experiência para outra, ou trocando imagens que sabemos ter efeitos similares sobre nós.

Lido à luz do trabalho do sonho freudiano, o período incubatório do processo do pensamento criativo é um centro de atividade inconsciente, similar talvez ao bloco de desenho de um arquiteto, no qual operações espaciais de condensação e deslocamento são empregadas para reconfigurar ou "fazer um novo esboço" de unidades de experiência em um edifício evocativo que não pode ser totalmente compreendido pela mente consciente. O inconsciente se vale de um reservatório de experiências à sua disposição em seus projetos e obras. Esse reservatório se estende para muito além dos encontros emocionais e relacionamentos significativos que temos com as pessoas, incluindo também miríades de formas e texturas sensórias que experimentamos em relação ao ambiente não humano e que continuamente se imprimem em nós. Na verdade, como Eugene Mahon apropriadamente observa, "Se os sonhos podem escolher qualquer item do fluxo e dos detritos residuais do dia para construir a fachada manifesta que encobre os pensamentos oníricos latentes, não deveria surpreender que a arquitetura pudesse ser uma estrutura comum pressionada para ser utilizada pelo trabalho do sonho."[53] Nesse aspecto, o inconsciente não discrimina entre objetos materiais em nosso ambiente externo e a presença fantasmagórica de nossos mundos interiores. As experiências de ambos se mesclam para estabelecer os aglomerados de material condensado e deslocado que nos atrai e nos pega de surpresa.

O inconsciente, no relato de Freud, não é simplesmente um depósito ou repositório de nossas experiências passadas; é mais semelhante, como sugere Bollas, a uma "fábrica dinâmica de pensamento que tece 'infinitas' linhas de pensamento que se combinam e crescem"[54]. Se o trabalho de construção do inconsciente puder continuar – e for dada permissão para que suas criações "incubem" – sem a intervenção prematura da mente consciente, com sua compulsão para escrutinar e "descobrir", seu trabalho pode gerar intensidade ou densidade suficiente para irromper na consciência sob forma de sonho ou outra experiência similar à de um sonho[55]. Quando isso acontece, a experiência do sonho transmite ao sujeito a sensação de uma ordem ou comando e instiga uma mudança em sua atitude consciente que pode passar despercebida; ou, se for particularmente intensa ou densa, pode ser experienciada como um pensamento ou *insight* profundo. Em ambos os casos, a mudança de atitude pode pôr de lado ideias e convicções antes sustentadas – como encontramos nos casos de solução de problemas, em que o súbito *insight* inconsciente da tarefa em questão se sobrepõe às estratégias racionais inicialmente mobilizadas. O avanço consciente, como observamos, marca o estágio de iluminação e encoraja o ego a que tente aceitar os frutos do pensamento inconsciente e, subsequentemente, os integre na atitude consciente da personalidade.

Kevin Lynch, embora não intencionalmente, ilustra como o trabalho do sonho opera em sua explicação das identificações que as pessoas fazem com suas cidades. Para Lynch, à semelhança de para muitos outros, como já mencionado, o ambiente construído como que evoca linhas "infinitas" de pensamento, que temos interpretado como fluxos não lineares ou redes de significados associados que transmitem experiências similares às dos sonhos[56]. No relato de Lynch podemos traçar uma descrição clara do evento arquitetônico, junto com a percepção semelhante à onírica que a paisagem urbana desencadeia. Ele apresenta sua narrativa como a seguir:

A cada instante, há mais do que os olhos podem ver, mais do que os ouvidos podem ouvir, uma composição ou um cenário esperando para ser explorada. Nada é vivenciado em si mesmo, mas sempre em relação ao seu entorno, às sequências de eventos precedentes, à memória de experiências passadas [...] Todo cidadão tem relação com alguma parte de sua cidade, e sua imagem está impregnada de memórias e significados [...] Muitas vezes nossa percepção da cidade não é uniforme, mas bastante parcial, fragmentária, mesclada com outras referências. Quase todos os sentidos estão em operação, e a imagem é uma composição de todos eles.[57]

Claramente, para Lynch, percebemos o ambiente construído – nesse caso, a cidade – imaginativamente, como um encontro semelhante ao de um sonho. Embora ele não se refira à teoria psicanalítica para elaborar suas afirmações, sua abordagem a complementa. Por exemplo, Lynch investiga o que ele descreve como a "imagem mental" e a "'legibilidade' da paisagem urbana"[58] e, assim, busca expor – em termos que associaríamos ao

USANDO A ARQUITETURA PARA NOS PENSARMOS COMO SERES   155

trabalho do sonho freudiano – a maneira em que as impressões fragmentárias da cidade são misturadas com as próprias "partes" do percebedor e subsequentemente organizadas, como diz Lynch, em "padrões coerentes". O relato de Lynch passa a atribuir às características do "ambiente externo" o que ele descreve como suas "pistas sensoriais definidas", que uma pessoa "escolhe" para que possa de alguma forma usá-las a fim de "organizar" seu senso de *self* e "diferenciar [seus] mundos"[59].

Lynch descreve a cidade como um ambiente legível; sugiro que as técnicas inconscientes do trabalho do sonho constituem um método que pode ser usado para ler ou decifrar sua mensagem. Ao identificar como essas técnicas estão envolvidas em uma narrativa semelhante à onírica, Freud sustentou que o significado subjacente da narrativa poderia ser exposto. Isso implica desemaranhar os componentes do mundo emocional do sujeito de outras impressões que estão fundidas, condensadas e deslocadas dentro da narrativa evocativa geral – seja a narrativa de um sonho ou de um devaneio, ou as pistas legíveis do ambiente construído.

REVELANDO "INSIGHTS" INCONSCIENTES POR MEIO DA ARQUITETURA EVOCATIVA

Para desenvolver o presente relato e nos ajudar a dar sentido ao inconsciente conforme ele revela seu material por meio de nossa percepção da arquitetura e de suas pistas evocativas, retomamos as ideias de Christopher Bollas e sua discussão sobre objetos evocativos e transformacionais. Enquanto os métodos freudianos do trabalho do sonho nos auxiliam a imaginar como o inconsciente reúne e organiza seu material durante o período de incubação, as noções de Bollas são de valia ao considerar os métodos empregados pelo inconsciente para disseminar seu trabalho, bem como por que e como ele usa recursos arquitetônicos para fazer isso. Encontramos, portanto, nas ideias de Bollas, uma estrutura na qual podemos conceituar a atividade inconsciente envolvida no pensamento criativo e no evento arquitetônico de forma mais geral, no seu desenvolvimento a partir dos estágios de "incubação", em que reúne e organiza seu material, até a "iluminação", quando busca revelar sua narrativa como um *insight* significativo.

O relato de Freud sugere que, ao usar suas operações espaciais de condensação e deslocamento, o inconsciente distorce as impressões normalmente adquiridas por nossa percepção literal das coisas. Ele o faz, em primeiro lugar, selecionando a partir dessa variedade de impressões aquelas que ecoam suas próprias questões – ou seja, de acordo com seus impulsos instintuais, que recebem sua energia, forma e direção por quaisquer experiências ou desejos que a pessoa tenha procurado reprimir – pois eles, afirma Freud, buscam todas as oportunidades para descarregar-se no ato de se tornarem conscientes. Uma vez selecionadas, essas impressões são integradas ao grupo sempre em expansão de fragmentos inconscientes de experiência, que também ressoam as questões instintuais subjacentes do inconsciente. A partir dessa compilação, o inconsciente construirá sua narrativa distorcida ou "trabalho do sonho". À medida que a compilação se expande, ela atrai energias libidinais instintuais da psique geral do sujeito, estabelecendo uma carga que, quando forte o suficiente, obrigará a narrativa do trabalho do sonho a irromper na consciência, após o que é vivenciada como um sonho ou como uma ideia inspirada ou *insight* semelhante à onírica.

No relato de Bollas, em contraste, o inconsciente parece um pouco mais astuto em suas tentativas de disseminar seu material e trazê-lo à expressão consciente. De acordo com Freud e Bollas, o inconsciente trabalha melhor quando deixado por conta própria, sem interferência do escrutínio e das atenções dirigidas do ego. No entanto, na narrativa de Bollas, o inconsciente é indiscutivelmente mais eficiente e engenhoso, em especial no que tange à forma com que faz uso de objetos materiais para revelar seu trabalho. O inconsciente para Bollas não se limita a *reunir* e a *incorporar* na narrativa as impressões que percebemos em nossos ambientes que, no relato de Freud, finalmente e de forma arbitrária se tornam reveladas à mente consciente sempre que ela gera energia suficiente para fazê-lo. O inconsciente de Bollas *usa* de forma ativa os objetos de nosso ambiente para transmitir sua mensagem. Assim como Lynch, que afirma que utilizamos pistas sensoriais do ambiente para aprofundar nossa consciência de nós mesmos[60], Bollas sugere que o inconsciente nos impele a "procurar e encontrar coisas específicas" no mundo que corporificam ou representam seus próprios interesses[61]. De acordo com Bollas, o inconsciente nos ajuda a descobrir essas coisas "intensificando"

USANDO A ARQUITETURA PARA NOS PENSARMOS COMO SERES 157

seu poder evocativo, de modo que seja mais provável que atraiam a nossa atenção – configurando-as, assim, para serem, nos termos de Lynch, as "pistas sensoriais definidas" que nos atraem a elas. É como se o inconsciente nos conduzisse ao local relevante, por meio do qual ele pode revelar ou liberar mais prontamente seu fluxo de pensamentos. Segundo Lynch, a cidade legível fornece uma miríade de pistas sensórias para desencadear e colocar em movimento nossas experiências criativas e facilitar o crescimento individual e a segurança emocional[62]. Afirmo que os ambientes construídos das paisagens urbanas são evocativos e transformacionais porque prendem nossa atenção em um nível mais profundo do que o registrado por nossa percepção literal; e tão logo estamos envolvidos com eles dessa forma, os processos criativos do evento arquitetônico são colocados em movimento.

A leitura de Bollas do inconsciente, conforme ele seleciona e usa objetos no ambiente do sujeito, é significativo para nossa investigação porque podemos traçar nele as três fases do evento arquitetônico e os três estágios do processo do pensamento criativo propostos por Poincaré e outros que o seguiram. Iremos analisar agora o relato de Bollas no contexto da ocasião criativa do evento arquitetônico.

Argumentei que a construção e o desenvolvimento da identidade devem negociar ambos os aspectos do *self* dividido; eles não podem ocorrer apenas pelo desejo consciente, mas envolvem também a atividade imaginativa do inconsciente. O inconsciente busca um diálogo construtivo com a consciência do ego, convocando-o a integrar os aspectos do *self* que rejeitou e reprimiu. Sem esse diálogo, a pessoa experiencia a vida como estéril, plana e totalmente desprovida de inspiração – levando-a, como Freud e outros querem que acreditemos, a desenvolver todos os tipos de patologias e neuroses. O inconsciente se comunica com o ego por meio de registros imaginativos da experiência, por identificações miméticas e pelo "pensamento onírico", que intensifica os objetos que comumente percebemos, tornando-os objetos evocativos de transformação que, como diz Bollas, "dão expressão viva ao verdadeiro *self*"[63]. A identidade e as transformações criativas que a sustentam não podem ser trazidas à existência apenas pelo pensamento dirigido. Bollas afirma que podemos tentar encontrar objetos evocativos dessa maneira, porém na maioria das vezes falhamos. Ao invés, tendemos a encontrá-los imaginativamente, estimulados por nossas necessidades instintuais e questões inconscientes. O edifício, em virtude de sua forma de continência e de sua qualidade elusiva é, argumentei, um objeto evocativo *par excellence*, um objeto não humano preferido para uso inconsciente, por meio do qual ele expressa de pronto seu material e atrai nossa atenção.

Ecoando Poincaré e Wallas antes dele, Bollas afirma que, embora pensamentos inspirados aparentemente possam constituir um "conhecimento imediato", tais aparências são enganosas e "não devem obscurecer o fato de que esses pensamentos são o resultado da concentração sustentada de muitos tipos de pensamentos inconscientes e conscientes"[64]. O uso de objetos externos, reais, é um tipo de pensamento inconsciente que Bollas faz questão de enfatizar como meio de encorajar pensamentos inspirados. Ele argumenta que

nosso encontro [com], [nosso] envolvimento e, às vezes, nosso emprego de coisas reais é uma *maneira* de pensar [...] selecionamos objetos porque estamos inconscientemente lambiscando: encontrando alimento para o pensamento que, apenas retroativamente, poderia ser visto como tendo uma lógica [...] quer sejamos impelidos a pensar por objetos que nos chegam, quer procuremos objetos para usá-los como formas de pensamento, é claro para todos nós que tais engajamentos existenciais são uma forma de pensar muito diferente daquela do pensamento cognitivo[65].

O tipo de pensamento que Bollas tem em mente aqui é o jogo criativo do inconsciente que subjaz nossa percepção imaginativa dos objetos. Na Introdução, descrevi como esse uso de objetos envolve a incorporação de sua forma estrutural em uma experiência corporificada de nós mesmos. Descrevi como essa identificação depende da *projeção* de aspectos inconscientes do *self* no objeto (o que envolverá o desejo instintual da pessoa por continência, bem como o material reprimido que procura negar) e da *incorporação* de características do objeto no *self* que ecoam os aspectos que nele foram projetados (ou seja, o retorno de experiências reprimidas de uma forma mais contida e controlável). A oscilação entre a projeção e a incorporação sustenta o tipo de pensamento que Bollas atribui ao inconsciente. É um tipo de pensamento que envolve a fusão de sujeito e edifício, de modo a

USANDO A ARQUITETURA PARA NOS PENSARMOS COMO SERES 159

permitir que uma pessoa utilize o ambiente construído para se pensar como um ser. Em outras palavras, é pelo ato da projeção que entramos no período de incubação e suspendemos nossa percepção literal das coisas e dos nossos pensamentos e deliberações dirigidos sobre o que essas coisas significam literalmente. Bollas expressa a situação da seguinte forma:

[Uma] pessoa projeta uma parte de si mesma no objeto, significando-o psiquicamente. Isso dá significado ao objeto, convertendo-o em uma ferramenta para um possível pensamento: o pensamento que é especial ao estado onírico. Para fazer isso, no entanto, o sujeito deve "se perder" em momentos de experiência quando projeta significado nos objetos [... essa é uma] ação que deve ser inconsciente e na qual a pessoa não é, por assim dizer, a que pensa. Na verdade, ela deve ser uma consciência bastante simplificada, mesmo fora de contato consigo mesma por um momento, a fim de investir no mundo dos objetos um potencial psíquico. Visto dessa forma, esse tipo de identificação projetiva é, em última instância, autointensificadora, transformando coisas materiais em objetos psíquicos e, assim, fornecendo uma matriz inconsciente para sonhos, fantasias e conhecimentos reflexivos mais profundos.[66]

O pensamento inconsciente começa, diz ele, com um momento de hesitação. Esse momento marca a ocasião em que uma pessoa se desprende de uma percepção literal do edifício para percebê-lo imaginativamente, permitindo assim que sua mente divague. Isso assinala, como observamos, o período de incubação no processo do pensamento criativo. É aqui que o objeto evocativo anuncia sua presença e o objeto arquitetônico capta nossa atenção. Nessas ocasiões, renunciamos à nossa capacidade de "sermos reflexivos", como Bollas coloca, e subsequentemente nos comportamos como o bebê em relação ao seu ambiente antes do estabelecimento de seu ego cognitivo. Não estamos mais preocupados com pensamentos deliberados e explícitos, mas nos tornamos semelhantes ao bebê ou, como Bollas afirma, um "*self* simples", que é mais propenso a se relacionar com o ambiente por meio de atos de projeção. Nesse estado, permitimos que nossa mente inconsciente pense por nós, e ela o faz, afirma Bollas, selecionando objetos no ambiente que significam, por várias associações complexas, suas próprias questões inconscientes.

Quando projetamos aspectos de nós mesmos no objeto arquitetônico, recebemos em troca aquelas características da forma

160

estrutural ou da função do objeto que ecoam nossas necessidades inconscientes no momento. Essa é a "colisão" de que fala Bollas e que já analisei. É um intercâmbio experimentado, diz Bollas, como uma "fusão estranha", um "encontro íntimo" e um "relacionamento subjetivo profundo"[67]. Trata-se de uma relação curiosa em que a pessoa sente ao mesmo tempo uma perda do *self*, por ter projetado aspectos de si mesma no objeto, e a aquisição de um novo senso de *self*, a partir de características que adquiriu do objeto. O objeto evoca no sujeito, diz Bollas, uma "sensação de ser lembrado de algo que nunca foi cognitivamente apreendido, porém existencialmente conhecido"[68]. Em outras palavras, como expliquei no capítulo 3, a fusão psicológica com o objeto fornece à pessoa uma "reencenação simbólica" de seu encontro original com ela mesma e suas primeiras experiências de transformação a partir de um ambiente nutridor[69]. Assim, é no período de incubação, no qual o sujeito se retira temporariamente de seu senso familiar de *self* para se tornar semelhante a um bebê e estabelecer por meio da projeção uma afinidade com o objeto, que o sujeito é levado "repentinamente", como diz Bollas, a se redescobrir com a aquisição de novos conteúdos estruturais. Essa descoberta repentina marca o estágio da "iluminação" do processo do pensamento criativo e assinala a culminância do evento arquitetônico com a revelação de uma mudança na personalidade, muitas vezes acompanhada por um *insight* significativo sobre essa mudança. Tais *insights* são semelhantes a uma "perspectiva fundamentalmente nova" e a uma "nova estrutura psíquica" para o *self*[70]. A reconfiguração do sujeito é uma experiência iluminadora e tem, diz Bollas, a sensação de uma epifania; ela "é sentida como reveladora"[71].

Revisitando Freud na Acrópole: O Edifício da Memória de Freud

Voltemos agora a Freud enquanto ele comtempla, num estado similar ao do sonho, a Acrópole à sua frente, pois agora estou em posição de aplicar minha hipótese sobre a percepção imaginativa e o pensamento criativo à ocasião conforme ele a relata, no intuito de dar sentido à sua relação com o ambiente construído. O relato anedótico de Freud é um estudo de caso útil para ilustrar os princípios do evento arquitetônico e, especificamente,

USANDO A ARQUITETURA PARA NOS PENSARMOS COMO SERES   161

a maneira em que o inconsciente usa os recursos arquitetônicos do ambiente construído para despertar uma nova perspectiva na personalidade e desbloquear aspectos da identidade e do senso de *self.* Veremos que essa nova perspectiva envolve, para Freud, a revelação de pensamentos, memórias e sentimentos que até então lhe eram em grande parte inacessíveis.

Mencionei que, embora Freud admita de pronto que sua experiência culminou em um "processo de transformação" que "incluía a mim mesmo, a Acrópole e a minha percepção dela"[72], nem Freud nem a maioria dos estudiosos que examinou seu relato consideram o ambiente construído ou as percepções de Freud com relação a ele como um fator contribuinte, preferindo atribuí-lo completamente à situação emocional de sua vida interior[73]. A cena arquitetônica da Acrópole tende a ser ignorada pelos estudiosos ou mencionada brevemente como um plano de fundo passivo e arbitrário para os eventos que ali ocorreram.

Assim -como Bollas faz questão de enfatizar o objeto transformacional como uma *reencenação* de uma memória anterior de transformação e não como um desejo *regressivo* de retornar a um estado de dependência infantil da mãe, devo considerar a experiência de Freud na Acrópole como uma reencenação ou evento desencadeado pela própria arquitetura, cujas características Freud utiliza como objeto evocativo e transformacional para se reorientar e se recriar. Minha interpretação procura explicar como a mente inconsciente de Freud aplica seus métodos de realinhamento espacial (condensação e deslocamento) às características arquitetônicas da Acrópole, a fim de justapor as percepções de Freud em relação a elas com outras ideias, sentimentos e traços de memória fragmentários nele latentes. Irei delinear também como sua mente inconsciente utiliza as características da paisagem arquitetônica para disseminar essa rede de significados associados a Freud, quando então ele registra sua surpresa e recebe *insights* em sua personalidade (que só é capaz de validar anos depois, por meio do seu próprio diagnóstico da situação).

Nossos objetivos são semelhantes aos do psiquiatra Stephen M. Sonnenberg, um dos poucos a levar em conta as características materiais da Acrópole e seu papel em estimular a autoanálise introspectiva de Freud[74]. De acordo com Sonnenberg, as características fragmentárias da Acrópole – em especial, sua estrutura desgastada pelo tempo e a remoção de algumas de suas partes (incluindo os mármores de Elgin) e os esforços dos restauradores para reter outras – desencadeiam uma experiência comparável de fragmentação no percebedor. Ele afirma:

A Acrópole, com as suas irregularidades, a sua ordem e a sua desordem, os seus frisos esculpidos desaparecidos e os remanescentes [...] promove o mesmo tipo de experiência em quem a visita. Aquele visitante deve transpor um terreno complexo com seus olhos, pernas e mente. E, nesse ponto, se alguém está preocupado com um aspecto de seu próprio passado antigo, essas preocupações podem dominar sua psique.[75]

Enquanto Freud pisava cautelosamente sobre os pedaços de pedra quebrados e, com a ajuda de seu guia, reconstruía de modo imaginativo o edifício em sua mente, restaurando sua imagem à condição prístina, é provável que ele tenha experimentado, como diz Sonnenberg, "uma sensação da interação fluida do espaço psicológico interior e do espaço perceptivo exterior"[76]. Infelizmente, Sonnenberg não sugere o que essa interação espacial envolve, além de mencionar que ela provavelmente tenha causado em Freud uma "perda inicial de orientação de tempo e espaço, seguida, por fim, pelo uso de sua imaginação enquanto construía uma imagem de como a Acrópole fora um dia"[77]. No entanto, as observações de Sonnenberg coincidem com a minha interpretação mais abrangente do relato de Freud e com as várias fases do evento arquitetônico e dos processos do pensamento inconsciente que dão origem a ele.

Freud nos diz que não pretendia viajar a Atenas, mas planejava, em vez disso, fazer uma viagem com seu irmão para a ilha de Corfu, via Trieste. O planejamento de seu itinerário sugere o primeiro estágio do processo do pensamento criativo (o estágio de preparação de Wallas). Aqui, Freud e o irmão realizam a tarefa em questão com pensamento dirigido até concluírem – com a ajuda de um conhecido – que seu plano é impraticável, porque está muito quente naquela época do ano para viajar a Corfu. Eles decidem que provavelmente desfrutariam mais de uma viagem a Atenas[78]. As deliberações racionais envolvidas em seus primeiros preparativos provaram-se infrutíferas e, por conseguinte, Freud e o irmão se desligaram desse tipo de pensamento, fazendo com que suas mentes "mudassem de marcha" e permitindo que um período de "incubação" se instalasse. O segundo estágio é evidente no relato de Freud em dois aspectos: primeiro, no fato de que ele e o irmão se envolvem na atividade aparentemente trivial ou *distrativa* de "vagar pela cidade", como Freud coloca, por várias horas; segundo, no estado de ânimo desconectado deles – ou "deprimidos" e "indecisos" –, o que significava que se desligaram um do outro e nem mesmo "se preocuparam", diz Freud, em conversar um com o outro[79]. Nesse momento, Freud e seu irmão não estão mais interessados em fazer novos planos ou compor novos itinerários, pois ambos parecem incapazes de ter um pensamento focado e dirigido; eles não estão mais – como Bollas diria – "sendo reflexivos", apenas "simplórios" e "fora de contato" consigo mesmos e entre si. Isso ocorre pelo fato de estarem imersos em preparações de outro tipo: preparações inconscientes. Estão se aprontando, como Bollas afirmaria, "para investir potencial psíquico no mundo dos objetos" e transformar seus ambientes em "fábricas dinâmicas", para a criação de "sonhos, fantasias e conhecimentos reflexivos mais profundos".

Freud não comenta as experiências do irmão a partir desse ponto, mas continua a dar um *insight* sobre o processo criativo que foi posto em movimento em si mesmo. Depois de aludir ao seu estado de ânimo retraído, a narrativa de Freud se move com rapidez para descrever a tarde de sua chegada à Acrópole, quando de súbito lhe vem um pensamento surpreendente. Ele escreve que, quando "eu estava na Acrópole e olhei o cenário ao redor, um pensamento surpreendente de súbito passou pela minha mente: 'Então tudo isso existe *mesmo*, assim como aprendemos na escola!'"[80] O *insight* cognitivo repentino denota o estágio da iluminação, no qual o inconsciente revela o produto de seu trabalho à consciência do ego. Dado que o inconsciente emprega procedimentos espaciais de distorção e associação no seu pensar, o pensamento que ele revela à mente consciente de Freud é inevitavelmente bizarro e, como Freud observa, "incorreto e, de fato, impossível"[81]. Freud exclama: "Pela evidência dos meus sentidos, estou agora na Acrópole, mas não posso acreditar nisso."[82] O restante do relato de Freud é sua tentativa em desvendar o mistério que está por trás de sua percebida descrença na Acrópole.

A explicação de Freud considera o papel desempenhado pelo deslocamento e condensação na distorção de sua sensação razoável do que ele descreve como "alegre surpresa" ao ver a Acrópole na bizarra dúvida de sua realidade. A partir de seu questionamento a respeito dos vínculos associativos e procedimentos espaciais empregados pelo inconsciente para fabricar essa distorção, Freud conclui que sua visita à Acrópole ocasionara sentimentos de culpa que vinha nutrindo há algum tempo em relação ao pai. Em contraste, na minha leitura dos eventos, a Acrópole desempenha um papel mais significativo ao facilitar tais sentimentos, emprestando sua forma estrutural ao inconsciente de Freud de modo a capacitá-lo a transmitir os tipos de sentimentos que Freud supõe. Quando os planos de Freud não se concretizaram, deixando-o retraído e frustrado, seu inconsciente ficou livre para trabalhar desimpedido por várias horas, estabelecendo ligações associativas com episódios esquecidos anteriores em sua vida, nos quais ele se sentira igualmente frustrado e em dúvida. Essa rede de material pode muito bem ter permanecido em desenvolvimento há algum tempo, acumulando gradualmente mais imagens, traços de memória e experiências na vida de Freud que ecoaram sua frustração – empilhando imagem sobre imagem e sentimento sobre sentimento, como diria Jung. Pois, como Freud afirma, só quando esses agrupamentos de experiência geraram intensidade, energia ou carga libidinal suficiente, é que puderam irromper na percepção consciente. Poder-se-ia argumentar que a viagem à Acrópole coincidiu com uma época em que um grau suficiente de intensidade havia sido alcançado. Sugiro, no entanto, que a paisagem arquitetônica em ruínas da Acrópole serviu de gatilho crucial para sua liberação, permitindo que se disseminasse dentro da segurança de seu ambiente contentor. Vamos analisar minha afirmação com mais minúcias.

Freud admite que sua percepção da Acrópole inspirou nele "algum sentimento do inacreditável e do irreal", e ele é categórico ao afirmar que esses sentimentos de dúvida não poderiam ser explicados pelas "impressões sensoriais" da Acrópole adquiridas por meio de sua percepção literal em relação a ela, o que, de fato, provou-lhe a realidade de sua presença[83]. Concordo com isso; e embora Freud não o expresse em termos explícitos, ele deixa em aberto a possibilidade de que seja sua *percepção imaginativa* dessas impressões sensoriais que lhe propicia sua experiência. Em outras palavras, ele acredita que nessa época

USANDO A ARQUITETURA PARA NOS PENSARMOS COMO SERES 165

não estava experienciando a arquitetura de forma literal, mas sim imaginativa. Afinal, Freud chega à conclusão de que a causa de sua experiência surpreendente é uma memória deslocada que estava de alguma forma associada ao objeto de sua percepção, a Acrópole, que permanecera até aquele momento reprimida e cognitivamente impensável[84].

Freud passa a analisar sua memória fragmentada da ocasião em que, ainda menino, experimentou pela primeira vez sentimentos de dúvida em relação à Acrópole; e identifica uma série de experiências associadas a essa memória que o ajudam a expor gradativamente os vários elementos que entraram na construção inconsciente de sua bizarra epifania ao ver a Acrópole pela primeira vez. Ele conta que, quando aluno, não duvidava da existência da Acrópole, mas da possiblidade de conhecê-la de primeira mão. A começar com sua memória, Freud permite que sua mente vagueie (ou faça "livres associações", para usar o termo freudiano) e, assim, chega à seguinte ideia associada: que "me parecia além das esferas do possível que viajaria tão longe – que eu 'percorreria um caminho tão longo'"[85]. Freud prossegue, associando seu desejo de aluno de viajar "tão longe" com o de "escapar" das pressões de sua vida doméstica, fugindo de casa. A partir desse pensamento, ele imagina como a primeira vista de novas cidades e terras, "que por tanto tempo haviam sido distantes, coisas desejadas mas inatingíveis", induz sentimentos de heroísmo, de ter "realizado feitos de grandeza improvável" e, na verdade, de ter transgredido os reinos da possibilidade. Freud então considera novamente a ocasião de sua visita à Acrópole, porém dessa vez em um contexto heroico, e imagina como: "Eu poderia naquele dia, na Acrópole, ter dito ao meu irmão: 'Você ainda se lembra de como, quando éramos jovens, costumávamos caminhar pelas mesmas ruas, dia após dia, a caminho da escola [...] E agora, aqui estamos nós em Atenas, e na Acrópole! Realmente *fizemos* um longo percurso!'"[86]

Para Freud, é um passo pequeno partir desse último pensamento, de uma série de pensamentos associados, e chegar ao significado e à motivação originais do pensamento bizarro desencadeado por suas percepções da Acrópole, mas que, o próprio Freud admite, já começara a se formar, conceber ou incubar quando ele e o irmão perceberam, para sua frustração, que não poderiam ir a Corfu. Ele escreve: "Mas aqui chegamos à solução [para] o pequeno problema do porquê, já em Trieste, interferíamos em nosso prazer pela viagem a Atenas. Talvez um sentimento de culpa estivesse ligado à satisfação de termos percorrido um caminho tão longo [...] Tinha algo a ver com a crítica de um filho ao pai [...] como se superar o pai ainda fosse algo proibido."[87]

A partir desse ponto em sua narrativa, o trabalho detetivesco de Freud e a análise de eventos se restringem às limitações que o próprio Freud impõe à natureza do inconsciente e ao repositório de experiências a partir do qual ele reúne e constrói seu material no trabalho do sonho – aquele que é limitado aos encontros emocionais do sujeito no passado (em contraste, por exemplo, com o modelo mais amplo do inconsciente de Jung, que inclui experiências potenciais que o sujeito ainda não encontrou). Freud, portanto, entende o evento na Acrópole em termos de suas experiências passadas de si mesmo em relação a outras pessoas. Quando Freud e seus comentaristas aludem à Acrópole em suas considerações sobre o retorno das memórias e sentimentos reprimidos de Freud, é como um elemento temático ou "tema", termo empregado por Freud, que lhe sugere, por suas conotações culturais e históricas, o tema da "superioridade do filho"[88]. A interpretação que desejo desenvolver à luz das ideias de Bollas, no entanto, sugere que o evidente retraimento emocional de Freud e o sentimento de mal-estar consigo mesmo em Trieste o deixaram "simplório", impressionável e suscetível de se relacionar com seu ambiente por meio de projeção, e subsequentemente propenso a usar – e ser usado por – os objetos em seu ambiente para expressar aquelas questões inconscientes que estavam ganhando ímpeto dentro dele e não podiam ser expressas ou pensadas de maneira mais lógica ou direta. Em outras palavras, Freud foi compelido, pelas características arquitetônicas de seu ambiente, a empregar um registro imaginativo de experiência em sua percepção daquele ambiente.

Freud afirma que se identificou com o tema da "superioridade do filho" e com seus próprios sentimentos de culpa por ter alcançado algo à custa de superar o pai. Sugiro que as formas arquitetônicas da Acrópole foram inconscientemente selecionadas por Freud por sua eficácia em atrair e extrair projeções de sua memória reprimida e dos difíceis sentimentos a ela associados. Esse material projetado é subsequentemente inserido ou inscrito na arquitetura da Acrópole, de tal modo que suas formas são carregadas, "psiquicamente significadas" ou "intensificadas", como Bollas coloca, fornecendo a Freud pistas com as quais se envolver e interpretar inconscientemente sua inscrição. As formas arquitetônicas fornecem um contentor nutridor e incubatório para o material reprimido de Freud, que lhe revela seu material em um estado transformado e mais fácil de se lidar, como um pensamento inspirado.

Em minha leitura da experiência de Freud na Acrópole, Freud se identifica com suas características arquitetônicas e incorpora aspectos de seu caráter em si mesmo. Nesse "evento arquitetônico", Freud inevitavelmente experimenta uma perda de *self* ou, como sugere Sonnenberg, uma correspondente "perda de orientação temporal e espacial". A Acrópole, como um objeto evocativo, provoca em Freud um sentimento estranho de admiração e descrença e uma sensação de ter sido lembrado de algo ainda não cognitivamente conhecido, mas, como afirma Bollas, "existencialmente conhecido" e lembrado. Ao fundir-se psicologicamente com o ambiente construído, Freud incorpora dentro de si o conjunto fragmentado e desordenado de texturas arquitetônicas que ele percebe enquanto se move pelo local. Isso teria incluído seu terreno complexo de formas reconhecíveis e características ausentes, suas texturas erodidas e decadentes e sua qualidade de som e cheiro, junto com a imagem da Acrópole em sua forma prístina e condição original, como Freud a imaginou. Alego que é por meio de sua identificação mimética com essas características sensórias fragmentárias do ambiente construído que Freud encontra os recursos para se engajar em suas próprias lutas e experiências fragmentadas e irreconciliáveis pertencentes ao seu próprio passado.

A percepção imaginativa de Freud com relação à Acrópole evoca grupos de fragmentos associados de ideias, traços de memória e sentimentos irrealizados que haviam se reunido dentro dele. Seu complexo arranjo e suas justaposições fortuitas ressoam os fragmentos de mármore e pedra em ruínas ao seu redor, alguns aparentemente colocados ao acaso e outros relacionados e conectados com maior propósito. À medida que Freud se identifica mimeticamente com aquelas formas arquitetônicas que percebe e incorpora em si, suas impressões sensoriais se combinam com outros fragmentos na experiência inconsciente dele mesmo, onde são trabalhadas e reconfiguradas de acordo com os métodos do trabalho do sonho. A combinação das características arquitetônicas do ambiente de Freud e suas experiências anteriores de preocupação inconsciente estabelecem, por meio de sua interação, a experiência estranha trazida à atenção consciente dele. Nesse aspecto, a Acrópole foi, para ele, um verdadeiro edifício da memória, ou um grupo de edifícios da memória – um objeto mnemônico que continha e preservava aspectos de seu *self* que ele não era capaz de acessar ou neles refletir com esforços combinados de raciocínio. A Acrópole foi especialmente evocativa para Freud, bem como a memória que ela procurava transmitir por meio de suas distorções fragmentárias. De fato, Ernest Jones, colega e biógrafo de Freud, afirma que "as colunas cor de âmbar da Acrópole permaneceram em sua memória como a visão mais bela de sua vida"[89].

CONCLUSÃO: EDIFÍCIOS SÃO REGISTROS DE NÓS

Uma das preocupações deste livro foi a de reavaliar a importância dos modelos arquitetônicas do ser e ir além de sua interpretação convencional e um tanto limitada como meros recursos instrutivos para a lembrança e a categorização de informações abstratas, considerando-as narrativas simbólicas que apontam para uma necessidade humana fundamental de se identificar com as características arquitetônicas do ambiente construído, de modo a adquirir um senso de *self* mais distinto, melhor contido e orientado no mundo. Procurei enfatizar sua significância existencial e as repercussões existenciais de uma semelhança percebida entre a imagem arquitetônica e a forma humana. Minha investigação neste capítulo abordou a legibilidade do ambiente construído e duas maneiras diferentes pelas quais podemos "ler" suas características arquitetônicas para decifrar ou incorporar sua mensagem. Uma delas é a leitura em termos literais, empregando o pensamento dirigido e percebendo-as à distância como objetos passivos que podem ou não ser úteis para nossas necessidades conscientes imediatas. A outra é a leitura imaginativa, envolvendo em nossa percepção das características arquitetônicas os pensamentos não dirigidos de nossa personalidade inconsciente

USANDO A ARQUITETURA PARA NOS PENSARMOS COMO SERES

movidos por preocupações que não são aparentes ou óbvias de imediato para nós. Esse enfoque imaginativo decifra a arquitetura em termos simbólicos e, portanto, vai além das designações equivalentes racionalmente construídas, postuladas pelos modelos metafóricos do ser, a fim de engajar os interesses mais elusivos e inconscientes do sujeito. Na minha interpretação, as características arquitetônicas são registros de nós mesmos que, quando lidos, nos abrem novas perspectivas e capacidades de repensar e reimaginar a nós mesmos. Quando falo dos modelos arquitetônicos do ser, falo do poder das formas arquitetônicas de transmitir muito mais do que um espetáculo metafórico. Trata-se do poder de instigar uma mudança psicológica real.

No capítulo anterior, expliquei como passamos a nos identificar com os edifícios como contentores permanentes para nós mesmos, que subsequentemente usamos para estabilizar e fortalecer nosso senso de *self*. Neste capítulo, expliquei como usamos os edifícios para repensar nossa existência ou negociar aspectos de nós mesmos que esquecemos ou não tivemos a oportunidade de desenvolver. O enriquecimento e o desenvolvimento do *self* que exploramos neste capítulo podem ser uma experiência desestabilizadora, pois envolvem uma mudança ou ruptura na continência psicológica que a pessoa buscou e alcançou por meio de suas identificações corporais com o ambiente construído. Como já analisei, o evento arquitetônico revela novos aspectos ou atitudes da personalidade que podem substituir ou se desviar daqueles nos quais a pessoa antes confiava, como modos familiares e habituais de relacionamento consigo mesma e com os outros. Entretanto, as mudanças e reconstruções da personalidade que acontecem no evento arquitetônico não ameaçam a personalidade do ego com presságios ansiosos de sua dissolução potencial porque ocorrem na continência segura do objeto arquitetônico, com o qual o sujeito se identificou como se fosse uma extensão psicológica do *self*. As alterações e a mudança resultante na personalidade podem ser quase imperceptíveis, porém, se forem notadas, a pessoa tende a experimentá-las inicialmente como uma ocorrência estranha e pode se sentir confusa, frustrada e desligada, retraindo-se para dentro de si quando o inconsciente começa a trabalhar. Em seguida, um tipo diferente de sentimento vem à tona, representado como uma surpresa, à medida que o *self* recém-guarnecido é alcançado.

O momento de um *insight* surpreendente na culminação do evento arquitetônico é semelhante a uma chamada de alerta para o sujeito, levando-o a uma consciência mais objetiva de si mesmo e a uma orientação mais sintonizada com seu ambiente.

O pensamento criativo do inconsciente e os *insights* aos quais dá origem são facilitados por uma arquitetura que instiga a nossa curiosidade e o desejo de descobrir e explorar suas características ocultas. É possível fazer essa tentativa de exploração por intermédio de nossos esforços dirigidos e por nossa atenção consciente, no entanto, as descobertas mais poderosas são aquelas às quais se chega por sua exploração imaginativa. Essa exploração imaginativa é ativada pelas características confusas e ambíguas do projeto arquitetônico de que falamos, que nos fazem hesitar, fazer uma pausa e refletir, e prossegue por meio de uma investigação de seus traços ocultos, exploração essa que implica uma reconstrução inconsciente deles, de acordo com nossas fantasias do que eles escondem. São os cantos e recantos revestidos de sombras que nos convidam a expor os seus detalhes; os lugares que não estão mais fisicamente presentes, mas permanecem intactos e preservados na memória; e outras características que anunciam sua presença através de sua ausência, como o cômodo atrás da porta fechada e a extensão planejada que não foi construída. O ambiente construído nos seduz com seus ritmos delineados que coincidem com os nossos, e sua promessa de nos revelar e expor os desejos e segredos de nossa imaginação que, sem saber, transmitimos à sua arquitetura.

No próximo capítulo, examino o estágio da iluminação no contexto do evento arquitetônico, a fim de estabelecer o que exatamente é revelado em nossas interações com a arquitetura e que tipos de ideias e sentimentos são evocados pelo evento à medida que ele se desenvolve. Isso nos ajudará a concluir nossa investigação com uma estrutura genuína para o projeto e a construção de uma arquitetura evocativa, que responda de forma mais eficaz às nossas necessidades existenciais. Da mesma forma, nos ajudará a entender por que certos enfoques do projeto arquitetônico devem ser evitados devido à sua provável tendência de instigar sentimentos de discórdia e alienação naqueles que deles fazem uso.

5. O Self Que É Revelado Pela Arquitetura

No capítulo anterior, expliquei como o inconsciente usa impressões sensoriais de arquitetura para reunir seu material e disseminá-lo como um pensamento evocativo ou um *insight* criativo. Neste capítulo, investigarei a natureza desse *insight* e o que ele pode nos dizer sobre nós mesmos.

A relação entre os efeitos estéticos da arquitetura conforme os experienciamos conscientemente e a atividade inconsciente que sustenta essa experiência é crucial para as considerações deste capítulo. No capítulo 2, expliquei como a estética e a psicanálise, embora diferentes campos de estudo, estão igualmente preocupadas com a natureza da experiência simbólica e seu excedente de significado que escapa à representação e compreensão literais, mas, no entanto, transmite, por meio de seus efeitos psicossomáticos, importantes valores culturais e pessoais. Examinei como as impressões sensoriais que nos são comunicadas pelo ambiente construído são subsequentemente incorporadas a nós por meio de nossas identificações inconscientes com elas. A ligação inextricável entre a experiência estética e o afeto inconsciente sustenta o meu argumento. No entanto, continua a haver, especialmente entre os estudiosos freudianos, um desejo de manter uma distância conceitual entre os dois, minimizando o valor da experiência estética e do objeto estético – e não apenas de "obras de arte" ou objetos de "beleza", mas objetos sensório-emocionais de forma mais geral – como um meio de alcançar a profundidade do *insight* inconsciente que desejo atribuir à arquitetura. Essa posição é sintomática do problema mais amplo a que aludi nos estudos psicanalíticos: sua tendência a subestimar o ambiente não humano em geral. Talvez seja também uma infeliz repercussão da decisão de Freud de não desenvolver suas ideias do ego corporal em uma teoria mais diferenciada[1]. A subestimação da importância da experiência estética é uma abordagem característica de uma concepção limitada e incompleta do inconsciente, que se preocupa exclusivamente com o "universo interior" da experiência reprimida e das relações intrapsíquicas, e não, como propus, que também recebe impressões "de fora". Como Bollas afirma, o inconsciente de Freud é na verdade tanto um órgão de recepção quanto de repressão, e seus objetivos são caracteristicamente "estéticos"[2]. Uma descrição mais realista do inconsciente seria aquela em que o inconsciente responde às percepções sensoriais que nos impactam, e o considera permeado pelas experiências estéticas que recebemos de "fora" tanto quanto por nossas memórias e outros materiais esquecidos e reprimidos. Nesse aspecto, os mundos interior e exterior de uma pessoa estão inextricavelmente emaranhados.

Dado que as disciplinas da estética e da psicanálise estão, como diz Maclagan, enredadas na mesma tarefa de ter "que lidar com" efeitos "que são subliminares [...] e que muitas vezes estão quase fora do alcance da linguagem"[3], qualquer tentativa de separá-las trará dificuldades conceituais e levará a conclusões complexas e ambíguas. A diferença entre uma experiência estética e um encontro com o inconsciente é uma distinção inútil para nossa investigação. Em vez de examiná-los como diferentes tipos de experiência, será de maior valia considerar as experiências evocativas como um espectro de afetos inconscientes e os sentimentos que os acompanham. Esses sentimentos variam em tipo e intensidade de acordo com a natureza do material inconsciente revelado na experiência e a propensão consciente da pessoa que o vivencia. Assim, quando Jung afirma que as cidades de Londres, Paris, Roma e Pompeia "podem ser desfrutadas esteticamente", e que é "totalmente diferente" quando elas afetam

O "SELF" QUE É REVELADO PELA ARQUITETURA

você "nas profundezas do seu ser"[4], sugiro que ele não pretende insinuar que as experiências estéticas tampouco podem afetá-lo profundamente, mas que as sensações particulares de "prazer" provavelmente indicam que o inconsciente não foi agitado de modo tão marcante naquela ocasião. O mesmo pode ser dito de um comentário semelhante feito pelo geógrafo Yi-Fu Tuan, que em sua avaliação dos diferentes laços afetivos que uma pessoa tem com o ambiente construído conclui que eles "diferem muito em intensidade, sutileza e modo de expressão", e incluem os "prazeres fugazes" e muitas vezes intensos da "estética" e, em contraposição, o sentimento existencial "mais permanente" e muitas vezes indescritível em relação aos lugares pelos quais temos interesse pessoal, e que marcam tais lugares como *loci* de "memórias"[5].

Em vez de descartar ou subestimar a importância da estética ou do "objeto estético" como uma irrelevância em sua capacidade de nos afetar "nas profundezas" de nosso ser, analisarei como os vários efeitos e sensações que experimentamos em relação à arquitetura nos informam sobre a medida do nosso envolvimento inconsciente com suas características projetuais particulares, e nos permitem também especular sobre em qual fase ou aspecto do evento arquitetônico estamos atualmente envolvidos e, além disso, sobre a natureza do *insight* que é evocado na culminação do evento. Em outras palavras, irei sugerir que a experiência estética de um edifício e as sensações e sentimentos que evoca dependem em grande parte de se o inconsciente está no processo de utilizar as impressões que o sujeito tem do edifício a fim de reunir material para seu trabalho do sonho (e, portanto, ocupado na incubação de ideias) ou as esteja utilizando para revelar seu trabalho na forma de um pensamento criativo (iluminação). Os sentimentos despertados pela arquitetura inclusive podem indicar, sugiro, diferentes níveis de intensidade da atividade inconsciente, dependendo da natureza do material que procura revelar – seja uma memória comovente em particular, por exemplo, ou algo comparativamente trivial. Decerto, como veremos, as sensações de "deleite" e "prazer" aludidas por Jung e Tuan – sensações associadas com frequência a projetos arquitetônicos "belos" e "harmoniosos" – pareceriam despertar o inconsciente com menor intensidade e atrair nossa atenção imaginativa inconsciente de modo menos perceptível do que sentimentos de desconforto e incerteza despertados pelas características distorcidas, confusas e até feias de outros tipos de arquitetura.

Dependerá da natureza e da dinâmica da mente inconsciente que interage com ela o que exatamente percebemos em nossas percepções imaginativas da arquitetura e, mais tarde, incorporamos em nossa experiência de nós mesmos. Como estabeleci desde o início com as pesquisas sobre os edifícios metafóricos da psique no capítulo 1, as teorias psicanalíticas postulam diferentes capacidades e limitações da mente inconsciente e algumas pressupõem um repositório maior de materiais do que outras. Assim, em vez de tentar determinar se as experiências simbólicas da psicanálise levam a transformações "mais profundas" ou mais permanentes do que aquelas transmitidas por afetos estéticos, ganharemos mais se examinarmos as diferenças essenciais entre teorias psicanalíticas contrastantes acerca da natureza do *insight* inconsciente e seu impacto sobre nós. Isso nos ajudará a entender quais os tipos de coisas que podemos esperar descobrir a respeito de nós mesmos no evento arquitetônico.

Os modelos de Freud e Jung são dois dos mais proeminentes e influentes no campo psicanalítico, e suas concepções contrastantes do inconsciente têm ramificações importantes para nosso entendimento da percepção imaginativa e dos tipos de *insights* que podem ser revelados pelo evento arquitetônico. Examinarei algumas das diferenças mais salientes no que se refere às três fases do evento arquitetônico, dando atenção especial às diferentes sensações e sentimentos evocados em cada caso. Sugiro que as principais semelhanças e diferenças entre uma experiência evocativa do inconsciente freudiano e a do inconsciente junguiano possam ser ilustradas pelas sobreposições e distinções entre as categorias de experiência tradicionalmente conhecidas nos discursos filosóficos da estética e da religião como o estranho, o sublime e o numinoso. Os tipos de experiência evocativa reconhecidos por Freud e Jung demonstram paralelos notáveis com essas três categorias; e, dado que cada uma dessas categorias de experiência tem associações históricas com a arquitetura e com os sentimentos e sensações que a arquitetura alegadamente desperta, elas constituem uma estrutura útil para examinar os sentimentos e as sensações do evento arquitetônico à medida

O "SELF" QUE É REVELADO PELA ARQUITETURA 175

que se desenrola e impacta sobre a percepção consciente de uma pessoa, à luz das perspectivas freudiana e junguiana. Expor os paralelos entre essas categorias de experiência e a atividade inconsciente que sustenta o evento arquitetônico também nos ajudará a avaliar até que ponto os projetos arquitetônicos aos quais têm sido tradicionalmente atribuídos os rótulos de "estranho", "sublime" ou "numinoso" são dignos de sua designação a partir de uma perspectiva psicodinâmica e, portanto, se é possível afirmar que tais edifícios, por conseguinte, despertam o inconsciente de forma mais poderosa ou mais provável de atrair nossa atenção inconsciente do que projetos considerados mundanos. Minha discussão continuará a examinar e a reavaliar aqueles edifícios banais e desinteressantes que passam despercebidos e, portanto, não conseguem nos cativar, porém contribuem para um ambiente alienante, estéril e anestésico.

Ao interpretar os modelos psicodinâmicos de Freud e de Jung em termos tradicionalmente empregados no discurso estético, e, da mesma forma, fornecendo a esses termos uma base psicodinâmica, espera-se que nossa investigação continue a seguir no sentido de fechar a alegada lacuna conceitual entre a psicanálise e o discurso estético.

DIFERENTES MODELOS DO INCONSCIENTE LEVAM A DIFERENTES "INSIGHTS" ARQUITETÔNICOS

No capítulo 2, mencionei que não existe uma teoria definitiva do simbolismo que una a estética e a psicanálise ou suas teorias psicológicas correlatas. Jung criticou abertamente a compreensão de Freud do simbolismo como limitada e tacanha; na verdade, ele nem mesmo pensava que Freud realmente tivesse uma teoria sobre símbolos, e sim sobre *signos*. De acordo com Jung, o "símbolo" de Freud falha em se estender para além dos limites do sujeito individual e do repositório de suas experiências passadas e presentes. A experiência simbólica no modelo de Freud é baseada em um ambiente inconsciente, considerado severamente limitado por Jung. O inconsciente freudiano está restrito a esse repositório pessoal de experiências (incluindo, como faço questão de afirmar, as impressões que uma pessoa recebe de "fora") a partir do qual reúne e constrói seu material evocativo. Os *insights* que ele evoca, portanto, compreendem um material que o sujeito experimentou de uma forma ou de outra antes que fosse despejado da percepção consciente. Para Freud, então, é o retorno do reprimido que surpreende e transforma. A crítica de Jung ao "símbolo" freudiano é demonstrada em seu desejo de redesenhar e ampliar o modelo arquitetônico freudiano da psique. O modelo de Freud é para Jung um projeto inadequado, com pouquíssimos pavimentos e um espaço restrito demais para explorar e descobrir o potencial do sujeito. O desacordo de Jung com o modelo freudiano também é ilustrado na imagem onírica de um edifício opressor equivalente a um gueto, com seus tetos baixos e estreitos – uma imagem que Jung sonhou enquanto estava com Freud em Viena e que o próprio Jung associava à sua antipatia pela abordagem freudiana da psique. Em outras palavras, do ponto de vista de Jung, o modelo freudiano do inconsciente compromete em muito o potencial criativo do sujeito, impedindo a realização de verdades psicológicas importantes que dizem respeito à personalidade e à identidade mais amplas de uma pessoa. Se o sujeito junguiano fosse explorar a casa da psique de Freud, ele teria seus movimentos limitados e frustrados com rapidez, sem acesso concedido às profundezas mais sombrias da experiência, devido à falta de instalações no subsolo e à ausência da caverna do "homem primitivo". De acordo com Jung, na casa de Freud falta esse importantíssimo pavimento de base da psique – o inconsciente coletivo – e a liberdade concedida por seu espaço mais amplo. "Como diabos as pessoas podem viver em um lugar assim?", exclama Jung em referência ao seu gueto onírico freudiano[6]. Sem essa extensão crucial da casa da psique, o modelo de Freud impede a experiência evocativa mais penetrante e os tipos de *insights* que Jung afirma serem verdadeiramente simbólicos.

Para Freud, então, um *insight* simbólico é um desmascaramento de um conflito ou desejo reprimido e a revelação de experiências passadas que não foram resolvidas ou trabalhadas com sucesso pela consciência do ego. Isso é ilustrado no relato de Freud de sua experiência na Acrópole, na qual, como interpretamos, as impressões do ambiente construído desencadearam nele a memória de um conflito reprimido (a culpa que sentiu por ter superado o pai). Seu *insight* simbólico aqui compreendia

O "SELF" QUE É REVELADO PELA ARQUITETURA 177

uma memória pessoal entrelaçada com suas percepções do local arquitetônico e as várias associações pessoais que as combinavam. O símbolo freudiano é sintoma de uma falha em negociar uma situação de maneira apropriada, e seus efeitos sentidos apontam para o fato de haver a oportunidade de o sujeito renegociar a experiência não resolvida e seu conflito subjacente. Para Jung, por outro lado, o *insight* simbólico é progressivo em vez de regressivo, conducente a uma experiência não apenas de nosso passado *pessoal* reprimido, mas a possibilidades humanas disponíveis para cada um de nós.

No capítulo 2, expliquei como a arquitetura é um *evento de ser* que encoraja o percebedor de um edifício a participar de suas características materiais, de modo a lhe transmitir uma consciência e uma apreciação mais vívidas de si mesmo e do edifício com que se identifica. Posso agora começar a explicar que tipo de informação é revelada no evento. Assim, se eu fosse perceber o ambiente construído através de uma lente freudiana, o registro simbólico da experiência me levaria a descobrir uma parte ausente em mim mesma. Para Freud, o *evento* em questão é o despertar de uma memória reprimida; e se devemos falar dela como revelação de uma verdade existencial, o edifício freudiano me leva a perceber que sou mais do que eu concebia que fosse e permite que eu me lembre de quem fui. De uma perspectiva junguiana, ao contrário, o evento arquitetônico desperta maiores possibilidades para mim e me leva a uma concepção mais objetiva de mim mesma do que a totalidade de minhas experiências passadas. Percebido através de lentes junguianas, o ambiente construído é experimentado imaginativamente como a revelação de verdades "arquetípicas" *a priori* que reverberam em cada um de nós. A verdade existencial revelada pelo edifício junguiano é também uma compreensão de que sou mais do que pensava ser, porém com base no fato de que o edifício me permite avaliar quem eu poderia me tornar a partir da miríade de possibilidades humanas que me são disponíveis.

Os respectivos modelos de Freud e Jung sugerem que o inconsciente pode ser orientado de maneira distinta para estabelecer diferentes experiências do *self* e que, posteriormente, utiliza as características do ambiente construído para construir e elaborar variegados aspectos da identidade de uma pessoa – enfatizando sua história individual, pessoal e única, ou suas preocupações humanas mais objetivas e culturais. Examinaremos agora essas diferenças à medida que se desenrolam nas fases do evento arquitetônico, dando atenção especial às sensações e sentimentos que provavelmente causarão na mente consciente do sujeito. Começamos com a fase de incubação do evento arquitetônico, quando o inconsciente reúne seu material e o sujeito experimenta um interrompimento correspondente de sua atenção focada e de sua concentração, com sentimentos concomitantes de confusão que levam o nome de *estranho*.

O Estranho: O Inconsciente Enquanto Reúne e Desdobra Sua Surpresa

Já aludi ao estranho várias vezes no curso desta investigação, principalmente no contexto da fusão ilusória do sujeito com o edifício e os sentimentos a que ele dá origem: aquela "fusão estranha", como Bollas a descreve[7], e aquele "mundo sombrio", *unheimlich*, povoado por "duplos estranhos", de acordo com Borch-Jacobsen[8]. Sugiro que uma experiência do estranho é uma indicação de que o inconsciente está ocupado, cuidando de seu trabalho criativo e preparando o caminho para sua revelação mais completa na consciência. O estranho, portanto, denota que estamos distraídos e preocupados com questões inconscientes. Em outras palavras, sentimentos estranhos acompanham o estágio de incubação, quando experimentamos a presença de algo ou antecipamos que algo está prestes a acontecer, mas não podemos compreender cognitivamente o que é esse algo.

Freud popularizou o termo "estranho" em seu ensaio *Das Unheimliche* (O Estranho)[9], descrevendo-o como um sentimento de algo *estranhamente familiar*. O termo *unheimlich* é muitas vezes definido como "não familiar" e é comumente associado à arquitetura que tem um ar de irrealidade, que faz com que nos sintamos mal ou fora do lugar – a casa mal-assombrada muitas vezes sendo destacada como o mais reconhecível dos temas estranhos[10]. Em sua análise do estranho, Freud o define como o "não escondido da vista", "não oculto" e "não secreto", e cita as palavras do filósofo Friedrich Wilhelm Shelling para descrevê-lo como uma experiência daquilo que *"deveria ter permanecido [...] secreto*

O "SELF" QUE É REVELADO PELA ARQUITETURA 179

e escondido, mas veio à luz"[11]. O estranho, Freud passa a explicar, é o encontro de uma pessoa com conteúdos inconscientes (várias experiências, sentimentos, memórias, desejos ou ideias) que certa vez ela conseguiu repudiar, mas que desde então ressurgiram, causando surpresa, muitas vezes desagradável. O estranho é, para citar uma frase de Freud, o "retorno do reprimido".

O estranho freudiano é uma curiosa combinação de naturezas duplas: do familiar tornado estranho acompanhado de sentimentos de repulsa e atração. Apresenta-se como um mistério intrigante, com fragmentos de experiência que foram esquecidos, mas agora são lembrados, com pouca indicação daquilo que as memórias exatamente são. Trata-se de experiências que pensávamos ter descartado ou superado, porém que retornam a nós como se fossem novas e originais. O estranho não só intriga como também ameaça perturbar nosso modo de vida habitual, fazendo com que retornem aqueles aspectos de nós mesmos que procuramos manter afastados. O retorno do reprimido, portanto, ameaça romper e violar a identidade consciente cuidadosamente mantida do ego, forçando-o a confrontar seu passado indesejado e a perceber que não está mais no controle de si mesmo ou de seu ambiente – ou, como Freud afirma alhures, não mais *"senhor da sua própria casa"*[12]. O estranho retorno do reprimido pode ser comparado a um intruso na casa do ego ou, em casos mais intensos e potencialmente patológicos, um intruso que ameaça expulsar o ego de sua casa, deixando-o totalmente sem teto. Em tais casos, a mente inconsciente não racional assume o controle da personalidade e obscurece a familiar personalidade do ego.

O estranho pode ser assustador, pois ameaça desafiar nossas preconcepções e expectativas racionais, e nos lembra rudemente de que não estamos no controle total de nossa vida e que a vida não é tão certa quanto acreditávamos que fosse. O estranho, contudo, também é potencialmente enriquecedor, pois aqueles aspectos ocultos, negligenciados e reprimidos de nós mesmos que ele abriga, podem ampliar nossas atitudes e abordagem da vida, e até superar preconceitos inúteis que poderíamos abraçar. Em nossas experiências cotidianas, priorizamos inevitavelmente tudo o que é familiar, "normal", confortável e estável, mas uma experiência estranha serve como uma espécie de alerta para outras possibilidades que não são de imediato óbvias para nós;

permite-nos atravessar as fronteiras de tudo o que é convencional e familiar demais para chegar a perspectivas que, de outra forma, seriam ocultas e pouco ortodoxas. Em termos do processo criativo, o estranho marca a ocasião em que mudamos de marcha, da nossa percepção "vulgar" ou literal de nossos ambientes, a fim de suspender nossa atenção focada e nosso julgamento racional e mobilizar uma percepção imaginativa – que nos permita perceber o comum e o familiar de maneiras incomuns e não familiares. É uma orientação que nos incentiva a nos sentirmos não como indivíduos separados cuidando de nossos próprios negócios, mas como participantes em um ambiente único e com personalidade.

A noção do "duplo", que sustenta o estranho, é importante para a presente investigação. Como Freud afirma, sentimentos estranhos tendem a acompanhar a experiência fundamental da "duplicação, divisão e intercâmbio do eu (*self*)"[13]. Sentimentos estranhos são, portanto, indicadores úteis de nossas identificações inconscientes com a arquitetura, marcando os momentos de nossa fusão psicológica com ela. Denotam a incorporação de características arquitetônicas em nós mesmos, o que estabelece o edifício como nosso "duplo" existencial. Nesse aspecto, o evento arquitetônico é impreterivelmente uma experiência estranha, visto que é um ato criativo de duplicação, autodivisão e intercâmbio do *self*. O evento arquitetônico provoca sentimentos estranhos, pois perturba o senso familiar do *self*, levando a pessoa a se sentir ao mesmo tempo presente e ausente, ou "des-realizada", como Freud relata sobre sua experiência na Acrópole. No entanto, além de perturbador, o estranho nos atrai e nos impele a um estado de ânimo em que nosso *self* racional e pensativo fica temporariamente suspenso, e nosso inconsciente pode usar a tessitura material de nosso ambiente para pensar por nós. Ainda estamos presentes na experiência, se bem que na qualidade de "seres simples", como observa Bollas. Assim, sentimos que ocorrem interações entre nós e nosso ambiente, ou podemos intuir que algo está acontecendo ou prestes a acontecer, mas não estamos cognitivamente cientes do que seja com exatidão. O psicanalista Adam Phillips observa com propriedade que a relação entre o estranho e os edifícios tem a ver com continência, a "casa ou mente" atuando como um "contentor" para "presenças perturbadoras, fantasmagóricas e ocultas"[14].

O "SELF" QUE É REVELADO PELA ARQUITETURA 181

Revelando Material Inconsciente: Surpresas Sublimes e Numinosas

Se o estranho descreve a presença inusitadamente familiar evocada durante o período de incubação – quando o inconsciente começa sua atividade criativa de reunir material em sua rede de ideias associadas, e as agendas da mente consciente são colocadas em espera –, sugiro que as noções de sublime e numinoso podem ser empregadas para nos ajudar a descrever a experiência do evento arquitetônico em seu ápice, quando o inconsciente dissemina e revela seu trabalho para a mente consciente na forma de ideia criativa ou *insight*.

O sublime e o numinoso têm uma longa história de serem confundidos um com o outro e usados de forma intercambiável para denotar uma experiência evocativa profunda. O primeiro emprego documentado do termo "numinoso" em inglês foi em 1647, para transmitir o poder da presença divina. Nessa época, "sublime" já estava em uso como um termo associado às qualidades espirituais e metafísicas. No entanto, nos dois séculos seguintes, o numinoso e o sublime se separaram e o último assumiu conotações seculares, sendo utilizado predominantemente em discursos estéticos e filosóficos para se referir a algumas experiências impressionantes; foi popularizado por figuras como Edmund Burke, em *A Philosophical Enquiry into the Origin of our Ideas of the Sublime and the Beautiful* (Investigação Filosófica Sobre a Origem de Nossas Ideias do Sublime e da Beleza) e Immanuel Kant, em *Beobachtungen über das Gefühl des Schönen und Erhabenen* (Observações Sobre o Sentimento do Belo e do Sublime) e *Kritik der Urteilskraft* (Crítica do Juízo). Em 1917, as conotações religiosas do numinoso foram enfatizadas por Rudolf Otto em *Das Heilige: Über das Irrationale in der Idee des Göttlichen und sein Verhältnis zum Rationalen* (O Sagrado), que buscou redefinir a religião e separá-la da perspectiva kantiana prevalecente na época, que havia reduzido a religião a ideais abstratos de razão e moralidade. O numinoso, pela popularização feita por Otto, passou a denotar as aterrorizantes, se bem que fascinantes, experiências não racionais de Deus (e o "demoníaco").

Jung procurou formular sua psicologia dentro de uma estrutura do numinoso, e muitas vezes alude à leitura religiosa do termo feita por Otto em sua própria caracterização do inconsciente coletivo e sua experiência emocional e afetiva. O numinoso, diz Jung, é "uma experiência do sujeito independente de sua vontade" que "causa uma alteração peculiar da consciência"[15]; tem um "poder emocionante"[16] e um "efeito emocional profundamente estimulante"[17]; é "inexprimível, misterioso, aterrorizante"[18]; capaz de "transformações", "conversões, iluminações, choques emocionais" e "golpes do destino"[19]. Embora Freud não associe sua noção de inconsciente com o sublime, as diferenças essenciais entre a noção de Otto do numinoso, com suas conotações religiosas de alteridade infinita e extensão ilimitada, e o sublime kantiano, com sua celebração dos poderes cognitivos da mente humana, podem nos ajudar a mapear algumas das diferenças salientes entre os tipos de *insights* que são revelados no evento arquitetônico quando considerados a partir de perspectivas freudianas e junguianas contrastantes.

Sustento que, embora ambos os pensadores admitam que o evento arquitetônico seja uma ocasião distintamente estranha, Freud e Jung discordam sobre a natureza do *insight* inconsciente que ele revela. Isso ocorre porque eles entendem o inconsciente de forma distinta e, por conseguinte, também têm ideias contrastantes acerca da relação dinâmica entre o inconsciente e o ego cognitivo e a natureza da experiência simbólica a que essa interatividade dá origem. Para Freud e Jung, a experiência simbólica pode suscitar sensações e emoções similares, mas eles surgem na resposta do ego a impulsos inconscientes orientados e motivados de forma diferente em ambos os casos.

A partir da perspectiva freudiana, uma experiência evocativa se destina a ser superada e apropriada pelo ego e seu material integrado à consciência. O material revelado no evento arquitetônico é, portanto, cognoscível, já foi conhecido e pode, em certa medida, ser decifrado e retraduzido em termos cognitivos, desde que haja um mediador que forneça a tradução adequada e transforme o material incompreensível e problemático em termos mais manejáveis e contentores. O terapeuta desempenha esse papel nos cenários psicanalíticos convencionais; entretanto, como argumentei, o ambiente construído também pode prover esse serviço. É importante ressaltar que a tradução, como enfatizei, não pode ser uma interpretação definitiva ou correta, mas uma representação que torna o material inconsciente útil

O "SELF" QUE É REVELADO PELA ARQUITETURA 183

e pessoalmente significativo. Uma vez feita uma interpretação apropriada, o material inconsciente é considerado, em termos freudianos, como tendo sido integrado com sucesso ao ego cognitivo, após o que a experiência perde seu efeito evocativo. Visto que o inconsciente para Freud está ligado ao passado pessoal do sujeito, o *insight* alcançado no evento arquitetônico se origina no sujeito e é ativado em sua identificação com o edifício e subsequente resposta a ele. O *insight* é experimentado quando o sujeito é capaz de se apropriar e superar o objeto incompreensível e aparentemente infinito. Jung, por outro lado, enfatiza a natureza ambígua da interação entre o sujeito e o objeto evocativo e sugere que os *insights* surgem no contexto de sua relação, que nunca é totalmente superada. O inconsciente para Jung se estende para além do passado pessoal do sujeito e está aberto a um reino coletivo de impulsos *a priori* e de padrões arquetípicos de experiência. Nesse aspecto, o sujeito é mais limitado em seu poder de se apropriar e compreender o *insight*, pois o material de sua composição não foi exposto a ele antes do evento arquitetônico. Ele é "novo" e permanece totalmente outro. O material inconsciente para Jung é vasto demais para que o indivíduo o reduza a termos pessoais, porque o *insight*, de acordo com Jung, não se origina nos próprios poderes do sujeito com a finalidade de superar o objeto evocativo, mas é dado a ele a partir do próprio "objeto". Esclareceremos essas posições abordando primeiro a noção do sublime.

"Insights" Sublimes

Essa investigação se baseará na ideia popular do sublime extraída da filosofia de Immanuel Kant (1790), cujas ideias sobre percepção e entendimento foram discutidas anteriormente no que diz respeito à explanação de Scruton acerca da percepção imaginativa. Kant descreve o sublime tanto como uma frustração quanto uma elação que amplia a mente. Segundo ele, o sublime inclui duas etapas. A primeira é uma experiência nitidamente negativa – conhecida como "sublime negativo" –, em que o sujeito encontra algo surpreendentemente vasto, difícil ou obscuro. Em resposta, ele se sente impotente para entendê-lo, uma vez que, na sua imaginação e percepção, parece algo que não pode ser representado ou totalmente compreendido. Esse sentimento de impotência diante de algo muito maior do que ele próprio pode induzir respostas emocionais negativas adicionais como, diz Kant, ansiedade, terror e dor[20].

Em termos da leitura psicodinâmica do evento arquitetônico que ofereço, o sublime negativo descreve a ocasião em que o ego cognitivo é confrontado com a enormidade do incompreensível e ilimitado objeto arquitetônico, que não pode ser entendido apenas pela percepção literal. Em resposta a essa frustrante impotência, o período de incubação é acionado, no qual a mente muda de marcha para pensar de forma diferente e acomodar ou conter o espetáculo confuso. Aqui, o pensamento linear dirigido da mente consciente é suspenso, a fim de permitir que os trabalhos mais criativos e não dirigidos do inconsciente assumam o controle – de modo a serem capazes de compreender e utilizar a superabundância de significados corporificados na arquitetura. Kant também afirma que, assim como somos forçados a reconhecer nossas limitações e nosso fracasso em reunir a vasta, difícil ou obscura experiência em uma concepção coerente e unificada, descobrimos "dentro de nós um tal poder de resistência que nos dá coragem de medir nossas forças com a aparente onipotência"[21]. É nesse momento, quando descobrimos nossa capacidade de abordar a situação por meio de um poder diferente, que o segundo estágio do sublime é acionado, o "aspecto positivo", como Kant a ele se refere, quando a mente libera seu "fluxo mais forte de forças vitais"[22]. Nesse ponto, a mente é capaz de conter a frustração instigada pela percepção do vasto objeto, formulando uma ideia concebível dele, ou seja, uma concepção de "totalidade ou infinitude"[23].

O ponto chave aqui é que a ocasião em que o sujeito experimenta uma mudança em sua percepção cognitiva (do edifício) e se move de uma posição de impotência ou perplexidade para uma de iluminação e *insight* vital é comum ao movimento do sublime kantiano e à psicodinâmica que sustenta o evento arquitetônico. Kant descreve essa capacidade descoberta de envolver e se apropriar da experiência da vastidão como uma experiência avassaladora de elação, com uma correspondente "ampliação da mente"[24].

O sublime para Kant é uma categoria subjetiva instigada pela mente do sujeito. "'A sublimidade'", escreve Kant, "não reside em nenhuma das coisas" que percebemos – e nem nas formas

O "SELF" QUE É REVELADO PELA ARQUITETURA 185

materiais de nossos ambientes construídos – mas "apenas em nossa mente". Tudo o que "provoca esse sentimento em nós" é "impropriamente denominado sublime"[25]. O sublime é, para Kant, a experiência da força da razão, que supera e excede a capacidade humana de imaginação ou sensibilidade. Quando a imaginação é confrontada com um objeto vasto demais em sua magnitude ou dinâmico demais para que o compreendamos, a capacidade racional da mente é acionada, como se viesse em nosso socorro, para conter o objeto evocativo sem sentido e dele se apropriar. Podemos entender esse momento positivo do sublime em termos freudianos como a capacidade do ego de se apropriar do significado anteriormente insondável do objeto evocativo e integrá-lo em seus próprios termos. Assim, a experiência, assustadora e *estranha* no início, quando o sujeito encontra o objeto incompreensível, se transforma em elação quando ele (ou sua personalidade do ego) é capaz de racionalizar a experiência e se sentir enriquecido por ela. O sublime designa o triunfo do ego à medida que supera a ameaça percebida do retorno do reprimido e marca a transformação do impensável em pensamento. Portanto, assinala também a dissolução do estranho, pois o trabalho até então oculto e "não oculto" do inconsciente foi revelado e integrado na personalidade do ego como uma ideia criativa ou um *insight* útil.

Kant afirma que é um erro considerar um edifício, ou qualquer outro objeto, como sublime (mesmo que seu poder evocativo inicial possa nos enganar de modo a percebê-lo como tal). Entretanto, de uma perspectiva freudiana, esse erro equivale a uma ilusão muito útil e criativa. Atribuir qualidades ao edifício que realmente pertencem ao *self* é um ato de projeção, que nos permite temporariamente descartar aspectos indesejados de nós mesmos, colocando-os em algum outro lugar. Como expliquei, essa atividade "intensifica" ou "anima" psicologicamente o edifício, conferindo-lhe um poder evocativo que compele o sujeito, fazendo-o parecer tanto atraente quanto potencialmente ameaçador. Contudo, ao externalizar suas características indesejadas dentro do espaço contido do ambiente construído, o sujeito cria a oportunidade de reativá-las e renegociar seu relacionamento com elas. Ao usar o ambiente construído dessa forma, o sujeito é capaz de despersonalizar – para citar o uso do termo por Redfearn – o conteúdo de seu material reprimido perturbador e despojá-lo de seu conteúdo emocional mais traumático. Em troca, o objeto arquitetônico devolve o material projetado em um estado transformado, mais contido, gerenciável e pensável. A recepção desse material e o subsequente afastamento das projeções do sujeito no edifício marcam a ocasião para a experiência sublime. O edifício sublime, lido sob esta luz é, portanto, o edifício que corporifica as ilusões persuasivas que inconscientemente transmitimos a ele e é o edifício que utilizamos como um recurso terapêutico para negociar conflitos pessoais. Nesse aspecto, a Acrópole é um excelente exemplo pessoal para Freud de um edifício ou grupo de edifícios sublimes.

"Insights" Numinosos

Se o "aspecto positivo" do sublime assinala a compreensão bem-sucedida do material inconsciente e sua subsequente integração na mente consciente, o numinoso, ao contrário, continua na mesma veia do estágio "negativo" inicial do sublime, na medida em que ressalta a pura magnitude e obscuridade do objeto evocativo, tornando absoluta a sua superabundância de significado, preservando assim a experiência estranha que o acompanha. Enquanto o sublime kantiano marca a ocasião em que recuamos ou nos retiramos para dentro de nós mesmos a fim de ali encontrarmos os recursos para compreender o objeto elusivo e, posteriormente, racionalizar e se apropriar de seu significado, o numinoso constitui o momento de impotência do ego na extensa e infinita experiência, de modo que nossa percepção do objeto evocativo continua a exceder nossa capacidade de compreendê-lo. Enquanto o sublime positivo enfatiza o triunfo do ego, o numinoso ressalta as limitações do ego e questiona seus poderes de razão. Sugiro que essas diferentes ênfases exemplificam as abordagens contrastantes de Freud e Jung no que concerne ao inconsciente e à natureza do *insight* simbólico.

Otto descreve a impotência que experimentamos diante do "objeto" numinoso como "consciência de criatura"[26], em que, ele explica, nos encontramos "totalmente intimidados e abatidos", tornando-nos embasbacados[27]; e também como o "assombro" que nos subjuga[28]. Otto compara o sublime kantiano com o numinoso e afirma que ambos evocam sentimentos de euforia e um

O "SELF" QUE É REVELADO PELA ARQUITETURA

"impulso" de fascinação que faz com que tentemos nos apropriar de sua fonte percebida[29]. O "objeto" numinoso, contudo, não pode ser compreendido na sua totalidade e reduzido a termos racionais; estritamente falando, não podemos considerá-lo nem mesmo como um *objeto* com o qual nos relacionamos, pois fazê-lo seria presumir que sabemos algo a seu respeito e, portanto, que podemos nos comparar a ele. A presença numinosa continua a desafiar o ego, nunca permitindo que ele descanse.

No modelo de Freud, o edifício se torna evocativo e estranho como resultado de o sujeito ter nele projetado o seu material inconsciente; no entanto, em um cenário junguiano, quando o inconsciente coletivo está envolvido, tudo é recebido; nada é devolvido. Nesse aspecto, "projeção", como Jung coloca, "dificilmente transmite o significado real desse fenômeno. Projeção é, na verdade, um ato que acontece e não uma condição existente *a priori*, que é do que realmente estamos tratando aqui"[30]. Jung prefere o termo *participation mystique*, que ele toma do antropólogo Lucien Lévy-Bruhl, para transmitir a fusão e a interação *a priori* entre sujeito e objeto, nas quais o objeto "obtém uma espécie de influência mágica – ou seja, absoluta – sobre o sujeito"[31]. Isso tem "um efeito tão poderoso que o sujeito é forçado à introversão"[32]. Otto afirma, contudo, que somos capazes de fundamentar nossa experiência dessa Alteridade em termos simbólicos, empregando analogias que nos permitem tornar sua experiência importante e significativa. A experiência simbólica aqui não é criada ou conscientemente moldada em nossa própria imagem (ou a partir de nossas experiências passadas), mas é, afirma Jung, *descoberta* fora de nós[33]. Segundo Jung, "não posso" 'conquistar'" uma experiência numinosa, "só posso me abrir para ela, deixar-me dominar por ela, confiando em seu significado"[34]. Devo me entregar a ela em uma "rendição na qual a vontade está ausente"[35]. Para Jung, a experiência evocativa do inconsciente continua por todo o tempo em que nos permitimos permanecer abertos à sua experiência.

Dentro do contexto do evento arquitetônico, o percebedor de um edifício considerado "sublime" relatará sentimentos e experiências semelhantes aos do percebedor de um edifício "numinoso", mas a natureza do *insight* inconsciente que cada um alcança será diferente. Ambos experimentarão o mesmo tipo de sentimentos estranho em sua identificação inicial com o edifício.

Esses sentimentos podem passar em grande parte despercebidos ou, como Otto diz sobre o estranho, parecer uma "mera sombra passageira atravessando seu estado de espírito"[36]. Mas esses sentimentos estranhos denotam para nossos dois percebedores os efeitos conscientes de duas mentes inconscientes em ação, orientadas de forma distinta, preparando-se para a revelação de diferentes facetas da personalidade. Por um lado, o edifício sublime, em nossa leitura freudiana dele, interage com o material inconsciente do passado do sujeito. O significado desse material pode ser apropriado e interpretado nos próprios termos do sujeito, e os sentimentos que acompanham o encontro podem ser ansiosos e opressivos no início, antes de se transformarem em elação. O edifício numinoso, por outro lado, interage com o material inconsciente de uma natureza *a priori*, cujo significado é dado ao sujeito em termos que o deixa aberto a uma perspectiva mais objetiva. O encontro, como Jung descreve uma experiência do inconsciente coletivo, é "frequentemente acompanhado por sintomas específicos", como sensações físicas de ser grande demais, ou pequeno demais, de sentir que está "em um lugar estranho" ou "alheio" a si mesmo, bem como sensações hipnagógicas de submersão ou ascensão sem fim, confusão, desorientação e vertigem[37].

Mas e quanto aos projetos arquitetônicos reais que pretendem ser estranhos, sublimes ou numinosos? Que diferenças podemos apontar em seus respectivos *designs*?

Arquitetura Estranha, Sublime ou Numinosa? Como Saber a Diferença

Dada a similaridade fenomenológica entre o estranho, o sublime e o numinoso, é difícil precisar quando os projetos arquitetônicos evocam uma dessas experiências em vez de outra. Sua sobreposição confusa é demonstrada um tanto ironicamente nas próprias tentativas de Otto de explicar a natureza *sui generis* do numinoso no contexto da arquitetura gótica, que, para ele, é a "mais numinosa" das artes[38]. No entanto, ele também afirma que a arquitetura gótica deve sua peculiar imponência à sua "sublimidade" e senso de "magia"[39]. Para aumentar a confusão, "magia" para Otto nada mais é do que o "tremor do estranho"[40].

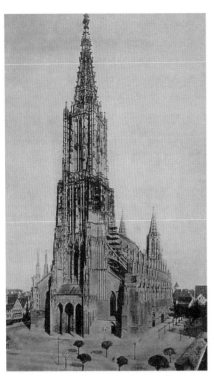

FIG. 5.1. *Catedral de Ulm, Alemanha (gravura extraída de Wilhelm Worringer, Form Problems of the Gothic, 1911).*
© Creative Commons.

Não obstante sua fusão dessas experiências, Otto sugere que podemos distinguir entre elas simplesmente ao olhar uma ilustração fornecida pelo historiador da arte Wilhelm Worringer – contemporâneo de Otto – em seu livro *Formprobleme der Gotik* (Problemas de Forma do Gótico, 1911) (Fig. 5.1). A ilustração em pauta é uma imagem da torre gótica da Catedral de Ulm, na Alemanha. Sem explicação adicional, Otto afirma que ela revela uma torre "enfaticamente não" estranha (ou "mágica") e, "mais" do que "o efeito de sublimidade", "é", afirma ele claramente, "*numinosa*"[41].

A ausência de explicação e o fato de dependermos da impressão visual da torre da catedral (e dessa imagem particular ao invés de qualquer outra), nos deixa um tanto confusos.

Embora Freud e Jung concebam o inconsciente de maneira distinta, tendo orientações e preocupações diferentes, nossa experiência real dos efeitos do inconsciente em ambos os casos é fenomenologicamente equivalente, acompanhada de sentimentos semelhantes. Os objetos evocativos selecionados para uso do inconsciente (para revelar seu material) em ambos os casos são igualmente difíceis de distinguir, sem características discerníveis que separem os objetos evocativos de natureza junguiana daqueles que são distintamente do tipo freudiano. Minhas interpretações psicodinâmicas do estranho, do numinoso e do sublime podem colocar diferentes ênfases na natureza e dinâmica do inconsciente, mas nenhuma de suas experiências evocativas pode ser isolada das outras com base na aparência visual da arquitetura considerada de modo abstrato e em separado de uma interação mais substancial, corporificada, com o edifício.

O que há, então, em um projeto arquitetônico que o torna distintamente estranho, numinoso ou sublime? Para sermos justos com Otto, não devemos interpretar literalmente o que ele diz e pressupor que sua intenção fosse de que apenas precisaríamos *olhar* para a imagem da Catedral de Ulm fornecida por Worringer a fim de descobrirmos o quanto seu *design* gótico evoca o numinoso como Otto pretendia. Em vez disso, precisamos visitar o edifício e experimentar todo o seu impacto sensório. Como Jung dá a entender, a diferença na qualidade desses sentimentos é uma questão de "confiança". A natureza evocativa da arquitetura, seja ela estranha, sublime ou numinosa, é estabelecida no *intercâmbio* inconsciente entre sujeito e edifício e, portanto, pela interação corporal entre os dois. Requer a intimidade de uma fusão mimética de formas, e não simplesmente a contemplação abstrata de seus componentes visuais.

ARQUITETURA ANESTÉSICA:
O PROBLEMA DO "SUBLIME ESTADUNIDENSE"
E A NECESSIDADE DE FEIURA

Os processos inconscientes de identificação que sustentam o evento arquitetônico estão intimamente envolvidos com o corpo e sua gama completa de sensações. Qualquer investigação que busque expor as características "estranhas", "sublimes" ou "numinosas" da arquitetura por meio de um exame minucioso de seus elementos visuais por si só chegará a conclusões irrealistas e apresentará uma série distorcida e limitada de exemplos arquitetônicos para ilustrar suas alegações – pressupondo, por exemplo, que o numinoso está presente apenas em edifícios projetados para fins religiosos, como catedrais, mesquitas e templos.

O "SELF" QUE É REVELADO PELA ARQUITETURA

Indiscutivelmente, é em parte devido a uma ênfase na imagem visual acima de outras considerações sensoriais que os estudiosos tenderam a interpretar o assombro e o poder que sustentam as experiências sublimes e numinosas um tanto rigidamente em termos de enorme tamanho, altura elevada e solidez e massa extensas. Sua intenção é transmitir a insignificância de nossas experiências cotidianas comuns, apresentando nossas proporções corporais como minúsculas e perdidas nas sombras do objeto dominador. À guisa de exemplos arquitetônicos, os edifícios caracterizados como sublimes ou numinosos em virtude de suas impressionantes medidas geométricas e feitos de engenharia incluem as antigas pirâmides de Gizé e a basílica de São Pedro em Roma (citada por Kant) e várias catedrais góticas com suas grandiosas torres. De fato, talvez não seja por acaso que Otto escolheu a torre da catedral de Ulm para exemplificar o numinoso, visto que essa edificação, em virtude de sua torre, é a catedral mais alta do mundo.

Houve tentativas, dignas de nota, de alertar contra essas caracterizações arquitetônicas rígidas de experiências evocativas profundas. Assim, Edmund Burke, em seu influente tratado sobre o sublime, afirma que os edifícios considerados "grandiosos apenas por suas dimensões são sempre sinal de uma imaginação medíocre e vulgar"[42]; John Ruskin, da mesma forma, afirma que o "mero peso" é uma "maneira grosseira" de causar uma boa impressão[43]; e, como observamos, Freud e Breuer advertem contra as limitações do imaginário espacial para transmitir os afetos e a dinâmica do inconsciente. No entanto, ao que parece, tais advertências passaram despercebidas e são em grande parte neutralizadas pelos ideais arquitetônicos que informam e moldam os ambientes construídos que habitamos hoje. Eu argumento que a fusão de poder evocativo e vastidão geométrica é emblemática de muitos dos problemas que enfrentamos hoje com projetos arquitetônicos e planejamento urbano. Passamos a associar a arquitetura evocativa com aqueles exemplos que já estão sob os olhos públicos e são vistos como tendo algo especial, de modo que sua reputação popular precede nossa experiência real deles. A arquitetura evocativa tende a ser equiparada a edifícios que possuem *status* icônico, seja por suas associações históricas ou, como é mais frequente na arquitetura moderna, graças aos

192

impressionantes feitos de engenharia e medição geométrica que os tornaram possíveis – edifícios que se arrogam os mais altos da cidade, os mais caros, os mais grandiosos, os mais complexos e assim por diante. Em contraposição, a maioria dos edifícios que encontramos diariamente – aqueles que se alinham em nossas ruas e preenchem nossos bairros – passou a ser considerada comum, mundana e completamente pouco notável.

O psicólogo James Hillman lamenta nossa moderna "obsessão pela geometria" e nossa compulsão de construir cada vez mais em direção ao céu. Trata-se de um problema enraizado em nosso desejo pelo que ele chama de "sublime estadunidense"[44]. Embora ele não faça a conexão, podemos entender isso como uma versão distorcida e inadequada do sublime kantiano, enraizada no desejo de uma arquitetura de proporção geométrica e espetáculo visual cada vez maiores.

Hillman se junta a outros estudiosos (como Theodore Roszak) ao declarar esse desejo como um sintoma de nossa mentalidade moderna e megalomaníaca. É uma arquitetura projetada apenas para satisfazer as demandas da consciência do ego e, portanto, envolve a negligência ou a repressão de nossas sensibilidades estéticas que, por sua vez, inibe o inconsciente em seu trabalho criativo. O resultado é uma arquitetura egocêntrica que apela aos valores e ideais do ego, mas falha em atrair a nossa imaginação. Como Hillman afirma, é uma arquitetura projetada de acordo com valores ingênuos e superficiais, tais como, "o bonito, o simples, o agradável, o irracional" e o "fácil"[45]; o "doce" e o "sentimental"[46]; "o prático, o moral, o novo e o rápido"[47]; o "antiquado"[48]; e o funcional, de bom custo-benefício e eficiente[49]. A atenção às demandas do ego junto com a inibição das demandas do inconsciente não conduz ao evento arquitetônico, mas ao embrutecimento do *self* ou, em termos psicanalíticos, a um "falso *self*" ou "inflação do ego".

O "sublime estadunidense" tenta atrair nossa atenção com seus impressionantes feitos geométricos, porém seu espetáculo vai apenas até o ponto de prender a atenção da consciência do ego. O edifício sublime, nesse contexto, pode nos dominar com sua monumentalidade absoluta, mas, como afirma Hillman, ele não nos surpreenderá. Hillman usa o exemplo do arranha-céu moderno para demonstrar seu ponto de vista. Os arranha-céus podem excitar a sensibilidade do nosso ego com suas magníficas alturas e estatura, mas por meio de suas superfícies revestidas de vidro refletem para o percebedor exatamente o que espera ou quer ver, sem surpresa. Eles não têm segredos e revelam, em vez disso, uma "vaidade e superficialidade vazias"[50]. Em outras palavras, sua total imensidão nos dissuade de nos identificarmos mimeticamente com eles e de usar suas características para nossos próprios fins criativos. Hillman indica que, se fôssemos nos identificar com eles, isso levaria a uma experiência corporal distorcida e patológica, pois edifícios altos com sua "fachada vítrea" e "átrio interior oco seccionado por colunas verticais" são "anoréxicos", "magros, altos, rígidos, esqueléticos" e "aparados de gordura"[51].

De acordo com Hillman, a arquitetura que é moldada de acordo com os ideais do ego não pode comandar uma resposta estética saudável. A estética envolve uma resposta corporificada que muitas vezes contorna os desejos do ego. Hillman descreve isso em termos fisiológicos como um "suspiro", "susto" ou "calafrio"; aquele que "tira o fôlego", faz "arrepiar o cabelo da nuca", causa "arrepios", traz lágrimas aos olhos"[52]. Se os arquitetos pretendem projetar edifícios que nos envolvam de forma mais eficaz e produtiva, precisam se livrar de seus egocêntricos modelos de feitos cada vez mais impressionantes de geometria e engenharia, em favor daqueles que nos impressionam em "profundidades" cada vez maiores do ser, como Hillman coloca. Essa não é uma tarefa fácil, dado que nossa mentalidade moderna, com sua priorização do sentido visual e sua forte dependência da tecnologia – como Hillman e Jung antes dele se esforçaram para apontar – tem sido condicionada a reprimir nossas sensibilidades estéticas. Tendemos, alegam Hillman e Jung, a nos envolver com o mundo a partir da perspectiva da consciência do ego, por meio de suas respostas medidas, preferindo o que é funcional, eficiente, econômico e sistematizado a experiências que possam perturbar tal ordem. Por conseguinte, há resistência a experiências de caos, desordem e disfunção, que são negadas e reprimidas. Uma repercussão significativa desse entorpecimento estético, argumenta Hillman, é que temos mais probabilidade de criar e projetar objetos que reflitam os ideais banais que são valorizados. Chegamos, portanto, a pressupor que quanto mais econômica ou funcional uma coisa é, melhor a sua qualidade. Essas repercussões levaram a uma profusão de projetos arquitetônicos neuróticos e prejudiciais. De fato,

Hillman sugere que a maioria dos edifícios que povoam as áreas centrais das grandes cidades são dessa natureza. Eles inevitavelmente falham em incitar respostas estéticas viscerais nas pessoas, além de uma indiferença muda.

O arquiteto fica, portanto, encarregado da tarefa particularmente difícil de projetar edifícios que possam nos despertar da nossa letargia anestésica e nos colocar de volta em contato com nosso corpo, permitindo que nos reorientemos. Nesse aspecto, o papel do arquiteto é semelhante ao de um psicoterapeuta. Embora Hillman, de todos os teóricos psicanalíticos, aceite mais a estética e aprecie a importância da natureza estética de nosso ambiente construído para nossa saúde psicológica e bem-estar, e vá tão longe a ponto de publicar uma antologia de ensaios chamada *City and Soul* (Cidade e Alma, 2006), seus pontos de vista são apresentados como um punhado de comentários, espalhados por vários livros, ensaios e notas não publicados, que somos forçados a juntar na ausência de um argumento sustentado. Ele, portanto, não entra em detalhes sobre como o arquiteto pode realizar essa tarefa; mas nos deixa uma ou duas pistas que podem nos ajudar a estabelecer algumas diretrizes úteis.

No capítulo 4, expliquei que, se quisermos despertar a imaginação, precisamos distrair nossa atenção focada e consciente e colocá-la em espera. Essa distração faz com que nos desliguemos temporariamente de nosso registro consciente da experiência e nos envolvamos com um registro imaginativo da experiência que compele o inconsciente a construir seus padrões criativos de pensamento. Mencionei sugestões feitas por Robert Venturi, Jane Jacobs e Kevin Lynch sobre como podemos incorporar elementos distrativos em projetos arquitetônicos por meio de métodos análogos às distorções espaciais do "trabalho do sonho" de Freud, como a inclusão de interrupções visuais, áreas de confusão e características complexas e ambíguas em projetos convencionais e familiares. A adição desses recursos nos distrai e frustra nossas expectativas do objeto arquitetônico, fazendo-nos hesitar e pausar a resposta, abordando-os de forma distinta: isto é, imaginativamente. Mencionamos também que Adrian Stokes e Gilbert Rose aludem às formas curvas da arquitetura e suas composições rítmicas como características estruturais que atraem nossa atenção inconsciente ao imitar os movimentos de nossos processos inconscientes. Podemos adicionar os comentários de Hillman sobre o valor psicológico da feiura e da distorção, como discutirei a seguir. Em conjunto, essas perspectivas nos propiciam um plano de fundo útil para avaliar a importância de características distrativas para um projeto arquitetônico evocativo.

Feiura e Distorção

Quando encontramos algo perturbador, nosso inconsciente se agita. De acordo com Hillman, isso põe em movimento nosso engajamento com os traços únicos que caracterizam a coisa perturbadora (sua "alma", como ele a denomina). Para Hillman, a feiura, mais do que sua contraparte estética, a beleza, incita um forte sentimento-resposta dentro de nós[53]. Uma observação similar foi feita séculos antes pelos praticantes da arte da memória, que consideravam imagens hediondas como as mais evocativas e memoráveis. De acordo com Frances Yates, a capacidade de avaliar o grotesco – uma capacidade que muitas vezes era atribuída àqueles com uma "psicologia torturada"[54] – poderia aumentar as chances de alguém trazer ideias à mente com sucesso. Hillman alude ao reconhecimento do feio e do distorcido em termos parecidos, como uma percepção "patologizada". Essa percepção, diz ele, nos perturba e desaloja o ego de seus confortos, frustrando suas expectativas e forçando-o a se envolver com questões inconscientes e indisciplinadas[55]. É importante ressaltar que "patologizar", para Hillman, não é uma tentativa de diagnosticar doenças problemáticas de acordo com normas estabelecidas por meio de dedução racional – como o termo é comumente empregado. Em vez disso, descreve os afetos inconscientes e o impacto criativo que imagens distorcidas e perturbadoras têm sobre o percebedor, chamando sua atenção para as características particulares das coisas. Assim, enquanto um edifício feio nos encoraja a notar suas características únicas, deixamos de perceber as de um edifício convencional ou banal, porque ele nos parece exatamente como esperamos. Ao fazer isso, o edifício feio ignora nossas respostas mais moderadas ao meio ambiente e se envolve conosco mais profundamente.

Hillman não está de forma alguma defendendo as rédeas soltas da feiura, ou chamando arquitetos para projetar edifícios horríveis! Na verdade, edifícios projetados para enfatizar a feiura (ou mesmo a beleza) de forma concentrada podem levar a todo tipo de problemas, especialmente em um ambiente estéril e dessensibilizado que não está preparado para seus afetos e não sabe como fazer bom uso deles. Ao aludir a uma ideia do filósofo Plotino, Hillman afirma que a feiura é incapaz de "dominar a forma que procura ser", porque carece de compostura e limitação[56]. Em outras palavras, para que a feiura seja produtiva e transformadora, não pode ser totalmente repelente. A feiura deve usurpar os planos do ego para um ambiente ordenado e regulado; contudo, se não for controlada, irá longe demais e agitará o ego, fazendo com que a pessoa resista ao objeto feio, se afaste e se desligue dele. A feiura se torna um problema quando é liberada das amarras que o ego lhe impõe. Em uma breve nota não publicada, Hillman identifica esse problema como aquele que sustenta a urbanização: "Na expansão urbana, a feiura tem a liberdade de agir com rédeas soltas em nossas ruas dessensibilizadas."[57]

O edifício "belo" é igualmente problemático, pois a beleza absoluta pode nos dominar por completo, levando-nos a adotar estratégias defensivas que tentem controlá-la e restringi-la. Entretanto, quando exercemos muito controle sobre a beleza, afirma Hillman, ela se torna segregada e autorizada a "aparecer apenas em certos cenários". Somos, portanto, pressionados a encontrar a beleza em nossas cidades dessensibilizadas; ela pode ser descoberta apenas em lugares como restaurantes, galerias de arte e museus, e dentro da "privacidade das casas", onde está "fechada" e mantida fora da vista[58]. A beleza raramente permeia as cenas públicas e cotidianas da "normalidade" nas familiares "ruas e edifícios das cidades"[59]. A beleza "dificilmente chega ao centro da cidade, ao balcão da lanchonete ou da cafeteria, ao shopping e aos estacionamentos ao redor deles. E no que tange às áreas varejistas, aos parques industriais, às zonas comerciais – esqueça"[60]. Em vez disso, encontramos um ambiente construído que é estéril e totalmente pouco inspirador.

Nossa cultura dessensiblizada é incapaz de aproveitar as oportunidades criativas da feiura e da beleza, principalmente porque é pobre a nossa compreensão do seu valor psicológico e da sua utilidade. Uma vez que a beleza é concebida ingenuamente, Hillman diz, "ela parece meramente ingênua", e "pode ser

O "SELF" QUE É REVELADO PELA ARQUITETURA   197

tolerada apenas se complicada por discórdia, choque, violência" do feio[61]. Esse é um ponto importante a ter em mente, pois se continuarmos a projetar edifícios de acordo com concepções ingênuas de valor estético e "qualidade", continuaremos a perpetuar ambientes pouco inspiradores e dessensibilizados, que por sua vez continuam a estultificar nosso senso de *self* e bem-estar geral. Como sugere Hillman, esse ciclo deve ser quebrado, pois não podemos continuar a viver dessa maneira. Alguma coisa vai ter que mudar e, por sorte, isso invariavelmente acontece – mas de maneiras que, na maioria das vezes, são subestimadas e não reconhecidas pelo que são. Ele escreve: "A alma que não é cuidada – seja na vida pessoal ou comunitária – se transforma em uma criança zangada. Ela ataca a cidade que a despersonalizou com uma fúria despersonalizada, uma violência contra o próprio objeto – fachadas de lojas, monumentos em parques, prédios públicos – que representam uma ausência uniforme de alma."[62]

Esses "ataques violentos" contra o ambiente construído são citados com frequência como o problema central em questão, e não, segundo sugere Hillman, como tentativas de superar o problema mais profundo, que não é reconhecido. Tal violência, afirma ele, é uma tentativa, embora inconsciente, de restaurar a sensibilidade estética a um ambiente despersonalizado – a seus edifícios públicos banais, aos monumentos não inspiradores nos parques, e às fachadas monótonas das lojas. A grafitagem é um exemplo do tipo de violência que Hillman tem em mente. Muitas vezes considerada um problema social e um feio estorvo, ela é aqui reinterpretada por Hillman como uma tentativa de resolver nossa arquitetura problemática. "Observe", ele exclama, "o que acontece com as paredes vazias de nossos bancos e edifícios de escritórios, as fortalezas meramente funcionais [com] seu custo-benefício, baixa manutenção e anonimidade impessoal. Elas são reconfiguradas – embora digamos desfiguradas – com grafites, assinaturas, monogramas, declarações de amor, marcações territoriais [e] ousada inventividade."[63]

O problema com o qual precisamos nos preocupar não é o grafite feio, mas as paredes brancas e estéreis e os edifícios que clamam por sua "reconfiguração". Nesse caso, os edifícios de bancos e escritórios não podem ser tolerados sem grafites. A grafitagem é uma perturbação, mas criativa, que visa restaurar uma participação íntima em um muro ou parede de outra forma alienante e inexpressivo. Aqui descobrimos que o grafite é tanto um sintoma da sensibilidade estética reprimida provocada pelo projeto arquitetônico, quanto uma tentativa de curá-la. A arquitetura banal é construída de acordo com preceitos racionais que buscam evitar choques e surpresas. No entanto, exigimos mais do que esses projetos permitem, se quisermos nos identificar com eles – eles ocupam apenas metade de nossa mente dividida. A grafitagem é um exemplo de uma tentativa de estabelecer uma identificação mais abrangente e inconsciente com tais edifícios. É uma resposta que visa violar o edifício a fim de afrouxar as restrições a ele impostas por seu *design* ordenado e, assim, torná-lo mais evocativo ou, nos termos de Hillman, "dotado de alma".

Um bom projeto arquitetônico, ao que se depreende de nossa leitura de Hillman, requer tanto a beleza quanto o choque da feiura. Em conjunto, elas expressam uma noção do "sublime" como uma beleza tingida de terror que evoca "profundezas" de sentimento[64]. Em contraposição a Kant, cujo encontro sublime com o objeto perturbador envolve o recuo do sujeito para dentro de si, a fim de convocar as capacidades necessárias para transformar a experiência perturbadora em uma experiência de júbilo quando a autoridade do ego racional é afirmada e seus poderes fortalecidos, Hillman sugere que o júbilo ocorre em nossa celebração do objeto perturbador, na ocasião em que nos permitimos ser perturbados por ele. No encontro sublime de Hillman, os poderes do ego ficam em suspensão e são ignorados para permitir que os aspectos "mais profundos" e inconscientes da personalidade entrem em ação. Esses aspectos informam nossa relação criativa com o mundo – ou, como diz Hillman, com a "alma do mundo", da qual nós e "todas as coisas" participamos, incluindo "as coisas da rua feitas pelo homem"[65].

Alego que tendemos a nos preocupar com os ideais superficiais do "sublime estadunidense" e, com frequência, somos incapazes de avaliar uma resposta mais plena, mais corporificada e inconsciente à arquitetura. Portanto, deixamos de perceber as características únicas dos ambientes construídos comuns e aparentemente pouco notáveis que encontramos no dia a dia, e reservamos nossa atenção para aqueles poucos edifícios grandiosos e icônicos que figuram nos guias turísticos.

Sou de opinião de que todos os edifícios têm o potencial de provocar o evento arquitetônico, mas poucos realmente tiveram essa experiência. O problema é que a maioria dos edifícios não consegue mexer com nosso inconsciente e, portanto, não consegue colocar em movimento os processos que levam à revelação de um *insight* sublime ou numinoso. No capítulo final, analiso como podemos resolver isso encorajando o evento arquitetônico e reconhecendo seus efeitos. Uma arquitetura mais evocativa é aquela que incentiva a intimidade e a curiosidade em vez da distância e da apatia, e celebra o caráter único e pessoal de um edifício e de um lugar. Como Hillman afirma, precisamos de "uma redução na escala do assombro, de uma imersão romântica e sublime na vastidão – o jeito estadunidense – para nos regozijarmos numa maior reflexão sobre o particular"[66].

Como os "modelos do ser" arquitetônicos demonstram, o evento arquitetônico envolve tanto o sujeito quanto o edifício, participando um do outro, em uma elaboração de ambos. Se quisermos entender como incentivar o evento, devemos considerar como fazê-lo de ambos os lados da equação. Portanto, no capítulo final, irei, por um lado, explicar como podemos aumentar nossa capacidade de *notar* nossos ambientes construídos, ao invés de simplesmente *vê-los* e, ao fazer isso, nos tornarmos mais suscetíveis ao seu caráter evocativo, reconhecendo suas características únicas e surpreendentes, mesmo naqueles edifícios que normalmente percebemos como desprovidos de vida e pouco notáveis; e, por outro lado, explorar alguns princípios que podem aprimorar os projetos e as estratégias de arquitetos e urbanistas para ajudá-los a construir de forma mais eficiente para as nossas necessidades existenciais.

Conclusão:
Arquitetura Que Captura a Imaginação

Projetando e Respondendo a uma Arquitetura Evocativa

Neste capítulo final, examinarei as características da arquitetura evocativa para explicar como podemos incentivar o evento arquitetônico e os edifícios projetados de modo a maximizar seu potencial evocativo. Embora não seja possível convocar conscientemente a percepção imaginativa ou nos forçar a pensar inconscientemente, podemos empregar técnicas e nos colocarmos em situações que nos tornem mais suscetíveis a essa abordagem e nos permitam sustentá-la por períodos mais longos. Da mesma forma, embora não possamos traçar planos para um edifício evocativo definitivo e adequado para todos, que garanta o evento arquitetônico para quem quer que o perceba, podemos deduzir da presente investigação princípios gerais para um projeto arquitetônico evocativo e com a finalidade de encorajar nossa participação imaginativa.

TORNAR EDIFÍCIOS BANAIS EVOCATIVOS AO AUMENTAR NOSSA CAPACIDADE DE NOTÁ-LOS

O que é evocativo para mim pode, obviamente, não ser evocativo para você. Da mesma forma, os sentimentos induzidos pelo evento arquitetônico em um ensejo podem ser diferentes em outro. Em algumas ocasiões, os efeitos podem ser quase imperceptíveis e, para algumas pessoas, talvez não haja nenhum "evento", como já indiquei – por exemplo, para os que têm um senso de autocontinência prejudicado e aqueles que, como Winnicott afirma, não tiveram a oportunidade de desenvolver as sensibilidades estéticas necessárias para o uso imaginativo de objetos na vida adulta, devido a uma falha de continência nutridora na infância. Outros podem demonstrar o extremo oposto, tendo desenvolvido uma sensibilidade estética altamente sintonizada, que os induz a projetar aspectos de si mesmos, talvez de bom grado demais, em seu ambiente – como vimos com Jung, que vivenciou ser a rocha sobre a qual estava sentado. Uma sensibilidade estética elevada é tão potencialmente destrutiva quanto criativa, dependendo se leva a um senso de *self* mais integrado ou desintegrado[1]. Também há aqueles que têm uma autoimagem corporal negativa e podem considerar os *insights* revelados pelo evento angustiantes e incontroláveis. E, finalmente, afetando a todos nós, temos aquelas ocasiões inevitáveis em que o trabalho criativo do inconsciente é rejeitado, e os *insights* em potencial permanecem não revelados, incapazes de chegar à percepção consciente.

Enquanto Freud e os teóricos das relações de objeto desejam enfatizar as origens infantis da experiência evocativa, outros teóricos psicanalíticos, como Jung e Hillman, avaliam que as pressões e influências das expectativas culturais são fatores-chave que determinam até que ponto nos permitimos ser cativados inconscientemente por um objeto. Se realmente *notamos* algo e permitimos que seu poder evocativo exerça influência sobre nós, eles afirmam, depende muito de se há um ganho imediato e mensurável em fazê-lo. No capítulo anterior, mencionei que Jung e Hillman são apenas dois dos muitos estudiosos de uma variedade de disciplinas que lamentam nossa era tecnológica por ter reprimido nossas sensibilidades estéticas e nossa percepção imaginativa em favor de uma abordagem da vida mais comedida, tida por mais "eficiente" em seus valores fundamentados de lógica, racionalidade, desapego e abstração. Nós nos desengajamos do pensamento imaginativo e esquecemos, dizem eles, como brincar criativamente e permitir que nossos pensamentos vaguem, porque

CONCLUSÃO: ARQUITETURA QUE CAPTURA A IMAGINAÇÃO   203

tal atividade é considerada infantil e irrelevante para as demandas e necessidades prementes da vida adulta. O problema com o
pensamento imaginativo é sua incapacidade de dar informações
e fornecê-las rapidamente. Não nos leva de A a B da maneira mais
eficiente possível, mas parece vagar sem rumo em algum lugar
entre os dois. Ademais, conforme vimos em relação a Hillman,
a repressão de nossa percepção imaginativa levou ao cultivo de
um ambiente desencantado – uma repercussão que ameaça a
eficácia do evento arquitetônico, uma vez que os edifícios "têm
que dar duro" para atrair nossa atenção inconsciente e ativar a
imaginação que tanto trabalhamos para desarmar.

A fim de encorajar o evento arquitetônico, precisamos encontrar
formas de modificar nossa dependência habitual do pensamento
literal e nos distrairmos para nos permitir o espaço e o tempo
necessários para que nossas reflexões inconscientes se reúnam
e se disseminem. Não podemos convocar o processo criativo à
ação, nem tampouco impulsionar o inconsciente em sua busca por
objetos arquitetônicos viáveis para seu uso[2]. O envolvimento em
atividades de distração pode ser de valia, pois elas, como expliquei, suspendem nosso pensamento dirigido e encorajam nossas
mentes a vagar livremente e a lambiscar objetos na produção
do pensamento inconsciente. A habilidade de nos permitirmos
permanecer nesse estado semelhante ao sonho determinará, em
muito, a extensão em que as ideias inconscientes podem ser ges-
tadas sem interferência e interrupção de nossas atenções focadas.
Da mesma forma, permitir que esses pensamentos continuem
quando nos tornamos cientes de seu conteúdo, ou preferir rejeitá-los e eliminá-los, depende de se podemos nos dar a liberdade
de contemplá-los e considerá-los apropriadamente. Contudo,
as pressões da vida cotidiana muitas vezes atrapalham. Como
afirmam Jung e Hillman, a grande maioria de nós está muito
enredada em agendas conscientes para possibilitar sua suspensão, mesmo por um curto período[3]. E quando o inconsciente por
fim encontra uma maneira de irromper, é possível que a experiência desconcertante e desestabilizadora que pode induzir nos
leve a resistir a ela, o que nos tornará ainda mais racionalmente
defensivos.

Curiosamente, Hillman adota um enfoque que contrasta
com nossa investigação, mas parece chegar a conclusões muito

semelhantes. Para ele, nossas sensibilidades estéticas são reprimidas a tal ponto que nossos ambientes são em grande parte anestésicos e estéreis. Por conseguinte, os edifícios são muito menos evocativos para Hillman do que para mim, devido à maneira como tendemos a percebê-los. De acordo com Hillman, os edifícios são simplesmente objetos passivos que quase sempre deixamos de notar, porque tendemos, na maioria das vezes, a percebê-los de forma literal e a apreciá-los meramente por seu valor e propósito funcionais. Parte do problema, conforme ele o interpreta, reside no fato de os edifícios serem projetados exclusivamente com sua função em mente, o que nos incentiva a percebê-los nesses termos, ou são construídos de acordo com modelos que prevemos e, por conseguinte, não nos surpreendem nem inspiram. Hillman e eu concordamos, contudo, sobre o valor de interromper nossa percepção literal dos edifícios para começar a notar suas características únicas e nos permitir as oportunidades criativas que surgem quando participamos mais intimamente deles.

Prestando Atenção no Inesperado: Notando o Não Familiar nos Lugares Mais Familiares

Sem a nossa percepção literal das coisas não seríamos, é claro, capazes de negociar nossos ambientes de forma eficaz. A concentração no foco, contudo, tem um preço, pois suprime a possibilidade de surpresa e o desejo de descoberta. Quando nos envolvemos com nossos ambientes dessa maneira, é menos provável que notemos suas características únicas e, em vez disso, projetemos neles aqueles aspectos que já esperávamos encontrar. Na melhor das hipóteses, o pensamento dirigido nos treina para examinar o ambiente e prestar atenção naquelas características que respondem às nossas necessidades imediatas, ignorando as demais. Na pior das hipóteses, ele nos debilita, sufocando nossas sensibilidades estéticas e limitando o acesso às características surpreendentes do ambiente e seu "potencial de processamento", como Bollas o chama. Uma consequência desse sufocamento é a tendência de perceber nossos ambientes como excessivamente familiares, enfadonhos e pouco inspiradores. Conforme

CONCLUSÃO: ARQUITETURA QUE CAPTURA A IMAGINAÇÃO

Alexandra Horowitz afirma em seu popular livro *On Looking*: "ao pensar sobre o que você está procurando, seu cérebro se torna tendencioso para vê-lo: biologicamente, os processos neurais são preparados para localizar objetos que atendam às suas expectativas"[4]. Com o tempo, armazenamos representações mentais ou "mapas cognitivos" dos lugares que visitamos, que são armazenados em nossa mente como padrões ou modelos que regulam nossas expectativas com relação a novos lugares que passamos a encontrar. Horowitz observa: "sempre que chegamos a um novo local, primeiro comparamos o que vemos, ouvimos, sentimos com várias representações armazenadas de mapas/lugares previamente construídos em que estivemos. Se houver uma correspondência, ignoramos o que vemos, a menos que algo surpreendente, incomum, novo, surja, e vagamos com confiança"[5].

Quando somos dirigidos por nossa percepção literal dentro de nossos ambientes familiares, é menos provável que o achemos surpreendente, porque estamos preparados para notar nele características que esperávamos encontrar. Envolver-se com elas de forma criativa, sem atenção dirigida, requer uma forma diferente de notar, que opere fora de nossas preconcepções sobre o que passamos a esperar de nosso ambiente. Requer *notitia*.

Notitia é um termo em latim, derivado de *noscere*, que significa "vir a conhecer", e é empregado por Hillman e seus seguidores como uma abordagem do mundo a partir de uma perspectiva de ainda não saber, ou de presumir não saber, o que está ali. É uma abordagem útil de ser levada em conta, pois é receptiva à possibilidade de surpresa e apresenta ao percebedor toda uma série de sensações e experiências a ele disponibilizada nos lugares que visita, não só aquelas que são habitualmente esperadas ou deduzidas logicamente. Hillman enfatiza a importância da *notitia* como uma atitude que chama nossa atenção para as distintas qualidades e a "verdadeira forma das coisas", conferindo a percepção do "formato particular de cada evento"[6]: isto é, das características de nossos ambientes às quais geralmente estamos cegos devido à nossa preocupação com suas propriedades funcionais, ou seja, se podem atender às nossas necessidades imediatas.

Notitia transmite um registro inconsciente de experiência que nos permite perceber as características únicas das coisas, e essa percepção nos encoraja a estabelecer uma relação íntima com elas. É semelhante à ideia de Bollas da "colisão" entre o sujeito e o objeto, por meio da qual passamos a experienciar a integridade do objeto, colocando em movimento o potencial de processamento daquela coisa particular. Ao adotar uma atitude de *notitia*, podemos dar atenção concentrada às qualidades tangíveis e às características únicas de nossos ambientes construídos, às suas cores, texturas, sons, cheiros e até mesmo sabores, e ficarmos sintonizados com as associações semelhantes às do sonho que nossos edifícios suscitam[7].

Para Hillman, *notamos* um objeto, em vez de simplesmente *vê-lo* (ou tocá-lo, cheirá-lo, ouvi-lo), quando temos uma experiência com ele e experienciamos a nós mesmos na qualidade de participantes de um evento mais amplo do ser. Nesse aspecto, o objeto não é de percepção literal no campo perceptivo do sujeito, mas, sim, a própria maneira pela qual o sujeito percebe[8]. Segundo Hillman, qualidades emocionais e propriedades estéticas, como beleza e feiura, estão no mundo para que as possamos notar. Mas esse "notar" não é uma resposta subjetiva, ou uma ocasião para projetarmos nossos gostos pessoais no mundo e moldá-lo de acordo. Em vez disso, diz Hillman, a qualidade estética já está no mundo e é simplesmente trazida à luz ou "intensificada" em nosso envolvimento com ele. Ao "notar" ou "prestar atenção às especificidades do que realmente está ali", possibilitamos que ele "se torne totalmente o que é"[9]. Do mesmo modo, ao notar as características distintivas de nosso ambiente, nos tornamos mais conscientes de nós mesmos como participantes do evento. Conforme um comentarista de Hillman afirma, ao realmente *notar* algo, somos levados a uma resposta estética que "estabelece uma reciprocidade interior ou imaginativa na qual a individualidade se desenvolve conforme é percebida"[10].

De acordo com Hillman, somos inspirados quando percebemos a singularidade das coisas; e essa experiência é "intensificada" sob condições específicas e em "certos eventos", como "obras de arte" – mas também, diz Hillman, várias "coisas da rua feitas pelo homem", como "rodovias", quando estamos presos no tráfego; "casas"; "shoppings e aeroportos"; "escritórios abertos"[11]. Assim, quando uma pessoa caminha por uma rua com atitude de *notitia*, ela fica sintonizada com as características únicas da cena urbana ao seu redor. Ao fazer isso, ela se dissocia de, ou temporariamente

CONCLUSÃO: ARQUITETURA QUE CAPTURA A IMAGINAÇÃO   207

suspende, sua percepção normal de seu ambiente, como se não estivesse mais consciente das propriedades funcionais e da significância genérica que costumava atribuir a seus vários edifícios e a outras características arquitetônicas. Em vez disso, a pessoa nota o caráter específico do ambiente construído como se pela primeira vez.

O popular comentarista Alain de Botton, sem dúvida involuntariamente, descreve uma experiência de *notitia* em seu relato de uma caminhada que fez pelo bairro de Hammersmith, em Londres:

Uma fileira de lojas que eu conhecia como um grande e indiferenciado bloco vermelho adquiriu uma identidade arquitetônica. Havia pilares em estilo georgiano em torno de uma floricultura e gárgulas de estilo gótico do final do período vitoriano em cima do açougue. Um restaurante encheu-se de clientes em vez de formas. [...] O bairro não apenas adquiriu pessoas e definiu edifícios, mas também começou a coletar ideias. Refleti sobre a nova riqueza que estava se espalhando na área.[12]

Notitia, é claro, não é simplesmente uma questão do que se *vê*, ou a revelação do caráter único de um objeto apenas pela visão; envolve nossa participação corporificada em coisas que percebemos por meio de todos os sentidos. Além disso, como mostram os comentários de De Botton, abrange a cadeia de pensamentos associativos que acompanha o pensamento inconsciente. Assim, se é uma questão de *ver*, trata-se de *ver adequadamente*: um argumento defendido por Hillman, que insiste que é "extremamente importante ver com generosidade, caso contrário você só obterá o que vê"[13].

Notitia requer paciência e tempo para permitir que se desenvolva intimidade entre uma pessoa e seu ambiente. Para notar adequadamente, precisamos desacelerar. *Notitia* significa, diz Hillman, "prestar atenção, zelar, ter um certo cuidado, bem como esperar, pausar, ouvir. Isso exige um bom tempo e uma tensão de prática", para que tenhamos maiores oportunidades de notar os detalhes únicos daqueles edifícios aos quais nos acostumamos e ficarmos sintonizados com suas qualidades mais elusivas e matizadas de sons e cheiros[14].

Notitia exige que abandonemos nosso senso de controle e aceitemos um certo grau de impotência. Como um comentarista de Hillman observa, "isso requer a vulnerabilidade de vir sem um plano ou de saber que o plano a que chegamos logo se dissolverá

FIG. C.1. (*ao lado*) *Detalhe de "Look!" em uma rua na cidade de Nova York.*

FIG. C.2. (*abaixo*) *"Listen to This Wall" (Ouça Essa Parede). Distrito de Haight Ashbury, São Francisco.*

"Listen to This Wall" é uma iniciativa para trazer um antídoto criativo ao ruído visual cada vez maior que enche a nossa paisagem urbana. Trabalha com artistas e *designers* a fim de produzir obras originais que oferecem novos modos de ver e ser inspirado nos espaços da nossa cidade. Disponível em: <www.listentothiswall.com>.

FIG. C.3. (*embaixo*) *"Daydream": do grafite "Daydreamer" sob uma ponte em Cambridge, Reino Unido.*

© Lucy Huskinson.

CONCLUSÃO: ARQUITETURA QUE CAPTURA A IMAGINAÇÃO

à medida que acharmos que as ideias de que dispomos são inadequadas para a situação em que nos encontramos"[15]. Exige que adotemos uma atitude ingênua semelhante à perspectiva de uma criança sobre o mundo, que ainda não foi condicionada a esperar a experiência de coisas específicas e a ver apenas o que se espera.

À medida que as crianças se tornam adultos, sua capacidade de restabelecer uma relação imaginativa com o mundo diminui ou fica mais difícil de acessar. Crianças tendem a se surpreender com coisas às quais os adultos se tornaram indiferentes, pois não descobriram o que "significa" ser interessante e desinteressante. Ao pensar sobre o fascínio de seu filho por uma caminhada desinteressante pelas ruas de seu bairro, Horowitz observa que, para ele, "a calçada e a rua são renovadas a cada vez que saímos de casa ou voltamos. Há um rearranjo constante das coisas na rua e no ar que é visto apenas por quem não sabe que olhar para os carros estacionados na rua é enfadonho"[16]. As ruas "enfadonhas" a partir da perspectiva do adulto são, para as crianças, *playgrounds* para a imaginação.

Com frequência, temos uma atitude quase ingênua, brincalhona e infantil quando nos encontramos em ambientes urbanos desconhecidos, perdidos ou negociando com cidades estrangeiras. No meio de pessoas que vivem seu dia a dia, aparentemente no controle, guiadas por suas agendas conscientes e seus pensamentos dirigidos, uma pessoa perdida ou um turista tende a notar o que os moradores locais consideram irrelevante. De Botton observa que, como turistas, irritamos os locais parando em "ilhas de tráfego e em ruas estreitas" para admirar o que para eles são detalhes insignificantes. Ao fazê-lo, "corremos o risco de sermos atropelados porque estamos intrigados com o telhado de um prédio do governo ou uma inscrição em um muro"[17].

O simples ato de caminhar ou de se mover no ambiente construído pode encorajar *notitia*, mesmo em nossos bairros locais e nos lugares mais familiares. Em *On Looking* – cujo subtítulo é "Eleven Walks with Expert Eyes" (Onze Passeios Com Olhos de Especialista) – Horowitz descreve um experimento interessante que realizou para reestetizar seu bairro tão familiar na cidade de Nova York e, assim, ela diz, "despertar"[18] da letargia induzida por uma confiança na percepção literal. Seu experimento envolveu várias caminhadas pela mesma rua perto de sua casa, cada qual com um companheiro diferente. Já aludi ao filho dela como um deles; os outros são um sociólogo urbano, um *designer* de som, um geólogo, um fisioterapeuta, um *designer* gráfico, um cego e o cachorro de Horowitz. Cada companheiro a ajudou a *notar* a tessitura de seu bairro a partir de uma perspectiva diferente e, além disso, a reencontrá-lo, como se fosse um lugar desconhecido e estranho. Depois de ser conduzida ao longo da rua pelo sentido olfativo de seu cachorro, ela afirma: "Eu prestava [...] pouca atenção à maior parte do que estava exatamente diante de nós [...], o que o meu cachorro compartilhava comigo era que a minha atenção atraía a atenção do companheiro: desatenção para com tudo o mais."[19]

As aventuras de Horowitz não são incomuns; ela segue os passos de muitos outros que realizaram experiências similares. De fato, é crença comum que vagar por ambientes construídos refresca nossa mente, encorajando nossa percepção imaginativa das coisas, nossa suscetibilidade à surpresa e o fluxo criativo de ideias, e na próxima seção irei analisar sucintamente alguns teóricos notáveis que desenvolveram ideias a respeito disso.

A Significância de Perambular Para Imaginar

Os edifícios são mais evocativos quando nos levam a nos movimentarmos. Nosso olhar sedentário frequentemente perceberá um edifício como uma imagem abrangente e singular, mas nosso movimento corporal em relação ao edifício estimulará a flexão de suas formas. O edifício é depois percebido como um fluxo dinâmico de formas e texturas que se movem ritmicamente com nossos músculos. O efeito dinâmico da arquitetura é, portanto, intensificado por nossos movimentos corporais em relação a ela. Como Robert Venturi observa: "Isso é especialmente verdadeiro quando o observador caminha através ou ao redor de um edifício e, por extensão, através de uma cidade: em um dado momento, um significado pode ser percebido como dominante; em outro, um significado diferente parece o mais importante."[20] Eu gostaria de sugerir que, aos nos movermos dentro e ao redor da arquitetura, aumentamos a probabilidade de criar caminhos, ritmos e conexões não só para os nossos pés, mas para o fluxo de pensamentos e ideias que trabalham em conjunção com nossos movimentos corporais no tocante à arquitetura que percebemos.

O caminhar é considerado por muitos como uma forma de conhecimento; caminhar pelo ambiente construído é, sugiro eu, um meio de estimular o autoconhecimento.

Poincaré sugere que caminhar o ajudou a se desvincular de suas deliberações racionais focadas, incentivando pensamentos inconscientes e mais criativos. Graham Wallas, que procurou desenvolver os métodos criativos de Poincaré, também recomenda a caminhada como um meio de encorajar o processo do pensamento criativo[21]. Caminhar estimula o pensamento inconsciente de várias maneiras. Por exemplo, ao nos movimentarmos, é inevitável que encontremos uma variedade maior de impressões para que o inconsciente "lambisque" um cardápio mais variado de "alimentos para o pensamento", permitindo que o inconsciente seja mais seletivo na escolha do objeto com o qual elaborar e expressar suas questões. Uma caminhada ao redor de um edifício aumentará a probabilidade de encontrar suas características inesperadas e provocar nossa surpresa. O ritmo e o movimento de nossas passadas estabelecem um fluxo dinâmico de impressões do ambiente que corresponde às "associações livres" do pensamento inconsciente, ponto ilustrado pela comparação de Freud entre o pensamento inconsciente e as imagens flutuantes que passam pela janela de um trem em movimento. Caminhar também chama a atenção para nosso senso corporificado de *self*, um *self* que é contido, integrado e sustentado pelos movimentos de nossos músculos e pelo suporte de nosso esqueleto; e instiga maiores oportunidades para correspondências percebidas entre nossos corpos e o ambiente construído.

O fato de a mobilidade estimular nosso pensamento criativo não deve surpreender; afinal, a arte da memória exige que não apenas imaginemos um edifício de muitos cômodos, mas que nos imaginemos *caminhando* ao redor deles, pois é nosso movimento entre os cômodos que nos possibilita unir as várias ideias associadas que colocamos dentro de cada um eles. O próprio Freud afirma que sua célebre obra *A Interpretação dos Sonhos* se estrutura, ela mesma, de acordo com percursos por paisagens cambiantes nos quais ele se imagina caminhando. A discussão de seu livro começa, ele diz, dentro de uma floresta escura com várias trilhas; uma delas leva a um desfiladeiro oculto, depois a uma caverna escura e, finalmente, a um pico de montanha[22].

Não é surpreendente, também, que muitos filósofos fossem conhecidos como caminhantes prolíficos[23]. Os filósofos da escola "peripatética" na Grécia antiga (que se originou com Aristóteles) tinham a reputação – como seu nome indica – de terem praticado seus ensinamentos enquanto caminhavam. Edmund Husserl proclamou que ao caminhar "meu organismo se constitui"[24]. Jean-Jacques Rousseau (conhecido por, entre outras obras, *Les Rêveries du promeneur solitaire* [Os Devaneios do Caminhante Solitário]) observa, em *Les Confessions* (As Confissões): "Só posso meditar quando estou caminhando. Quando paro, deixo de pensar. Minha mente só funciona com minhas pernas."[25] Søren Kierkegaard, que gostava de caminhadas solitárias pelas ruas de Copenhague, afirma em uma carta de 1847 dirigida à sobrinha: "Todos os dias adentro [*walk myself into*] um estado de bem-estar e me afasto [*walk away*] de todas as doenças; adentrei [*walked myself into*] meus melhores pensamentos e não conheço nenhum pensamento tão opressivo do qual não se possa afastar [*walk away*]."[26] Immanuel Kant é lendário pelas suas caminhadas ao longo da mesma rua perto de sua casa em Königsberg (agora, Kaliningrado, Rússia), exatamente no mesmo horário todos os dias (supostamente às 16h30), e não menos do que oito vezes, subindo e descendo a rua em cada ocasião. Suas caminhadas eram tão precisas e regulamentadas que as pessoas poderiam acertar seus relógios tomando elas como referência; e tão conhecido era o seu percurso que a própria rua ficou conhecida desde então como *Philosophengang* (A Caminhada do Filósofo)[27]. Muito da filosofia ontológica de Martin Heidegger tomou forma enquanto ele caminhava ao longo das trilhas arborizadas que serpenteavam sua propriedade na Floresta Negra, na qual, em Todtnauberg, ainda se pode encontrar sua própria cabana de "habitação" (uma cabana de três cômodos), em que viveu e escreveu[28]. A obra de Heidegger *Feldweg-Gespräche* (Conversas no Caminho do Campo) nos convida a considerar a natureza do pensamento, apresentando três conversas ficcionais entre um cientista, um erudito e um professor, que de uma forma ou de outra envolvem um passeio ao longo de um caminho[29].

Dada a conexão íntima entre pensar e caminhar, seria útil para nossa investigação questionar se diferentes técnicas ou métodos de caminhada encorajam distintos tipos de processos de pensamento – e, em particular, se existe um tipo de caminhada

CONCLUSÃO: ARQUITETURA QUE CAPTURA A IMAGINAÇÃO 213

que nos torna mais suscetíveis ao pensamento criativo e ao uso inconsciente dos ambientes construídos que encontramos ao caminhar. Se voltarmos brevemente aos nossos filósofos caminhantes, podemos muito bem conjeturar uma correspondência entre seus diferentes estilos de caminhar e os tipos de ideias filosóficas sobre as quais foram levados a refletir. Podemos supor, por exemplo, que o ritmo das passadas diárias reguladas de Kant, metodicamente subindo e descendo a mesma rua estreita, o levou à prosa cuidadosa e sistemática de suas obras filosóficas, enquanto a prosa com frequência meândrica e complicada de Heidegger foi encorajada por seus passeios errantes pela Floresta Negra. Tal suposição implica que uma rota conhecida e prescrita percorrida com vista a chegar ao Ponto A a partir do Ponto B tem mais probabilidade de atender às expectativas do caminhante e oferecer menos oportunidades de surpresa ou devaneio do que o trajeto percorrido pelo caminhante. O trajeto do caminhante não é predeterminado; ele o cria por capricho (ou, diríamos, o seleciona inconscientemente) e nem sempre adivinha para onde conduz. Podemos ainda conjeturar – como vários estudiosos o fizeram – que a espontaneidade da perambulação pode levar aos ambientes familiares uma maior probabilidade de surpresa e de interrupção dos pensamentos focados, permitindo maior oportunidade para o pensamento inconsciente. Sugiro ser mais provável que caminhar sem direção interrompa os padrões de pensamento linear ou os caminhos do pensamento dirigido, encorajando o pensar sem direção. Nesse aspecto, o perambulante pode ser comparado a um sonâmbulo, que nutre pensamentos "semelhantes aos de um sonho".

A Arquitetura do Novo Despertar

Há uma grande coletânea de ideias e tradições correlatas, amplamente conhecida como psicogeografia, que explora modos práticos de revitalizar os ambientes construídos pouco inspiradores, enfatizando a maneira como nos movemos continuamente neles[30]. O próprio termo "psicogeografia" é aplicado de uma infinidade de formas e abrange uma gama de temas díspares, teóricos e profissionais, escritores e cineastas, abrangendo séculos. Exemplos notáveis ao longo dos séculos são a viagem sedentária de Xavier de Maistre ao redor do seu quarto em 1794[31]; os escritos visionários de William Blake (1757-1827) e a obra de Thomas de Quincey (1785-1859); as figuras românticas do *flâneur* nas ruas da Paris do século XIX; teóricos do situacionismo (1957-1968)[32]; e o movimento juvenil global contemporâneo conhecido como *parkour*. Embora "psicogeografia" signifique coisas distintas para pessoas diferentes, ela tem em seu cerne o evento de caminhar (ou correr) dentro de ambientes construídos que são, de uma forma ou de outra, antagônicos e não receptivos às necessidades do pedestre. O *freewalking* é considerado significativo porque, ao contrário de viajar de carro, por exemplo, incentiva as pessoas a *saírem das pistas* e a explorar áreas escondidas e esquecidas que se desviam dos planos de ruas cuidadosamente prescritos que o pedestre deve seguir. Nesses casos, encontramos um tipo de caminhada que busca contrariar a autoridade imposta pelas estratégias convencionais de locomoção pela cidade e as normas vigentes de como a arquitetura deveria funcionar e ser utilizada, para que a oculta e surpreendente vida arquitetônica da cidade possa ser vivida e despertada.

É possível interpretar a psicogeografia como uma demonstração de como os movimentos corporais em relação ao ambiente construído provocam pensamentos semelhantes aos do sonho e, assim, se opõem aos sentimentos de banalidade, tédio e submissão passiva que de outra forma estão a eles associados. Ao fazê-lo, busca nos despertar para os prazeres ocultos do ambiente construído – nossas cidades, ruas, casas e locais de trabalho – e para a possibilidade de retrabalhar subjetivamente esses locais de modo a notar suas características únicas e usá-las para nossos próprios fins criativos.

Uma Viagem ao Redor do Quarto, Exploradores Pedestres e a Liberdade de Percorrer a Arquitetura

Um dos primeiros relatos da psicogeografia, *Voyage autour de ma chambre* (Viagem ao Redor do Meu Quarto), de Xavier de Maistre, sugere que o prazer que usufruímos de nossas viagens depende mais da maneira como as abordamos do que dos próprios destinos. De Maistre implicitamente nos convida a *notar* e a contemplar mais de perto os aspectos de nossos ambientes que, na maior parte das vezes, apenas *vemos* e tomamos como

CONCLUSÃO: ARQUITETURA QUE CAPTURA A IMAGINAÇÃO

certos. A experiência de De Maistre precede a de Horowitz em mais de duzentos anos e é indiscutivelmente uma demonstração mais impressionante de *notitia*, pois enquanto Horowitz embarca em uma exploração das características únicas de seu bairro com companheiros de viagem, De Maistre reduz o escopo de sua exploração a apenas um quarto, e para seu próprio olhar errante[33].

Encontrando-se em prisão domiciliar, De Maistre aproveita seu confinamento forçado para contemplar seu quarto retangular e as coisas nele existentes, descobrindo que são estranhas e familiares ao mesmo tempo. Sua contemplação assume a forma de uma viagem meditativa, visitando partes do quarto e objetos nele contidos como se fossem lugares distantes e desconhecidos. Os lugares tão familiares de seu quarto tornam-se um local de fantasia evocativa para ele e o levam a contemplar uma série de ideias associadas, cadeias de memórias, histórias e anedotas. Seu quarto mede "trinta e seis passos em circunferência rasando a parede", mas, como a viagem que ele empreende é de vaguear sem direção, irá, diz ele, "medir muito mais do que isso, porque o estarei atravessando muitas vezes no comprimento, ou então diagonalmente, sem nenhuma regra ou método"[34]. Descobrimos que De Maistre começa a usar o quarto e os móveis para seu pensamento criativo, já que seus métodos de perambular coincidem com seu pensamento não dirigido:

> Vou até seguir um caminho em zigue-zague e traçar todas as trajetórias geométricas possíveis, se necessário. Não gosto de pessoas que têm seus itinerários e ideias tão claramente organizados [...] Não há prazer mais atraente, no meu entender, do que o de seguir as ideias aonde quer que elas levem [...] sem nem mesmo tentar seguir qualquer rota definida. E assim, quando viajo no meu quarto, raramente sigo uma linha reta: vou da minha mesa até um quadro pendurado em um canto; de lá, parto obliquamente em direção à porta; mas mesmo que, quando começo, seja realmente minha intenção ir para lá, se por acaso encontro minha poltrona no caminho, não penso duas vezes e me sento nela sem mais delongas.[35]

Fazer uso das características de seu quarto para refletir por meio de seus pensamentos não dirigidos é uma experiência profundamente gratificante para De Maistre, pois permite que ele elabore seu senso de *self* para além dos limites claustrofóbicos que poderia experimentar com sua prisão forçada, encontrando-se inscrito dentro do próprio quarto, como uma extensão psicológica de si mesmo. Ele escreve: "Existe algum prazer mais profundamente satisfatório do que o de estender a própria existência dessa forma [...] duplicando, por assim dizer, o próprio ser? Não é o desejo eterno e nunca realizado do homem aumentar seus poderes e suas faculdades, de querer estar onde não está, de recordar o passado e de viver no futuro?"[36]

Se aplicarmos a abordagem de De Maistre aos nossos próprios lugares familiares, poderemos descobrir, como o fez Horowitz, que as casas em que vivemos e as ruas e cidades que frequentamos diariamente não são menos cativantes do que aqueles lugares que romantizamos como ideais para passar as férias. Nesse aspecto, as maravilhas arquitetônicas de Roma ou Gizé, Colônia ou Paris não se tornam mais intrigantes do que os altos prédios de apartamentos dos anos 1960 ou as casas geminadas correspondentes que se alinham rua após a rua, ou mesmo qualquer edifício ou característica arquitetônica que se tornou invisível para nós como parte de nossa rotina diária. Mais tarde, esses edifícios aparentemente mundanos não são menos propensos a dar início a devaneios, *rêveries* e outras imaginações criativas.

De Maistre enfatiza as limitações de enfocar nossos ambientes com uma mentalidade que pressupõe já saber o que vai encontrar. Isso pode ser evitado, sugere ele, movendo-se em seu terreno de maneira assistemática, com hesitações e mudanças repentinas de direção, se e quando desejado; em outras palavras, com uma forma de pensar dirigida por questões inconscientes, elaborando-se por meio de movimento corporal e pensamentos associados.

Essa abordagem imaginativa é demonstrada em uma escala arquitetônica mais ampla na obra do filósofo Michel de Certeau, cujo capítulo "Marches dans la ville" (Caminhadas Pela Cidade) de sua obra seminal *L'Invention du quotidien* (A Invenção do Cotidiano) é frequentemente citado como uma influência nos escritos e práticas contemporâneos da "psicogeografia". De Certeau descreve um homem que subiu ao topo do World Trade Center na cidade de Nova York, de onde olha para baixo a fim de observar a cidade como um todo coerente. De seu ponto de vista privilegiado, a cidade é percebida visualmente como uma grade geométrica coerente – uma imagem que sugere, por sua ordem e clareza, que a cidade pode ser decifrada e sua natureza determinada. Para esse homem, colocado fora e acima da cidade por seu olhar panóptico,

CONCLUSÃO: ARQUITETURA QUE CAPTURA A IMAGINAÇÃO 217

o sistema lógico e despersonalizado que se apresenta diante dele é a cidade; sua totalidade é apreendida por ele no olhar. Mas para as pessoas que residem na cidade não existe essa ordem abrangedora para seu ambiente. Para elas, nenhum mapa poderia predizer ou prescrever a orientação de seus passos. Em vez disso, são elas próprias que criam a cidade, à sua imagem. Como observa De Certeau, os indivíduos irão "fazer algumas partes da cidade desaparecer e exagerar outras [...] fragmentando-a e desviando-a de sua ordem imóvel"[37]. É a singularidade dos próprios caminhos entrelaçados de uma pessoa que dão forma aos espaços[38].

Para De Certeau, nossas experiências corporificadas de caminhar em ambientes construídos, criando e recriando a cidade por meio de nossos desvios, atalhos e hesitações perfuram as superfícies legíveis da cidade vistas pelo homem no topo da torre. Embora uma forma de pensar racional, que analisa a cena abstratamente de cima e de longe, dê clareza à paisagem urbana, não se envolve com ela de forma realista. O ponto de observação privilegiado e racional impõe restrições lógicas às experiências que, de outra forma, desafiam a racionalização. Embora o olhar panóptico encontre a cidade "legível", como afirma Kevin Lynch, ele o faz de tal modo que não consegue notar as características ocultas e surpreendentes muito importantes que são típicas da tessitura da cidade e que podem ser notadas apenas no nível do solo, ao caminhar. Ao fazer isso, o olhar panóptico não consegue ativar as pistas importantes que orientam o sujeito dentro de seu ambiente, permitindo-lhe participar dele.

De Certeau afirma que nos envolvemos com o ambiente construído de forma mais eficaz por meio de nossos movimentos e de nossas interações pessoais com ele. Nossas perambulações esporádicas por nossas cidades constroem caminhos que revelam as limitações de estratégias racionais e sistemas teóricos para apreender nossas experiências subjetivas de sua arquitetura.

Um exemplo final vai ainda mais longe em sua tentativa de subverter preconcepções de longa data sobre nossas interações corporais com a arquitetura e a medida em que podemos nos mover nela e, assim, usá-la para nossos fins criativos. A prática popular do *parkour* desafia as intenções do urbanista mais do que o pedestre de De Certeau. Se este contorna os trajetos projetados da cidade, recriando-os de acordo com suas próprias preocupações subjetivas, o praticante do *parkour* procede como se não houvesse nenhum caminho projetado e nenhum obstáculo que não pudesse ser superado. Os únicos limites ou restrições são os definidos pelo próprio praticante. Os percursos do praticante experiente de *parkour* se manifestam de forma espontânea e fluida, muitas vezes trinchando a tessitura material do ambiente construído, como se por capricho.

O *parkour* (derivado do francês *parcours*, que significa percurso, e o verbo *parcourir*, percorrer) foi fundado na França no final dos anos 1980 como uma reinterpretação lúdica do uso, função e forma do espaço arquitetônico, buscando superar as restrições que tais espaços normalmente impõem. Os praticantes do *parkour*, conhecidos como *traceurs*, pulam, saltam e se projetam ou, como o nome sugere, "traçam" um caminho através daqueles objetos materiais que normalmente limitam o movimento de uma pessoa. Objetos como muros, cercas, meios-fios, grades, bancos, placas de rua e telhados não são mais obstáculos e não ditam mais seu uso e função ou a direção do caminho a ser seguida. Os objetos convidam a novas possibilidades para nossos movimentos e interações, de modo que é possível escalar muros, ficar em pé sobre parapeitos, correr ao longo de telhados, pular degraus, balançar-se em janelas e assim por diante. O *parkour* é, portanto, um modo de movimento que visa ser o mais fluido possível e expressa uma nova maneira de interagir com o ambiente construído. Ao fazê-lo, tenta reestetizar a arquitetura por meio de relações corporais não familiares com ela e movimentos no interior dela. Esse reordenamento estético da arquitetura lhe confere possibilidades surpreendentes e imaginativas que parecem absurdas e sem sentido segundo abordagens convencionais que se apegam a pressupostos sobre o propósito e a função da arquitetura e seu papel na vida da cidade. A imaginação do praticante de *parkour* reconfigura objetos e espaços, desafiando os significados convencionais a eles atribuídos. O *parkour*, portanto, vai um passo além, por assim dizer, das perambulações de De Maistre e do pedestre de De Certeau, reinventando radicalmente caminhos e redesenhando objetos arquitetônicos e os espaços entre eles de acordo com os próprios impulsos do praticante.

O *parkour* é, em certa medida, uma reação à banalização de grande parte da remodelação urbana nas últimas décadas, vista

CONCLUSÃO: ARQUITETURA QUE CAPTURA A IMAGINAÇÃO

com mais clareza talvez nos projetos de áreas de lazer encontradas em muitas cidades. Embora os parques de skate, as quadras de basquete e os *playgrounds* sejam locais comunitários bem-vindos, que oferecem áreas de lazer seguras para as crianças, eles tendem a denotar a segregação da atividade lúdica e a comunicar a mensagem proibitiva de que as ruas não são locais apropriados para brincar. Os *playgrounds* também tendem a ser exagerados em seus projetos, ditando como se "deve" brincar. É preciso *descer* de um escorregador, por exemplo, mover-se *para frente e para trás* em um balanço e *girar* em um carrossel; há pouco espaço para uso criativo. O *parkour* reage às restrições impostas ao jogo imaginativo pelas normas socioespaciais determinadas pelos urbanistas, percebendo a tessitura de cidades inteiras como *playgrounds* para brincar espontaneamente. Como observam os teóricos da arquitetura Christopher Rawlinson e Mirko Guaralda:

Um beco escuro e agourento torna-se lugar de riso e empolgação, o estacionamento de um shopping depois do expediente transforma-se em um ginásio desportivo, e uma escola após o horário das aulas vira uma selva a ser explorada. O *parkour* e outras atividades lúdicas nunca se apossam completamente do espaço, mas o tomam emprestado por um tempo, devolvendo-o depois aos usos normativos.[39]

Curiosamente, fazia-se menção ao *parkour* em suas fases iniciais de desenvolvimento como *l'art du déplacement* (a arte do deslocamento), um termo que ecoa o trabalho do sonho freudiano em relação ao pensamento inconsciente, na medida em que o trajeto do *traceur*, como os caminhos do pensamento inconsciente, compreende uma rede de atividades com múltiplas opções, cada uma das quais *deslocando* a ordem estabelecida de trajetos mais lineares a fim de permitir uma recriação subjetiva da realidade[40].

A viagem de Xavier de Maistre ao redor do seu quarto, o pedestre de De Certeau e o praticante de *parkour* ilustram como a arquitetura pode ser redespertada de modo a fomentar compromissos mais imaginativos e criativos com ela. Em cada caso, o sujeito *nota* as características únicas de seu ambiente como oportunidades para sua própria expressão subjetiva, e o ambiente construído se torna mais responsivo aos interesses, preocupações e imaginações inconscientes do sujeito. A arquitetura, nesses casos, desperta surpresa e curiosidade, o que não pode ser alcançado por meio de um envolvimento mais deliberado e racionalizado com suas características materiais – um envolvimento impregnado de expectativas e preconcepções de como o ambiente deve funcionar.

Se pudermos incentivar o evento arquitetônico atentando às características únicas de nossos ambientes construídos, os projetos desses ambientes poderão ajudar a tornar essas características mais perceptíveis, de modo a fomentar esse tipo de atenção. Na seção final deste livro, reúno temas centrais de meu argumento para delinear algumas das estratégias que arquitetos e urbanistas podem adotar para projetos destinados às necessidades existenciais de todos aqueles que entram em contato com seus edifícios.

PROJETANDO PARA NOSSAS NECESSIDADES EXISTENCIAIS

Neste livro, analisei os aspectos mais destacados de nossos comportamentos inconscientes e as relações com a arquitetura, a fim de explicar como e por que somos compelidos à identificação com elementos e características específicos de um projeto arquitetônico que, de outra forma, ficariam ocultos do olho consciente. Ao fazer isso, estabeleci uma estrutura para compreender como construir de forma mais eficaz, que atenda às nossas necessidades humanas.

O caráter de nossos ambientes construídos é vital para nosso bem-estar porque nossa identidade pessoal é amplamente moldada por nossas identificações inconscientes com eles. Vimos que ficamos mais satisfeitos e somos mais criativos quando os projetos arquitetônicos nos contêm e atendem às nossas necessidades conscientes e inconscientes. É inevitável que nossas necessidades conscientes sejam visadas com mais frequência por arquitetos e urbanistas, em grande parte devido à sua falta de compreensão do comportamento humano inconsciente e seu impacto nas relações que temos com os edifícios e as cidades que projetam. Os problemas surgem impreterivelmente quando os edifícios procuram, acima de tudo, atender às nossas necessidades materiais por meio de sua funcionalidade ou *design* elegante, mas falham em nos inspirar ou nos conter de formas muitas vezes difíceis de mensurar.

CONCLUSÃO: ARQUITETURA QUE CAPTURA A IMAGINAÇÃO

Vimos que a continência, ou a falta dela, é avaliada por duas tendências ou impulsos contrastantes e inatos que ativamos quando interagimos com nossos ambientes: encontrar-nos fundidos a eles e desapegados ou desligados deles. A identidade é forjada pela oscilação desses impulsos, que são acionados à medida que negociamos nossos ambientes. Se um ou outro impulso é impedido pelos projetos arquitetônicos que encontramos, ele pode causar um impacto visceralmente negativo sobre nós, induzindo dificuldades psicológicas, inclusive ansiedades espaciais. Duas ansiedades fundamentais são discerníveis: uma resposta claustrofóbica a um ambiente que sufoca o sujeito, encerrando-o com muita força, e uma resposta agorafóbica a um lugar que expõe e isola o sujeito por falta de estrutura e orientação claras. Ao destacar essas ansiedades, não desejo alegar que pessoas em relativas boas condições de saúde provavelmente experienciem pânico agudo e paralisante em resposta a uma arquitetura mal projetada, mas, ao contrário, que essas ansiedades operam mesmo quando seus efeitos não são em grande parte detectados ou reconhecidos. Eles podem chegar de surpresa e passar despercebidos e continuar a nos corroer inconscientemente, contribuindo para uma sensação mais geral de mal-estar e desconforto. Como observamos, as ansiedades espaciais costumam ser malcompreendidas e diagnosticadas como problemas interpessoais ou resultado de condições estressantes no trabalho. Um projeto arquitetônico que não nos contenha o suficiente estabelecerá um mal-estar existencial: uma lacuna ou distância entre nós mesmos e nosso ambiente, que impede nossa participação nele e, ao invés, incita sintomas de descorporificação, desorientação e alienação[41].

A Necessidade de Lacunas e Quebras

Ann Sussman e Justin B. Hollander, em seu importante trabalho *Cognitive Architecture* (Arquitetura Cognitiva), de 2015, chegam a conclusões que complementam a minha, alegando que nos sentimos "mais à vontade" quando "os edifícios criam uma condição semelhante a um cômodo que nos cerca" de "vários lados". O motivo para isso, segundo sua explanação, é nossa tendência biológica inata de "gravitar para os lados das paredes" como se "puxados por um imã" – uma tendência que leva os autores a categorizar os humanos como uma espécie "que se agarra às paredes" (tigmotáxica)[42]. Esse comportamento está bem documentado em estudos urbanos e é mencionado, entre outros, por Jane Jacobs em sua influente investigação sobre pedestres em cidades estadunidenses[43]. O que desejo acrescentar a essas pesquisas acerca de nossas relações instintuais com o ambiente construído é um contexto mais abrangente, que explica por que elas nos compelem da maneira como o fazem, e a que fim serve essa compulsão. Minha investigação sugeriu que um recinto murado nos faz sentir "à vontade", não só porque, como Sussman e Hollander concluem, suas bordas nos fornecem um senso de orientação, ajudando-nos a navegar em nosso entorno e a direcionar nossos movimentos, dizendo-nos para onde ir. Mais importante, argumentei que essas sensações de estar à vontade denotam a capacidade de uma característica arquitetônica – nesse caso, um recinto fechado – de nos *conter*. É óbvio que a orientação é importante para nossa continência, mas, como aleguei, a capacidade da arquitetura de nos orientar de maneiras existenciais, não visíveis, é de importância primordial. Ou seja, o significativo aqui não é o fornecimento de um limite material que direciona nosso movimento e nos diz para onde nos mover, mas sim o fato de que essa característica arquitetônica deu ao sujeito uma sensação de continência. Proporciona uma orientação não apenas de direção, mas de ser; uma orientação de identidade, integrada e contida no lugar.

Sussman e Hollander identificam exemplos de projetos arquitetônicos bons e ruins de acordo com sua capacidade de nos orientar por meio de movimento e direção. A arcada da Rue de Rivoli, do século XVIII, em Paris, é usada para ilustrar um bom projeto porque "elimina grande parte da incerteza e das conjeturas de caminhar em uma grande cidade. Tudo parece tão simples aqui [...] A orientação é fácil; o leiaute direciona você precisamente para onde ir"[44]. Em contraste, a cidade de Columbia em Maryland, EUA, é considerada altamente problemática devido à sua ênfase em "paisagens abertas" que "pouco fornecem sob forma de paredes de edifícios, tornando difícil para as pessoas descobrirem onde estão e qual trajeto seguir. Os pedestres e até mesmo os recém-chegados que viajam de carro sentem-se perenemente perdidos em Columbia. A falta de esquinas e grades tornou-se o calcanhar de Aquiles da cidade"[45].

Os problemas que Sussman e Hollander atribuem a um projeto arquitetônico pobre ressoam as questões de uma arquitetura agorafóbica, na medida em que deixam a pessoa exposta e desnorteada, perdida e deslocada. Para Sussman e Hollander, ao que parece, uma arquitetura que nos faz sentir "à vontade" é aquela que nos dá direção e dirige nosso movimento. No entanto, se o projeto arquitetônico deve nos conter adequadamente, ele precisa, como argumentei, também responder ao nosso desejo contrastante de nos separarmos das estruturas limitadas por ele impostas e trabalhar para manter sob controle as ansiedades correspondentes de nos sentirmos fechados e restritos demais por seus *designs*. Enquanto Sussman e Hollander exaltam como virtude a capacidade da Rue de Rivoli de eliminar "incertezas e conjeturas" ao direcionar as pessoas "precisamente para onde elas devem ir", os *insights* dos psicogeógrafos minam essa posição, questionando se tal investimento em uma arquitetura que predelineia nosso movimento e direção é, de fato, tão boa para o nosso bem-estar e nossa orientação subjetiva.

Enfatizo que uma arquitetura mais apropriada é aquela que dá orientação, mas não prescreve como a pessoa deve se dirigir em relação a ela. Se nossa consideração ao projetar um edifício for a de fazer uma pessoa se sentir "mais à vontade", podemos continuar a pensar em uma área cercada que nos rodeia por vários lados e propicia diversas bordas; contudo, deverá igualmente ter uma variedade de aberturas ou quebras dentro de seus limites (semelhante ao recipiente em forma de caixa com várias aberturas que postulei no final do capítulo 3). Essas quebras encorajam a pessoa a explorar para além da área cercada, dando-lhe uma maior sensação de continência e a liberdade de ir e vir como quiser. Ela pode usar as bordas como guia, se assim o desejar, ou se libertar delas. Podemos ilustrar a diferença entre um espaço fechado que nos circunda por vários lados e o fechamento parcial que incorpora quebras e aberturas com as cenas urbanas contrastantes das figuras C.4 e C.5.

Tanto a *piazza* como a rua são ladeadas por edifícios de modo a constituir um espaço fechado. Enquanto a *piazza* incorpora uma variedade de ruas laterais que interrompem seu espaço cercado

FIG. C.4. *Rua no Baixo Manhattan, cidade de Nova York.*
© Bob Free.

FIG. C.5. *Piazza del Campo, Siena, Itália.*
© Colin, Wikimedia Commons, CC BY-SA 3.0.

em vários ângulos, algumas em curva para longe da vista, na rua em questão o pedestre é obrigado a caminhar em um trajeto reto de uma extremidade à outra. A *piazza* sugere segurança e continência adicionais, pois nos permite deixar o local, se assim o desejarmos, por sua variedade de saídas; e ao fornecer mais opções para nossa orientação dentro de seu espaço, nos encoraja a fazer uma pausa e um balanço de seu caráter. Como observamos, Jane Jacobs se refere a essas quebras e aberturas como

CONCLUSÃO: ARQUITETURA QUE CAPTURA A IMAGINAÇÃO

"interrupções visuais", alegando que são atributos "sedutores" do projeto urbano, em sua sugestão de novas vistas e cenas a explorar[46]. Longe de ser sedutora, a rua, por outro lado, convida à ansiedade, deixando-nos vulneráveis a tudo o que possamos encontrar ao longo dela, com poucas oportunidades de fuga. A sensação de alienação provocada pela rigidez da área fechada da rua se estende para além de seus componentes visuais e é composta por sons abafados e túneis de vento não naturais, causados pela proximidade de seus edifícios, que também podem reter odores indesejados e bloquear a luz natural.

Características Ambíguas e Contrastantes São Evocativas

A identidade é fluida e não pode ser bloqueada. Um bom projeto arquitetônico facilita o desenvolvimento do *self*, proporcionando um ambiente de continência que nos encoraja a nos sentirmos ligados e com os pés firmes no chão, proporcionando-nos uma experiência de nossa própria integridade estrutural. Contudo, o mais importante é que ele também nos concede a liberdade de desviar nossa atenção de suas características mais proeminentes, estimulando-nos a explorar com o nosso olhar as características obscuras e ocultas. Uma arquitetura monótona e prescritiva impedirá nosso envolvimento subjetivo com ela, deixará de incentivar nossa percepção imaginativa de suas características e, em vez disso, encorajará uma percepção literal que registre sua utilidade ou sua aparência estética em um nível mais superficial. Edifícios dessa natureza contribuem para um ambiente estéril, previsível, indiferente e potencialmente opressor. A partir da minha pesquisa sobre os várias "modelos arquitetônicos da psique", com suas divisões espaciais de partes conscientes e inconscientes, juntamente com minha análise dos processos inconscientes que informam nossas interações cotidianas com a arquitetura, concluí que uma arquitetura é evocativa apenas se atrai a atenção tanto dos aspectos conscientes quanto dos aspectos inconscientes da mente e responde às nossas necessidades contrastantes de nos sentirmos apegados e ao mesmo tempo desapegados de nossos ambientes. Uma arquitetura evocativa é, portanto, aquela que nos impressiona pelas complexidades, ambiguidades e contradições de seu projeto, com suas várias tensões de espaços, materiais e formas sólidas contrastantes. Mencionei o estilo maneirista como aquele que incorpora tal jogo criativo e descrevi uma gama de características opostas e contraditórias que encorajam a ambiguidade dos projetos, incluindo a justaposição de vazios e de características ativas e ornamentadas; formas geométricas prístinas contrapostas às que estão fragmentadas, em processo de desmoronamento ou em ruínas; novas fachadas adornando edifícios antigos; espaços fechados perfurados por aberturas inesperadas; recessos e nichos escuros separados de espaços bem iluminados; superfícies refletoras revestidas de vidro; o choque do feio fundido com o belo e o ordenado. Dado que o estranho é uma expressão de tensão revelada pela natureza dupla de uma coisa que é, ao mesmo tempo, familiar e não familiar, e também descreve a natureza de nossa experiência da atividade inconsciente, as várias tensões evocadas por características projetuais ambíguas e contraditórias provavelmente aumentarão seu efeito estranho geral.

Como vimos, a identidade e a criatividade são fundamentadas nas tensões de impulsos antagônicos. Jung observa que "a vida só nasce da centelha dos opostos"[47], enquanto Gaston Bachelard, ao falar do poder do lugar, afirma que "tudo ganha vida quando as contradições se acumulam"[48]. Por meio das tensões dos opostos, a correspondência entre psique e lugar, ou entre "espaço íntimo e espaço exterior", como Bachelard coloca, é consolidada, sendo que ambos os aspectos sofrem algum tipo de "expansão" ou enriquecimento como resultado[49]. E o filósofo Nietzsche, como vimos, entende nossas maiores realizações humanas criativas em termos da tensão que surge entre instintos contrastantes que ele denomina de apolíneo e dionisíaco, instintos que são discerníveis tanto no caráter criativo ou na forma de pensar das pessoas quanto em obras estéticas, como a arquitetura.

Projetos arquitetônicos que incorporam tensões por meio de suas características ambíguas e contraditórias podem atrair a atenção da imaginação e colocar em movimento seus processos inconscientes. Como vimos na aplicação do método freudiano do "trabalho do sonho" à arquitetura, os projetos adquirem seu poder evocativo pelos desalinhamentos espaciais e justaposições curiosas de suas características – por meio, por exemplo, de deslocamentos espaciais e da compressão ou condensação de vários

CONCLUSÃO: ARQUITETURA QUE CAPTURA A IMAGINAÇÃO   227

elementos em um só. Quando a arquitetura nos confunde e frustra nossas expectativas, pode-se dizer que ela estimula em nós uma resposta "semelhante ao sonho", imaginativa e inconsciente. Projetos confusos, se administrados com cuidado, provavelmente aumentarão o poder evocativo de nossos edifícios e paisagens urbanas. De fato, como sugere Robert Venturi, apenas alguns ajustes para distorcer as características e os projetos convencionais são suficientes para capturar a nossa imaginação:

> Não podem o arquiteto e o urbanista, por meio de pequenos ajustes dos elementos convencionais da paisagem urbana, existente ou proposta, promover efeitos significativos? Ao modificar ou adicionar elementos convencionais a outros elementos convencionais, eles podem, mediante uma mudança de contexto, obter um efeito máximo por um mínimo de meios. Eles podem fazer com que vejamos as mesmas coisas de uma maneira diferente.[50]

Ao que parece, mesmo Hillman – crítico fervoroso do arranha-céu (e de torres em geral) – encontra algum consolo na incorporação de pequenas áreas de distorção em projetos arquitetônicos de outro modo insípidos e alienantes. Ele se refere ao revigoramento potencial de arranha-céus pela inclusão de pequenas aberturas que visam a interrupção das superfícies extensas e implacáveis do edifício – como a adição de vários "cantos" e "interiores fragmentados" que incentivavam a "intimidade" dentro de uma cidade e "pausas" e quebras na rotina[51]. Quando a concha refletora do arranha-céu é rompida, nossos sentidos têm a oportunidade de explorar e lambiscar em uma variedade de texturas e formas discerníveis, em vez de deslizar pelas vastas superfícies polidas ou padrões repetitivos que parecem se estender eternamente para cima e para fora do alcance.

Tudo isso é muito bom, mas a incorporação de características confusas no intuito de estimular a probabilidade de uma experiência estranha não é tarefa fácil. É necessário um equilíbrio sutil de surpresa e expectativa. A confusão não deve ser celebrada explicitamente de forma a prejudicar a nossa necessidade de que o edifício nos contenha e oriente. Como disse Nietzsche sobre o impulso estético dionisíaco, ele por si só é bárbaro e perigoso; destrói a subjetividade, buscando a fusão completa do *self* com seu ambiente. Se quisermos conter sua natureza caótica e aproveitar

228

sua energia criativa, precisamos da ordem e da compostura de sua contraparte estética, a apolínea[52]. Antes de considerarmos com mais detalhes a necessidade de um equilíbrio criativo de tensão entre características projetuais contrastantes, gostaria de analisar o papel da luz e da sombra como elementos importantes que podem acentuar as características contraditórias de um projeto e encorajar nossa identificação inconsciente com ele.

A Interação de Sombra e Luz

Os modelos arquitetônicos da psique que examinei apresentam cômodos de consciência bem iluminados – presumivelmente com janelas devidamente colocadas para captar a luz natural e com acessórios instalados para fornecer luz artificial. A luz torna as coisas visíveis e discerníveis, e "ilumina" todos os que utilizam o cômodo. Os modelos também apresentam cômodos do inconsciente de todo contrastantes, revestidos de sombras ou completamente escuros, de modo a obscurecer as características ali ocultas, que permanecem misteriosas e ainda não reveladas. A interação de luz e sombra e as experiências sensoriais que a acompanham expressam, em termos estéticos, a relação dinâmica entre esses dois aspectos da mente. Essa correspondência é aludida em comentários espalhados por muitas outras obras que consideram as experiências estéticas da arquitetura evocativa (ou o evento arquitetônico, como eu o entendo) como um evento que começa como uma experiência estranha e se desenvolve em uma experiência de natureza sublime ou numinosa. Anthony Vidler, por exemplo, em *The Architectural Uncanny* (O Estranhamento Arquitetônico, 1992), atribui um capítulo ao "espaço escuro", no qual a escuridão ou sombra está associada à presença afetiva do desconhecido. Vidler cita observações de Roger Caillois (1938) sobre o poder da escuridão e sua capacidade de "tocar o indivíduo diretamente". A escuridão, afirma Caillois, não é a mera ausência de luz; ela "envolve" e "penetra" uma pessoa, e "inclusive passa através dela". Caillos conclui que "'o ego é *permeável* à escuridão enquanto não o é à luz'"[53]. Edmund Burke, em seu tratado sobre o sublime (1757), afirma que quanto mais impressionante o contraste de luz e escuridão em um projeto arquitetônico,

CONCLUSÃO: ARQUITETURA QUE CAPTURA A IMAGINAÇÃO 229

mais poderoso o seu efeito psicológico: "Deve-se passar da luz mais intensa para a maior escuridão que seja compatível com os objetivos da arquitetura. À noite, a regra oposta deverá prevalecer, porém pela mesma razão; e quanto mais intensamente um cômodo for iluminado, maior será a paixão."[54]

E, falando do poder da arquitetura para transmitir o numinoso, Rudolf Otto afirma que o edifício percebido à meia-luz expressa o numinoso de forma mais eficaz, e de tal modo que suas características mal iluminadas cativaram a "alma":

A escuridão deve ser intensificada e tornada ainda mais perceptível em contraste com algum último vestígio de claridade, que está, por assim dizer, a ponto de se extinguir; portanto, o efeito "místico" começa com a semiescuridão [...] A semiescuridão que brilha em salões abobadados [...], estranhamente acelerada e agitada pelo lugar misterioso das meias-luzes, sempre falou eloquentemente com a alma, e os construtores de templos, mesquitas e igrejas fizeram amplo uso dela.[55]

Nosso senso de *self* é influenciado pelos efeitos de sombra e luz na arquitetura. Jung é talvez mais conhecido por sua personificação do inconsciente pessoal como "a sombra" – um duplo sombrio, semelhante ao duplo estranho de Freud (ou *Doppelgänger*), que acompanha nossas personas conscientes o tempo todo, a testemunha mais próxima do nosso corpo. Essa é uma figura que devemos aceitar se quisermos permanecer em boa saúde mental[56]. A sombra nos oferece uma perspectiva alternativa sobre o papel do corpo como um guia íntimo para a qualidade do projeto arquitetônico, que nos possibilita interagir com as características mais ambíguas de um projeto, incluindo suas incertezas espaciais e estranho senso de alteridade. John Ruskin explica de modo similar como a arquitetura atinge seu "poder" afetivo quando é capaz de "expressar uma espécie de simpatia humana" conosco: isto é, uma "expressão equivalente às tribulações e à fúria da vida, às suas dores e ao seu mistério". A arquitetura faz isso, afirma ele, "apenas pela profundidade ou difusão da escuridão, pelo aspecto severo de sua fronte e pela sombra em seus recessos". De mais a mais, ele afirma: "Não acredito que alguma vez qualquer edifício tenha sido verdadeiramente grandioso, a menos que se mesclassem à sua superfície poderosas massas, vigorosas e profundas, de sombra."[57]

Poder-se-ia pensar que Ruskin tinha uma visão particularmente "sombria" da vida humana; mas o ponto importante que desejamos enfocar aqui é que se acredita que esses espaços sombrios estimulam nossa identificação inconsciente com a arquitetura de várias maneiras. Eles nos confundem e nos levam à incerteza e à imaginação. Dentro das sombras, tornamo-nos mais facilmente fundidos com nosso ambiente, à medida que as fronteiras entre as coisas perdem seu caráter distintivo. Como afirma o arquiteto Juhani Pallasmaa, "as sombras profundas e a escuridão são essenciais, porque diminuem a nitidez da visão, tornam a profundidade e a distância ambíguas e convidam a visão periférica inconsciente e a fantasia tátil"[58]. Em outras palavras, a escuridão desperta em nós curiosidade e nos convida a explorar as características ocultas de um edifício vestido de sombras da única forma disponível: indiretamente, pela nossa imaginação. Ao fazer isso, o edifício escuro invoca nossas próprias características ocultas, que se tornam intimamente envolvidas e reveladas no processo. "Quão muito mais misteriosas e convidativas são as ruas de uma cidade antiga, com seus reinos alternados de escuridão e luz, do que as ruas de hoje, intensa e uniformemente iluminadas!", exclama Pallasmaa[59].

Arquitetos e urbanistas, ao manipularem cuidadosamente as características dos efeitos de luz e sombra, têm a oportunidade de acentuar as complexidades de seus projetos de formas sutis. Ao fazê-lo, podem convidar aqueles que os usam para propósitos mais comuns e práticos também a perceber suas características únicas e utilizá-las inconscientemente para a elaboração criativa de si mesmos. Como Fred Botting observa, "portas misteriosas e passagens ocultas estimulam o desejo, bem como a apreensão" e, em última análise, "uma vontade de saber"[60]. A luz intensa e homogênea, por outro lado, "paralisa a imaginação"[61] e faz você "sofrer a cada dia que olha para ela [...] caindo direto no seu crânio como um agente da KGB apontando um holofote em cima de você, direto em você – sem sombras, implacável, cruel"[62]. A luz brilhante, sem sombras contrastantes, privilegia a certeza e a informação; nos encoraja a examinar o ambiente em primeiro plano a fim de notar apenas o que satisfaz nossas necessidades imediatas, e nos deixa fundamentalmente insatisfeitos, desejando mais[63].

CONCLUSÃO: ARQUITETURA QUE CAPTURA A IMAGINAÇÃO 231

Incorporando o Radical no Convencional

Sem a interação de contradições no projeto arquitetônico, é mais difícil despertar a curiosidade e a surpresa, o que resultará provavelmente em edifícios que apenas atendem às nossas expectativas, em vez de desafiá-las; e, por conseguinte, que passam despercebidos. Da mesma forma, uma ênfase grande demais em contradições e características contrastantes nos deixará confusos, desorientados ou alarmados. É difícil projetar com o objetivo de conter uma pessoa, fornecendo-lhe orientação suficiente e, ao mesmo tempo, induzir nela curiosidade e surpresa, ainda mais pelo fato de que o efeito desejado depende em parte da predisposição subjetiva do usuário. Para tanto, é muito mais fácil dar diretrizes para evitar algumas das armadilhas mais comuns encontradas em projetos arquitetônicos, em especial aquelas que buscam explicitamente despertar a curiosidade e a surpresa de quem os utiliza.

Uma arquitetura problemática é aquela que falha em engajar as sensibilidades estéticas de ambos os aspectos da mente, ou acentua um em detrimento do outro, deixando a pessoa vulnerável às correspondentes ansiedades espaciais que ocorrem quando qualquer um desses aspectos está desenfreado e tem rédeas livres. Neste capítulo, concentrei-me no problema mais comum de edifícios projetados para acomodar nossas necessidades práticas e, assim, apaziguar as demandas mensuradas da consciência do ego, mas que falham em responder às nossas sensibilidades não racionais e necessidades inconscientes. Esse problema é corporificado por aqueles projetos banais e convencionais que carecem de imaginação, se bem que cumpram seu papel funcional. Uma repercussão dessa carência, como vimos, é sua vulnerabilidade aos ataques de pessoas que buscam inconscientemente reestetizá-los, transformando-os em projetos únicos e feitos sob medida, com decorações de vandalismo, como grafitagem ou danos físicos.

Vimos que as imagens mais evocativas – aquelas que agitam o inconsciente com mais vigor – são as formas retorcidas, distorcidas e idiossincráticas que costumam ser atribuídas a uma "psicologia torturada"[64] ou a uma estética de "patologia"[65]. O inconsciente se expressa e exerce influência sobre nosso comportamento à força como reação às várias barreiras de resistência

232

e defesa postas em prática pelas racionalizações do ego, que busca manter oculto e reprimido tudo o que considera desfavorável. O inconsciente se manifesta por meio daquelas imagens e formas retorcidas e distorcidas, que usurpam o desejo do ego por convenção, ordem, autocontinência e controle. Muitos arquitetos contemporâneos reconheceram, às vezes explicitamente, a necessidade de incorporar estética inconsciente em seus projetos arquitetônicos. Rem Koolhaas e Robert Venturi são dois dos mais reconhecidos e influentes. No entanto, muitas vezes descobrimos que os métodos empregados por arquitetos na gestão do inconsciente são problemáticos – procurar, por exemplo, manipulá-lo e fixá-lo no lugar, uma abordagem que inevitavelmente resulta em uma perda ou diluição de seus efeitos dinâmicos e do seu poder evocativo.

Koolhaas e a Problemática Abordagem Surrealista

Observei que o historiador da arte Arnold Hauser destaca a arquitetura maneirista como o estilo que reconhece de modo mais explícito a importância de manter os opostos na tensão criativa. Para relembrar, a própria "essência" do estilo maneirista, afirma ele, "repousa nessa tensão, nessa união de opostos aparentemente inconciliáveis", em "elementos estilísticos conflitantes"; a "expressão mais pura e marcante" do estilo maneirista é encontrada "no paradoxo"[66]. Hauser descreve esse paradoxo em termos similares à interação dinâmica entre o consciente e o inconsciente e os impulsos contrastantes que temos em relação aos nossos ambientes. Assim, a arquitetura maneirista, afirma ele, depende das tensões entre "'racionalismo e irracionalismo"[67], e entre um "senso de restrição e falta de liberdade, apesar de todo o seu desejo de livramento"[68]. A arquitetura maneirista, continua ele, incorpora um desejo de "fuga para o caos, não obstante toda a sua necessidade de proteção contra ele; a tendência para a profundidade, o avanço dentro do espaço, o esforço de sair para o ar livre combinado com a repentina sensação de isolamento pelo ambiente"[69].

Seguindo Hauser, Venturi descreve o maneirismo como "uma arquitetura apropriada para o agora". É, ele argumenta, uma arquitetura que "reconhece a ordem em vez da expressão original, mas

CONCLUSÃO: ARQUITETURA QUE CAPTURA A IMAGINAÇÃO   233

quebra a ordem convencional para acomodar a complexidade e a contradição e, assim, engaja a ambiguidade – engaja a ambiguidade de forma não ambígua"[70]. Venturi deseja incorporar o "enfadonho" e o "comum" ao lado do "eclético" e "dissonante", a fim de estabelecer as tensões ambíguas que ele busca[71]. O que ele não aspira é a uma arquitetura que acentue as complexidades ao extremo sem o banal e o convencional para estabilizá-las, sem o que a arquitetura se torna um espetáculo "intencional", "excessivo" e "ideológico"[72].

O trabalho de Koolhaas também é considerado uma celebração de extremos opostos que corporifica tanto as necessidades do ego quanto as do inconsciente. O arquiteto Charles Jencks descreve o trabalho de Koolhaas como se este adotasse uma posição curiosa entre e nas extremidades de "diferenciação, ecletismo radical e colagem, por um lado, e as pressões por padronização e estruturas genéricas, por outro"[73]. O Office of Metropolitan Architecture, estabelecido por Koolhaas e seus colegas em 1975, pretendia, entre outras coisas, ser um "laboratório do inconsciente coletivo", para "restaurar funções míticas, simbólicas, literárias, oníricas, críticas e populares à arquitetura dos centros urbanos[74]". Até aqui, tudo bem. No entanto, os problemas surgem quando olhamos mais de perto o método que Koolhaas cita em seus primeiros trabalhos como aquele que ele mesmo emprega para reimaginar e retrabalhar a arquitetura modernista. O método, conhecido como "Método Crítico-Paranoico", tem origem no surrealista Salvador Dalí[75], e é exaltado por Koolhaas, que dedica uma seção inteira ao seu debate na célebre obra *Delirious New York* (Nova York Delirante)[76]. O método, no entanto, não deixa de ter falhas significativas em sua forma de lidar com o inconsciente e expectativas irrealistas de até que ponto o inconsciente pode ser manipulado para produzir os resultados desejados.

Com seu "Método Crítico-Paranoico", Dalí buscou promover os objetivos do movimento surrealista, que até então (início dos anos 1930) tinha a intenção de simplesmente expor o funcionamento do inconsciente. Dalí, por outro lado, se esforçou para explorar o inconsciente, recriando suas várias conexões e associações "delirantes" de forma racionalizada e consciente. Ao fazer isso, Dalí e Koolhaas, seguindo seu exemplo, procuraram restabelecer a continuidade muitas vezes perdida entre o imaginário e o racional, o prático e o visionário, o consciente e o inconsciente. O método em si, como o nome sugere, envolve duas operações consecutivas. Koolhaas as delineia como a seguir:

1. A reprodução sintética do modo do paranoico de ver o mundo sob uma nova luz – com sua rica colheita de correspondências, analogias e padrões insuspeitados; e
2. A compressão dessas especulações gasosas até um ponto crítico no qual alcançam a densidade do fato[77].

Trata-se de uma abordagem análoga ao "trabalho do sonho" de Freud. Aqui, os alinhamentos espaciais de deslocamento e condensação que sustentam o método freudiano são utilizados nas obras de arte de Dalí e na arquitetura de Koolhaas para compactar imagens incompatíveis em uma única. O resultado é uma "confusão sistemática'" de imagens "delirantes", que procuram reestetizar o que Koolhaas chama de "conteúdos desgastados e consumidos do mundo", distorcendo-os e imprimindo neles significados novos e revitalizados, enquanto retêm a familiaridade de sua forma[78].

Koolhaas argumenta que uma série de edifícios do final do século XX exemplifica a implementação do "Método Crítico--Paranoico" em seu projeto, e destaca a London Bridge em Lake Havasu City, Arizona, como talvez o exemplo "mais flagrante" (Fig. c.5). A ponte, construída originalmente na década de 1830 e que cruzava o rio Tâmisa em Londres, foi desmontada em 1967 e transferida para o Arizona, sendo reconstruída, pedra por pedra, sobre o lago artificial de Havasu, a fim de atrair turistas e residentes em potencial para a região. Embora fosse dotada de novos significados e resolvesse o problema de uma "Escassez de Realidade em Lake Havasu", a ponte incorpora "fragmentos da vida londrina" originais, com "as cabines telefônicas vermelhas, os ônibus de dois andares, [e] os guardas", todos acrescentando "autenticidade"[79]. Esse exemplo ilustra igualmente o trabalho do sonho freudiano, com o deslocamento espacial da imagem da ponte, movida de seu contexto original, e a condensação de significados: aqueles que se aplicavam à ponte em seu contexto original sobre o rio Tâmisa fundindo-se com os que se aplicam a ela como a ponte que agora atravessa o Lake Havasu. A condensação, nesse

CONCLUSÃO: ARQUITETURA QUE CAPTURA A IMAGINAÇÃO

FIG. C.6. *London Bridge, Lake Havasu, Arizona.*
© Ken Lind, Wikimedia Commons, CC BY-SA 2.0.

caso, é semelhante à noção de Venturi do "elemento vestigial" da arquitetura que, diz ele, "é o resultado de uma combinação mais ou menos ambígua do antigo significado, convocado por associações, com um novo significado criado pela função modificada ou nova, estrutural ou programática, e pelo novo contexto"[80].

A diferença essencial entre o trabalho do sonho de Freud e o "Método Crítico-Paranoico", no entanto, é a ênfase desse último na manipulação do inconsciente, de modo a "forçá-lo", "racionalizá-lo", "fabricá-lo" e "explorá-lo" com a finalidade de atingir sua "densidade de fato", como afirma Koolhaas. Tal manipulação é semelhante, Koolhaas comenta, a "bater uma peça em um quebra-cabeça para que ela grude, se não se encaixar"[81]. Essa abordagem ingênua e equivocada do inconsciente, como Freud a via, levou-o a se referir aos surrealistas como "malucos absolutos" ou tolos[82]. De acordo com Freud, o inconsciente não pode ser explorado dessa forma; caso contrário, os significados inconscientes seriam reduzidos a termos conscientes e, portanto, perdidos na tradução. Koolhaas sugere que significados inconscientes podem ser "enxertados" no mundo por meio da arquitetura, onde então atuam na sociedade, muitas vezes despercebidos, como um espião trabalhando disfarçado para causar a destruição dessa sociedade[83]. De uma perspectiva psicanalítica, entretanto, o que descobrimos se seguirmos esse método surrealista não é o inconsciente trabalhando, mas uma versão abstrata dele: um constructo consciente que ostenta uma fantasia inconsciente e, portanto, significativamente diluída em seu poder de afeto. A arquitetura surrealista *representa* o inconsciente e, nesse aspecto, é um pouco distinta das metáforas arquitetônicas ou dos modelos da psique que examinei no capítulo 1. A mensagem pretendida por essa metáfora arquitetônica surrealista, contudo, está mal colocada (ao invés de deslocada, como seus projetistas afirmam) e aponta para uma questão mais difundida que procurei enfocar ao longo deste livro em relação à nossa subavaliação da utilidade das metáforas arquitetônicas em geral. Ou seja, os estudiosos estão preocupados demais com os detalhes abstratos e figurativos dessas metáforas – como o próprio Freud observou em sua crítica às preocupações dos surrealistas – e negligenciam seu valor na qualidade de comentários sobre as várias maneiras pelas quais nos identificamos com nossos ambientes e usamos características arquitetônicas para elaborar a nós mesmos. O ponto importante aqui é que o poder da arquitetura não reside em sua capacidade de *representar* o inconsciente, mas sim de *evocá-lo*. A arquitetura é um evento. Se o inconsciente é desnudado desse contexto dinâmico pessoal e reduzido a características abstratas ou à mera sinalética, a arquitetura se torna menos um "evento" profundo e mais um "tipo" ou "estilo" superficial.

Koolhaas exalta o método de Dalí de utilizar objetos do "mundo externo" para transmitir em uma imagem o funcionamento do inconsciente com, segundo Dalí, "a particularidade perturbadora" de tornar a realidade dessa imagem "válida para os outros"[84]. Todavia, como vimos, o evento arquitetônico é uma experiência que irrompe da participação pessoal do indivíduo na arquitetura; é um evento moldado à sua imagem, e não à do arquiteto ou do artista, ou estabelecido por consenso. Os edifícios surrealistas representam o inconsciente, pelo que o seu papel terapêutico é diminuído. Eles não conduzem à imaginação criativa, mas a uma representação fixa de como essas imaginações deveriam ser. Como Freud lamenta, é difícil determinar o que os projetos surrealistas têm a dizer[85].

Edifícios projetados para ignorar as convenções e expectativas de nossas sensibilidades egoicas podem ser tão problemáticos quanto os edifícios banais e previsíveis contra os quais tais projetos reagem. Um dos perigos de projetar no intuito de ser uma reação simples contra as falhas de convenções ultrapassadas reside no fato de que uma nova "convenção", um novo "tipo" ou "estilo" arquitetônico é simplesmente criado como uma substituição – suscetível de ser tão decepcionante quanto a arquitetura que procurou superar. A arquitetura pós-moderna e desconstrutivista, que busca reconfigurar as convenções modernistas com sua confusão desorientadora de formas, costuma cair nessa armadilha, com resultantes efeitos superficiais que zombam de nossas sensibilidades em vez de transformá-las em novas e revigorantes formas de pensar. Esses edifícios, afirmei, parecem uma paródia de si mesmos: vulgares, em vez de genuinamente intrigantes. Projetos arquitetônicos evocativos não replicam projetos convencionais de modo que mal os notamos; tampouco são tão radicais a ponto de deixarmos de nos envolver com eles. Alego que esses extremos convidam a respostas negativas por parte dos usuários desses edifícios, nascidas da necessidade de compensar sua "extremicidade", a fim de buscar o que se percebe que lhes falta. A arquitetura convencional atrai o desejo de sua reconfiguração radical por meio de atos subversivos de "vandalismo"[86], e a arquitetura idiossincrática é frequentemente desprezada por sua falta de verificação da realidade, de fundamentá-la em configurações mais familiares e íntimas. Portanto, se faz necessário um equilíbrio, com projetos que sejam capazes de resistir à tentação de ostentar as questões estéticas do inconsciente ou da consciência.

Em última análise, precisamos de lugares que se aproximem sorrateiramente de nós sem aviso prévio – edifícios que nos contenham e, por conseguinte, nos forneçam a continência de que necessitamos, a fim de que possamos nos sentir suficientemente livres para explorar, sem restrições, as incertezas de nós mesmos e de nossos ambientes.

Notas

INTRODUÇÃO: OS EDIFÍCIOS NOS PROJETAM TANTO QUANTO NÓS A ELES

1. Inclusive o Considerate Constructors Scheme: Gold Award 2011; vencedor do Concrete Society Award de 2010; Structural Steel Design Awards, 2010; London District Surveyors' Association: Best Sustainability Project, 2011; indicado para o London Civil Engineering Awards, 2011.

2. Falta de preocupação real com o meio ambiente, usada apenas para efeitos de marketing. (N. da T.)

3. A citação do *Building Design* é do seu editor executivo, Ellis Woodman (2010); consultar <www.bdonline.co.uk>. No tocante ao artigo do *The Telegraph*, consultar: <www.telegraph.co.uk>. O artigo do *The Guardian* está disponível em: <www.theguardian.com>.

4. J. Jacobs, *The Death and Life of Great American Cities*, p. 292-294.

5. O termo "psicanálise" se refere tecnicamente às noções psicológicas trabalhadas por Sigmund Freud, sendo que outros teóricos e escolas de psicologia relacionados adotam seus próprios termos para diferenciar suas ideias das freudianas. O termo "psicologia profunda" é com frequência empregado em campos especializados para se referir amplamente a todas as escolas correlatas que reconhecem os processos mentais inconscientes que sustentam o comportamento humano. No entanto, dado que o termo "psicanálise" é mais reconhecível e utilizado fora do campo para se referir de forma mais geral a uma psicologia do inconsciente, continuarei a empregá-lo ao longo do livro, ao mesmo tempo que tornarei claro ao leitor quando as ideias de Freud divergem daquelas de outros pensadores correlatos.

6. Apud M. Kidel, *Architecture of the Imagination*, série da BBC em cinco episódios.

7. M.P. Vitruvius, *Ten Books on Architecture*, v. 3, 1.1. Há quem rastreie a equação de corpo e edifício mais longe ainda, como R.A. Schwaller de Lubicz que, em *The Temple in Man: Sacred Architecture and the Perfect Man* (O Templo no Homem: Arquitetura Sagrada e o Homem Perfeito), de 1949, procura demonstrar como o complexo do Templo em Luxor, no Egito, é projetado para representar a forma corpórea do faraó – o Homem Perfeito – com importância conferida à coroa do crânio. *De re aedificatoria* é o primeiro livro impresso sobre a teoria da arquitetura.

8. L.B. Alberti, *On the Art of Building in Ten Books*, Book 6: 12: 180, Book 3: 7: 71, Book 3:12:81.

9. Filarete (A. di P. Averlino), *Filarete's Treatise on Architecture*, livro 7, fol. 49r, p. 85.

10. Para uma maior discussão, ver J. Rykwert, *The Dancing Column*; H.F. Mallgrave, *The Architect's Brain*, p. 9-25.

11. O prêmio anual é conferido pela revista *Building Design* (bdonline.co.uk) ao "edifício mais feio do Reino Unido concluído nos últimos doze

meses". Pretende ser um paralelo humorístico ao prestigioso Prêmio Stirling concedido pelo Royal Institute of British Architects. Foi instituído em 2006.

12. Esse fenômeno é conhecido como "pareidolia". Ver N. Hadjikhani et al., Early (N170) Activation of Face-Specific Cortex by Face-Like Objects, *Neuroreport*, v. 20. n. 4, p. 403-407; A. Sussman; J.B. Hollander, *Cognitive Architecture*, p. 56-106. Sobre a percepção de rostos em objetos não humanos, ver F. Robert; J. Robert, *Faces*. Sobre a percepção de rostos na arquitetura e as emoções que eles transmitem, ver S.K. Chalup et. al., Simulating Pareidolia of Faces for Architectural Image Analysis, *International Journal of Computer Information Systems and Industrial Management Applications*, v. 2, p. 262-278.

13. Podemos encontrar exemplos dessa identificação mais pessoal em algumas das obras aludidas acima, com sugestões acerca de nossa necessidade de cuidar de nossos edifícios ou ser por eles cuidados, como faríamos com um membro da família ou com o nosso próprio corpo. Alberti recomenda que toda casa tenha um "seio acolhedor" (5: 17: 146; 9: 3: 296), e que as paredes sejam construídas sem espessuras indevidas, de modo a evitar críticas "por terem membros excessivamente inchados" (3:12:79, 219). Filarete pede que os edifícios sejam nutridos com manutenção regular, para evitar que adoeçam, como se fossem crianças, e chega a sugerir que os edifícios são crianças concebidas pelo arquiteto e por seu cliente que, juntos, devem dar à luz o edifício e carregá-lo como seu filho. Ele escreve: "Como [a procriação] não pode ser feita sem uma mulher, aquele que deseja construir precisa de um arquiteto. Ele o concebe com o arquiteto e então o arquiteto o executa. Quando o arquiteto dá à luz, ele se torna a mãe do edifício. Antes de o arquiteto dar à luz, ele deve sonhar com sua concepção, pensar sobre ele e revê-lo em sua mente de várias maneiras por sete a nove meses, assim como uma mulher carrega o filho em seu corpo por sete a nove meses. (Livro 2, folio 7v-8r, p. 15-16.)

14. N. Leach, Vitruvius Crucifixus: Architecture, Mimesis, and the Death Instinct, em G. Dodds; R. Tavernor (eds.), *Body and Building*, p. 210-211.

15. Nesse ensaio, Leach examina a proporção harmoniosa de corpo e edifício no contexto das ideias de Freud sobre a pulsão de morte e o mito de Narciso.

16. N. Leach, op. cit., p. 210.

17. Ver F. Yates, *The Art of Memory*; A.R. Luria, *The Mind of a Mnemonist*. A eficácia dessa técnica foi bem estabelecida em: J. Ross; K.A. Lawrence, Some Observations on Memory Artifice, *Psychonomic Science*, v. 13, 1968; H.F. Crovitz, Memory Loci in Artificial Memory, *Psychonomic Science*, v. 16, 1969; idem, The Capacity of Memory Loci in Artificial Memory, *Psychonomic Science*, v. 24, 1971; G.G. Briggs et al., Bizarre Images in Artificial Memory, *Psychonomic Science*, v. 19, 1970; G. Lea, Chronometric Analysis of the Method of Loci, *Journal of Experimental Psychology: Human Perception and Performance*, v. 104, 1975 – todos citados em J. O'Keefe; L. Nadal, *The Hippocampus as a Cognitive Map*, p. 389-390.

18. Ver M. Heidegger, Building, Dwelling, Thinking, *Poetry, Language, Thought*.

19. Ver R. Descartes, *Meditations on First Philosophy*.

20. I. Kant, *Critique of Pure Reason*, p. 140.

21. Para um exame completo da evolução da metáfora arquitetônica da Antiguidade ao final da Idade Média em relação aos contextos sociais, políticos e religiosos, ver C. Whitehead, *Castles of the Mind*.

22. Talvez o relato devocional mais notável por seus detalhes seja *El Castillo Interior* ou *Las Moradas* (O Castelo Interior ou o Livro das Moradas), de Santa Teresa de Ávila, que descreve sua visão mística de sua alma como um castelo em forma de diamante contendo sete moradas, a "principal morada" no centro, "onde se passam as coisas mais secretas entre Deus e a alma". Saint Teresa de Jesus (Ávila), *The Interior Castle: or The Mansions*, p. 7.

23. Utilizo o termo *semblance* ao longo dessa investigação para denotar mais do que uma mera similitude entre arquitetura e experiência pessoal. Dizer que uma estrutura arquitetônica é similar à nossa forma corporal sugere que existem características físicas comuns a ambas. Por exemplo, pode-se reconhecer como o alinhamento espacial de um edifício – com sua disposição de janelas e porta – se assemelha aos olhos e ao nariz de um rosto. Alegarei, no entanto, que há afinidades poderosas entre uma pessoa e um edifício que vão além de suas propriedades visíveis. Um edifício que não se assemelha a uma pessoa pode, no entanto, ter uma forte atração para ela. Por exemplo, alguém pode reconhecer, embora inconscientemente, que um edifício possui certas propriedades funcionais que deseja para si mesmo, ou pode se sentir atraído por um edifício devido às memórias que a ele atribuiu. Em tais casos, meu argumento defende que existe uma similitude entre a pessoa e o edifício.

24. M. Carruthers, *The Craft of Thought*, p. 9.

25. Heidegger afirma: "Pode-se, por assim dizer, cheirar o Ser deste edifício pelas narinas e, muitas vezes, depois de décadas, o nariz ainda conserva seu odor. O odor nos comunica o Ser deste edifício de um modo muito mais imediato e verdadeiro do que poderia transmiti-lo qualquer descrição ou inspeção." (Palestra proferida em 1935, publicada em 1953; ver *Introduction to Metaphysics*, par. 25.)

NOTAS   241

26. Para uma discussão mais aprofundada sobre a importância do olfato na arquitetura, ver A. Barbara; A. Perliss, *Invisible Architecture*.

27. Ver H. Searles, *The Nonhuman Environment in Normal Development and in Schizophrenia*.

28. L. Huskinson, Housing Complexes: Redesigning the House of Psyche in Light of a Curious Mistranslation of C.G. Jung Appropriated by Gaston Bachelard, *International Journal of Jungian Studies*, v. 5, n. 1, p. 64-80.

29. R.A. Moore, em Alchemical and Mythical Reference Themes in the Poem of the Right Angle, 1945-1965, *Oppositions*, n. 19-20, p. 135, por exemplo, alega que Le Corbusier estava diretamente familiarizado com a obra de Jung; e Tim Benton afirma que Le Corbusier fez um estudo de textos junguianos durante seu exílio em Ozon durante a Guerra. (T. Benton, The Sacred and the Search for Myths, em M. Reaburn; V. Wilson (eds.), *Le Corbusier: Architect of the Century*, p. 243.) Ver também S. Richards, *Le Corbusier and the Concept of Self*.

30. J. Donald, *Imagining the Modern City*, p. 137-138; F. Samuel, Animus, Anima and the Architecture of Le Corbusier, *Harvest Journal for Jungian Studies*, v. 48, n. 2, p. 44.

31. Ver, por exemplo, Andrew Samuels que, em *The Plural Psyche*, p. 26, critica a metáfora da casa da psique. Ele questiona por que a psique deveria ser uma casa ou qualquer tipo de edificação; ver C. Hauke, *Jung and the Postmodern*, p. 62, 104– 105.

32. J. Breuer, Theoretical, em J. Breuer; S. Freud (eds.), *Studies of Hysteria*, SE, v. 2, p. 183-251.

33. S. Freud, Draft L. [Notes 1]/Drafts M. [Notes 11], *Pre-Psycho-Analytic Publications and Unpublished Drafts*, SE, v.1, p. 248-251.

34. Idem, Heredity and the Aetiology of the Neuroses, *Early Psycho-Analytic Publications*, SE, v. 3, p. 141-158.

35. Idem, Civilization and Its Discontents, *The Future of an Illusion, Civilization and its Discontents and Other Works*, SE, v. 21, p. 64-148; Constructions in Analysis, *Moses and Monotheism, An Outline of Psycho-Analysis and Other Works*, SE, v. 23, p. 257-269.

36. S. Freud, *The Interpretation of Dreams*, SE, v. 4, p. 5.

37. Curiosamente, o próprio Freud confessou ter sofrido de agorafobia. Theodor Reik, famoso psicanalista e um dos primeiros discípulos de Freud, relata como, enquanto caminhava com Freud uma noite em Viena, Freud hesitou antes de atravessar a rua e agarrou o braço de Reik. Confessou então que temia o retorno dos sintomas agorafóbicos. Reik acreditava que a experiência de Freud com a agorafobia tenha influenciado a escolha da carreira de Freud. T. Reik, *Listening with the Third Ear*, p. 15-16.

---

1. OS MODELOS ARQUITETÔNICOS DA PSIQUE

1. C.G. Jung, Flying Saucers: A Modern Myth of Things Seen in the Skies, em H. Read et al. (eds.), *C.G. Jung: The Collected Works*, v. 10, *Civilization in Transition*, par. 671.

2. S. Freud, *The Interpretation of Dreams*, SE, v. 4, 5, p. 536; J. Breuer, Theoretical, em J. Breuer; S. Freud (eds.), *Studies of Hysteria*, SE, v. 2, p. 227-228.

3. J. Breuer, op. cit., p. 228. (Grifo nosso.)

4. Ibidem, p. 222. (Grifo no original.)

5. Nesse aspecto, o edifício de Breuer não é diferente do de Descartes. Descartes descreve um "porão muito escuro", que abriga falsidades e erros de raciocínio. Sua descrição dá a entender que há um cômodo acima do porão, com janelas bem iluminadas, a fim de permitir a entrada no edifício da clareza e da certeza de verdades comensuráveis com a "luz do dia". Ver R. Descartes, Discourse on the Method of Rightly Conducting One's Reason and of Seeking Truth in the Sciences, em J. Cottingham et al. (trads.), *The Philosophical Writings of Descartes*, v. 1, p. 147.

6. S. Freud, *The Interpretation of Dreams*, SE, v. 5, p. 536.

7. Ver também J. Pallasmaa, Stairways of the Mind, *International Forum of Psychoanalysis*, v. 9, p. 7-18.

8. J. Breuer, op. cit., p. 244. (Grifo no original.)

9. Gaston Bachelard ecoaria mais tarde Breuer na sua insistência (embora Bachelard cite Jung como sua influência psicanalítica para o projeto de sua própria casa da psique, ou "casa onírica", como ele a denomina). Bachelard escreve: "A casa é imaginada como um ser vertical. Ela se eleva. Diferencia-se em termos de sua verticalidade [...] A verticalidade é assegurada pela polaridade do porão e do sótão, cujas marcas são tão profundas que, de certo modo, abrem duas perspectivas muito diferentes para uma fenomenologia da imaginação. De fato, é possível, quase sem comentário, opor a racionalidade do telhado à irracionalidade do porão [...] Perto do telhado, todos os nossos pensamentos são claros. [O porão é], antes de tudo, o ente obscuro da casa, que participa das forças subterrâneas." G. Bachelard, *The Poetics of Space*, p. 17-18.

10. J. Breuer, op. cit., p. 244-245.

11. Ibidem, p. 244.

12. Ibidem, p. 246.

13. Ibidem, p. 247.

14. Ibidem, p. 214, 248.

15. Ibidem, p. 215-222.

16. Ibidem, 248-249.

17. Ibidem, p. 216.

18. Ibidem, p. 247.

19. Ibidem, p. 217.

20. Ibidem, p. 232-233.
21. C. Alexander et al., *A Pattern Language*, p. 638.
22. J. Pallasmaa, op. cit., p. 9-10.
23. Partindo desse princípio, é irônico que Gaston Bachelard insista em que na sua casa onírica da psique, a escada que conecta os cômodos do porão ao andar de cima "*sempre a descemos*". Contudo, "subimos e descemos a escada que leva ao quarto", porque, diz ele enigmaticamente, é mais usada e "estamos familiarizados com ela". Do mesmo modo, "sempre *subimos* a escada do sótão", porque "ela tem a marca da subida para uma solidão mais tranquila". G. Bachelard, op. cit., p. 25-26.
24. J. Breuer, op. cit., p. 229.
25. Ibidem.
26. S. Freud; C.G. Jung, *The Freud/Jung Letters*, p. 102, carta 55 escrita por Freud em 8 dez. 1907. Freud menciona isso em sua crítica a uma casa da histeria descrita por Édouard Claparède, psicólogo e contemporâneo de Freud e Breuer. Claparède considera a casa da histeria de Breuer como de autoria conjunta de Breuer e Freud. Ele escreve: "*Eles* comparam, com toda a razão, a histeria a um edifício de muitos pavimentos, cada qual apresentando seus próprios sintomas. Com certeza ainda estamos longe de poder reconstruir esse edifício. Mas talvez valha a pena tentar esboçar o plano, por mais hipotético que seja." E. Claparède, Quelques mots sur la définition de l'hystérie, *Archives de psychologie*, VII, p. 185. (Grifo nosso.)
Em resposta, Freud observa a Jung que "o artigo de Claparède sobre a definição de histeria equivale a um julgamento muito inteligente sobre nossos esforços; a ideia da construção de vários pavimentos vem de Breuer (na seção geral dos *Estudos*), o edifício em si, creio eu, deve ser descrito de forma bastante diferente" (S. Freud; C.G. Jung, op. cit., p. 102). A casa da psique de Claparède é um edifício de cinco pavimentos. O superior é a consciência. Abaixo dele está um andar que aloja o estado hipnoide e os complexos. O andar abaixo deste é de natureza biológica e inclui o sistema nervoso e a capacidade de autossugestão. Não está claro em que consiste o pavimento imediatamente inferior. O pavimento do porão é uma "desordem primitiva" com material filogenético do inconsciente coletivo.
27. S. Freud, Resistance and Repression, *Introductory Lectures on Psychoanalysis (1916-1917)*, SE, v. 16, p. 286-302.
28. Ibidem, p. 295.
29. A diferença entre a repressão do material no pré-consciente e no inconsciente equivale à facilidade com que nos lembramos do número do telefone de um amigo em comparação com a revivescência de um trauma que foi reprimido visando à proteção.

30. Ibidem, p. 296.
31. Ibidem, p. 295.
32. Ver S. Freud, *The Complete Letters of Sigmund Freud to Wilhelm Fliess, 1887-1904*.
33. W.J. McGrath, *Freud's Discovery of Psychoanalysis: The Politics of Hysteria*, p. 153.
34. S. Freud, Heredity and the Aetiology of the Neuroses, *Early Psycho-Analytic Publications*, SE, v. 3, p. 192.
35. No último ensaio, "Constructions in Analysis" (1937), Freud alude novamente à analogia arqueológica como segue. O trabalho de "reconstrução" do psicanalista "assemelha-se muito à escavação, feita por um arqueólogo, de alguma habitação que foi destruída e soterrada, ou de algum antigo edifício. Os dois processos são na verdade idênticos, exceto que o analista trabalha em melhores condições e tem mais material à sua disposição para ajudá-lo, pois aquilo com que está tratando não é algo destruído, mas algo que ainda está vivo [...] Contudo, como o arqueólogo constrói as paredes do edifício a partir dos alicerces que permaneceram, determina o número e a posição das colunas pelas depressões no chão e reconstrói as decorações e as pinturas murais a partir dos resquícios encontrados nos escombros, assim também o analista procede quando extrai suas inferências a partir dos fragmentos de memórias, das associações e do comportamento do sujeito da análise". Ver idem, *Moses and Monotheism, an Outline of Psycho-Analysis and Other Works*, SE, v. 23, p. 259.
36. Idem, Draft L. [Notes I] / Draft M. [Notes II], *Pre-Psycho-Analytic Publications and Unpublished Drafts*, SE, v. I, p. 248-251.
37. J. Resina, Ana Ozore's Nerves, *Hispanic Review*, v. 71, n. 2, p. 229-252.
38. W. Davis, *Replications: Archaeology, Art, History, Psychoanalysis*, p. 295-296.
39. L. Simmons, *Freud's Italian Journey*, p. 10.
40. J. Rendell, The Architecture of Psychoanalysis: Constructions and Associations, em O. Knellessen; I. Haertel; H. Mooshammer (eds.), *Bauarten von Sexualität, Körper, Phantasmen / Ways of Building Sexuality, Bodies, Phantasms*, p. 2. Ver também <www.janerendell.co.uk>.
41. W. Davis, *Drawing the Dream of the Wolves*, p. 81.
42. J. Resina, op. cit., p. 229.
43. W.J. McGrath, op. cit., p. 192. McGrath observa ainda a estreita analogia entre a dinâmica e as tensões psicológicas da histeria e as intensas tensões políticas e sociais sofridas em Nuremberg que levaram à construção de suas fortificações defensivas (p. 193-194). Da mesma forma, Resina chama a atenção para os telhados pontiagudos que são aparentes no diagrama de Freud, como representações da "fantasia histérica, uma estrutura aparentemente estática surgindo de uma luta dinâmica pelo poder", ou

NOTAS

seja, a luta e o conflito que surgem das memórias inconscientes e os sintomas que elas fazem surgir. O "conflito psíquico" e o "embate histórico" aparecem juntos, "congelados na forma arquitetônica" (op. cit., p. 230).

44. S. Freud, Civilization and Its Discontents, *The Future of an Illusion, Civilization and its Discontents and Other Works*, SE, v. 21, p. 70.

45. O termo *phantasy* é empregado aqui a fim de denotar a dimensão inconsciente da experiência, enquanto *fantasy* denotaria uma narrativa imaginativa que alimentamos conscientemente. Encontraremos o termo *phantasy* novamente mais tarde.

46. S. Freud, Thoughts for the Times on War and Death, *On the History of the Psycho-Analytic Movement, Papers on Meta-psychology and Other Works*, SE, v. 14, p. 285.

47. Idem, Constructions in Analysis, *Moses and Monotheism, an Outline of Psycho-Analysis and Other Works*, SE, v. 23.

48. Ibidem, p. 260.

49. C. Bollas, Architecture and the Unconscious, *International Forum of Psychoanalysis*, v. 9, p. 28. Ver também em *The Evocative Object World*, p. 47-48.

50. E.V.Walter, *Placeways: A Theory of the Human Environment*, p. 109.

51. S. Freud, *Five Lectures on Psychoanalysis, Leonardo and Other Works*, SE, v. 11, p. 3-55. Depois de descrever dois monumentos que podem ser encontrados "ao se caminhar pelas ruas de Londres" – a réplica vitoriana de uma "coluna gótica ricamente esculpida" em frente à estação ferroviária de Charing Cross (conhecida como a "cruz de Eleanor", que marcou o local final de parada do cortejo fúnebre da rainha Eleanor de Castela a caminho da Abadia de Westminster em 1290) e a coluna dórica canelada chamada "O Monumento", que marca o local onde o Grande Incêndio de Londres começou em 1666 –, ele descreve como esses símbolos mnêmicos afetivos se assemelham a sintomas histéricos: "Mas o que pensaríamos sobre o londrino que ainda hoje se detivesse, em profunda melancolia, diante do monumento erigido em memória do funeral da rainha Eleanor, em vez de tratar de seus negócios com a pressa que as modernas condições de trabalho exigem [...]? Ou o que pensaríamos sobre um londrino que chorasse diante do "Monumento" que marca a incineração da sua querida cidade, reconstruída depois com tanto brilho? Contudo, os histéricos e neuróticos se comportam como esses dois londrinos pouco práticos: não só recordam experiências dolorosas do passado remoto, como ainda se prendem a elas emocionalmente; não podem se libertar do passado e negligenciam por isso o que é real e imediato". (Ibidem, p. 16-17.)

52. S. Freud, *The Interpretation of Dreams*, SE, v. 5, p. 484, nota 1.

53. Idem, v. 4, p. 225.

54. Ibidem, p. 322.

55. Ao discorrer sobre a propensão neurótica, Freud afirma: "Minhas análises têm-me indicado que ela está habitualmente presente nos pensamentos inconscientes dos neuróticos [...] É verdade que conheço pacientes que preservaram o simbolismo arquitetônico para o corpo e os órgãos genitais." (*The Interpretation of Dreams*, SE, v. 5, p. 462). Dado que para Freud as neuroses são sintomas de instintos frustrados e seus correspondentes sentimentos de ansiedade, ele afirma que "todo mundo tem uma ligeira nuance neurótica ou outra e, na verdade, um certo grau de neurose é de valor inestimável como pulsão" (Joseph Wortis atribui essa citação a Freud durante sua análise pessoal com Freud; ver J. Wortis, *Fragments of an Analysis with Freud*, p. 154).

56. S. Freud, *The Interpretation of Dreams*, SE, v. 4, p. 157.

57. Ibidem, p. 157, 320. Lembrem-se, também, da observação de Jung: "Quando alguém não está bem da cabeça, dizemos em alemão que ele [...] "tem teias de aranha no sótão" (C.G. Jung, Flying Saucers: A Modern Myth of Things Seen in the Skies, em H. Read et al. (eds.), *C.G. Jung: The Collected Works*, v. 10, Civilization in Transition, 1958: par. 671) – um ponto que ele ilustra com um estudo de caso da vida real de um paciente que sonhava com aranhas no sótão enquanto sofria de inflação do ego.

58. S. Freud, *The Interpretation of Dreams*, SE, v. 4, 5, p. 124, 471.

59. Ibidem, v. 5, p. 472, nota 2, 489. A fim de elucidar as conotações sexuais da escada, Freud descreve um sonho que teve: "Um dia, eu estava tentando compreender qual poderia ser o significado da sensação de estar inibido, de não poder sair do lugar, de não ser capaz de fazer alguma coisa, e assim por diante, o que ocorre com tanta frequência nos sonhos e se relaciona tão de perto com a angústia. Naquela noite, tive o seguinte sonho: Eu estava vestido de forma muito incompleta e subia as escadas de um apartamento térreo para um andar mais alto. Subia três degraus de cada vez e estava contente ao descobrir que podia subir as escadas com tanta rapidez. De repente, vi uma criada descendo as escadas – isto é, vindo em minha direção. Fiquei envergonhado e tentei apressar-me, e neste ponto veio a sensação de estar inibido: eu estava colado aos degraus e incapaz de sair do lugar". (Ibidem, v. 4, p. 78-79).

60. Ibidem, v. 5, p. 472.

61. Ibidem, p. 492.

62. Ibidem, p. 462.

63. Ibidem, p. 474.

64. Ibidem, p. 462.

65. É certo que essas ruas da cidade fornecem o cenário do sonho para a descoberta de outros artefatos não arquitetônicos (como um clarinete e pelos), e são esses que supostamente se referem a partes sexualizadas do corpo. No entanto, seu contexto de descoberta na rua é difícil de ignorar.

66. S. Freud, *The Interpretation of Dreams*, *SE*, v. 4, p. 156-157, 462.

67. Os sintomas físicos são frequentemente considerados como "símbolos mnêmicos" para Freud. Ele afirma: "*Nossos pacientes histéricos sofrem de reminiscências*. Seus sintomas são resíduos e símbolos mnêmicos de experiências especiais (traumáticas)." (Ibidem, v. 4, p. 16.)

68. C.G. Jung, *Dream Analysis: Part I: Notes of the Seminar Given in 1928-30*, p. 39.

69. Alguns comentaristas de Jung atribuem a ele uma interpretação simplista do imaginário arquitetônico que ele próprio provavelmente não endossaria. Ver, por exemplo, C. Cooper, The House as Symbol of the Self, em J. Lang et al. (eds.), *Designing for Human Behavior*, p. 130-146; J.A. Hall, *Jungian Dream Interpretation*. O analista junguiano James A. Hall escreveu um dicionário de símbolos oníricos, que ele apresenta como um repositório dos símbolos oníricos junguianos. É improvável que o próprio Jung tivesse aprovado tal empreendimento, porque envolve reduzir o simbolismo dos sonhos ao nível de mero signo, atribuindo a essas imagens oníricas significados definitivos. Hall tem um verbete para o simbolismo de uma casa e apresenta a seguinte descrição como uma leitura junguiana da casa: "As distinções entre as partes da casa podem ser simbolicamente importantes: o porão, o sótão, o telhado, varandas, quartos etc. A cozinha, por exemplo, é um local de transformação de alimentos crus em pratos cozidos; nos sonhos, às vezes tem o caráter do laboratório alquímico, lugar de transformações mais profundas. Os banheiros nos sonhos podem se referir à "eliminação" ou à dificuldade de "deixar ir". Às vezes, o mero cenário da ação do sonho em uma determinada casa do passado permite inferências quanto à origem dos complexos envolvidos. (J.A. Hall, op. cit., p. 82.)

70. Steve Myers, em The Cryptomnesic Origins of Jung's Dream of the Multi-Storeyed House, *Journal of Analytical Psychology*, v. 54, n. 4, p. 513-531, vai mais longe ao afirmar que Jung involuntariamente roubou a ideia de Breuer e a passou como sua: que a "casa da psique" de Jung era o produto da criptomnésia de Jung. (Criptomnésia, de acordo com Jung, é quando uma ideia ou "imagem desaparece sem deixar vestígios na memória" e "reaparece" posteriormente, para "enganar" o sujeito, que acredita que a sua ideia ou imagem seja nova e original. (C.G. Jung, On the Psychology and Pathology of So-called Occult Phenomena in Psychiatric Studies, em H. Read et al. (eds.), *C.G. Jung: The Collected Works*, v. 1, *Psychiatric Studies*, p. 81; idem, Analytical Psychology and Education, em G. Adler; R.F.C. Hull (eds.), *C.G. Jung: The Collected Works*, v. 17, *The Development of Personality*, p. 110.) A hipótese de Myers é improvável, dada a riqueza de metáforas arquitetônicas com as quais Jung estaria familiarizado. Na verdade, Myers sabota sua afirmação quando ele próprio admite que, "no início do século XX, a construção de metáforas era abundante" (p. 520).

71. C.G. Jung, *Analytical Psychology: Notes of the Seminar Given in 1925*, p. 23. Ver idem, The Tavistock Lectures, em G. Adler; R.F.C. Hull (eds.), *C.G. Jung: The Collected Works*, v. 18, *The Symbolic Life: Miscellaneous Writings*, p. 371: "A psicologia inconsciente do homem decide, e não o que pensamos e falamos na câmara cerebral no sótão." Ver idem, *Jung Speaking: Interviews and Encounters*, p. 266: "A construção das grandes catedrais foi ignorada. Não está perdida, porque é lei que a energia não pode ser perdida. Então o que aconteceu com ela? Para onde foi? A resposta é que está no inconsciente do homem. Pode-se dizer que caiu em um pavimento inferior."

72. Há quem se refira à casa de Freud como tendo três pavimentos, caso em que a de Jung teria quatro. Ver, por exemplo, George Steiner, que fala de "o cenário tripartite freudiano da psique (ela própria tão lindamente um símile da área do porão, dos cômodos e do sótão cheio de memória na casa burguesa)". (G. Steiner, *Real Presences*, p. 109.)

73. Em uma ocasião, Jung indica a extensão absoluta do inconsciente coletivo por meio de uma comparação arquitetônica. O inconsciente pessoal denota uma estrutura arquitetônica opressora, e o inconsciente coletivo denota uma falta de estrutura e ausência de forma arquitetônica. Assim, ele observa que se alguém concebeu o inconsciente pessoal (ou, como ele diz, "a sombra", que é o nome que atribui à personificação do inconsciente pessoal e todos aqueles aspectos da personalidade que foram negligenciados e não integrados à percepção consciente) como "uma passagem apertada, uma porta estreita, de cuja constrição dolorosa ninguém é poupado quando desce ao poço profundo", o que é encontrado quando alguém passou com sucesso pela passagem e pela porta (e assim começou a "aprender a se conhecer") é "uma extensão sem limites cheia de incertezas sem precedentes, aparentemente sem dentro nem fora, sem acima e sem abaixo, sem um aqui e sem um ali, sem o meu e sem o seu, sem bem nem mal. É um mundo de água, onde toda a vida flutua em suspensão; onde o reino do sistema simpático, a alma de tudo que vive, começa; onde sou indivisivelmente isso *e*

NOTAS

aquilo; onde vivencio o outro em mim e o outro que não sou me vivencia." (C.G. Jung, The Philosophical Tree, em G. Adler; R.F.C. Hull (eds.), *C.G. Jung: The Collected Works*, v. 13, *Alchemical Studies*, par. 45.) O imaginário da justaposição de arquitetura e água aqui pode ser lido à luz do comentário de Andreas Jung de que C.G. Jung sempre quis viver perto da água. Ver A. Jung, *House of C.G. Jung: The History and Restoration of the Residence of Emma and Carl Gustav Jung-Rauschenbach*, p. 21.

74. *Meetings With Jung: Conversations Recorded During the Years 1946-1961*, p. 65.

75. C.G. Jung, *Memories, Dreams, Reflections*, p. 184-185.

76. Figura em seus seminários de 1925, *Analytical Psychology: Notes of the Seminar Given in 1925*; em seu ensaio Mind and Earth, em H. Read et al. (eds.), *C.G. Jung: The Collected Works*, v. 10, *Civilization in Transition*. Embora "Mind and Earth" não aluda à casa como tendo sido sonhada, é claro que Jung está se referindo à mesma casa dos sonhos de 1909; em sua obra pseudo-autobiográfica *Memories, Dreams, Reflections*; e no ensaio Symbols and the Interpretation of Dreams, em H. Read et al. (eds.), *C.G. Jung: The Collected Works*, v. 18, *The Symbolic Life: Miscellaneous Writings*, que foi posteriormente adaptado com pequenas mudanças editoriais no capítulo "Approaching the Unconscious", na obra *Man and His Symbols*. É preciso ter em mente que *Memories, Dreams, Reflections* não foi escrito por Jung diretamente; inclui notas escritas por Jung e editadas por outros. Seu conteúdo, entretanto, foi por ele acordado.

77. C.G. Jung, *Analytical Psychology: Notes of the Seminar Given in 1925*, p. 23.

78. Idem, *Memories, Dreams, Reflections*, p. 184.

79. Idem, Mind and Earth, em H. Read et al. (eds.), *C.G. Jung: The Collected Works*, v. 10, *Civilization in Transition*, par. 55.

80. Idem, *Memories, Dreams, Reflections*, p. 182.

81. Ibidem, p. 184.

82. Ibidem, p. 182-183; C.G. Jung, Symbols and the Interpretation of Dreams, em H. Read et al. (eds.), *C.G. Jung: The Collected Works*, v. 18, *The Symbolic Life: Miscellaneous Writings*, par. 484.

83. Idem, Mind and Earth, em H. Read et al. (eds.), *C.G. Jung: The Collected Works*, v. 10, *Civilization in Transition*, par. 54.

84. Idem, *Memories, Dreams, Reflections*, p. 184; The Tavistock Lectures, em G. Adler e R.F.C. Hull (eds.), *C.G. Jung: The Collected Works*, v. 18, *The Symbolic Life: Miscellaneous Writings*, par. 197.

85. Idem, *Memories, Dreams, Reflections*, p. 182; E.A. Bennet, *What Jung Really Said*, p. 73.

86. Idem, Approaching the Unconscious, em C.G. Jung; M.-L. von Franz (eds.), *Man and His Symbols*, p. 42; idem, Symbols and the Interpretation of Dreams, em H. Read et al. (eds.), *C.G. Jung:*

87. *The Collected Works*, v. 18, *The Symbolic Life: Miscellaneous Writings*, par. 484

87. E.A. Bennet, *Meetings With Jung*, p. 118. Bennet observa, entretanto, que Jung acrescentou a expressão "minha casa" no relato posterior do seu sonho, como consta em *Memories, Dreams, Reflections*. Jung lembra como, no sonho original, o interior da casa *não* era familiar, contudo, ele se sentia identificado com a casa, pois "ela representava o aspecto exterior de sua personalidade, visto pelos outros". (p. 73, nota.)

88. V. Hart, em Carl Jung's Alchemical Tower at Bollingen, *Res. Anthropology and Aesthetics*, v. 25, p. 26-50 faz uma análise interessante sobre os elementos temáticos alquímicos de torres e sua possível influência nas características projetuais da casa dos sonhos de 1909 de Jung. De particular interesse é a imagem da morada primitiva da caverna (como repositório dos segredos da natureza) em geral retratada nos manuscritos alquímicos como a fundação de uma torre (ou conhecimento).

89. Para um relato útil da casa e de seu desenvolvimento, ver A. Jung, op. cit.; M. Gledhill, *The Tower: Myth and Fiction*.

90. A. Jung, op. cit., p. 23, 25.

91. Ibidem, p. 23.

92. Ibidem, p. 25.

93. Ibidem, p. 75.

94. Ibidem, p. 67.

95. E.A. Bennet, *Meetings With Jung*, p. 35.

96. A. Jung, op. cit., p. 67.

97. Foi também a casa em que a mãe de Jung passou sua infância. Ela pode ser vista na ilustração intitulada Basle Broadsheet, 1566, no ensaio Flying Saucers: A Modern Myth of Things Seen in the Skies, em H. Read et al. (eds.), *C.G. Jung: The Collected Works*, v. 10, *Civilization in Transition*, par. 128. Na referida ilustração, a casa está à direita da Catedral da Basileia.

98. Jung não construiu Bollingen ele próprio, embora se diga, de modo geral, que o tenha feito. Ele provavelmente lançou as fundações e ergueu alguns dos muros da primeira pequena torre do edifício. Numa entrevista com Stephen Black para a série radiofônica *Personal Call* da BBC, em julho de 1995, Jung afirma: "Eu a construí com minhas próprias mãos; aprendi o ofício de um pedreiro. Fui a uma pedreira para aprender como quebrar pedras – grandes rochas". Jung prossegue: "Assentei as pedras e construí *parte* da minha casa em Bollingen". Ver C.G. Jung, *Jung Speaking: Interviews and Encounters*, p. 266-267. Para uma discussão mais abrangente acerca do envolvimento prático de Jung na construção, ver M. Gledhill, op. cit.

99. E.A. Bennet, *What Jung Really Said*, p. 73.

100. Idem, *Meetings With Jung*, p. 118.

101. Ibidem.

102. Ibidem, p. 124.

103. C.G. Jung, *Memories, Dreams, Reflections*, p. 250.
104. M. Gledhill, op. cit. Ver comentários sobre o edifício em: G.R. Lym, *A Psychology of Building*, p. 36-40; V. Hart, op. cit.; R. Mugerauer, *Interpreting Environments*; T. Ziolkowski, *The View from the Tower*, p. 131-148; T. Barrie, Carl Jung's House in Bollingen: Architecture as a Medium of Transformation, *The Sacred In-Between*, p. 61-79; S. Richards, *Le Corbusier and the Concept of Self*, p. 158-170; J. Larson; M. Savage, Mystical Emergence, disponível em: <www.iaap.org>.
105. Afinidades adicionais entre a torre de Bollingen e a casa dos sonhos da psique de Jung de 1909 podem ser inferidas a partir da análise de V. Hart, op. cit. sobre os eventos simbólicos em torno de sua construção. Hart relata que a torre de Jung em Bollingen foi prefigurada por sonhos sobre cavernas e a própria torre edificada sobre uma sepultura, sugerindo, portanto, um elo entre a torre e a caverna da casa dos sonhos, que continha crânios e outros ossos.
106. Poder-se-ia argumentar, contudo, que o modelo do edifício de Bollingen já estava na mente de Jung. Isso é sugerido por composições arquitetônicas similares que impressionaram Jung antes da construção do edifício Bollingen. Em 1913, por exemplo, Jung ilustrou o capítulo "Liber Secundus", no seu *Liber Novus* (O Livro Vermelho), com uma imagem de um castelo numa floresta, cujos elementos são extraordinariamente similares à composição final do edifício Bollingen. M. Gledhill, op. cit., p. 26, também faz essa conexão e sugere, ademais, que o edifício Bollingen imita, em menor escala, o castelo em Laufen que fazia parte desse mesmo complexo como o presbitério no qual Jung viveu quando criança.
107. C.G. Jung, *Memories, Dreams, Reflections*, p. 252.
108. Por conseguinte, pode-se interpretar a construção do edifício como uma tentativa de Jung de reconstruir sua identidade e reorientar seu senso de *self* depois de experiências desestabilizadoras causadas por seu luto.
109. C.G. Jung, *Memories, Dreams, Reflections*, p. 251.
110. Ibidem, p. 250.
111. Ver J. Rykwert, *On Adam's House in Paradise* (trad. bras.: *A Casa de Adão no Paraíso*, São Paulo, Perspectiva).
112. C.G. Jung, *Memories, Dreams, Reflections*, p. 250.
113. Ibidem, p. 251.
114. Jung pressupôs que fosse o esqueleto de um soldado francês, um dos muitos que havia se afogado no rio Linth em 1799, cujo corpo tinha sido arrastado para o lago, permanecendo posteriormente no solo sobre a qual a torre de Jung foi construída. Ver C.G. Jung, *Memories, Dreams, Reflections*, p. 259.
115. Em um trecho na obra *The Red Book*, p. 273, Jung alude ao homem *solitário* que habita uma casa como quem tem "uma caverna dentro de si. As pedras expressam seus pensamentos". Jung prossegue afirmando que esse homem "converte-se em pedra e em caverna". Por meio dessa leitura, poderíamos ligar esse cômodo na torre Bollingen com a caverna do inconsciente coletivo na casa dos sonhos de 1909.
116. C.G. Jung, *Memories, Dreams, Reflections*, p. 252.
117. Ibidem, p. 251-252.
118. Ver J. Larson; M. Savage, op. cit.
119. Ver P. Cooper-White, A Tale of Two Houses, disponível em: <www.jungatlanta.com>.
120. Jung associa o edifício em Bollingen à sua personalidade inconsciente "número dois", como ele se refere a ela. "Número dois", diz ele, é "o filho do inconsciente materno", ou seja, aquele que habita o "ventre materno" ou o lar da torre. (C.G. Jung, *Memories, Dreams, Reflections*, p. 252.) Sobre a "Torre de Bollingen", ele escreve que "é como se vivêssemos em muitos séculos simultaneamente […] Se um homem do século XVI se mudasse para a casa, apenas a lamparina de querosene e os fósforos seriam novos para ele; do contrário, ele saberia o que fazer sem dificuldade […] Lá eu vivo na minha segunda personalidade e vejo a vida ao redor, como algo que para sempre vem e passa." (Ibidem, p. 264-265.) Ver também W. Giegerich, The End of Meaning and the Birth of Man, *Journal of Jungian Theory and Practice*, v. 6, n. 1, p. 1-65, que descreve a natureza compensatória das duas casas em termos que refletem as características das respectivas personalidades de Jung. Observa que, enquanto em Küsnacht Jung era "o cientista que desenterrava fatos" à sua mesa, em Bollingen ele se tornou "o peixe nadando nas águas do inconsciente primordial" (p. 47-48). Em uma ocasião, Jung descreve sua personalidade número dois em termos arquitetônicos: "nela a luz reinava, como nos salões espaçosos de um palácio real, cujas janelas altas se abrem sobre uma paisagem inundada de luz solar". (C.G. Jung, *Memories, Dreams, Reflections*, p. 107.) Sua personalidade número dois também vivenciou vários devaneios arquitetônicos, um dos quais se repetiu por muitos meses, quando ele era estudante, durante suas caminhadas de Klein-Hüningen à Basileia. Ele imaginava uma colina rochosa erguendo-se no meio do lago, com uma cidade medieval construída em suas encostas: "No alto da rocha", lembra Jung, "erguia-se um castelo bem fortificado com uma torre de menagem alta, uma torre de vigia". Uma vez mais, como aconteceu com a casa dos sonhos de 1909, Jung afirma que esse castelo "era a minha casa". (Ibidem, p. 100.) Jung, sob a direção de sua personalidade número um (sua propensão racional e consciente), acabou achando esse devaneio "tolo e ridículo" e o abandonou.
121. R. Mugerauer, op. cit., p. 26.

NOTAS

247

122. Suas interações com a arquitetura indubitavelmente o levaram a ter interesse pela alquimia, com suas noções de pedra infundida com afeto dinâmico ou espírito.

123. C.G. Jung, *Memories, Dreams, Reflections*, p. 35-36.

124. Ibidem, p. 59.

125. Ibidem, p. 39.

126. Ibidem, p. 43. Curiosamente, Jung teve uma visão de um templo de pedra negra quando muito doente e com grande necessidade de força vital. Mais tarde, em 1944, outra vez doente, Jung teve a visão de uma grande rocha na qual ele entrou pela antecâmara. Ele lembra que era um "enorme bloco de pedra escuro, como um meteorito. Era quase do tamanho da minha casa, ou ainda maior". (ibidem, p. 321.)

127. Ibidem, p. 198-199.

128. Um episódio longo que tem sido interpretado de várias maneiras, como um período prolongado de introspecção, uma doença criativa ou mesmo um colapso psicótico.

129. Ibidem, p. 198.

130. Ibidem, p. 197.

131. Ibidem, p. 198.

132. Ibidem, p. 197-198.

133. Idem, Symbols and the Interpretation of Dreams, em H. Read et al. (eds.), *C.G. Jung: The Collected Works*, v. 18, *The Symbolic Life: Miscellaneous Writings*, par. 484.

134. C.G. Jung, *Memories, Dreams, Reflections*, p. 184.

135. Ibidem, p. 223-224.

136. Idem, Approaching the Unconscious, em C.G. Jung; M.-L. von Franz (eds.), *Man and His Symbols*, p. 40.

137. Idem, Symbols and the Interpretation of Dreams, em H. Read et al. (eds.), *C.G. Jung: The Collected Works*, v. 18, *The Symbolic Life: Miscellaneous Writings*, par. 478-479; idem, Approaching the Unconscious, em C.G. Jung; M.-L. von Franz (eds.), *Man and His Symbols*, p. 53-54. Outros edifícios de sonho dignos de nota incluem uma casa em Verona (*Memories, Dreams, Reflections*, p. 229); um novo anexo de sua casa, dessa vez contendo um laboratório (ibidem, p. 239-241); uma casa de campo do século XVIII "muito espaçosa", com várias dependências que eram cuidadas pelo falecido pai de Jung (ibidem, p. 244); um castelo no meio de um pântano em uma floresta, lar de um estudioso rigidamente racional (The Psychological Aspects of the Kore, em G. Adler; R.F.C. Hull (eds.), *C.G. Jung: The Collected Works*, v. 9 (Part I), *Archetypes and the Collected Unconscious*, par. 360-361); uma torre de castelo que Jung guarda, vigiando os intrusos

das ameias (*The Red Book: Liber Novus*, p. 259); e uma torre de paredes lisas, embutida em uma montanha e contendo em seu interior um labirinto (ibidem, p. 320).

138. Idem, Symbols and the Interpretation of Dreams, em H. Read et al. (eds.), *C.G. Jung: The Collected Works*, v. 18, *The Symbolic Life: Miscellaneous Writings*, par. 479; idem, *Memories, Dreams, Reflections*, p. 228; idem, Approaching the Unconscious, em C.G. Jung; M.-L. von Franz (eds.), *Man and His Symbols*, p. 53-54.

139. Dos muitos exemplos desse tipo de sonho descrito por Jung ou por seus colegas que poderíamos citar para ilustrar esse ponto, o seguinte sonho de um dos seus alunos e relatado por Jung talvez seja o mais comovente. Jung descreve como ele se sentiu desconfortável com seu aluno, mas não conseguia descobrir o porquê, até que finalmente ele contou a Jung um sonho recente que tivera. O homem sonhara que havia chegado a uma cidade desconhecida. No centro da cidade, ele descobre um edifício medieval com "cômodos bonitos" e "corredores longos". De repente, escurece e ele perde a orientação e o rumo. Incapaz de encontrar o caminho para sair do edifício, ele fica cada vez mais alarmado com a perspectiva de estar perdido e ficar ali sozinho. Agora em pânico, ele tropeça em um "cômodo gigantesco" e escuro e descobre, para seu horror, no meio dele, uma "criança idiota de cerca de dois anos" sentada em "um penico", toda "suja de fezes" (*Memories, Dreams, Reflections*, p. 156-158). A casa dos sonhos, para Jung, explica por que ele estava certo em se sentir apreensivo com seu pupilo. Pois o edifício, Jung nos diz, revela o segredo de um aspecto reprimido ou de "personalidade" cindida do sonhador, que nesse caso é uma "psicose latente", "sinistra" que estava prestes a explodir e se manifestar na mente desperta e consciente do sonhador.

140. C.G. Jung, *Memories, Dreams, Reflections*, p. 319. Alhures, Jung alude à porta aberta que "libera o olhar", de modo que não há mais restrição à previsão. Ver A. Jung, op. cit., p. 565.

141. C.G. Jung, *Memories, Dreams, Reflections*, p. 319.

142. J. Hillman, TOWER, notas datilografadas em seções numeradas da Caixa Número: Hillman 185 A, §6, na coleção James Hillman, Opus Archives, Santa Barbara.

143. Ibidem. Andreas Jung, op. cit., p. 66-67, descreve o desejo de Jung por proteção e segurança, expresso não tanto em sua casa em Bollingen, mas na casa em Küsnacht, que ele descreve como uma fortaleza defensiva com o uso de pequenas janelas gradeadas e pesadas portas trancadas.

2. O EVENTO ARQUITETÔNICO

1. Quando o material inconsciente tem sua expressão negada, isso leva a um conflito na personalidade que resulta em todos os tipos de distúrbios, inclusive sintomas psicossomáticos. Os psicanalistas se referem a esse conflito como uma "neurose". Em casos graves, pode resultar uma "psicose", que em seu nível mais básico ocorre quando a personalidade do ego é fragmentada pelo ataque de material inconsciente. Nas neuroses e psicoses, existe uma falha na relação entre os aspectos conscientes e inconscientes da mente.

2. N. Leach, Topophilia/Topophobia: The Role of the Environment in the Formation of Identity, em X. Ruan; P. Hogben (ed.), *Topophilia and Topophobia*, p. 39.

3. Ibidem.

4. Ver Yi-Fu Tuan, *Topophilia*; X. Ruan; P. Hogben, Topo-philia and -phobia, em X. Ruan; P. Hogben (eds.), op. cit.

5. Yi-Fu Tuan, *Space and Place*, p. 3.

6. G. Simmel, Brücke und Tür/Bridge and Door, *Theory, Culture & Society*, v. 11, n. 1, p. 5-10.

7. J. Jacobs, *The Death and Life of Great American Cities*, p. 493-494.

8. Ver F. Nietzche, *The Birth of Tragedy From the Spirit of Music*.

9. L. Huskinson, *Nietzsche and Jung*, p. 11-19. Curiosamente, quando o impulso apolíneo está em total discrepância com o dionisíaco e opera individualmente e em sua forma mais pura, nós o encontramos expresso com mais clareza, afirma Nietzsche, na arquitetura (e em outras artes plásticas): pois ali – dentro de edifícios, por exemplo – nos é apresentada de imediato uma estrutura e forma inegáveis, que constituem a estética apolínea, ao lado de clareza, distinção, particularidade, ilusão, beleza, individualidade, contraste e convenção. Em sua forma estética mais pura, o dionisíaco se expressa em boa música, com associações de incerteza, caos, frenesi, contradição, ausência de limites, fertilidade e o coletivo. Em relação aos modos de autoconsciência, o impulso apolíneo corresponde a sentir-se distinto do ambiente, enquanto o impulso dionisíaco corresponde ao estado mental de sentimento conjunto com o resto da realidade. A combinação de música e arquitetura lembra uma das famosas observações feitas Schelling e Goethe: que a música é arquitetura em um estado fluido e que a arquitetura é música congelada.

10. Em *Thrills and Regressions*, o psicanalista Michael Balint propôs ansiedades espaciais semelhantes com seus conceitos de *ocnofilia* e *filobatismo*. Essas são duas abordagens contrastantes de objetos e limites percebidos em nossos ambientes comuns do dia a dia. Se respondermos ao nosso ambiente com um estado de espírito ocnofílico, ele parecerá um mundo assustador e perigoso de espaços abertos e acontecimentos incertos, pontuado por objetos reconfortantes aos quais nos agarramos para apoio. Isso é, portanto, similar a uma resposta agorafóbica, tal qual demonstrada por Freud ao agarrar-se ao braço de Reik enquanto tentava atravessar a rua (ver T. Reik, *Listening with the Third Ear*, p. 15-16). Em um estado de espírito filobático, em contraste, os próprios objetos são experienciados como perigosos e os grandes espaços abertos como reconfortantes (semelhante a uma resposta claustrofóbica). Com frequência, há uma mescla das duas atitudes ao mesmo tempo, uma reprimindo a outra; ou há uma instabilidade ansiosa quando uma é experienciada em excesso, com uma necessidade doentia de possuir o objeto ou uma tendência a se tornar paranoico, sempre atento para objetos que surgem do nada, prontos para possuir o *self*.

11. Em TOWER, notas datilografadas em seções numeradas da Caixa Número: Hillman 185 A, §6, Coleção James Hillman, Arquivos Opus, Santa Bárbara, Hillman descreve a natureza claustrofóbica do edifício Bollingen de Jung, quando o critica como uma "personalidade autoconfinada por paredes de pedra".

12. N. Leach, op. cit., p. 32.

13. Ver Platão, *Cratylus*, em J.M. Cooper (ed.), *Plato: The Complete Works*, p. 402A. Platão cita Heráclito dizendo: "Tudo escorre e nada permanece".

14. Architecture and the True Self, em J.A. Winer et al. (eds.), *Psychoanalysis and Architecture: The Annuals of Psychoanalysis*, v. 33, p. 62-63.

15. Ibidem, p. 64.

16. Yi-Fu Tuan, Time, Space, and Architecture, em X. Ruan; P. Hogben, *Topohilia and Topophobia*, p. 27.

17. P. Buchanan, The Big Rethink, *Architectural Review*, p. 5. Disponível em: <https://www.architectural-review.com>.

18. A Torre Eiffel, no centro de Paris, é um caso bem documentado, e seus projetos geraram controvérsia e críticas do público e de figuras importantes nas artes. Uma petição conhecida como *Les Artistes contre la Tour Eiffel* (Artistas Contra a Torre Eiffel) foi enviada ao ministro do Obras e publicada no jornal diário *Le Temps* (14 de fevereiro de 1887) com a seguinte declaração: "Nós, escritores, pintores, escultores, arquitetos e devotos apaixonados da beleza intocada de Paris até agora, protestamos com todas as nossas forças, com toda a nossa indignação, em nome do desprezado gosto francês, contra a edificação [...] dessa inútil e monstruosa Torre Eiffel [...] Para deixar claros nossos argumentos, imaginem por um momento uma torre vertiginosa e ridícula dominando Paris como uma gigantesca chaminé negra, esmagando sob seu vulto bárbaro Notre

NOTAS

Dame, o Tour Saint-Jacques, o Louvre, o Dome de les Invalides, o Arco do Triunfo [;] todos os nossos monumentos humilhados irão desaparecer nesse sonho horrível. E durante vinte anos [...] veremos estender-se como uma mancha de tinta a sombra odiosa da coluna odiosa de chapa de metal aferrolhada."

19. C. Bollas, Architecture and the Unconscious, *International Forum of Psychoanalysis*, v. 9, n. 1-2, p. 29. Ver também em *The Evocative Object World*, p. 47-48.

20. J. MacCannell, Freud Space, em J.A. Winer et al. (eds.), *Psychoanalysis and Architecture: The Annuals of Psychoanalysis*, v. 33, p. 102.

21. G. Bachelard, *The Poetics of Space*, p. 6, 14-15

22. Ibidem, p. 15.

23. Ibidem, p. 17. Rainer Maria Rilke descreve com eloquência a incorporação da memória de uma casa: "Depois, nunca mais vi aquela casa extraordinária [...], não é uma edificação completa: está toda dividida dentro de mim; aqui um cômodo, ali um cômodo, e aqui um pedaço de corredor que não conecta esses dois cômodos, mas é preservado, como um fragmento, por si só. Dessa forma, está tudo disperso dentro de mim – os cômodos, as escadarias que desciam com tal deliberação cerimoniosa, e outras escadas estreitas, espiraladas, em cuja obscuridade se andava como o sangue nas veias [...] tudo o que ainda está em mim e nunca deixará de estar em mim. É como se a imagem dessa casa tivesse caído sobre mim de uma altura infinita e se estilhaçado no meu próprio chão." (*The Notebooks of Malte Laurids Brigge*, § 6, p. 30-31.)

24. Bachelard fala da casa da família como um "ninho" de "cantos e fendas", e no interior de "cada um de seus cantos e fendas" há "um lugar de descanso para sonhar acordado". (op. cit., p. 15, 30.)

25. C. Bollas, Architecture and the Unconscious, *International Forum of Psychoanalysis*, v. 9, p. 29. Ver também em *The Evocative Object World*.

26. Ver Z. Ostrihanska; D. Wojcik, Burglaries as Seen by the Victims, *International Review of Victimology*, v. 2, n. 3, p. 217-226; J. Shapland; M. Hall, What Do We Know About the Effects of Crime on Victims, *International Review of Victimology*, v. 14, p. 183, 186, 191. Dados do British Crime Survey de 1983 sugerem que um terço das vítimas de roubo sofre de depressão, insônia ou outros problemas de saúde. Ver M. Hough; P. Mayhew, *Taking Account of Crime*.

27. M. Maguire, The Impact of Burglary Upon Victims, *The British Journal of Criminology*, v. 20, n. 3, p. 265-266; N. Shover, Burglary, *Crime and Justice*, v. 14, p. 94.

28. J. MacCannell, op. cit., p. 102.

29. Ver, por exemplo, Roszak, que escreve: "Mas, e se [a loucura] deriva não do passado ancestral distante, porém de algo mais recente: o início da vida civilizada, a transição social e econômica que desenraizou nossa espécie [*sic*] de seu ambiente original e a realocou para a cidade?" (T. Roszak, *Voice of the Earth*, p. 83.)

30. Ibidem, p. 220. Aqui Roszak emprega o termo "armadura corporal" de Wilhelm Reich (1933), que é uma defesa muscular inconsciente causada pelas tensões do trauma emocional. A armadura corporal tem semelhanças com a noção de Esther Bick da "segunda pele". (The Experience of the Skin in Early Objects Relations, *The International Journal of Psychoanalysis*, v. 49, n. 2-3, p. 484-486.) Outros estudiosos que defendem a cisão entre o mundo natural e o ambiente construído, idealizando o primeiro e denegrindo o último, incluem J. Clinebell, que afirma "a necessidade dos moradores da cidade de encontrarem cura na selva", porque "[e]ntrar na natureza selvagem e seus microcosmos – jardins e parques – nos dá oportunidade de nos reconectarmos com esse instinto e descansa nossa psique frágil da exaustão de tentar permanecer intacta no mundo civilizado, que é tão estranho para muitos de nós". (*Ecotherapy*, p. 46.) Da mesma forma, o arquiteto Yi-Fu Tuan afirma que "as virtudes do campo exigem sua anti-imagem, a cidade, para aguçar o foco e vice-versa", e se refere à "corrupção da cidade e à virtude rural". (*Topophilia*, p. 102, 108; ver p. 103-109.)

31. T. Roszak, op. cit., p. 216, 217. Isso ecoa Jane Jacobs em sua crítica aos planos utópicos de Le Corbusier para a cidade. Ela afirma: "Não importa o quão vulgar ou desajeitado seja o projeto, quão deprimente e inútil o espaço aberto, quão monótona a vista de perto, uma imitação de Le Corbusier grita: 'Olhem o que eu fiz!' Como um grande ego visível, ela fala da realização de alguém. Mas, sobre como a cidade funciona, tanto ela como a Cidade-Jardim só falam mentiras. (J. Jacobs, op. cit., p. 32.)

32. Hillman e Roszak estão ainda alinhados no apoio publicado de Hillman ao trabalho de Roszak, o primeiro tendo escrito um prefácio para a *Ecopsychology* de Roszak – um prefácio que talvez seja mais bem conhecido como o curto ensaio de Hillman "A Psyche the Size of the Earth" (publicado em 1995) – e um endosso do célebre trabalho de Roszak, *The Voice of the Earth* (2002). O endosso que aparece na contracapa desse livro é o seguinte: "Por ser completo, certo e por falar os ideais de um coração apaixonado", o livro de Roszak estabelece uma base para a teoria e prática da psicoterapia no próximo século."

33. J. Hillman, TOWER, notas datilografadas em seções numeradas da Caixa Número: Hillman 185 A, §6, na coleção James Hillman, Opus Archives, Santa Barbara, § 5-6.

34. Ibidem, § 2.

35. A nota aparece na Caixa Número: Hillman 185A na Coleção James Hillman, Arquivos Opus, Santa

250

Bárbara. Curiosamente, Hillman faz uma observação semelhante no contexto de tetos: "Que declarações esses tetos estão fazendo? O que estão dizendo sobre nossos interiores psíquicos? Se olhar para cima é um gesto de aspiração e orientação em direção à ordem superior do cosmos, uma imaginação se abrindo para as estrelas, nossos tetos refletem uma visão totalmente secular – míope, utilitária, inestética. Nossas cabeças se erguem e se abrem para um espaço branco caótico e sem sentido." (J. Hillman, The Cost of the Ugly, em R. Leaver (ed.), *City & Soul*, p. 196; ver também idem, Interiors in the Design of the City, em R. Sardello; G. Thomas (eds.), *Stirrings of Culture*, p. 78-84.)

36. J. Hillman, TOWER, notas datilografadas em seções numeradas da Caixa Número: Hillman 185A, §3, na coleção James Hillman, Opus Archives, Santa Barbara.

37. Ele diz: "Eu acho que quando você passa por uma rua na qual os edifícios foram queimados, ou na qual as janelas estão tapadas com tábuas [e] as janelas estão quebradas, é uma sensação terrível, é como se você estivesse olhando para um rosto com os olhos para fora." (Apud M. Kidel, *Architecture of the Imagination*, p. 3). Em suas notas preparatórias para esse episódio, Hillman enfatiza os problemas das janelas que não abrem e daquelas que têm vidros duplos ou triplos. Essas janelas, diz ele, "reforçam o isolamento ou a solidão das pessoas que estão lá dentro. Surgem de uma fantasia paranoica de que qualquer coisa pode entrar em mim, me invadir e, portanto, reforçam nosso isolamento social. Você está absoluta e hermeticamente selado". Comparar com os comentários do arquiteto Pallasmaa: "as vidraças polarizadas e escurecidas das casas contemporâneas [...] são olhos cegos por alguma doença horrível; são os olhos maliciosos que secretamente controlam os próprios habitantes". (J. Pallasmaa, Stairways of the Mind, *International Forum of Psychoanalysis*, v.9, p. 8-9.)

38. Em uma nota manuscrita, datada de 1993, Hillman afirma ousadamente: "enorme investimento na Porta da Frente [por exemplo] porta de Carvalho. Porta Esculpida. SIGNIFICAM REPRESSÃO" (as maiúsculas estão na nota original. A nota aparece em DOORS, notas datilografadas em seções numeradas da Caixa Número: Hillman 185A, Coleção James Hillman, Arquivos Opus, Santa Bárbara.) A porta se torna, em outras palavras, o meio pelo qual o ego pode se entrincheirar do lado de dentro e se defender de tudo que está fora.

39. L. Jones, *The Hermeneutics of Sacred Architecture*, v. 1: *Experience, Interpretation, Comparison*, p. 41. (Grifo no original.)

40. Ibidem, p. xxviii.
41. Ibidem, p. 41.
42. Ibidem, p. xii.

43. Ibidem, p. xxviii.
44. A. Rossi, *A Scientific Autobiography*, p. 37.
45. J. Jacobs, op. cit., p. 50.
46. D. Maclagan, *Psychological Aesthetics*, p. 131.
47. B. Tschumi, *Architecture and Disjunction*, p. 3.
48. N. Leach, Vitruvius Crucifix, em G. Dodds; R. Tavernor (eds.), *Body and Building*, p. 220.
49. H. Lefebvre, *The Production of Space*, p. 42.
50. Ver L. Jones, op. cit., p. 21-37. Jones é especialmente perspicaz sobre essa noção e cita várias afirmações de apoio de teóricos da arquitetura e da filosofia, incluindo Mark Wigley, que se refere à "estranheza irredutível da arquitetura" (M. Wigley, *The Architecture of Deconstruction*, p. 28) e Charles Moore, para quem "um edifício em si tem o poder, por ter sido construído certo ou errado, mudo ou barulhento, de ser o que quer ser, de dizer o que quer dizer" (apud J. Cook; H. Klotz, *Conversations with Architects*, p. 242.)

51. H. Lefebvre, op. cit., p. 222.
52. M. Heidegger, *Introduction to Metaphysics*, p. 35-36.
53. L. Jones, p. cit., p. 22.
54. H. Klotz, *The History of Postmodern Architecture*, p. 3. Na Conclusão, analisarei as repercussões problemáticas da capacidade do edifício de evocar significados infinitos para aqueles arquitetos que projetam a fim de transmitir significados específicos.
55. S. Langer, *Philosophy in a New Key*, p. 259.
56. M. Gagnebin, *Pour une esthétique psychanalytique*, p. 31; apud D. Maclagan, op. cit., p. 39. Ver também P. Deamer, Adrian Stokes, em J.A. Winer et al.(eds.), *Psychoanalysis and Architecture: The Annuals of Psychoanalysis*, v. 33, p. 126: "O engajamento estético da psicanálise tendeu a permanecer no nível do conteúdo e não da forma, devido ao fato de que a arquitetura é, em grande parte, uma arte não representacional"; M. Wigley, op. cit., p. 28, que alude à "estranheza irredutível da arquitetura"; e o arquiteto Tschumi, que emprega a metáfora de uma figura mascarada que revela outra máscara debaixo para transmitir o caráter elusivo e incognoscível da arquitetura (apud L. Jones, op. cit., p. 24).
57. D. Maclagan, op. cit., p. 40.
58. De fato, não todos os adeptos da psicologia profunda, talvez mais explicitamente psicólogos analíticos junguianos e psicólogos arquetípicos.
59. Com a publicação do poema épico de Edmund Spenser, *The Faerie Queene*, em 1590.
60. R. Scruton, *Aesthetics of Architecture*, p. 74.
61. Ibidem, p. 84.
62. Ibidem, p. 77.
63. Ibidem, p. 84.
64. Ibidem, p. 87.
65. Adotarei o uso de Scruton do termo "percepção imaginativa" em minha investigação, mas no lugar do termo "percepção vulgar" de Scruton,

NOTAS

usarei o termo "percepção literal". Isso porque, como devo argumentar, a percepção imaginativa não é menos vulgar do que o modo de percepção que Scruton discute aqui em contraste a ela. Na verdade, empregamos a percepção imaginativa diariamente e com muito mais frequência do que em geral se pensa.

66. Ibidem, p. 87.
67. Ibidem.
68. Ibidem, p. 260.
69. Dos teóricos anteriormente mencionados, Roger Scruton, abordando o valor da arquitetura, conclui que "a experiência estética não é apenas uma peculiaridade dos seres racionais, mas também uma parte essencial de sua compreensão, tanto de si mesmos quanto do mundo que os cerca" (ibidem, p. 261). Lindsey Jones afirma que "a arquitetura habitualmente participa do caráter de um retorno ao lar ou de uma reunião com a pessoa em si e com seu próprio passado" (op. cit., p. 76).
70. M. Heidegger, Building, Dwelling, Thinking, *Poetry, Language, Thought*.
71. H.G. Gadamer, *Truth and Method*, p. 119, 138-142.

72. S. Abercombie, *Architecture as Art*, p. 168-169.
73. B. Zevi, *Architecture as Space*, p. 32.
74. P. Buchanan, The Bing Rethink, The Architectural Review, disponível em: <https://www.architectural-review.com>.
75. C. Balmond; J. Smith, *Informal*, p. 105-107.
76. S.M. Sonnenberg, What Can Psychoanalysts Learn from an Enhanced Awareness of Architecture and Design, em J.A. Winer et al (eds.), *Psychoanalysis and Architecture: The Annuals of Psychoanalysis*, v. 33, p. 47.
77. C. Bollas, *Being a Character*, p. 60.
78. Ibidem, p. 4.
79. Ibidem, p. 22.
80. Idem, *The Evocative Object World*, p. 88.
81. Idem, *Being a Character*, p. 22.
82. Idem, Architecture and the Unconscious, *International Forum of Psychoanalysis*, v. 9, p. 29. Ver também em *The Evocative Object World*.
83. Idem, *The Shadow of the Object*, p. 4, 13-29.
84. A. Ballantyne, *Architecture: A Very Short Introduction*, p. 17.
85. R. Scruton, op. cit., p. 79, 87.

3. O PAPEL DO CORPO NO EVENTO ARQUITETÔNICO

1. Embora não tão extrema a ponto de a pessoa ser incapaz, por exemplo, de se relacionar com os outros, de simbolizar ou de imaginar.
2. E. Mahon, Dreams of Architecture and the Architecture of Dreams, *Annual of Psychoanalysis*, v. 33, p. 29-30.
3. *Explorations in Autism*, p. 18.
4. Ibidem, p. 19-20
5. J. Pallasmaa, *The Eyes of Skin*, p. 67.
6. O próprio Jung referiu-se à experiência de conjugar sujeito e objeto não como projeção, mas como *participação mística*. Esse é um termo antropológico que Jung tomou emprestado de Lucien Lévy-Bruhl para se referir à fusão ou identificação primordial de sujeito e objeto. Discutiremos isso no capítulo 4.
7. Freud costumava usar os termos "introjeção" e "incorporação" de forma intercambiável. No entanto, darei preferência ao uso de "incorporação", uma vez que a ideia de introjeção não envolve limites corporais. (Ver S. Freud, Instincts and their Vicissitudes, *On the History of the Psycho-Analytic Movement, Papers on Meta-psychology and Other Works SE*, v. 14, p. 109-140.) A incorporação é uma fantasia de tomar objetos de "fora" do corpo e colocá-los dentro dele. (Ver S. Freud, On Narcissism: An Introduction, *SE*, v. 14, *On the History of the Psycho-Analytic Movement, Papers on Meta-psychology and Other Works*.)
8. J. Pallasmaa, op. cit., p. 67.
9. M. Potolsky, *Mimesis: The New Critical Idiom*, p. 1.
10. Ver, por exemplo, T. Adorno; M. Horkheimer, *Dialectic of Enlightenment*; W. Benjamin, On the Mimetic Faculty, em P. Demetz (ed.), *Reflections*; J.W.T. Redfearn, When are Things Persons and Persons Things, *Journal of Analytical Psychology*, v. 27, p. 215-237; L. Kahn, I Love Beginnings, em A. Latour (ed.), *Louis I Kahn*; A. Graafland, *Architectural Bodies*; J. Pallasmaa, op. cit., p. 66-67; J. Sanders, *Stud*; N. Leach, Vitruvius Crucifixus, em G. Dodds; R. Tavernor (eds.), *Body and Building*; idem, *Camouflage*, p. 16-31. Pallasmaa observa: "'O tijolo quer se tornar um arco', como disse Louis Kahn, e essa metamorfose ocorre por meio da capacidade mimética do corpo." (Op. cit., p. 67.)

11. Mais uma vez, somos lembrados da experiência de Jung de si mesmo como a pedra sobre a qual ele se sentou. Experiências como essa podem ter influenciado Jung em seus estudos detalhados de alquimia e a noção do "espírito que penetra na pedra" e da "pedra miraculosa". (C.G. Jung, Psychology and Alchemy, em G. Adler; R.F.C. Hull (eds.), *C.G. Jung: The Collected Works*, v. 12, *Psychology and Alchemy*, par. 406). Jung discorre longamente sobre a relevância da alquimia para o desenvolvimento da personalidade. A pedra alquímica tem paralelos com a estátua de Lacan; é, diz Jung, "nada além do homem total". (Idem, Foreword to [R.J. Zwi] Werblowsky's *Lucifer and Prometheus*, em M. Fordham; G. Adler [eds.], *C.G. Jung: The Collected Works*, v. 11, *Psychology and Religion*, par. 471.) Ver também C.G. Jung, *Nietsche's Zarathrusta*, par. 406, onde ele discute a alusão de Nietzsche em *Assim Falou Zaratustra* à alma que dorme na pedra: "na pedra dorme uma

imagem maravilhosa"; "dentro da pedra há algo que está vivo, porém dormente".

12. Vários outros pensadores poderiam ter sido selecionados para transmitir os pontos essenciais que desejo apresentar – incluindo, por exemplo, Wilfred Bion e suas ideias de continente/contido (*Learning from Experience*), ou Melanie Klein e seu conceito de identificação projetiva, Notes on Some Schizoid Mechanisms, em J. Mitchell (ed.), *The Selected Melanie Klein*, p. 175-200.

13. Um ponto sublinhado por sua máxima de que o ego é "em primeiro lugar um ego corporal" (S. Freud, *The Ego and the Id*, *SE*, v. 19, p. 12-68), e ilustrado claramente nos modelos freudianos anteriores da psique (ver capítulo 1). Quando Freud expõe sucintamente o significado de "ego corporal" em uma nota de rodapé na tradução para o inglês de sua obra (de autoria de Joan Rivière e adicionada com a autorização de Freud), ele deixa claro que a importância do corpo está em sua representação mental: "O ego é, em última análise, derivado das sensações corporais, principalmente daquelas que surgem da superfície do corpo. Pode, portanto, ser considerado uma projeção mental da superfície do corpo." (p. 26.)

14. Ver E.L. Smith, *The Body in Psychotherapy*, p. 4.

15. M. Potolsky, op. cit., p. 119.

16. S. Freud, Group Psychology and the Analysis of the Ego, *SE*, v. 18, *Beyond the Pleasure Principle, Group Psychology and Other Works*, p. 107.

17. Ibidem, p. 113; ver idem, *The Interpretation of Dreams*, *SE*, v. 4, p. 150; ver T. Adorno, *Aesthetic Theory*, p. 162, 169.

18. Op. cit., p. 122.

19. S. Freud, Group Psychology and the Analysis of the Ego, *SE*, v. 18, *Beyond the Pleasure Principle, Group Psychology and Other Works*, p. 106.

20. Ibidem, p. 113.

21. Em *Écrits: The First Complete Edition in English*, p. 75-81.

22. Lacan se refere à relação entre o sentido imaginado de continência e a realidade da fragmentação caótica como a relação entre o "Imaginário" e o "Real". A obra de Lacan está centrada em uma tríade de ideias: o *Simbólico* é um conjunto de significantes diferenciados, incluindo a própria linguagem; o *Imaginário* serve como mediador entre os mundos interior e exterior e é orientado para a coesão; o *Real* é aquilo que não é simbolizado, está sempre presente e fora da linguagem. Para Lacan, todos eles podem ser vistos como espaços nos quais certos aspectos da subjetividade operam.

23. Lacan considera que isso ocorre por volta dos seis aos dezoito meses de idade.

24. J. Lacan, The Mirror Stage as Formative of the Function of the *I* Function as Revealed in Psychoanalytic Experience, em *Écrits: The First Complete Edition in English*, p. 76.

25. Ibidem, p. 78.

26. Ibidem, p. 76.

27. Ibidem, p. 93.

28. M. Borch-Jacobsen, *The Absolute Master*, p. 60.

29. J. Pallasmaa, op. cit., p. 67.

30. J. Lacan, Some Reflections on the Ego, *International Journal of Psychoanalysis*, v. 34, p. 15.

31. Ver J. Rykwert, *The Dancing Column*.

32. O. Niemeyer, *The Curves of Time*, p. 62, 169, 170.

33. S. Calatrava, *Conversations with Students*, p. 94-95.

34. Ver M. Rappolt, *Gehry Draws*.

35. Ver D. Meltzer, op. cit.

36. Ver E. Mahon, op. cit.

37. M. Borch-Jacobsen, op. cit., p. 59. Esse espelho de Lacan que torna o sujeito rígido é semelhante à descrição de Freud do olhar narcisista (a sedução da visão de nós mesmos), que torna o sujeito "rígido de terror, o transforma em pedra". (S. Freud, Medusa's Head, *Beyond the Pleasure Principle, Group Psychology and Other Works*, *SE*, v. 18, p. 273.) Curiosamente, Borch-Jacobsen interpreta a forma estática, sem vida e "inumana" da estátua de pedra como um indicativo de morte, enquanto vários outros – inclusive eu – endossaram uma interpretação contrastante, que considera essas mesmas características da arquitetura como evocativas da promessa de continência permanente, que poderia ser interpretada como a promessa de imortalidade. Sugeri no capítulo 2 que são, antes, aqueles edifícios que nos surpreendem com sua falta de solidez e parecem frágeis ou em estado de ruína ou decadência ou demolição que inspiram sentimentos de "morte", instabilidade ou perda do *self*. Esses edifícios expressam bem o estranho senso do outro que, como explicarei no capítulo 5, é uma consciência do inconsciente em ação. No entanto, o ponto importante a extrair do relato de Borch-Jacobsen é que, além das experiências de continência e integração, aquelas de separação ou deslocamento são incorporadas ao sujeito em sua identificação com a estátua.

38. M. Borch-Jacobsen, op. cit., p. 60.

39. É importante observar que suas críticas à visão não se aplicam ao uso da visão no modelo de Lacan. Para Adorno e Horkheimer, a visão é uma atividade "racional" que funciona melhor à distância de um objeto, enquanto o sentido do olfato (e, eu acrescentaria, do tato) literalmente funde o *self* com o objeto. "Ao ver", eles dizem, "permanecemos o que somos; mas ao cheirar, somos absorvidos totalmente" (T. Adorno; M. Horkheimer, op. cit., p. 184). Porém, como já observamos, a visão para Lacan cumpre função semelhante. Ela não estabelece uma relação passiva ou distância entre sujeito e objeto, mas instiga sua fusão. A estátua, na verdade, forma o *self* que antecipa através do olhar do *self* sobre ela. "A predominância das funções

NOTAS

visuais", afirma ele, determina o "progresso mental" da criança (apud M. Borch-Jacobsen, op. cit., p. 49). Para Lacan, a estátua que nos confronta no espelho permite-nos olhar não apenas para nós mesmos, mas através de nós mesmos para o "objeto que se sabe ser visto" (J. Lacan, *Freud's Papers on Technique 1953-4: The Seminar of Jacques Lacan, Book I*, p. 215; ver p. 78). Tanto para Adorno e Horkheimer quanto para Lacan, a mimese ameaça a autonomia do ego ao estabelecer um vínculo inextricável entre o *self* e o outro, mas eles enfatizam os diferentes sentidos como o meio pelo qual isso é alcançado.

40. T. Adorno; M. Horkheimer, op. cit., p. 182. O próprio Freud sugere que o desejo de olhar pode ser um substituto para o desejo primário de tocar (S. Freud, *Jokes and Their Relation to the Unconscious, SE*, v. 8, p. 98; ver J. Ulnik, *Skin in Psychoanalysis*, p. 23), e que, subsequentemente, o desejo de olhar é tanto uma "libido visual" como uma "libido tátil" presente em todos – o que quer dizer que nossas energias instintuais são canalizadas através de ambos, os olhos e a pele, a fim de nos identificarmos com seu objeto ideal ou modelo para a sua própria autoexpressão.

41. S. Freud, *The Ego and the Id, SE*, v. 19, p. 12-68.

42. E. Bick, The Experience of the Skin in Early Object Relations, *The International Journal of Psychoanaysis*, v. 49, n. 2-3, p. 484.

43. S. Freud; C.G. Jung, *The Freud/Jung Letters*, W. McGuire (ed.), Carta 126J; p. 125-126.

44. E. Bick, op. cit., p. 484.

45. Anteriormente, levantei a hipótese de que quanto mais forte a ameaça percebida de desintegração do *self*, mais forte a necessidade de se identificar com um objeto de continência para diminuir a ameaça; e que uma percepção problemática do corpo ou do *ego-self* pode levar à identificação com objetos instáveis. Bick contribui para esse ponto conceitual postulando o desenvolvimento de algo chamado de "segunda pele" nos casos problemáticos em que o bebê é incapaz de se identificar com um ambiente de continência. A segunda pele é um substituto pobre para a experiência real da pele física (E. Bick, op. cit., p. 485) e se desenvolve a partir dos próprios recursos escassos do bebê, como a sensação de tensão muscular em resposta a suas experiências não integradas. A identificação com essa pele substituta pode levar a uma personalidade desorganizada e frágil, com uma "concha muscular" e uma "musculosidade verbal correspondente", conforme exemplificado em vários estudos de caso descritos por Bick – incluindo sua análise de uma menina esquizofrênica de três anos e meio que, aos quatro meses de idade, coçava compulsivamente a pele até sangrar, e estava fisicamente "encurvada, ainda com as articulações imóveis, grotesca como um 'saco de batatas'".

46. D. Anzieu, Le Moi-peau, *Nouvelle revue de psychanalyse*, v. 9, p. 195-203.

47. Idem, *The Skin Ego*, p. 61.

48. Ibidem, p. 62-63.

49. M. Lafrance, From the Skin Ego to the Psychic Envelope, em S.L. Cavanaugh et al. (eds.), *Skin, Culture and Psychoanalysis*, p. 30.

50. A título de ilustração da fantasia da pele compartilhada, Anzieu descreve a experiência de dois amantes que "se envolvem em suas duas peles maternas imaginárias", experimentando-se como "uma só psique" e "um corpo único, único para os dois, com uma única pele". (D. Anzieu, *Créer-Détruire*, p. 246-247; ver idem, *The Skin Ego*, p. 63.)

51. D. Anzieu, *The Skin Ego*, p. 63.

52. Ibidem, p. 61, 64, 124.

53. Há nove funções com patologias potenciais: o embalar do bebê; a continência; a proteção contra estímulos; a individuação; a intersensorialidade; a sexualização; a recarga libidinal; a inscrição; e a toxicidade.

54. Ibidem, p. 98.

55. Ibidem, p. 61.

56. Ibidem, p. 64, 98; M. Lafrance, op. cit., p. 26.

57. J. Grotstein, An Object Relations Perspective on Resistance in Narcissistic Patients, *Techniques of Working with Resistance*, p. 317-339.

58. T. Ogden, *The Primitive Edge of Experience*, p. 70.

59. Ibidem.

60. D.W. Winnicott, *The Maturational Processes and the Facilitating Environment*, p. 182-183.

61. J. Grotstein, *Splitting and Projective Identification*, p. 185. (Grifo no original.)

62. Ibidem, p. 369.

63. H. Searles, *The Nonhuman Environment in Normal Development and in Schizophrenia*, p. 25.

64. Ibidem, p. 3.

65. When are Things Persons and Persons Things?, *Journal of Analytical Psychology*, v. 27, p. 219.

66. Ibidem, p. 215.

67. Ibidem, p. 217.

68. Ver, por exemplo, N. Evernden, Beyond Ecology, *The North American Review*, v. 263, n. 4, p. 16-20; A. Fisher, *Radical Ecopsychology*, p. 3, 7, 123, 140; T. Roszak, *The Voice of the Earth*, p. 294-296; C. Saari, *The Environment*, p. 7-8; S.D. Clayton; S. Opotow (eds.), *Identity and the Natural Environment*, p. 6, 27, 92; M. Rust, Creating Psychotherapy for a Sustainable Future, *Psychotherapy and Politics International*, v. 2, n. 2, p. 157-170.

69. E. Bick, op. cit., p. 485.

70. D.W. Winnicott, The Location of Cultural Experience, *International Journal of Psychoanalysis*, v. 48, n. 3, p. 368-372; ver idem, *Playing and Reality*. Ver também C. Bollas, The Aesthetic Moment and the Search for Transformation, *Annual of Psychoanalysis*, v. 6, p. 386, que afirma: "O idioma de cuidado da mãe e a experiência do bebê desse cuidado é a primeira estética

humana"; G.J. Rose, *The Power of Form*, p. 14: "[A] alternância de proximidade e distância [da mãe e do bebê] corresponde à interação equilibrada de tensão e liberação que tradicionalmente descreve a experiência estética." Adrian Stokes concebe a apreensão estética como aquela em que somos "agarrados" e experimentamos a nós mesmos como "estando unidos" e "envolvidos com um objeto estético". Segundo Stokes, *The Invitation of Art*, p. 19, essas experiências expressam uma espécie de reencontro com a mãe – um reencontro que ele interpreta, em termos kleinianos, como "uma identificação com o seio bom". Ver L. Jones, *The Hermeneutics of Sacred Architecture*, v.1, p. 76 e D. Maclagan, *Psychological Aesthetics*, p. 37.

71. G.J. Rose, op. cit., p. 4.

72. *Phenomenology of Perception*, p. 101

73. De fato, como Anzieu observa em sua discussão sobre o eu-pele, "cada figura pressupõe um plano de fundo contra o qual aparece como uma figura: essa verdade elementar é esquecida com facilidade, pois nossa atenção é normalmente atraída pela figura que emerge e pelo não plano de fundo do qual se desprende". (D. Anzieu, *The Skin Ego*, p. 38.) Uma das funções do eu-pele de Anzieu é a "intersensorialidade", que ele descreve como o meio pelo qual o eu-pele conecta vários tipos de sensações, a fim de *"fazer com que se destaquem como figuras contra o plano de fundo original"*. Conectar e organizar as sensações dessa maneira propicia ao bebê uma experiência coerente de sua organização e coordenação interiores. (Ibidem, p. 103. [Grifo no original.].)

74. Ver, por exemplo, S. Freud, Civilization and Its Discontents, *The Future of an Illusion, Civilization and its Discontents and Other Works*, SE, v. 21, p. 87, que se refere a uma "casa de moradia" como um "substituto do útero da mãe, a primeira habitação". Ver também A. Stokes, *The Critical Writings of Adrian Stokes*, p. 137, que descreve "o corpo liso da superfície da parede" como "o seio brilhante" da mãe, e as "molduras, as projeções, as rusticações [e] as telhas" do edifício como a cabeça da mãe, e seu "mamilo de alimentação". Aqui, o edifício, para Stokes, indica "o retorno da mãe pranteada em toda a sua calma, beleza e magnificência". Somos lembrados da comparação de Filarete entre o arquiteto e a mãe, que cuidadosamente nutre seu filho da concepção à maturidade (ver Introdução).

75. A. Stokes, *The Invitation of Art*, p. 19-20. Ver também a afirmação de Stokes em *The Image of Form*, p. 74: "Como mães de homens, os edifícios são bons ouvintes."

76. The Theory of the Parent-Infant Relationship, *International Journal of Psychoanalysis*, v. 41, p. 585-595. Winnicott afirma ter feito esse comentário pela primeira vez em um debate no Scientific Meeting of the British Psycho-Analytical Society, por volta de 1940. (Ibidem, p. 587, nota 4.)

77. Minha análise no capítulo anterior sobre o edifício como impensável sem e inseparável do percebedor pode ser lida sob essa óptica. Para uma breve alusão à ideia de que "Não existe essa coisa chamada de edifício", ver F.R. Rodman, Architecture and the True Self, em J.A. Winer et al. (eds.), *Psychoanalysis and Architecture: The Annuals of Psychoanalysis*, v. 33, p. 59, onde Rodman curiosamente menciona um artigo que, infelizmente, não pode ser localizado, escrito, diz ele, por "um inglês" e intitulado "Não existe essa coisa chamada de edifício." Para Rodman, um edifício fornece contato contínuo com nossas origens e é uma fonte de nutrição e segurança constantes. Anita Abramovitz, em *People and Spaces*, p. 5, endossa uma proposição similar em sua afirmação de que um "edifício vazio não é um edifício inteiro. É apenas um começo. Não podemos entendê-lo até que o preenchamos com pessoas, mesmo que apenas em nossa imaginação".

78. Searles está citando aqui o psicanalista August Stärcke, The Catastriphic Complex, *International Journal of Psychoanalysis*, v. 2, p. 179-201.

79. H. Searles, op. cit., p. 32.

80. Ibidem, p. 9.

81. Ibidem, p. 43-44.

82. Ibidem, p. 90.

83. Ibidem, p. 78, 85.

84. Ibidem, p. 88, 120.

85. Ibidem, p. 87.

86. De forma um tanto enigmática, Searles sugere que podemos melhorar a função de continência de nossos edifícios domésticos se prestarmos atenção à "estabilidade da disposição de [seus] cômodos". Isso, diz ele, pode ter repercussões na estabilidade psicológica da criança e "dar à criança apoio na luta pela individuação mãe-bebê". (Ibidem, p. 151-152.) Presumivelmente, Searles está sugerindo aqui que a distância/proximidade do quarto de uma criança em relação ao de sua mãe, ou seu tamanho relativo, é importante.

87. J.W.T. Redfearn, op. cit., p. 218.

88. Ibidem, p. 218, 219.

89. Ibidem, p. 220.

90. Ibidem, p. 221. Embora frequentemente associada a transtornos de identidade pessoal, a despersonalização não é um fenômeno patológico *per se*. Afinal, a "individuação ocorre", afirma ele, "por meio de ciclos sucessivos de descorporificações e *coniunctiones* [uniões]" (p. 226).

91. Ibidem, p. 233.

92. Ibidem, p. 222-223.

93. Ibidem, p. 223.

94. Ibidem, p. 227.

95. Ibidem, p. 225. Ao apresentar essa imagem, Redfearn contribui para a tradição a que aludi

NOTAS

antes, de encontrar paralelos metafóricos entre a mãe e o edifício, retratando a mãe-como-edifício como uma ruína arquitetônica. Suas ideias oferecem uma crítica interessante sobre o valor das ruínas arquitetônicas e do porquê são tão evocativas para nós na vida adulta. Em outras palavras, Redfearn sugere que as imagens de "edifícios em ruínas" (e "paisagens destruídas") estão alinhadas "muito perto da despersonalização" e, por conseguinte, também do nosso desejo de nos separar e nos distinguir de nossos ambientes, a fim de considerá-los menos humanos e menos pessoais. De acordo com Redfearn, as ruínas arquitetônicas expressam, ao mesmo tempo, a "destruição do mundo/mãe/autoimagem" (p. 228-229). Nesse aspecto, para Redfearn o edifício em ruínas simboliza uma fase essencial no desenvolvimento de uma pessoa, na qual ela está se desenvolvendo em um ser autônomo autocontido, tendo recentemente se distinguido e separado do ambiente que até aquele ponto se fundira com ela. Essa transição constitui uma situação vulnerável, como observei em minha análise sobre ruínas arquitetônicas e sua tendência para evocar nos adultos ansiedades profundas relacionadas à instabilidade do *self* e às ameaças de possível dissolução. A imagem de Redfearn do edifício arruinado certamente explora essas ideias, ao transmitir a perda ou a deterioração do contentor original – a mãe – e a perspectiva excitante, se bem que assustadora, de encontrar uma nova habitação consigo mesmo, como se o *self* estivesse passando por uma renovação arquitetônica, como um novo edifício em construção. Encontramos algo similar a essa transição, ou à reconstrução de um edifício arruinado em outro que está em perfeitas condições, representado em uma anedota pessoal de Freud quando de sua visita às ruínas da Acrópole. Analisaremos isso no próximo capítulo para ilustrar o "evento arquitetônico".

96. Ibidem, p. 231.
97. Ibidem, p. 230.
98. Ibidem, p. 235.
99. Ibidem, p. 236.
100. A. Stokes, *Smooth and Rough*, p. 62.
101. T. Thiis-Evensen, *Archetypes in Architecture*, p. 8.
102. Dado seu apelo às formas arquetípicas, poderíamos ler o relato arquitetônico de Thiis-Evensen em termos junguianos.
103. D. Seamon, Concretizing Heidegger's Notion of Dwelling, em E. Führ (ed.), *Building and Dwelling*, p. 189-202.
104. T. Thiis-Evensen, op. cit., p. 21.
105. Tanto Rose quanto Stokes descrevem as experiências estéticas – da arquitetura e da arte – como um processo interno paralelo às três fases ou aspectos que atribuí ao "evento arquitetônico",

sugerindo um momento de fusão com o objeto estético, seguido por uma separação dele e culminando em um enriquecimento da personalidade do percebedor. Stokes afirma que as obras de arte têm um "poder inicial sobre nós" que "surge do convite bem-sucedido para desfrutar de um relacionamento com processos delineados que avivam os nossos próprios, para desfrutar como alimento de nossos próprios processos correspondentes". Depois de responder ao "primeiro poder" da arte, de nos convidar para um relacionamento, Stokes explica que a obra de arte "similar à mãe" induz dentro de nós uma espécie de rendição, de tal forma que "nos vemos até certo ponto arrebatados", "unidos" e "envelopados" pelo objeto estético. E nossa identificação com ele, diz Stokes, "terá sido essencial para a subsequente contemplação da obra de arte como uma imagem não apenas de um objeto independente e completo, mas [também] da integração do ego". Por intermédio de nossa integração com ele, continuaremos a encontrar "nutrição". Ver A. Stokes, *The Invitation of Art*, p. 19-20; ver também L. Jones, op. cit., p. 76; P. Deamer, Adrian Stokes: The Architecture of Phantasy and the Phantasy of Architecture, em J.A. Winer et al. (eds.), *Psychoanalysis and Architecture, The Annuals of Psychoanalysis*, v. 3, p. 132.

106. G. Rose, op. cit., p. 13.
107. A. Stokes, *The Invitation of Art*, p. 21.
108. Ibidem, p. 20.
109. Ibidem.
110. M. Merleau-Ponty, op. cit., p. 320.
111. Ibidem, p. 235. Sobre sua mão, por exemplo, ele afirma: "se eu estender minha própria mão para outro objeto, posso experimentar uma reversibilidade entre tocar e ser tocado", de modo que "o mundo de cada um se abre para o do outro" (*The Visible and the Invisible*, p. 141); "por meio desse cruzamento de quem toca e do tangível, seus próprios movimentos se incorporam ao universo que interrogam, são reportados ao mesmo mapa que ele" (ibidem, p. 133).
112. M. Merleau-Ponty, *The Visible and the Invisible*, p. 139-140.
113. Idem, *The Phenomenology of Perception*, p. 229.
114. Ibidem, p. 130. As implicações aqui de nossa percepção corporificada, de nosso corpo inserido em nossos ambientes construídos e a apreensão mútua de edifício e *self*, são extensas para o projeto arquitetônico – em especial o fato de a fusão entre corpo e edifício fornecer os meios para contornar os dualismos convencionais que estabelecem uma distância conceitual artificial entre *self* e edifício, dualismos tais como interno/externo, *self*/outro, humano/não humano, sujeito/objeto.
115. Ibidem, p. 229-230.
116. Ibidem, p. 320.

4. USANDO A ARQUITETURA PARA NOS PENSARMOS COMO SERES

1. S. Freud, A Disturbance of Memory on the Acropolis, *New Introductory Lectures on Psycho-Analysis. Other Works, SE*, v. 22, p. 247-248.
2. Ibidem, p. 244.
3. C.G. Jung, *Memories, Dreams, Reflections*, p. 319.
4. Idem, Two Kinds of Thinking, em H. Read et al. (eds.), *C.G. Jung: The Collected Works*, v. 5, *Symbols of Transformation*, par. 11.
5. Ibidem, par. 18.
6. Ibidem.
7. Ibidem.
8. S. Freud, On Beginning the Treatment, em *The Case of Schreber, Papers on Technique and Other Works, SE*, v. 12, p. 135.
9. G. Claxton, *Hare Brain, Tortoise Mind*, p. 49.
10. Sugeri que o evento arquitetônico pode ser dividido em três fases sobrepostas, comparáveis aos estágios frequentemente encontrados nas técnicas tradicionais de solução de problemas e nos processos do pensamento criativo. Deve-se observar que, na realidade, as três fases do evento arquitetônico podem ser difíceis de distinguir. O mesmo pode ser dito das várias fases do pensamento criativo delineadas por Poincaré e outros. De fato, existem muitos críticos das teorias dos estágios; ver, por exemplo, V. Lowenfeld; L. Brittain, *Creative and Mental Growth* e K.R. Sawyer et al., *Creativity and Development*, p. 22-29. Ver também Graham Wallas, que afirma que, "em geral", os estágios do pensamento criativo podem ser "distinguidos uns dos outros", mas "no fluxo diário do pensamento" eles "se sobrepõem constantemente", de modo que "a mente pode estar incubando inconscientemente um aspecto de [um pensamento], enquanto está conscientemente ocupada na preparação ou verificação de outro aspecto". (*The Art of Thought*, p. 81-82.)
11. Este volume inclui as traduções para o inglês das obras *La Science et l'Hypothèse* (*Science and Hypothesis* 1902), *La Valeur de la science* (*The Value of Science*, 1905), *Science et méthode* (*Science and Method*, 1908). (N. da T.)
12. A mente "similar a uma peneira" de Poincaré antecipa a ideia de Freud sobre o censor, que seleciona quais ideias inconscientes podem cruzar a fronteira para a consciência. Mas, curiosamente, Poincaré afirma que apenas alguns de nós são receptivos à criatividade do inconsciente, porque apenas alguns de nós terão "sensibilidade estética". (H. Poincaré, op. cit., p. 29.)
13. O modelo de Wallas foi amplamente celebrado após sua publicação, e muitos o consideraram pioneiro, original e inovador. Em contraste, a formulação de Poincaré foi bastante esquecida. (Ver J.T. Hakala, *The Art of Scientific Discovery*.) Contudo, tanto Poincaré quanto Wallas atribuem sua descrição dos estágios da criatividade ao fisiologista alemão Hermann von Helmholtz, que cita o filósofo Alexander Bain como influência. (Ver G. Wallas, op. cit.) Helmholtz afirmou: "em todas as direções [...] as ideias felizes surgem inesperadamente e sem esforço, como uma inspiração. No que me diz respeito, elas nunca me ocorreram quando minha mente estava cansada ou quando eu estava à mesa de trabalho. [...] Elas vieram sem demora durante a lenta ascensão das colinas arborizadas em um dia ensolarado". (Apud G. Wallas, op. cit. p. 37.)
14. Curiosamente, Bollas também cita as ideias de Poincaré e reconhece que elas influenciaram o seu trabalho. Ver C. Bollas, *Being a Character*, p. 76-77.
15. Estudos empíricos sugerem que isso ocorra em qualquer lugar na região, de alguns momentos a vários dias e semanas: ver, por exemplo, S.M. Ritter; A. Dijksterhuis, Creativity: The Unsconscius Foundations of the Incubation Period, *Frontiers in Human Neuroscience*, disponível em: <http://doi/org>. Wallas observa que o tempo varia individualmente: "Às vezes, o curso bem-sucedido parece consistir em um único salto de associação, ou em saltos sucessivos que são tão rápidos que parecem quase instantâneos", mas deve "durar por um tempo considerável", a fim de que seja "suficientemente consciente para que o pensador esteja pelo menos cônscio de que algo está acontecendo com ele". (G. Wallas, op. cit., p. 47.)
16. O material que se origina no inconsciente pode ser experienciado como opressor e por isso rejeitado. De uma perspectiva freudiana, esse material foi reprimido por algum motivo. Pode simplesmente ter sido irrelevante para as necessidades da personalidade do ego na época, caso em que seu retorno durante o evento arquitetônico pode ser aceito com mais facilidade. Entretanto, é possível que tenha sido reprimido devido à sua natureza traumática; nesse caso, ainda pode ser muito difícil não se opor a ele em um estágio posterior.
17. Ver D.T. Campbell, Blind Variation and Selective Retention in Creative Thought as in Other Knowledge Processes, *Psychological Review*, v. 67, p. 390; D.K. Simonton, *Scientific Genius*, p. 6-8; K.R. Sawyer et al., op. cit., p. 24.
18. C.G. Jung, Two Kinds of Thinking, em H. Read et al. (eds.), *C.G. Jung: The Collected Works*, v. 5, *Symbols of Transformation*, par. 19.
19. S. Freud, *The Interpretation of Dreams, SE*, v. 5, p. 608.
20. Freud alega que os sonhos invariavelmente nos confundem com suas narrativas imaginativas e muitas vezes sem sentido, de modo a ocultar o conflito interior que expressam. Se tivessem sido apresentados em uma narrativa literal, a pessoa iria acordar de preocupação. Sua interpretação imaginativa garante o sono.

NOTAS

21. S. Freud, *The Interpretation of Dreams*, SE, v. 4, p. 211.
22. De acordo com Freud, o conteúdo manifesto nunca revela o inconsciente, apenas uma cópia fortemente censurada dele. Outras escolas de pensamento psicanalítico discordam desse ponto de vista. Tanto Jung quanto os teóricos das relações de objeto reivindicam a concepção de que o conteúdo manifesto é uma imagem precisa do *self* inconsciente, ainda que o retratado esteja aberto a questionamentos. Jung rejeita a leitura freudiana do sonho e sua analogia: isto é, ele rejeita o sonho como "uma mera fachada que oculta o significado real". E, curiosamente, continua a censurar a posição de Freud, revisando a analogia arquitetônica freudiana: "Para a maioria das casas, a chamada fachada [...] não é de forma alguma uma fraude ou uma distorção enganosa, mas corresponde ao interior da casa [...] assim também a imagem manifesta do sonho é o próprio sonho e contém sua totalidade de sentido [...] Estamos lidando com algo similar a um texto incompreensível, que não tem nenhuma fachada, mas que simplesmente não pode ser lido por nós. Então, não precisamos interpretá-lo, mas sim aprender a *lê-lo*." (C.G. Jung, On the Psychology of the Unconscious, em G. Adler; R.F.C. Hull (eds.), *C.G. Jung: The Collected Works*, v. 7, *Two Essays in Analytical Psychology*, par. 319). Explorarei as diferenças entre essas concepções de Freud e Jung no próximo capítulo, quando analiso o que podemos saber sobre o *self* que é evocado por meio do processo do sonho.
23. S. Freud, *The Interpretation of Dreams*, SE, v. 4, p. 211.
24. Poderíamos argumentar contra esse ponto de vista citando um dentre inúmeros exemplos possíveis de projetos arquitetônicos que compreendem uma série desordenada de várias lacunas e rupturas na construção, de modo a confundir seu interior e seu exterior. De fato, o psicanalista Donald Meltzer, escrevendo 75 anos depois de Freud, refere-se nesse contexto às ruínas da abadia de Tintern em Monmouthshire, País de Gales, para ilustrar a falta de distinção e limite entre a mente interior de uma pessoa e seu ambiente material. Parveen Adams interpreta a ilustração de Meltzer como a seguir: a falta de telhado, ela afirma, "convida o céu a entrar; a paisagem entra através das paredes danificadas e das janelas sem vidro; o piso de grama da ruína pertence ao exterior. De fora, pode-se "ver através" do edifício em muitos lugares que normalmente convenceriam o olho acerca de sua solidez" (*The Emptiness of the Image*, p. 147). Essa descrição se aplica de pronto a muitos projetos arquitetônicos modernos, como a icônica "Glass House" de Philip Johnson (construída em 1949) em New Canaan, Connecticut, cuja fachada de

vidro com arestas de aço convida a paisagem circundante para dentro do edifício, como se para decorar seu interior à guisa de papel de parede. A "Open House" de Coop Himmelblau, em Malibu, Califórnia, é outro caso em questão. Sem uma fachada ou divisões predeterminadas na área residencial, esse edifício, diz ele, evoca "a sensação [de que seu] interior estica a pele de [seu] exterior". Disponível em: <www.coop-himmelblau.at>.

25. S. Freud, *The Interpretation of Dreams*, SE, v. 5, p. 492.
26. *Freud's Dream of Interpretation*, p. 35.
27. *Gothic*, p. 30.
28. Ibidem, p. 2.
29. *Mannerism*, p. 280.
30. Exemplos de edifícios que incorporam as complexidades e contradições que Robert Venturi busca incluem aqueles que questionam sua forma e proporções. (Sobre a Villa Savoye, de Le Corbusier, Venturi pergunta: "É uma planta quadrada ou não?" E sobre os pavilhões dianteiros de Vanbrugh em Grimsthorpe, ele pergunta: "Eles estão mais perto ou mais longe, são maiores ou menores"?) Tais edifícios possuem, com frequência, características que parecem incorretas quando vistas isoladas do resto do edifício. Venturi ilustra esse ponto com o exemplo da Igreja de St. George-in-the-East, de Nicholas Hawksmoor, em Londres. Esse edifício tem pedras angulares exageradas nas janelas das naves laterais que, quando vistas de perto, parecem grandes demais em relação à abertura que abarcam, mas quando vistas mais de longe são, Venturi observa, "expressivamente corretas em tamanho e escala". R. Venturi, *Complexity and Contradiction in Architecture*, p. 25.
31. A. Hauser, op. cit., p. 12.
32. Ibidem, p. 13.
33. Ibidem, p. 280.
34. R. Venturi, op. cit., p. 16.
35. Ibidem, p. 25.
36. Ibidem, p. 16.
37. Idem, *Architecture as Signs and Systems*, p. 76-77. Outro meio de obter interrupção visual que Jacobs descreve é ter uma diversidade de edifícios em função e forma, e edifícios mais antigos ao lado dos novos. (J. Jacobs, *The Death and Life of Great American Cities*, p. 507.) A justaposição de edifícios antigos e novos, Venturi observa, suscita uma multiplicidade de significados (R. Venturi, *Complexity and Contradiction in Architecture*, p. 38); e, como vimos, as superfícies ásperas e em desintegração dos edifícios devastados pelo tempo provocam uma resposta estranha dentro de nós – transmitindo uma ameaça à continência que neles buscamos para nós mesmos – intensificada, talvez, quando percebida ao lado de novos edifícios em condições prístinas (como

encontramos no relato de Freud sobre sua visita à Acrópole).

38. K. Lynch, *Image of the City*, p. 5-6.
39. Ibidem, p. 5.
40. Ibidem, p. 8.
41. Ibidem, p. 9.
42. J. Jacobs, op. cit., p. 459.
43. Ibidem, p. 499.
44. Ibidem, p. 498. O deslocamento é semelhante em função à inflexão arquitetônica. Venturi escreve: "Inflexão na arquitetura é o modo pelo qual o todo é subentendido pela exploração da natureza de cada uma das partes individuais, mais do que por sua posição ou por seu número. Ao inflectir para algo fora de si mesmas, as partes contêm seu próprio encadeamento." (R. Venturi, *Complexity and Contradiction in Architecture*, p. 88.)
45. S. Pile, *Real Cities*, p. 81.
46. Ibidem, p. 47.
47. S. Freud, *The Interpretation of Dreams*, SE, v. 4, p. 279-304.
48. R. Venturi, *Complexity and Contradiction in Architecture*, p. 38.
49. S. Freud, *The Interpretation of Dreams*, SE, v. 4, p. 284.
50. Ibidem, p. 279.
51. Ibidem, p. 305-309.
52. A. Hauser, op. cit., p. 280. Dando continuidade à analogia arquitetônica, em *The Evocative Object World*, p. 40, C. Bollas afirma: "O curso das associações cria padrões psíquicos de interesse, os quais, uma vez estabelecidos, constituem a estrutura arquitetônica do inconsciente." Como ele observa alhures: "Algumas das linhas se juntam por um tempo e criam pontos nodais, e devido ao seu peso psíquico aumentado podem vir à consciência, mas o tempo todo, é claro, existem milhares e milhares de outras linhas de pensamento nesse fator de ramificação que continua em separado." (Idem, *The Freudian Moment*, p. 17.)
53. E. Mahon, Dreams of Architecture and the Architecture of Dreams, *Annual of Psychoanalysis*, v. 33, p. 32.
54. C. Bollas, *The Freudian Moment*, p. 17. Os métodos de deslocamento e condensação são com frequência considerados métodos empregados pelo inconsciente para distorcer o significado real de seu material, de modo que suas atividades possam evitar a detecção pelo ego e o inconsciente continue seu trabalho. Assim, Freud afirma que os sonhos são distorcidos para passar pela censura do ego e permitir que a pessoa que dorme continue sonhando. O escrutínio prematuro pelo ego do trabalho do inconsciente pode prejudicá-lo. Deve-se permitir que o inconsciente determine livremente quando está pronto para transmitir seu material à consciência do ego.
55. Encontramos um exemplo do trabalho do sonho na prática de um arquiteto em P. Buchanan, The Big Rethink, *Architectural Review*, disponível em: <https://www.architectural-review.com>. Buchanan descreve de maneira sucinta, e talvez não intencional, os métodos criativos e inconscientes do trabalho do sonho, notadamente o modo em que o inconsciente reúne grupos de experiência e usa coisas materiais – nesse caso, os materiais de construção e as plantas projetuais da prática arquitetônica – a fim de gerar o ímpeto necessário para evocar e elaborar um senso aguçado de self. Lembrando os métodos de condensação e deslocamento, Buchanan afirma que "A arquitetura nos ajuda a criar a nós mesmos, compartimentalizando as experiências e estabelecendo-as em uma relação calculada entre si (portanto, intensificando e adicionando significado a elas)." (p. 12) Ao ecoar o uso inconsciente de objetos para expressar seus significados latentes, Buchanan sugere que temos uma "compulsão para criar edifícios e cidades de complexidade crescente" e de "diferenciação", para "acomodar e comunicar seus conteúdos", bem como "explorar e elaborar progressivamente" a nossa complexidade. Por fim, em paralelo ao processo criativo inconsciente, do estágio de incubação à iluminação, ele afirma: "Temos gradativamente fatiado e compartimentalizado (em cômodos distintos, por exemplo) o que de outra forma seriam as continuidades da experiência, para que possamos nos concentrar e intensificar cada experiência isolada [...] Também posicionamos essas experiências compartimentalizadas em relações ordenadas no espaço, no intuito de intensificar e dar sentido adicional a elas [...]. Essa compartimentalização, diferenciação e intensificação são [sic] essenciais para a forma em que elaboramos nossas muitas culturas – e também para como criamos a nós mesmos como pessoas complexas e aculturadas. Ao separar e dispersar nossas experiências espacialmente, projetamos e mapeamos nossa psique no espaço, para que possamos então explorá-la e elaborá-la progressivamente. Assim, um dos propósitos mais fundamentais da arquitetura, subestimado pela maioria dos arquitetos, é o de ser um meio pelo qual criamos a nós mesmos." (p. 5.)
56. Lynch aqui ecoa observações do arquiteto Robert Venturi que, trinta anos antes, afirmou: "Uma arquitetura válida evoca muitos níveis de significado e combinações de enfoques: seu espaço e seus elementos tornam-se legíveis e viáveis de muitas maneiras ao mesmo tempo." (R. Venturi, *Complexity and Contradictions in Architecture*, p. 16.)
57. K. Lynch, op. cit., p. 1-2.
58. Ibidem, p. 2.
59. Ibidem, p. 3, 7. Essa anedota é usada com frequência para explorar as próprias vontades e desejos

NOTAS

inconscientes de Freud, inclusive conforme evocados em sua relação (de transferência) com Rolland (a quem ele relatou o caso). Ver, por exemplo, H. Slochower, Freud's déja vu on the Acropolis, *Psychoanalytic Quarterly*, v. 39, p. 90-102; idem, Freud's Gradiva, *Psychoanalytic Quarterly*, p. 646-662; D.S. Werman, Sigmund Freud and Romain Rolland, *International Review of Psycho-Analysis*, v. 4, p. 225-242; J.M. Masson; T.C. Masson, Buried Memories on the Acropolis, *International Journal of Psychoanalysis*, v. 59, p. 199-208; H.P. Blum, Freud Correspondence, *Journal of the American Psychoanalytic Association*, v. 43, p. 869-873; F. Bouchard, Sigmund Freud and Romain Rolland, *Journal of the American Psychoanalytic Association*, v. 43, p. 883-887; J. Guillaumin, Sigmund Freud and Romain Rolland, *International Journal of Psychoanalysis*, v. 76, p. 1056-1060; S. Sugarman, *Freud on the Acropolis*.

60. K. Lynch, op. cit., p. 3.
61. C. Bollas, *The Evocative Object World*, p. 83.
62. K. Lynch, op. cit., p. 4.
63. C. Bollas, *Forces of Destiny*, p. 110.
64. Idem, *Being a Character*, p. 76-77, 90-91.
65. Idem, *The Evocative Object World*, p. 92-93.
66. Idem, *Being a Character*, p. 22-23.
67. Idem, *The Shadow of the Object*, p. 16, 31.
68. Ibidem, p. 16.
69. Ibidem, p. 28.
70. Idem, *Being a Character*, p. 88.
71. Ibidem.
72. S. Freud, A Disturbance of Memory on the Acropolis, *New Introductory Lectures on Psycho--Analysis and Other Works*, SE, v. 22, p. 244.
73. S. Sonnenberg, What Can Psychoanalysis Learn from an Enhanced Awareness of Architecture and Design, em J.A. Winer et al. (eds.), *Psychoanalysis and Architecture: The Annuals of Psychoanalysis*, v. 33, p. 39-56, cita dois outros: J.G. Flannery, Freud's Acropolis Revisited, *International Review of Psychoanalysis*, v. 7, p. 347-352, que sugere que Freud inconscientemente se identificou com as figuras esculpidas no friso do Partenon, que ele teria visto, e também com aquelas figuras ausentes removidas

e transferidas para o Museu Britânico; e I.B. Harrison, A Reconsideration of Freud's "A Disturbance of Memory on the Acropolis" in Relation to Identity Disturbance, *Journal of the American Psychoanalytic Association*, v. 14, p. 518-527, que enfatizou o fato de que edifícios e monumentos provocam reações poderosas em seus observadores. Podemos adicionar E.V. Walter, *Placeways*, que assinalou as energias sagradas do local, que "comoveram" Freud "de uma forma que ele não entendia e que sua mente não tinha nenhum esquema para apreender" (p. 107).

74. J. Pallasmaa, Stairways of the Mind, *International Forum of Psychoanalysis*, v. 9, p. 14, afirma: "A escadaria de pedra cinza, separada das paredes de seu contentor espacial cúbico, desperta a imagem de um riacho escuro fluindo solenemente do nível da própria biblioteca. Quase se pode ouvir a ondulação do riacho solitário. Essa é uma escadaria líquida. Os consoles, estranhamente colocados, da parte inferior das paredes e colunas, quase devorados pelas paredes, criam uma experiência da pressão de estar debaixo d'água. O fluxo se transforma em um fluxo subaquático. A escada de Michelangelo [da Biblioteca Laurentiana] fala de outra dimensão de tempo; fala da metafísica do tempo."
75. S. Sonnenberg, op. cit., p. 51.
76. Ibidem, p. 46.
77. Ibidem.
78. S. Freud, A Disturbance of Memory on the Acropolis, *New Introductory Lectures on Psycho--Analysis and Other Works*, SE, v. 22, p. 240.
79. Ibidem, p. 240, 241.
80. Ibidem.
81. Ibidem, p. 243.
82. Ibidem.
83. Ibidem, p. 244.
84. Ibidem.
85. Ibidem, p. 246.
86. Ibidem, p. 247.
87. Ibidem.
88. Ibidem.
89. E. Jones, *Life and Works*, v. 2, p. 2, 24.

5. O "SELF" QUE É REVELADO PELA ARQUITETURA

1. A utilidade das ideias de Jung para as teorias da estética também é negligenciada, em grande medida devido à tendência infeliz, se bem que comum, de alguns comentaristas de fundir a psicologia junguiana com a de Freud, sem o devido reconhecimento de suas diferenças essenciais – em particular suas concepções contrastantes acerca da natureza e da dinâmica do inconsciente –, um contraste que, como veremos, tem importante implicações para a natureza do *insight* evocado pelo evento arquitetônico.

2. *Being a Character*.
3. *Psychological Aesthetics*, p. 40.
4. *Memories, Dreams, Reflections*, p. 319.
5. *Topophilia*, p. 93.
6. Apud E.A. Bennet, *Meetings with Jung*, p. 65.
7. *The Shadow of the Object*, p. 40.
8. *The Absolute Master*, p. 59.
9. S. Freud, The Uncanny, em *An Infantile Neurosis and Other Works (1917– 1919)*, SE, v. 17.
10. O estudo mais abrangente de várias tentativas de ligar o estranho à arquitetura é *The Architectural*

Uncanny, de Anthony Vidler, que explora, em particular, as inúmeras maneiras pelas quais a arquitetura e o ambiente construído se tornaram os locais preferidos para o estranho na literatura e na arte desde o final do século XVIII. Ele ilustra como a relação entre o estranho e as noções de instabilidade arquitetônica de "casa e lar" é útil para refletir de forma mais geral "sobre as questões de estranhamento social e individual, alienação, exílio e a condição de morar na rua" (p. ix). Como tento demonstrar neste capítulo, o próprio Vidler observa que é por meio de suas ligações com a arquitetura que o estranho "revela problemas de identidade em torno do *self*, do outro, do corpo e da sua ausência: daí a sua força na interpretação das relações entre a psique e a habitação, o corpo e a casa, o indivíduo e a metrópole" (p. x).

11. S. Freud, The Uncanny, em *An Infantile Neurosis and Other Works (1917– 1919)*, SE, v. 17, p. 224. Os grifos e os cortes são de Freud.

12. S. Freud, A Difficulty in the Path of Psychoanalysis, *An Infantile Neurosis and Other Works (1917-1919)*, SE, v. 17, p. 143. (Grifo no original.)

13. S. Freud, The Uncanny, *An Infantile Neurosis and Other Works (1917-1919)*, SE, v. 17, p. 234.

14. Entrevista com a BBC Radio 4, *The Uncanny*, 28 minutos, transmitida em 28 jun. 2012 a 16 set. 2013.

15. C.G. Jung, Psychology and Religion, em M. Fordham; G. Adler (eds.), *C.G. Jung: The Collective Works*, v. 11, *Psychology and Religion*, par. 6.

16. Idem, The Philosophical Tree, em G. Adler; R.F.C. Hull (eds.), *C.G. Jung: The Collective Works*, v. 13, *Alchemical Studies*, par. 393.

17. Idem, Foreword to White's "God and the Unconscious, em M. Fordham; G. Adler (eds.), *C.G. Jung: The Collective Works*, v. 11, *Psychology and Religion*, par. 454.

18. Idem, *Memories, Dreams, Reflections*, p. 416.

19. Idem, A Psychological Approach to the Dogma of the Trinity, em M. Fordham; G. Adler (eds.), *C.G. Jung: The Collective Works*, v. 11, *Psychology and Religion*, par. 274.

20. I. Kant, *Critique of the Power of Judgment*, § 27.

21. Ibidem, § 28:5:261.

22. Ibidem, § 23:245.

23. Ibidem, § 27:258.

24. Ibidem, § 26:255.

25. Ibidem, § 28:264.

26. R. Otto, *The Idea of the Holy*, p. 8-11, 18-23.

27. Ibidem, p. 31.

28. Ibidem, p. 15-16.

29. Ibidem, p. 31.

30. C.G. Jung, Psychological Types, em M. Fordham; G. Adler (eds.), *C.G.Jung: The Collected Works*, v. 6, *Psychological Types*, par. 495.

31. Ibidem, par. 781.

32. Ibidem, par. 495.

33. Idem, A Psychological Approach to the Dogma of the Trinity, em M. Fordham: G. Adler (eds.),

C.G. Jung: The Collective Works, v. 11, *Psychology and Religion: West and East*, par. 400.

34. Idem, Good and Evil in Analytical Psychology, em H. Read et al. (eds.), *C.G. Jung: The Collective Works*, v. 10, *Civilization in Transition*, p. 864.

35. Idem, On the Nature of the Psyche, em H. Read et al. (eds.), *C.G. Jung: The Collective Works*, v. 8, *The Structure and Dynamics of the Psyche*, p. 383.

36. R. Otto, op. cit., p. 16.

37. C.G. Jung, The Relations Between the Ego and the Unconscious, em G. Adler; R.F.C. Hull (eds.), *C.G. Jung: The Collected Works*, v. 7, *Two Essays in Analytical Psychology*, par. 250.

38. R. Otto, op. cit., p. 67.

39. Ibidem.

40. Ibidem, p. 117-119. Enigmaticamente, encontramos Otto em uma ocasião contradizendo sua postura anterior, ao afirmar que a relação entre o sublime e o numinoso é na verdade muito mais próxima do que uma mera analogia de sentimento: o sublime é antes uma conceituação autêntica do numinoso em seu estado totalmente desenvolvido (p. 45-46, 63). Infelizmente, Otto não elabora esse comentário curioso além de observar que eles são semelhantes em "estrutura", no sentido de que ambos têm em si "algo misterioso" e são "ao mesmo tempo assustadores, porém singularmente atraentes" (p. 42). Ainda assim, sempre permanecerão, diz ele, absolutamente diferentes em natureza (p. 24, 44).

41. Ibidem, p. 68. (Grifo no original.)

42. E. Burke, *A Philosophical Enquiry into the Origin of our Ideas of the Sublime and the Beautiful*, p. 74.

43. *The Seven Lamps of Architecture*, p. 82.

44. J. Hillman, Natural Beauty without Nature, em R.J. Leaver (ed.), *City & Soul*, v. 2, p. 168.

45. Idem, The Repression of the Beauty, em R.J. Leaver (ed.), *City & Soul*, v. 2, p. 172.

46. Idem, Segregation of Beauty, em R.J. Leaver (ed.), *City & Soul*, v. 2, p. 188.

47. J. Hillman; M. Ventura, *We've Had a Hundred Years of Psychotherapy and the World's Getting Worse*, p. 129.

48. J. Hillman, The Cost of the Ugly, em R.J. Leaver (ed.), *City & Soul*, p. 195.

49. Ibidem, p. 197. É importante notar que Hillman não defende isso de modo constante ou consistente; e suas discussões sobre estética e patologia não são menos ambíguas e confusas do que suas observações sobre o valor do ambiente construído. No entanto, a essência desse argumento pode ser rastreada em seus escritos e sustenta muito do que ele diz.

50. Idem, City and Soul, em R.J. Leaver (ed.), *City & Soul*, p. 21.

51. Idem, *Anima Mundi*: Return of the Soul to the World, *The Thought of the Heart and Soul of the World*, p. 104; ver J. Hillman; M. Ventura, op. cit., p. 128. Como observa Robert Sardello, "Os olhos

NOTAS

deslizam sobre eles rapidamente, deslumbrados por seu brilho, mas não conseguem encontrar nenhum detalhe, nenhuma diferença interessante [...] Esses edifícios de vidro são oleosos para os olhos, escorregadios." (R. Sardello, A Note on Old and New Buildings, em R. Sardello; G. Thomas (eds.), *Stirrings of Culture*, p. 72.)

52. Idem, Segregation of Beauty, em R.J. Leaver (ed.), *City & Soul*, v. 2, p. 188, 189, 190.

53. O uso feito por Hillman do termo "feio" também é ambíguo. Às vezes ele se refere à feiura como um problema: por exemplo, quando pergunta: "Por que os EUA são tão feios e o que pode ser feito?" (Segregation of Beauty, em R.J. Leaver (ed.), *City & Soul*, v. 2, p. 189), e quando afirma que "é dever do cidadão [...], acima de tudo, trabalhar para protestar ativamente contra a feiura onde quer que apareça ou ameace surgir" (ibidem, p. 193). A feiura, para Hillman, é muitas vezes um problema sintomático de "projeto descuidado", como "sons, estruturas e espaços inanes [...] luz direta ofuscante [...] cadeiras ruins [...] ruído de máquinas, que olham para baixo e veem um revestimento de piso desgastado e manchado, entre plantas artificiais [...] projeto de habitação" (The Repression of Beauty, em R.J. Leaver (ed.), *City & Soul*, v. 2, p. 176). Outras vezes, ele usa esse termo de forma mais positiva para se referir a um efeito sublime do inconsciente, ou a sentimentos de angústia, que são lembretes ou alertas necessários para nos advertir dos tipos de problemas que encontramos acima. Nessa segunda acepção do termo, a feiura permite a despedida de tudo o que é feio! Hillman afirma: "O custo da feiura ganha outro significado. A feiura nos custa dor. Nós odiamos isso, ficamos chocados, consternados com tanta feiura em toda parte. Ficamos indignados, nossa vida emocional em desordem. Mas essa dor em nossos sentidos pode ser a taxa de entrada, o custo necessário para nos apegarmos ao mundo, reencontrarmos nosso amor por sua beleza. Custa feiura despertar nossa consciência anestesiada contemporânea." (The Cost of the Ugly, em R.J. Leaver [ed.], *City & Soul*,

p. 203.) Embora Hillman afirme que o feio nos afeta mais do que o belo, ele adota alhures uma posição contrária, observando que "Nada mexe com o coração, acelera a alma mais do que um momento de beleza." (Segregation of Beauty, em R.J. Leaver [ed.], *City & Soul*, v. 2, p. 188.) Ademais, ali ele iguala a feiura com a própria falta de agitação, com o entorpecimento: você deve protestar contra a feiura; "caso contrário, permanece 'anestesiado' – sem *aesthesis*, sem a resposta estética despertada – passivo e complacente com o que quer que esteja acontecendo". (Ibidem, p. 193.)

54. F. Yates, *The Art of Memory*, p. 112.

55. J. Hillman, The Cost of the Ugly, em R.J. Leaver (ed.), *City & Soul*, p. 203.

56. Ibidem, p. 204.

57. Ver J. Hillman; M. Ventura, op. cit., p. 127. A nota aparece na caixa número: Hillman 185A na Coleção James Hillman, Arquivos Opus, Santa Bárbara (TOWER).

58. J. Hillman, Segregation of Beauty, em R.J. Leaver (ed.), *City & Soul*, v. 2, p. 187.

59. Ibidem.

60. Ibidem.

61. Idem, The Cost of the Ugly, em R.J. Leaver (ed.), *City & Soul*, p. 195.

62. Idem, City and Soul, em R.L. Lever (ed.), *City & Soul*, p. 26.

63. Idem, The Cost of the Ugly, em R.J. Leaver (ed.), *City & Soul*, p. 198-199.

64. J. Hillman; M. Ventura, op. cit., p. 127.

65. Idem, *Anima Mundi: Return of the Soul to the World, The Thought of the Heart and Soul of the World*, p. 101.

66. Idem, Natural Beauty without Nature, em R.J. Leaver (ed.), *City & Soul*, p. 168. No entanto, esse ponto em particular não se coaduna com um comentário mais positivo que ele faz no mesmo ensaio sobre "a experiência de inspiração" que se pode obter "das estruturas altas de vidro, aço e alumínio" ao "caminhar pela Quinta Avenida em Nova York" – observações que contrastam claramente com seus comentários negativos sobre as torres que citei antes.

CONCLUSÃO: ARQUITETURA QUE CAPTURA A IMAGINAÇÃO

1. Harold Searles, em *The Nonhuman Environment in Normal Development and in Schizophrenia*, conclui que a capacidade de projetar aspectos de si mesmo no ambiente construído com relativa facilidade é o território das crianças, de algumas tradições orientais e de esquizofrênicos (p. 19-20). Em termos da esquizofrenia, ele escreve que: "sabemos que alguns pacientes psicóticos ficarão sentados, ou deitados, por dias a fio, como estátuas de pedra [...]. Trabalhei com uma paciente esquizofrênica que expressou para mim

a convicção inequívoca de ela mesma ter sido 'uma estátua, repetidamente'. Ela disse isso ao afirmar sua crença definitiva de que certas estátuas bem conhecidas, que ela havia visitado nas proximidades de Washington, eram realmente pessoas, 'colocadas em concreto', e protestou que se ao menos os médicos daqui 'andassem por aí desnudando estátuas', libertando as pessoas sepultadas dentro delas, estaríamos então fazendo o bem" (p. 98). Searles, contudo, fez questão de apontar os benefícios para a saúde dessa capacidade: "os chamados doentes mentais podem, na verdade, estar mais intimamente em contato com essas conexões perdidas entre o *self* e o ambiente do que qualquer um de nós se dê conta. Parece-me que, em nossa cultura, um ignorar consciente da importância psicológica do ambiente não humano existe simultaneamente com uma (em grande parte inconsciente) dependência excessiva desse ambiente. Acredito que a verdadeira importância desse ambiente para o indivíduo é tão grande que ele não ousa reconhecê-lo. Inconscientemente, ele é considerado, creio eu, não apenas um conglomerado intensamente importante de coisas externas ao *self*, mas também uma parte grande e integral do *self*". (p. 395.)

2. De fato, podemos questionar se temos alguma habilidade de agir na situação, pois, como Bollas insinua, podemos ser "impelidos ao pensamento por objetos" tão frequentemente quanto "buscamos objetos para usar [...] como formas de pensamento". (C. Bollas, *The Evocative Object World*, p. 92-93.)

3. A mente moderna, diz Jung, está "aprisionada nos labores da egocidade", de forma que confiamos apenas no que podemos quantificar e explicar. (The Philosophical Tree, em G. Adler; R.F.C. Hull (eds.), *C.G. Jung: The Collected Works*, v. 13, *Alchemical Studies*, par. 396; ver idem, Symbols and the Interpretation of Dreams, em H. Read et al. (eds.), *C.G. Jung: The Collected Works*, v. 18, *The Symbolic Life: Miscellaneous Writings,* pars. 581, 582.

4. A. Horowitz, *On Looking*, p. 153.

5. Ibidem, p. 249.

6. J. Hillman, *Anima Mundi*: Return of the Soul to the World, *The Thought of the Heart and Soul of the World*, p. 85, 115.

7. Como um comentarista de Hillman descreve, *notitia* envolve uma "atenção cuidadosa sustentada, paciente, sutilmente sintonizada com imagens e metáforas, rastreando significados ocultos e apresentações aparentes". Ver M. Watkins, Breaking the Vessels, em S. Marlan (ed.), *Archetypal Psychologies*, p. 419.

8. J. Hillman, *Anima Mundi*: Return of the Soul to the World, *The Thought of the Heart and Soul of the World*, p. 117.

9. J. Hillman; M. Ventura, *We've Had a Hundred Years of Psychotherapy and the World's Getting Worse*, p. 52.

10. S.W. Nicholsen, *The Love of Nature and the End of the World*, p. 102.

11. J Hillman, *Anima Mundi*: Return of the Soul to the World, *The Thought of the Heart and Soul of the World*, p. 96, 101; idem, *The Cost of the Ugly*, p. 198.

12. A. de Botton, *The Art of Travel*, p. 251-252.

13. J. Hillman, *The Soul's Code*, p. 259.

14. Idem, *Insearch: Psychology and Religion*, p. 56.

15. M. Watkins, op. cit., p. 419.

16. A. Horowitz, op. cit., p. 36.

17. A. de Botton, op. cit., p. 246.

18. A. Horowitz, op. cit., p. 3.

19. Ibidem.

20. *Complexity and Contradiction in Architecture*, p. 32. Venturi ilustra seu ponto com o exemplo da igreja paroquial de St. George em Bloombury, Londres, projetada por Nicholas Hawksmoor (construída em 1716-1731), na qual "os eixos contraditórios internos tornam-se alternadamente dominantes ou recessivos conforme o observador se move dentro deles, de modo que o mesmo espaço muda de significado" (p. 32).

21. *The Art of Thought*, p. 43-44.

22. S. Freud, Letter to Fliess, em J.M. Masson (ed.), *The Complete Letters of Sigmund Freud to Wilhelm Fliess, 1887-1904*, p. 365; ver K. Frieden, *Freud's Dream of Interpretation*, p. 10-11, 15-16. Seguindo seu relato da caminhada por uma cidade, Bollas conclui que, ao caminhar, "estamos envolvidos em um tipo de sonho"; "cada olhar que recai sobre um objeto de interesse pode produzir um momento de *reverie*", e isso "constitui uma característica importante de nossas vidas psíquicas". (C. Bollas, *The Evocative Object World*, p. 63.) Heidegger, em *What Is Called Thinking* (O Que Significa Pensar), refere-se ao caminhar de forma mais metafórica: "O modo de pensar não pode ser rastreado de um lugar a outro como uma rotina desgastada, tampouco existe como tal em qualquer lugar. Somente quando o caminhamos, e de nenhuma outra maneira, apenas, isto é, por meio de questionamentos cuidadosos, estamos nos movendo no caminho." (p. 168.) Heidegger, é claro, não estava falando teoricamente. De fato, ele realizou grande parte de seu trabalho posterior enquanto caminhava pelos *Holzwege* (caminhos arborizados) que passavam por sua propriedade em Schwarzwald.

23. Ver D.W. Conway, Answering the Call of the Wild, *The Personalist Forum*, v. 14, n. 1, p. 49; T. Ingold, *Being Alive*, p. 17, 46.

24. E. Husserl, The World of the Living Present and the Constitution of the Surrounding World External to the Organism, em P. McCormach; F. Elliston (eds.), *Husserl Shorter Works*, p. 248.

25. *Confessions*, p. 382.

26. *Kierkegaard's Letters and Documents*, p. 241.

27. E. Caird, *The Critical Philosophy of Immanuel Kant*, v. 2, p. 63-64. Filósofo do século XIX, Caird cita a descrição humorística de Kant feita por Heinrich Heine (jornalista e poeta alemão, contemporâneo de Kant): "Ele viveu uma existência abstrata e mecânica de solteirão em uma rua tranquila e remota de Königsberg, uma cidade velha na fronteira nordeste da Alemanha. Não creio que o grande relógio da catedral daquela

NOTAS

cidade cumprisse o seu dia de trabalho de uma forma menos apaixonada e mais regular do que o seu conterrâneo Immanuel Kant. Levantar-se da cama, tomar café, escrever, dar palestras, comer, caminhar, tudo tinha sua hora certa: e os vizinhos sabiam que deviam ser exatamente quatro e meia quando viam o professor Kant em seu casaco cinza, a bengala na mão, saindo pela porta de sua casa e seguindo na direção da pequena avenida de limoeiros, chamada em sua homenagem de 'A Caminhada do Filósofo'. Oito vezes ele caminhava para cima e para baixo em todas as estações do ano, e quando o tempo estava ruim ou as nuvens cinzentas ameaçavam chuva, seu criado, o velho Lampe, era visto seguindo-o ansiosamente com um grande guarda-chuva debaixo do braço, como uma imagem da Providência [...] Mas as boas pessoas viam nele apenas um professor de filosofia e, quando ele passava na hora marcada, saudavam-no cordialmente e acertavam seus relógios."

28. Ver A. Sharr, *Heidegger's Hut*.

29. Ver D.B. Davies, Translator's Foreword, em M. Heidegger, *Country Path Conversations*, p. xx. Tradutor de Heidegger para o inglês, Davies enfatiza em seu prefácio a natureza entrelaçada de caminhar e falar: "essas conversas não são, de forma alguma, conversa fiada nos passeios por um parque. Como *country path conversations*, elas se desviam do nosso modo de falar costumeiro nos passeios e às vezes se aventuram em um matagal; sua maneira de falar ponderada, porém radical, frequentemente infringe os limites de nossos horizontes familiares e dá vários passos para além de nossas 'clareiras' estabelecidas de inteligibilidade".

30. Para um relato particularmente lúcido e acessível deste termo e algumas das muitas teorias que o sustentam, ver M. Coverley, *Psychogeography*.

31. Ver X. de Maistre, *A Journey Around My Room*.

32. Guy Debord procurou transformar a psicogeografia em uma disciplina científica rigorosa, que reúne psicologia e geografia, definindo-a como o estudo das "leis precisas e efeitos específicos do ambiente geográfico, organizado conscientemente ou não, sobre as emoções e o comportamento dos indivíduos". (G.L. Debord, Introduction to a Critique of Urban Geography, em K. Knabb (ed.), *Situationist International Anthology*.) Para Debord, o psicogeógrafo habilidoso é capaz de identificar e se envolver com suas emoções ao vagar sem rumo pela cidade. Os resultados são então assinalados cuidadosamente em um mapa, estabelecendo assim uma nova cartografia da cidade, que desconsidera as zonas de atração prescritas que os urbanistas pretendem que sejam frequentadas pelos turistas. Em 1957, Debord publicou seu mapa revisado de Paris, intitulado *The Naked City*. Os usuários do mapa são encorajados a trilhar seu próprio trajeto, seguindo uma série de setas que ligam diferentes segmentos da cidade, de acordo com o contexto emocional que o usuário deseja atribuir a eles. Ver S. Sadler, *The Situationist City*; T. McDonough, The Naked City, *Guy Debord and the Situationist International*, p. 241-265.

33. Albert Camus apresenta um relato semelhante da exploração de um único cômodo em seu famoso romance *L'Etranger* (O Estrangeiro, 1942). Mersault, o protagonista, passa o tempo na prisão tentando se lembrar de cada item em seu quarto, acumulando gradualmente mais e mais detalhes. Ele diz: "quanto mais eu pensava sobre isso, mais coisas eu desenterrava da minha memória que eu não tinha notado antes ou que havia esquecido. Percebi então que um homem que houvesse vivido apenas por um dia poderia facilmente viver cem anos em uma prisão. Ele teria memórias suficientes para não ficar entediado". (A. Camus, *The Outsider*, p. 77.)

34. X. de Maistre, *A Journey Around My Room*, p. 7.

35. Ibidem.

36. Ibidem, p. 14.

37. M. de Certeau, Walking in the City, em *The Practice of Everyday Life*, p. 102.

38. Ibidem, p. 93.

39. C. Rawlinson; M. Guaralda, Play in the City, *The First International Postgraduate Conference on Engineering, Designing and Developing the Built Environment for Sustainable Wellbeing*, p. 22.

40. A filosofia de Gilles Deleuze e Félix Guattari, especialmente seu trabalho *Mille Plateaux* (Mil Platôs) com suas ideias de "estriamento" do espaço urbano, é frequentemente citada em discussões acadêmicas sobre o *parkour*. O estriamento do espaço tem afinidades com a autoridade do plano de "grade" das ruas da cidade, que permite que ela seja lida, navegada e tornada inteligível (da maneira em que o homem de De Certeau, no topo da torre, se relaciona com a cidade que ele vê abaixo), e estabelece os meios de controle dos cidadãos pela orientação de seu movimento. De acordo com Deleuze e Guattari, o espaço estriado estabelece "trajetos fixos em direções bem definidas, que restringem a velocidade, regulam a circulação, relativizam o movimento e medem em detalhes os movimentos relativos de sujeitos e objetos" (G. Deleuze; F. Guattari, *A Thousand Plateaus*, p. 386). A arte do *parkour* busca solapar espaços estriados, superando suas restrições da maneira mais suave e eficiente possível. O objetivo é, nas palavras de David Belle, ser "fluido como a água" (apud P. Geyh, Urban Free Flow, *M/C Journal*, v. 9, n. 3, disponível em: <http://journal.media-culture.org.au>). *Parkour* é, portanto, uma tentativa de exceder em esperteza a lógica da cidade e transformar o ambiente construído no que Deleuze e

41. Jane Jacobs, em seu influente estudo sobre as cidades estadunidenses, afirma que urbanistas e projetistas arquitetônicos "operam segundo a premissa de que as pessoas da cidade buscam a visão do vazio, da ordem óbvia e do silêncio. [Mas] nada poderia ser menos verdadeiro". (J. Jacobs, *The Death and Life of Great American Cities*, p. 47.) Nada poderia ser menos verdadeiro pois os pedestres gravitam para onde conseguem "observar atividade e outras pessoas". Jacobs discute a importância de construir edifícios ao redor de um parque, a fim de "fechar" o espaço e fazer "do espaço uma forma definitiva para que pareça um *evento* importante na cena da cidade, em vez de uma sobra sem valor". Ibidem, p. 138. (Grifo nosso.)

42. A. Sussman; J.B. Hollander, *Cognitive Architecture*, p. 10.

43. J. Jacobs, op. cit., p. 452-453.

44. A. Sussman; J.B. Hollander, op. cit., p. 28.

45. Ibidem, p. 45.

46. J. Jacobs, op. cit., p. 499.

47. C.G. Jung, On the Psychology of the Unconscious, em G. Adler; R.F.C. Hull (eds.), *C.G. Jung: The Collected Works*, v. 7, *Two Essays in Analytical Psychology*, par. 78.

48. G. Bachelard, *The Poetics of Space*, p. 3.

49. Ibidem, p. 201.

50. R. Venturi, op. cit., p. 44.

51. J. Hillman, *A Blue Fire*, p. 106.

52. Mencionei no capítulo 3 que Nietzsche se refere à arquitetura como um exemplo do instinto apolíneo em sua forma pura, com o fundamento de que a arquitetura se apresenta de modo claro e distinto na solidez de sua forma (enquanto a música, ao contrário, exemplifica o dionisíaco). Nietzsche discorre aqui sobre a arquitetura em termos abstratos. Se formos falar de uma arquitetura evocativa, eu argumentaria ser aquela que corporifica e negocia a tensão criativa entre o apolíneo e o dionisíaco: com tanta energia dionisíaca quanto a consciência apolínea pode suportar, como diz Nietzsche sobre a criatividade. Alego que tal edifício é aquele que introduz distorção em seu projeto convencional. Pode ser um edifício em estado de ruína ou qualquer número de variações em seu projeto que malogre nossas expectativas.

53. Apud A. Vidler, *The Architectural Uncanny*, p. 175. Caillois cita aqui o psiquiatra Eugène Minkowski.

54. E. Burke, *A Philosophical Enquiry into the Origin of our Ideas of the Sublime and the Beautiful*, p. 81.

55. R. Otto, *The Idea of the Holy*, p. 68.

56. Jung, por exemplo, afirma que se uma "pessoa deseja ser curada [da neurose], é necessário encontrar um caminho pelo qual sua personalidade consciente e sua sombra possam conviver". (C.G. Jung, Psychology and Religion, em M. Fordham; G. Adler (eds.), *C.G. Jung: The Collected Works*, v. 11, *Psychology and Religion: West and East*, par. 132.)

57. J. Ruskin, *The Seven Lamps of Architecture*, cap. III, § 13.

58. J. Palasmaa, *The Eyes of Skin*, p. 46.

59. Ibidem.

60. F. Botting, *Gothic*, p. 6.

61. J. Palasmaa, op. cit., p. 46.

62. J. Hillman; M. Ventura, *We've Had a Hundred Years of Psychotherapy and the World's Getting Worse*, p. 4-5.

63. Poder-se-ia argumentar que encorajar espaços escurecidos dentro do projeto arquitetônico é encorajar o correspondente material reprimido e inconsciente da mente do percebedor. Enquanto Ruskin considera a escuridão indicativa de uma mente perturbada, triste e até mesmo colérica, os conteúdos reprimidos que são trazidos à luz no evento arquitetônico são, como aleguei, positivamente enriquecedores para a personalidade como um todo, e benéficos, também, para nossa apreciação dos ambientes construídos que habitamos. Talvez seja mais apropriado interpretar a conexão como uma *negociação* terapêutica com as tristezas, os problemas e a ira que eram desafiadores demais para o pensamento consciente por si só. De espaços indiferenciados de sombra, a imaginação produz formas investidas do desejo inconsciente de autocontinência e separação do ambiente; contudo, quando justapostas com características iluminadas e nitidamente definidas, o sujeito é direcionado e se encontra fundamentado e próximo ao ambiente.

64. F.A. Yates, *The Art of Memory*, p. 112.

65. J. Hillman, The Cost of the Ugly, em R. Leaver (ed.), *City & Soul*, p. 203.

66. A. Hauser, *Mannerism*, p. 12.

67. Ibidem.

68. Ibidem, p. 280.

69. Ibidem.

70. R. Venturi, *Architecture as Signs and Systems*, p. 74.

71. Ibidem, p. 76.

72. Ibidem, p. 77.

73. *The New Paradigm in Architecture*, p. 180-185.

74. R. Koolhaas; B. Mau, *S, M, L, XL*, p. 926. Ver também R. Koolhaas, *Delirious New York*, p. 34.

75. Da mesma forma como o termo "patologia" em Hillman subverte o uso convencional dessa palavra, estendendo sua definição para além daquela que fala de uma condição problemática que clama por uma cura, e assim compreendendo na noção de "patologia" também uma maneira criativa de perceber as características únicas do mundo, o uso do termo "paranoia" por Dalí vai

NOTAS

além da definição convencional do termo como uma mania de perseguição problemática; para Dalí, a "paranoia" oferece ainda uma abordagem mais criativa do mundo, sustentada por uma percepção distorcida dele.

76. R. Koolhaas, op. cit., p. 235-282.
77. Ibidem, p. 238.
78. Ibidem, p. 235, 241.
79. Ibidem, p. 240.
80. R. Venturi, *Complexity and Contradiction in Architecture*, p. 38.
81. R. Koolhaas, op. cit., p. 241.
82. Carta a Stefan Zweig, datada de 20 de julho de 1938, apud E.L. Freud, *Letters of Sigmund Freud*, p. 449.
83. R. Koolhaas, op. cit., p. 241.
84. S. Dalí, L'Âne pourri, *Le Surrealisme au Service de la Révolution*, n. 1, p. 10.
85. Ver A. Breton, *Communicating Vessels*, p. 152. Numa carta ao surrealista André Breton, Freud afirma: "Não consigo esclarecer para mim mesmo o que é o surrealismo e o que ele quer." (26 de dezembro de 1932, em A. Breton, op. cit., p. 152.) Em seus comentários sobre as pinturas de Dalí, Freud observa: "Não é o inconsciente que procuro em seus quadros, mas o consciente, enquanto nas obras de antigos mestres, cheias de mistérios ocultos, procuro o inconsciente. Nos seus quadros, o que é misterioso e oculto é expresso diretamente [;] é, de fato, o tema dos quadros." (Apud D. Ades, *Dalí*, p. 74.)

86. Jane Jacobs alude a um impulso de fazer com que edifícios homogêneos "pareçam especiais (apesar de não *serem* especiais)", estabelecendo uma aparência superficial de distinção, adicionando, por exemplo, diferentes cores ou texturas. Esse impulso resulta, diz ela, em "um caos de diferenças gritantes, porém superficiais", que podem ser "atraentes" por um breve momento, mas "desprovidas de sentido". (J. Jacobs, *The Death and Life of Great American Cities*, p. 292-294.) Ver exemplos na gravura 1.

Referências

ABERCROMBIE, Stanley. *Architecture as Art: An Esthetic Analysis*. New York/Cincinnati/Toronto/London/Melbourne: Van Nostrand Reinhold, 1996.

ABRAMOVITZ, Anita. *People and Spaces*, New York: Viking Press, 1979.

ADAMS, Parveen. *The Emptiness of the Image: Psychoanalysis and Sexual Differences*. London/New York: Routledge, 1996.

ADES, Dawn. *Dalí*. London: Thames and Hudson, 1982.

ADORNO, Theodor [1970]. *Aesthetic Theory*. Eds. Gretel Adorno; Rolf Tiedemaan. Trans. Christian Lenhardt. London: Routledge & Kegan Paul, 1984. (Trad. bras.: *Teoria Estética*. São Paulo: Martins Fontes, 1998.)

ADORNO, Theodor; HORKHEIMER, Max [1946]. *Dialectic of Enlightenment*. Trans. John Cumming. New York: Continuum, 1972. (Trad. bras.: *Dialética do Esclarecimento*. Rio de Janeiro: Zahar, 2006.)

ALBERTI, Leon Battista [1485]. On the Art of Building in Ten Books. Trans. Joseph Rykwert, Neil Leach, Robert Tavernor. Cambridge: MIT Press, 1988. 10 v.

ALEXANDER, Christopher; ISHIKAWA, Sara; SILVERSTEIN, Murray. *A Pattern Language: Towns, Buildings, Construction*. Berkeley/New York/Oxford: Oxford University Press, 1977. (Center for Environmental Structure.) (Trad. bras.: *Uma Linguagem de Padrões*. Porto Alegre: Bookman, 2012.)

ANÔNIMO. *Rhetorica ad Herennium*. Ed. and trans. Harry Caplan. Cambridge: Harvard University Press, 1994. (Loeb Classical Library.)

ANZIEU, Didier. Le Moi-peau. *Nouvelle revue de psychanalyse*, v. 9, 1974.

_____. *The Skin Ego* [1985]. Trans. Chris Turner. New Haven: Yale University Press, 1989. (Trad. bras.: *O Eu-pele*. São Paulo: Casa do Psicólogo, 2018.)

_____. *Une Peau pour les pensées: entretiens de Didier Anzieu avec Gilbert Tarrab sur la psychologie et la psychanalyse*. Paris: Clancier-Guénaud, 1986.

_____. *Psychic Envelopes*. Trans. Daphne Briggs. London: Karnac, 1990.

_____. *Créer-Détruire: Le Travail psychique créateur*. Paris: Dunod, 1996.

BACHELARD, Gaston [1957]. *The Poetics of Space*. Trans. Maria Jolas. 9. ed. Boston: Beacon Press, 1994. (Trad. bras.: *A Poética do Espaço*. São Paulo: Martins Fontes, 2008.)

BALINT, Michael [1959]. *Thrills and Regressions*. London: Karnac Books, 1987. (New edition. Maresfield Library.)

BALLANTYNE, Andrew. *Architecture: A Very Short Introduction*. Oxford: Oxford University Press, 2002.

BALMOND, Cecil; SMITH, Jannuzzi. *Informal*. Munich: Prestel, 2002.

BARBARA, Anna; PERLISS, Anthony. *Invisible Architecture: Experiencing Places Through the Sense of Smell*. Milan: Skira, 2006.

BARRIE, Thomas. Carl Jung's House in Bollingen: Architecture as a Medium of Transformation. *The Sacred In-Between: The Mediating Roles of Architecture*. Abingdon/New York: Routledge, 2010.

BENJAMIN, Walter. On the Mimetic Faculty. Trans. Edmund Jephcott. In: DEMETZ, Peter (ed.). *Reflections: Essays, Aphorisms, Autobiographical Writings*. New York: Schocken, 1978.

BENNET, Edward Armstrong [1966]. *What Jung Really Said*. New York: Schocken Books, 1983.

_____. *Meetings With Jung: Conversations Recorded During the Years 1946-1961*. Einsiedeln: Daimon Verlag, 1985.

BENTON, Tim. The Sacred and the Search for Myths. In: REABURN, Michael; WILSON, Victoria (eds.). *Le Corbusier: Architect of the Century*. London: Courtauld Institute of Art, 1987.

BICK, Esther. The Experience of the Skin in Early Object Relations. *The International Journal of Psychoanalysis*, v. 49, n. 2-3, 1968.

BION, Wilfred R. [1962]. *Learning from Experience*. London: Heinemann, 1989. (Trad. bras.: *O Aprender Com a Experiência*. Rio de Janeiro: Imago, 2003.)

BLUM, Harold P. Freud Correspondence. *Journal of the American Psychoanalytic Association*, v. 43, n. 3, 1995.

BOLLAS, Christopher. The Aesthetic Moment and the Search for Transformation. *The Annual of Psychoanalysis*, v. 6, 1978.

_____. *The Shadow of the Object: Psychoanalysis of the Unthought Known*. London: Free Association Books, 1987. (Trad. bras.: *A Sombra do Objeto: Psicanálise do Conhecido Não Pensado*. São Paulo: Escuta, 2015.)

_____. *Forces of Destiny: Psychoanalysis and the Human Idiom*. London: Free Association Books, 1989. (Trad. bras.: *Forças do Destino: Psicanálise e Idioma Humano*. Rio de Janeiro: Imago, 1992.)

_____. *Being a Character: Psychoanalysis and Self Experience*. London/New York: Routledge, 1992. (Trad. bras.: *Sendo um Personagem*. Rio de Janeiro: Revinter, 1998.)

_____. Architecture and the Unconscious. *International Forum of Psychoanalysis*, v. 9, n. 1-2, 2000. Também em *The Evocative Object World*. London/New York: Routledge, 2009.

_____. [2007] *The Freudian Moment*. 2. ed. London: Karnac Books, 2013.

_____. *The Evocative Object World*. London/New York: Routledge, 2009.

BORCH-JACOBSEN, Mikkel. *Lacan: The Absolute Master*. Palo Alto: Stanford University Press, 1991.

BOTTING, FRED. *Gothic*. London/New York: Routledge, 2013. (The New Critical Idiom Series.)

REFERÊNCIAS 269

BOUCHARD, Françoise. Sigmund Freud and Romain Rolland: Correspondence 1923-1936. *Journal of the American Psychoanalytic Association*, v. 43, 1995.

BRETON, André [1932]. *Communicating Vessels*. Trans. Mary Ann Caws. Lincoln: University of Nebraska Press, 1997. (French Modernist Library. New edition.)

BREUER, Josef [1893-1895]. "Theoretical". Ed. Sigmund Freud. In: FREUD, Sigmund. *SE*, v. 2, *Studies of Hysteria*. London: Vintage, 2001.

BUCHANAN, Peter. The Big Rethink. *Architectural Review*, 2012. Disponível em: <https://www. architectural-review.com>. Acesso em: nov. 2016.

BURKE, Edmund [1757]. *A Philosophical Enquiry into the Origin of our Ideas of the Sublime and the Beautiful*. Ed. Adam Philips. Oxford: Oxford University Press, 2008. (Oxford World Classics.) (Trad. bras.: *Investigação Filosófica Sobre a Origem de Nossas Ideias do Sublime e da Beleza*. São Paulo: Edipro, 2016.)

CAIRD, Edward [1889]. *The Critical Philosophy of Immanuel Kant*. New York: Macmillan, 2000. 2 v.

CALATRAVA, Santiago. *Conversations with Students*. Cambridge: MIT Press, 2002.

CAMPBELL, Donald T. Blind Variation and Selective Retention in Creative Thought as in Other Knowledge Processes. *Psychological Review*, v. 67, 1960.

CARRUTHERS, Mary [1998]. *The Craft of Thought: Meditation, Rhetoric, and the Making of Images, 400-1200*. Cambridge: Cambridge University Press, 2000. (Cambridge Studies in Medieval Literature.)

CAMUS, Albert [1942]. *The Outsider*. Trans. Joseph Laredo. London: Penguin Classics, 2000. (Trad. bras.: *O Estrangeiro*. Rio de Janeiro: Record, 2008.)

CHALUP, Stephan K.; HONG, Kenny; OSTWALD, Michael J. Simulating Pareidolia of Faces for Architectural Image Analysis. *International Journal of Computer Information Systems and Industrial Management Applications*, v. 2, 2010.

CICERO, M. Tullius. *De Oratore*. Ed. Augustus Samuel Wilkins. Oxford: Clarendon Press, 1902. (Oxford Classical Texts.)

CLAPARÈDE, Édouard. Quelques mots sur la définition de l'hystérie. *Archives de psychologie*, v. VII, Genève, 1908.

CLAXTON, Guy. *Hare Brain, Tortoise Mind: Why Intelligence Increases When You Think Less*. New York: Fourth Estate, 1998. (New edition.)

CLAYTON, Susan D.; OPOTOW, Susan (eds.). *Identity and the Natural Environment: The Psychological Significance of Nature*. Cambridge: MIT, 2003.

CLINEBELL, John. *Ecotherapy: Healing Ourselves, Healing the Earth*. London/New York: Routledge/The Haworth Press, 1996.

CONWAY, Daniel W. Answering the Call of the Wild: Walking with Bugbee and Thoreau. *The Personalist Forum*, v. 14, n. 1, 1998.

COOK, John Wesley; KLOTZ, Heinrich. *Conversations with Architects*. New York: Praeger, 1973.

COOPER, Clare. The House as Symbol of the Self. In: LANG, Jon et al. *Designing for Human Behavior: Architecture and the Behavioral Sciences*. New York: Dowden, Hutchinson & Ross, 1974. (Community Development Series.)

COOPER-WHITE, Pamela. A Tale of Two Houses: Küsnacht and Bollingen. Part 1, Jung Society of Atlanta, 2014. Disponível em: < ww.jungatlanta.com>. Acesso em: nov. 2017.

COVERLEY, Merlin. *Psychogeography*. Harpenden: Pocket Essentials, 2010.

DALÍ, Salvador. L'Âne pourri. *Le Surréalisme au Service de la Révolution*, n. 1. Paris: Éditions des Cahiers Libres, 1930.

DAVIES, Bret W. Translator's Foreword. In: HEIDEGGER, Martin [1944/1945]. *Country Path Conversations*. Bloomington: Indiana University Press, 2010.

DAVIS, Whitney. *Drawing the Dream of the Wolves: Homosexuality, Interpretation, and Freud's "Wolf Man"* (*Theories of Representation and Difference*). Bloomington: Indiana University Press, 1995.

_____. *Replications: Archaeology, Art, History, Psychoanalysis*. Pennsylvania: Pennsylvania State University Press, 1996.

DE BOTTON, Alain de. *The Art of Travel*. London: Hamish Hamilton/Penguin Books, 2002.

DE CERTEAU, Michel [1980]. Walking in the City. *The Practice of Everyday Life*. Berkeley/Los Angeles: University of California Press, 1984. (Trad. bras.: *A Invenção do Cotidiano: Artes de Fazer*. São Paulo: Vozes, 2013; *A Invenção do Cotidiano: Morar, Cozinhar*. São Paulo: Vozes, 2013.)

DE MAISTRE, Xavier [1790]. *A Journey Around My Room*. Trans. Andrew Brown. London: Alma Classics, 2013. (Trad. bras.: *Viagem ao Redor do Meu Quarto*. São Paulo: Editora 34, 2020.)

DEAMER, Peggy. Adrian Stokes: The Architecture of Phantasy and the Phantasy of Architecture. In: WINER, Jerome A.; ANDERSON, James William; DANZE, Elizabeth A. (eds.). *Psychoanalysis and Architecture: The Annuals of Psychoanalysis*, v. 33. New York: Institute for Psychoanalysis Chicago, Mental Health Resources, 2004.

DEBORD, Guy Louis [1995]. Introduction to a Critique of Urban Geography. In: KNABB, Ken (ed.). *Situationist International Anthology*. Berkeley: Bureau of Public Secrets, 2007.

DELEUZE, Gilles; GUATTARI, Félix [1980]. *A Thousand Plateaus: Capitalism and Schizophrenia*. Trans. Brian Massumi. London/New York: Continuum, 2003. (Trad. bras.: *Mil Platôs. Capitalismo e Esquizofrenia*. São Paulo: Editora 34, 2011.)

DESCARTES, René [1637]. Discourse on the Method of Rightly Conducting One's Reason and of Seeking Truth in the Sciences. *The Philosophical Writings of Descartes*. Trans. John Cottingham; Robert Stoothoff; Dugald Murdoch. Cambridge: Cambridge University Press, 1999. V. 1. (Trad. bras.: *Descartes: Obras Escolhidas*. São Paulo: Perspectiva, 2010.)

_____. [1641]. *Meditations on First Philosophy*. Trans. John Cottingham. Cambridge: Cambridge University Press, 1996. Revised edition. (Trad. bras.: *Meditações Sobre Filosofia Primeira*. Campinas: Editora Unicamp, 2004.)

DONALD, James. *Imagining the Modern City*. London: The Athlone Press, 1999.

EVERNDEN, Neil. Beyond Ecology: Self, Place and the Pathetic Fallacy. *The North American Review*, v. 263, n. 4, 1978.

Filarete (Antonio di Pietro Averlino) [c.1464]. *Filarete's Treatise on Architecture: Being the Treatise by Antonio di Pietro Averlino, Known as Filarete*. Trans. John Spencer. New Haven: Yale University Press, 1965. 2 v.

FISHER, Andy. *Radical Ecopsychology: Psychology in the Service of Life*. Albany: State University of New York Press, 2002.

FLANNERY, John G. Freud's Acropolis Revisited. *International Review of Psycho-Analysis*, v. 7, 1980.

FRANCESCO DI GIORGIO, Martini (c.1478-1490]. *Trattato di architettura, Ingegneria e Arte Militare*. Eds. Corrado Maltese; Livia Maltese Degrassi. Milan: Edizioni il Polifilo, 1967. 2 v.

FREUD, Ernst L. *Letters of Sigmund Freud*. Trans. Tania Stern; James Stern. New York: Basic Books, 1961.

REFERÊNCIAS

FREUD, Sigmund [1896]. Heredity and the Aetiology of the Neuroses. Eds. James Strachey; Anna Freud. *SE*, v. 3, *Early Psycho-Analytic Publications*. London: Vintage, 2001.

_____. [1897]. Draft L.[Notes I]'/'Draft M.[Notes II]' [May 2,1897], Pre-Psycho-Analytic Publications and Unpublished Drafts. Eds. James Strachey; Anna Freud. *SE*, v. 1, *Pre-Psycho-Analytic Publications and Unpublished Drafts*. London: Vintage, 2001.

_____. [1899]. Letter to Fliess: August 6, 1899. In: *The Complete Letters of Sigmund Freud to Wilhelm Fliess, 1887-1904*. Trans. and ed. Jeffrey Moussaieff Masson. Cambridge: Harvard University Press, 1985. (Trad. bras.: *A Correspondência Completa de Sigmund Freud Para Wilhelm Fliess 1887-1904*. Rio de Janeiro: Imago, 1986.)

_____. [1900]. *The Interpretation of Dreams*. Eds. James Strachey; Anna Freud. *SE*, v. 4 e 5. London: Vintage, 2001.

_____. [1905]. *Jokes and Their Relation to the Unconscious*. Eds. James Strachey; Anna Freud. *SE*, v. 8. London: Vintage, 2001.

_____. [1910]. *Five Lectures on Psychoanalysis, Leonardo and Other Works*. Eds. James Strachey; Anna Freud. *SE*, v. 11. London: Vintage, 2001.

_____. [1913]. On Beginning the Treatment (Further Recommendations on the Technique of Psychoanalysis I). Eds. James Strachey; Anna Freud. *SE*, v. 12, *The Case of Schreber, Papers on Technique and Other Works*. London: Vintage, 2001.

_____. [1914]. On Narcissism: An Introduction. Eds. James Strachey; Anna Freud. *SE*, v. 14, *On the History of the Psycho-Analytic Movement, Papers on Meta-Psychology and Other Works*. London: Vintage, 2001.

_____. [1915]. Thoughts for the Times on War and Death. Eds. James Strachey; Anna Freud. *SE*, v. 14, *On the History of the Psycho-Analytic Movement, Papers on Meta-Psychology and Other Works*. London: Vintage, 2001.

_____. [1915]. Instincts and their Vicissitudes. Eds. James Strachey; Anna Freud. *SE*, v. 14, *On the History of the Psycho-Analytic Movement, Papers on Meta-Psychology and Other Works*. London: Vintage, 2001.

_____. [1917]. Resistance and Repression. Eds. James Strachey; Anna Freud. *SE*, v. 16, *Introductory Lectures on Psychoanalysis (1916-1917)*. London: Vintage, 2001.

_____. [1917]. A Difficulty in the Path of Psychoanalysis. Eds. James Strachey; Anna Freud. *SE*, v. 17, *An Infantile Neurosis and Other Works*. London: Vintage, 2001.

_____. [1919]. The Uncanny. Eds. James Strachey; Anna Freud. *SE*, v. 17, *An Infantile Neurosis and Other Works*. London: Vintage, 2001.

_____. [1921]. Group Psychology and the Analysis of the Ego. Eds. James Strachey; Anna Freud. *SE*, v. 18, *Beyond the Pleasure Principle, Group Psychology and Other Works*. London: Vintage, 2001.

_____. [1923]. *The Ego and the Id*. Eds. James Strachey; Anna Freud. *SE*, v. 19. London: Vintage, 2001.

_____. [1930]. Civilization and Its Discontents. Eds. James Strachey; Anna Freud. *SE*, v. 21, *The Future of an Illusion, Civilization and its Discontents and Other Works*. London: Vintage, 2001.

_____. [1936]. A Disturbance of Memory on the Acropolis. Eds. James Strachey; Anna Freud. *SE*, v. 22, *New Introductory Lectures on Psycho-Analysis and Other Works*. London: Vintage, 2001.

_____. [1937]. Constructions in Analysis. Eds. James Strachey; Anna Freud. *SE*, v. 23, *Moses and Monotheism, An Outline of Psycho-Analysis and Other Works*. London: Vintage, 2001.

_____ [1940]. Medusa's Head. Eds. James Strachey; Anna Freud. SE, v. 18, *Beyond the Pleasure Principle, Group Psychology and Other Works*. London: Vintage, 2001.

FREUD, Sigmund; JUNG, Carl Gustav. *The Freud/Jung Letters: The Correspondence Between Sigmund Freud and C.G. Jung*. Ed. William McGuire., Trans. Ralph Manheim; R.F.C. Hull. New Jersey: Princeton University Press, 1974. Bollingen Series. (Trad. bras.: *A Correspondência Completa de Sigmund Freud e Carl G. Jung*. Rio de Janeiro: Imago, 1993.)

FRIEDEN, Ken. *Freud's Dream of Interpretation*. Albany: State University of New York Press, 1990.

GADAMER, Hans-Georg [1960]. *Truth and Method*. London/New York: Continuum, 2004. (Continuum Impacts Series.) (Trad. bras.: *Verdade e Método*. Rio de Janeiro: Vozes, 1997 [V. 1]/2002 [V. 2].)

GAGNEBIN, Murielle. *Pour une esthétique psychanalytique: L'Artiste, stratège de l'inconscient*. Paris: Paris-Sorbonne University Press, 1994.

GEYH, Paula. Urban Free Flow: A Poetics of Parkour, *M/C Journal: A Journal of Media and Culture*, v. 9, n. 3, 2006. Disponível em: <http://journal.media--culture.org.au>. Acesso em: out. 2017.

GIEGERICH, Wolfgang. The End of Meaning and the Birth of Man: An Essay about the State Reached in the History of Consciousness and an Analysis of C.G. Jung's Psychology Project. *Journal of Jungian Theory and Practice*, v. 6, n. 1, 2004.

GLEDHILL, Martin. *The Tower: Myth and Fiction*. Dissertação de Mestrado. Centre for Psychoanalytic Studies, University of Essex, 2014.

GOODMAN, Nelson. When Is Art? In: PERKINS, David; LEONDAR, Barbara (eds.). *The Arts and Cognition*. Baltimore: Johns Hopkins University Press, 1977.

GRAAFLAND, Arie. *Architectural Bodies*. Ed. Michael Speaks. Rotterdam: 010, 1996.

GROTSTEIN, James. *Splitting and Projective Identification*. New York: Jason Aronson, 1981. (Trad. bras.: *A Divisão e a Identificação Projetiva*. Rio de Janeiro: Imago, 1985.)

_____. An Object Relations Perspective on Resistance in Narcissistic Patients. *Techniques of Working with Resistance*. New York: Jason Aronson, 1987.

GUILLAUMIN Jean. Sigmund Freud et Romain Rolland, correspondance 1923-1936. *International Journal of Psychoanalysis*, v. 76, 1995.

HADJIKHANI, Nouchine et al. Early (N170) Activation of Face-Specific Cortex by Face-Like Objects. *Neuroreport*, v. 20, n. 4, 2009.

HAKALA, Juha T. *The Art of Scientific Discovery: Creativity, Giftedness, and the Nobel Laureates*. Trans. Lissa Hughes; Glyn Hughes. Finland: Ideo Oy, 2012.

HALL, James A. *Jungian Dream Interpretation: A Handbook of Theory and Practice*. Toronto: Inner City Books, 1983. (Studies in Jungian Psychology by Jungian Analysts Series.) (Trad. bras.: *Jung e a Interpretação dos Sonhos: Manual de Teoria e Prática*. São Paulo: Cultrix, 1985.)

HARRISON, Irving B. A Reconsideration of Freud's "A Disturbance of Memory on the Acropolis" in Relation to Identity Disturbance. *Journal of the American Psychoanalytic Association*, v. 14, 1966.

HART, Vaughan. Carl Jung's Alchemical Tower at Bollingen. *Res: Anthropology and Aesthetics*, v. 25, 1994.

HAUKE, Christopher. *Jung and the Postmodern: The Interpretation of Realities*. London/New York: Routledge, 2000.

HAUSER, Arnold. *Mannerism: The Crisis of the Renaissance and the Origin Modern Art*. Cambridge: Harvard University Press, 1965. 2 v. (Trad. bras.: *Maneirismo: A Crise da Renascença e o Surgimento da Arte Moderna*. São Paulo: Perspectiva, 1993.)

REFERÊNCIAS   273

HEIDEGGER, Martin [1935]. *Introduction to Metaphysics: The Fundamental Questions.* Trans. Gregory Fried; Richard Polt. 2. ed. New Haven/London: Yale University Press, 1953. (Trad. bras.: *Introdução à Metafísica.* Rio de Janeiro: Tempo Brasileiro, 1999.)

_____ [1944-1945]. *Country Path Conversations.* Trans. Bret W. Davies. Bloomington: Indiana University Press, 2010.

_____ [1951] Building, Dwelling, Thinking. *Poetry, Language, Thought.* Trans. Albert Hofstadter. New York: Harper Collins, 2001.

_____.[1951- 1952]. *What is Called Thinking?* Trans. J. Glenn Gray. New York: Harper & Row, 1968.

HILLMAN, James [1978]. City and Soul. In: LEVER, Robert J. (ed.). *City & Soul.* New York: Spring, 2006. (Uniform edition.) (Trad. bras.: *Cidade e Alma.* São Paulo: Studio Nobel, 1993.)

_____ [1982]. *Anima Mundi*: Return of the Soul to the World. *The Thought of the Heart and Soul of the World.* 5 ed. Dallas: Spring, 1992. (Trad. bras.: *O Pensamento do Coração e a Alma do Mundo.* São Paulo: Verus, 2010.)

_____. Interiors in the Design of the City: Ceilings. In: SARDELLO, Robert; THOMAS, Gail (eds.). *Stirrings of Culture: Essays from the Dallas Institute.* Dallas: Dallas Institute Publications, 1986.

_____ [1991]. The Repression of the Beauty. In: LEVER, Robert J. (ed.). *City & Soul.* Thompson: Spring, 2006. V. 2. (Uniform edition.)

_____. "TOWER", typed notes in numbered sections from Box Number: Hillman 185A, Santa Barbara, CA, The James Hillman Collection, Opus Archives, 1993.

_____. "DOORS", typed notes in numbered sections from Box Number: Hillman 185A, Santa Barbara, CA, The James Hillman Collection, Opus Archives, 1993.

_____. *Insearch: Psychology and Religion.* Dallas: Spring, 1994.

_____. A Psyche the Size of the Earth: A Psychological Foreword. In: ROSZAK, Theodore; GOMES, Mary E.; KANNER, Allen D. (eds.), *Ecopsychology: Restoring the Earth/ Healing the Mind.* Berkeley: University of California Press, 1995.

_____. [1995]. Segregation of Beauty. In: LEVER, Robert J. (ed.). *City & Soul.* Thompson: Spring, 2006. V. 2. (Uniform edition.)

_____. [1995]. Natural Beauty without Nature. In: LEVER, Robert J. (ed.). *City & Soul.* Thompson: Spring, 2006. V. 2. (Uniform edition.)

_____. *The Soul's Code.* New York: Random House, 1996.

_____. [1997]. The Cost of the Ugly. In: LEVER, Robert J. (ed.). *City & Soul.* Putnam: Spring, 2006.

_____. *A Blue Fire: Selected Writings by James Hillman.* Ed. Thomas Moore. New York: Harper Perennial, 1998.

_____. *City & Soul.* Putnam: Spring, 2006. V. 2. (Uniform edition.)

HILLMAN, James; VENTURA, Michael. *We've Had a Hundred Years of Psychotherapy and the World's Getting Worse.* San Francisco: Harper, 1993. (Trad. bras.: *Cem Anos de Psicoterapia e o Mundo Está Cada Vez Pior.* São Paulo: Summus, 1995.)

HOROWITZ, Alexandra. *On Looking: Eleven Walks with Expert Eyes.* New York: Simon & Schuster, 2013.

HOUGH, Mike; MAYHEW, Patricia. *Taking Account of Crime: Key Findings from the Second British Crime Survey.* London: Her Majesty's Stationary Office, 1985.

HUSKINSON, Lucy. *Nietzsche and Jung: The Whole Self in the Union of Opposites.* London/New York: Routledge, 2004.

____. Housing Complexes: Redesigning the House of Psyche in Light of a Curious Mistranslation of C.G. Jung Appropriated by Gaston Bachelard. *International Journal of Jungian Studies*, v. 5, n. 1, 2013.

HUSSERL, Edmund [1931]. The World of the Living Present and the Constitution of the Surrounding World External to the Organism. In: MCCORMACH, Peter; ELLISTON, Frederick (eds.). *Husserl Shorter Works*. Indiana: Notre Dame Press, 1981.

INGOLD, Tim. *Being Alive: Essays on Movement, Knowledge, and Description*. London/New York: Routledge, 2011. (Trad. bras.: *Estar Vivo: Ensaios Sobre Movimento, Conhecimento e Descrição*. São Paulo: Vozes, 2015.)

KIERKEGAARD, Søren. *Kierkegaard's Letters and Documents*. Trans. Henrik Rosenmeier. Princeton: Princeton University Press, 1978.

JACOBS, Jane [1961]. *The Death and Life of Great American Cities*. New York: The Modern Library, 1993. (Trad. bras.: *Morte e Vida de Grandes Cidades*. São Paulo: WMF Martins Fontes, 2011.)

JENCKS, Charles. *The New Paradigm in Architecture: The Language of Post-Modernism*. New Haven/London: Yale University Press, 2002.

JONES, Ernest. *Life and Works*. New York: Basic Books, 1955. V. 2

JONES, Lindsay. *The Hermeneutics of Sacred Architecture: Monumental Occasions, Reflections on the Eventfulness of Religious Architecture, v. 1 – Experience, Interpretation, Comparison*. Cambridge: Harvard University Press, 2000. (Religion of the World Series).

JUNG, Andreas. *House of C.G. Jung: The History and Restoration of the Residence of Emma and Carl Gustav Jung-Rauschenbach*. Asheville: Chiron, 2009.

JUNG, Carl Gustav [1902]. On the Psychology and Pathology of So-called Occult Phenomena in Psychiatric Studies. In: READ, Herbert; FORDHAM, Michael; ADLER, Gerhard (eds.). *C.G. Jung: The Collected Works*, 1 – *Psychiatric Studies*. Princeton: Princeton University Press, 1966. (Bollingen Series.)

____. [1911-1912/1952]. Two Kinds of Thinking. In: READ, Herbert; FORDHAM, Michael; ADLER, Gerhard (eds.). Trans. R.F.C. Hull. *C.G. Jung: The Collected Works*, 5 – *Symbols of Transformation*. Princeton: Princeton University Press, 1990.

____. [1917/1926/1943]. On the Psychology of the Unconscious. In: ADLER, Gerhard; HULL, R.F.C. (eds. and trans.). *C.G. Jung: The Collected Works*, 7 – *Two Essays in Analytical Psychology*. Princeton: Princeton University Press, 1966. (Bollingen Series.)

____. [1921]. Psychological Types. In: FORDHAM, Michael; ADLER, Gerhard (eds.). Trans. R.F.C. Hull. *C.G. Jung: The Collected Works*, 6 – *Psychological Types*. London/New York: Routledge, 1992.

____. [1925]. *Analytical Psychology: Notes of the Seminar Given in 1925*. Ed. William McGuire. Trans. R.F.C. Hull. Princeton: Princeton University Press, 1991. (Bollingen Series.)

____. [1927] Mind and Earth. In: READ, Herbert; FORDHAM, Michael; ADLER, Gerhard (eds.). Trans. R.F.C. Hull. *C.G. Jung: The Collected Works*, 10 – *Civilization in Transition*. 2. ed. London/New York: Routledge, 1970.

____. [1928/1935]. The Relations Between the Ego and the Unconscious. In: ADLER, Gerhard; HULL, R.F.C. (eds. and trans.). *C.G. Jung: The Collected Works*, 7 – *Two Essays in Analytical Psychology*. Princeton: Princeton University Press, 1966. (Bollingen Series.)

____. [1928]. *Dream Analysis: Part 1: Notes of the Seminar Given in 1928-1930*. London/New York: Routledge, 1994.

____. [1934-1939]. *Nietzsche's Zarathustra: Notes of a Seminar Given in 1934-1939*. Ed. James L. Jarrett. London: Routledge, 1989. 2 v.

____. [1935]. The Tavistock Lectures. In: ADLER, Gerhard; HULL, R.F.C. (eds. and trans.). *C.G. Jung: The Collected Works*, 18 – *The Symbolic Life: Miscellaneous Writings*. Princeton: Princeton University Press, 1976. (Bollingen Series.)

____. [1936]. Psychology and Alchemy. In: ADLER, Gerhard; HULL, R.F.C. (eds.). Trans. R.F.C. Hull. *C.G. Jung: The Collected Works*, 12 – *Psychology and Alchemy*. Princeton: Princeton University Press, 1980. (Bollingen Series.)

____. [1938/1940]. Psychology and Religion (The Terry Lectures). In: FORDHAM, Michael; ADLER, Gerhard (eds.). Trans. R.F.C. Hull. *C.G. Jung: The Collected Works*, 11 – *Psychology and Religion: West and East*. Princeton: Princeton University Press, 1991. (Bollingen Series.)

____. [1942/1948]. A Psychological Approach to the Dogma of the Trinity. In: FORDHAM, Michael; ADLER, Gerhard (eds.). Trans. R.F.C. Hull. *C.G. Jung: The Collected Works*, 11 – *Psychology and Religion: West and East*. Princeton: Princeton University Press, 1991. (Bollingen Series.)

____. [1945/1954]. The Philosophical Tree. In: ADLER, Gerhard; HULL, R.F.C. (eds. and trans.). *C.G. Jung: The Collected Works*, 13 – *Alchemical Studies*. Princeton: Princeton University Press, 1983. (Bollingen Series.)

____. [1946] Analytical Psychology and Education. In: ADLER, Gerhard; HULL, R.F.C. (eds. and trans.). *C.G. Jung: The Collected Works*, 17 – *The Development of Personality*. Princeton: Princeton University Press, 1983. (Bollingen Series.)

____. [1947/1954]. On the Nature of the Psyche. In: READ, Herbert; ADLER, Gerhard; HULL, R.F.C. (eds.). Trans. R.F.C. Hull. *C.G. Jung: The Collected Works*, 8 – *The Structure and Dynamics of the Psyche*. Princeton: Princeton University Press, 1960. (Bollingen Series.)

____. The Psychological Aspects of the Kore. In: ADLER, Gerhard; HULL, R.F.C. (eds. and trans.). *C.G. Jung: The Collected Works*, 9 (Part 1) – *Archetypes and the Collected Unconscious*. Princeton: Princeton University Press, 1951. (Bollingen Series.)

____. [1952]. Foreword to [R.J.Zwi] Werblowsky's *Lucifer and Prometheus*. In: FORDHAM, Michael; ADLER, Gerhard (eds.). Trans. R.F.C. Hull. *C.G. Jung: The Collected Works*, 11 – *Psychology and Religion: West and East*. Princeton: Princeton University Press, 1991. (Bollingen Series.)

____. [1952]. Foreword to White's "God and the Unconscious". In: FORDHAM, Michael; ADLER, Gerhard (eds.). Trans. R.F.C. Hull. *C.G. Jung: The Collected Works*, 11 – *Psychology and Religion: West and East*. Princeton: Princeton University Press, 1991. (Bollingen Series.)

____. Archetypes of the Collected Unconscious. In: ADLER, Gerhard; HULL, R.F.C. (eds. e trans.). *C.G. Jung: The Collected Works*, 9 (Part 1) – *Archetypes and the Collected Unconscious*. Princeton: Princeton University Press, 1954. (Bollingen Series.)

____. [1954]. On the Psychology of the Unconscious. In: ADLER, Gerhard; HULL, R.F.C. (eds. e trans.). *C.G. Jung: The Collected Works*, 7 – *Two Essays in Analytical Psychology*. Princeton: Princeton University Press, 1966. (Bollingen Series.)

____. [1954] The Philosophical Tree. In: READ, Herbert et al. (eds.). Trans. R.F.C. Hull. *C.G. Jung: The Collected Works*, 13 – *Alchemical Studies*. Princeton: Princeton University Press, 1983. (Bollingen Series.)

____. [1955]. *Jung Speaking: Interviews and Encounters*. Eds. William McGuire; R.F.C. Hull. Princeton: Princeton University Press, 1987. (Bollingen Series.)

_____. [1958]. Flying Saucers: A Modern Myth of Things Seen in the Skies. In: READ, Herbert; FORDHAM, Michael; ADLER, Gerhard (eds.). Trans. R.F.C. Hull. *C.G. Jung: The Collected Works*, 10 – *Civilization in Transition*. 2. ed. London/ New York: Routledge, 1970.

_____. [1959]. Good and Evil in Analytical Psychology. In: READ, Herbert; FORDHAM, Michael; ADLER, Gerhard (eds.). Trans. R.F.C. Hull. *C.G. Jung: The Collected Works*, 10 – *Civilization in Transition*. 2. ed. London/New York: Routledge, 1970.

_____. [1961]. Symbols and the Interpretation of Dreams. In: READ, Herbert; FORDHAM, Michael; ADLER, Gerhard (eds.). Trans. R.F.C. Hull. *C.G. Jung: The Collected Works*, 18 – *The Symbolic Life: Miscellaneous Writings*. Princeton: Princeton University Press, 1976. (Bollingen Series.)

_____. [1961]. *Memories, Dreams, Reflections*. Recorded and edited Aniela Jaffé. Trans. R. Winston; C. Winston. London: Fontana, 1995. (Trad. bras.: *Memórias, Sonhos e Reflexões*. Rio de Janeiro: Nova Fronteira, 2019.)

_____. Approaching the Unconscious. In: JUNG, C.G. ; FRANZ, M.-L. von (eds.). *Man and his Symbols*. London: Aldus, 1964. (Trad. bras.: *O Homem e Seus Símbolos*. São Paulo: HarperCollins Brasil, 2016.)

_____. *The Red Book: Liber Novus*. Trans. Martin Kyburz, John Peck, and Sonu Shamdasani. New York: W.W. Norton, 2009. (Trad. bras.: *O Livro Vermelho: Liber Novus*. São Paulo: Vozes, 2017.)

KAHN, Louis. I Love Beginnings. In: LATOUR, Alessandra (ed.). *Louis I Kahn: Writings, Lectures, Interviews*. New York: Rizzoli International Publishers, 1991.

KANT, Immanuel [1764]. *Observations on the Feeling of the Beautiful [and Sublime and Other Writings]*. Eds. Patrick Firerson; Paul Guyer. Trans. Paul Guyer. Cambridge: Cambridge University Press, 2011. (Cambridge Texts in the History of Philosophy.)

_____. [1781/1787]. *Critique of Pure Reason*. Eds. and trans. Paul Guyer; Allen W. Wood. Cambridge: Cambridge University Press, 1999. (The Cambridge Edition of the Works of Immanuel Kant.) (Trad. bras.: *Crítica da Razão Pura*. São Paulo: Vozes, 2015.)

_____. [1790]. *Critique of the Power of Judgement*. Ed. Paul Guyer. Trans. Paul Guyer; Eric Matthews. Cambridge: Cambridge University Press, 2000. (The Cambridge Edition of the Works of Immanuel Kant.) (Trad. bras.: *Crítica da Faculdade de Julgar*. São Paulo: Vozes, 2016.)

KIDEL, Mark. *Architecture of the Imagination*. Série da BBC em cinco episódios de trinta minutos cada, televisionada pela BBC2 em julho de 1993. DVD lançado em 1994, Opus Archives, Santa Barbara, CA.

KLEIN, Melanie. [1946]. Notes on Some Schizoid Mechanisms. In: MITCHELL, Juliet (ed.). *The Selected Melanie Klein*. London: Penguin, 1991.

KLOTZ, Heinrich [1984]. *The History of Postmodern Architecture*. Trans. Radka Donnell. London/Cambridge: MIT Press, 1988.

KOOLHAAS, Rem. "O.M.A." *Lotus International*, v. 11, 1976.

_____. [1978]. *Delirious New York: A Retroactive Manifesto for Manhattan*. New York: Monacelli Press, 1994. (New edition.) (Trad. bras.: *Nova York Delirante*. São Paulo, Cosac Naify, 2008.)

KOOLHAAS, Rem; MAU, Bruce [1995]. Ed. Jennifer Sigler. *S, M, L, XL: O.M.A.* New York: Monacelli, 1998.

LACAN, Jacques [1949]. The Mirror Stage as Formative of the Function of the *I* Function as Revealed in Psychoanalytic Experience. Écrits: *The First*

REFERÊNCIAS 277

Complete Edition in English. Trans. Bruce Fink. New York/London: W.W. Norton, 2006.

_____. Some Reflections on the Ego. *International Journal of Psychoanalysis*, v. 34, 1953.

_____. [1954]. *Freud's Papers on Technique 1953-1954: The Seminar of Jacques Lacan, Book I*. Ed. Jacques-Alain Miller. Trans. John Forrester. New York: Norton, 1988.

LAFRANCE, Marc. From the Skin Ego to the Psychic Envelope: An Introduction to the Work of Didier Anzieu. In: CAVANAUGH, Sheila L.; FAILLER, Angela; JOHNSTON HURST, Rachel Alpha (eds.). *Skin, Culture, and Psychoanalysis*. Basingstoke: Palgrave, 2013.

LANGER, Susanne K. [1941]. *Philosophy in a New Key: A Study in the Symbolism of Reason, Rite, and Art*. 3. ed. Cambridge: Harvard University Press, 2007. (Trad. bras.: *Filosofia em Nova Chave: Um Estudo do Simbolismo da Razão, Rito e Arte*. São Paulo: Perspectiva, 1989.)

LARSON, Judith; SAVAGE, Mark. Mystical Emergence: An Architectural Journey Through Jung's Tower. Disponível em: <diswww.iaap.org.>. Acesso em: maio 2009.

LEACH, Neil. Vitruvius Crucifixus: Architecture, Mimesis, and the Death Instinct. In: DODDS, George; TAVERNOR, Robert (eds.). *Body and Building: Essays on the Changing Relation of Body and Architecture*. Cambridge: MIT Press, 2005.

_____. *Camouflage*. Cambridge: MIT Press, 2005.

_____. Topophilia/Topophobia: The Role of the Environment in the Formation of Identity. In: RUAN, Xing; HOGBEN, Paul (eds.). *Topophilia and Topophobia: Reflections on Twentieth-Century Human Habitat*. London/New York: Routledge, 2007.

LE CORBUSIER [1948]. *Le Modulor: A Harmonious Measure to the Human Scale, Universally Applicable to Architecture and Mechanics*. Escrito em 1948, publicado em 2 v. em 1954 e 1958. Basel/Boston: Birkhäuser, 2004.

LEFEBVRE, Henri [1974]. *The Production of Space*. Trans. Donald Nicholson-Smith. Oxford/Cambridge: Wiley-Blackwell, 1991.

LOWENFELD, Viktor; BRITTAIN, Lambert. *Creative and Mental Growth*. 8. ed. Upper Saddle River: PrenticeHall, 1987. (Trad. bras.: *Desenvolvimento da Capacidade Criadora*. São Paulo: Mestre Jou, 1970.)

LURIA, Aleksandr R. *The Mind of a Mnemonist*. Trans. Lynn Solotaroff. Cambridge: Harvard University Press, 1968.

LYM, Glenn Robert. *A Psychology of Building: How we Shape and Experience our Structured Spaces*. Englewood Cliffs: Prentice Hall, 1980.

LYNCH, Kevin. *Image of the City*. Cambridge: MIT Press, 1960. Harvard-MIT Joint Center for Urban Studies. (Trad. bras.: *A Imagem da Cidade*. São Paulo: WMF Martins Fontes, 2010.)

MACCANNELL, Juliet. Freud Space. In: WINER, Jerome A.; ANDERSON, James William; DANZE, Elizabeth A. (eds.). *Psychoanalysis and Architecture, The Annuals of Psychoanalysis*, v. 33. New York: Mental Health Resources, 2005. (Institute for Psychoanalysis Chicago.)

MACLAGAN, David. *Psychological Aesthetics: Painting, Feeling and Making Sense*. London: Jessica Kingsley Publishers, 2001.

MAGUIRE, Mike. The Impact of Burglary Upon Victims. *The British Journal of Criminology*, v. 20, n. 3, 1980.

MAHON, Eugene. Dreams of Architecture and the Architecture of Dreams. In: WINER, Jerome A.; ANDERSON, James William; DANZE, Elizabeth A. (eds.).

Psychoanalysis and Architecture, The Annuals of Psychoanalysis, v. 33. New York: Mental Health Resources, 2005. (Institute for Psychoanalysis Chicago.)

MALLGRAVE, Harry Francis. *The Architect's Brain: Neuroscience, Creativity, and Architecture*. Massachusetts/London: Willey-Blackwell, 2010.

MOUSSAIEFF MASSON, Jeffrey; MASSON, Terri C. Buried Memories on the Acropolis: Freud's Response to Mysticism and Anti-Semitism. *International Journal of Psychoanalysis*, v. 59, 1978.

MCDONOUGH, Tom. The Naked City. *Guy Debord and the Situationist International: Texts and Documents*. Cambridge, MIT Press, 2004.

MCGRATH, William J. *Freud's Discovery of Psychoanalysis: The Politics of Hysteria*. Ithaca: Cornell University Press, 1986.

MELTZER, Donald [1975]. *Explorations in Autism: A Psychoanalytic Study*. London: Karnac, 2008.

MERLEAU-PONTY, Maurice [1945]. *Phenomenology of Perception*. Trans. Colin Smith. London/New York: Routledge, 1996. (Trad. bras.: *Fenomenologia da Percepção*. São Paulo: WMF Martins Fontes, 2018.)

_____. [1964]. *The Visible and the Invisible*. Ed. Claude Lefort. Trans. Alphonso Lingis. Evanston: Northwestern University Press, 1969. (Trad. bras.: *O Visível e o Invisível*. São Paulo: Perspectiva, 2019.)

MOORE, Richard A. Alchemical and Mythical Reference Themes in the Poem of the Right Angle, 1945-1965. *Oppositions*, n. 19-20, 1980.

MUGERAUER, Robert. *Interpreting Environments: Tradition, Deconstruction, Hermeneutics*. Austin: University of Texas Press, 1995.

MYERS, Steve. The Cryptomnesic Origins of Jung's Dream of the Multi-Storeyed House. *Journal of Analytical Psychology*, v. 54, n. 4, 2009.

NICHOLSEN, Shierry Weber. *The Love of Nature and the End of the World: The Unspoken Dimensions of Environmental Concern*. Cambridge: MIT Press, 2002.

NIEMEYER, Oscar. *The Curves of Time: The Memoirs of Oscar Niemeyer*. London: Phaidon, 2000. (Trad. bras.: *As Curvas do Tempo*. Rio de Janeiro: Revan, 2011.)

NIETZSCHE, Friedrich [1872]. *The Birth of Tragedy From the Spirit of Music*. Trans. W. Kaufmann. New York: Vintage, 1967. (Trad. bras.: *O Nascimento da Tragédia*. São Paulo: Companhia de Bolso, 2020.)

OGDEN, Thomas. *The Primitive Edge of Experience*. New York: Jason Aronson, 1989.

O'KEEFE, John; NADEL, Lynn. *The Hippocampus as a Cognitive Map*. Oxford: Oxford University Press, 1978.

OSTRIHANSKA, Zofia; WOJCIK, Dobrochna. Burglaries as Seen by the Victims. *International Review of Victimology*, v. 2, n. 3, 1993.

OTTO, Rudolf [1917]. *The Idea of the Holy: An Inquiry into the Non-Rational Factors in the Idea of the Divine and its Relation to the Rational*. Trans. John W. Harvey. Oxford: Oxford University Press, 1958.

PALLASMAA, Juhani. Stairways of the Mind. *International Forum of Psychoanalysis*, v. 9, 2000.

_____. [1996]. *The Eyes of Skin: Architecture and the Senses*. London/New Jersey: John Wiley, 2005. (Trad. bras.: *Os Olhos da Pele: A Arquitetura e os Sentidos*. São Paulo: Bookman, 2011.)

PHILLIPS, Adam. Entrevista com a BBC Radio 4, *The Uncanny*, 28 minutos, transmitida em 28 jun. 2012 a 16 set. 2013.

PILE, Steve. *Real Cities: Modernity, Space and the Phantasmagorias of City Life*. London/New York: Sage Publications, 2005.

REFERÊNCIAS 279

PLATO. *Cratylus*. Trans. C.D.C. Reeve, in ed. John M. Cooper. *Plato: The Complete Works*. Indianapolis: Hackett, 1997.

_____. *Republic*. Organização e trad. Chris Emlyn-Jones e William Preddy, em dois volumes. Cambridge: Harvard University Press, 2013. (Loeb Classical Library.) (Trad. bras.: *A República de Platão*. São Paulo: Perspectiva, 2006.)

POINCARÉ, Henri [1908]. *The Foundations of Science, Science and Hypothesis: The Value of Science and Method*. Trans. George Bruce Halsted. New York/Garrison: The Science Press, 1913.

POTOLSKY, Matthew. *Mimesis: The New Critical Idiom*. London/New York: Routledge, 2006.

QUINTILIANO, M. Fabius. *Institutio Oratoria*. 2 v. Ed. M. Winterbottom. Oxford: ClarendonPress, 1970. (Oxford Classical Texts.)

RAPPOLT, Mark. *Gehry Draws*. Cambridge: MIT Press, 2008.

RAWLINSON, Christopher; GUARALDA, Mirko. Play in the City: Parkour and Architecture. *The First International Postgraduate Conference on Engineering, Designing and Developing the Built Environment for Sustainable Wellbeing, 27-29 April*. Brisbane: Queensland University of Technology, 2011.

REDFEARN, Joseph William Thorpe. When are Things Persons and Persons Things? *Journal of Analytical Psychology*, v. 27, 1982.

REIK, Theodor [1948]. *Listening with the Third Ear*. New York: Farrar Straus and Giroux, 1983.

RENDELL, Jane. The Architecture of Psychoanalysis: Constructions and Associations. In: KNELLESSEN, Olaf; HAERTEL, Insa; MOOSHAMMER, Helge (eds.). *Bauarten von Sexualität, Körper, Phantasmen: Architektur und Psychoanalyse* (Ways of Building Sexuality, Bodies, Phantasms: Architecture and Psychoanalysis). Zurich: Scheidegger and Spiess, 2012. Disponível em: <www.janerendell. co.uk>. Acesso em: Set. 2016.

RESINA, Joan. Ana Ozores's Nerves. *Hispanic Review*, v. 71, n. 2, 2003.

RICHARDS, Simon. *Le Corbusier and the Concept of Self*. New Haven: Yale University Press, 2003.

RILKE, Rainer Maria [1910]. *The Notebooks of Malte Laurids Brigge*. Trans. Herter Norton. New York/London: ww Norton, 1992. (Trad. bras.: *Os Cadernos de Malte Laurids Brigge*. Porto Alegre: L&PM, 2009.)

RITTER, Simone M.; DIJKSTERHUIS, A. Creativity: The Unconscious Foundations of the Incubation Period. *Frontiers in Human Neuroscience*, 11 Apr. 2014. Disponível em: <http://www.ncbi.nlm.nih.gov>.

ROBERT, Francois; ROBERT, Jean. *Faces*. San Francisco: Chronicle Books, 2000.

RODMAN, F. Robert. Architecture and the True Self. In: WINER, Jerome A.; ANDERSON, James William; DANZE, Elizabeth A. (eds.). *Psychoanalysis and Architecture: The Annuals of Psychoanalysis*, v. 33. New York: Mental Health Resources, 2004. (Institute for Psychoanalysis Chicago.)

ROSE, Gilbert J. [1980]. *The Power of Form: A Psychoanalytic Approach to Aesthetic Form*. Madison: International Universities Press, 1986.

ROSSI, Aldo [1981]. *A Scientific Autobiography*. Cambridge: MIT Press, 2010. (Trad. portuguesa: *Autobiografia Científica*. Coimbra: Edições 70, 2015.)

ROSZAK, Theodore. *The Voice of the Earth: An Exploration of Ecopsychology*. Boston: Phanes Press, 2002. (New edition.)

ROSZAK, Theodore; GOMES, Mary E.; KANNER, Allen D. (eds.). *Ecopsychology: Restoring the Earth/Healing the Mind*. Berkeley: University of California Press, 2002.

ROUSSEAU, Jean-Jacques [1782]. *Confessions*. Trans. J. Cohen. London: Penguin Classics, 1953. (Trad. bras.: *Confissões*. São Paulo: Edipro, 2008, trad. de Rachel de Queirós. Ou *As Confissões*. Rio de Janeiro: Nova Fronteira, 2018.)

_____. [1782]. *Reveries of a Solitary Walker*. Trans. Russell Goulbourne. Oxford: Oxford University Press, 2011. (Oxford World Classics.) (Trad. bras.: *Os Devaneios do Caminhante Solitário*. São Paulo: Nova Alexandria, 2018.)

RUAN, Xing; HOGBEN, Paul. Topo-philia and -phobia. In: RUAN, Xing; HOGBEN, Paul (eds.). *Topophilia and Topophobia: Reflections on Twentieth-Century Human Habitat*. London/New York: Routledge, 2007.

RUSKIN, John [1849]. *The Seven Lamps of Architecture*. New York: Dover Publications, 2000.

RUST, Mary-Jayne. Creating Psychotherapy for a Sustainable Future. *Psychotherapy and Politics International*, v. 2, n. 2, 2006

RYKWERT, Joseph. *On Adam's House in Paradise: The Idea of the Primitive Hut in Architectural History*. Cambridge: MIT Press, 1972. (Museum of Modern Art.) (Trad. bras.: *A Casa de Adão no Paraíso: A Ideia da Cabana Primitiva na História da Arquitetura*. São Paulo: Perspectiva, 2003.)

_____. *The Dancing Column: On Order in Architecture*. Cambridge: MIT Press, 1996. (Trad. bras.: *A Coluna Dançante: Sobre a Ordem na Arquitetura*. São Paulo: Perspectiva, 2016.)

SAARI, Carolyn. *The Environment: Its Role in Psychosocial Functioning and Psychotherapy*. New York: Columbia University Press, 2002.

SADLER, Simon. *The Situationist City*. Cambridge MIT Press, 1999. (New edition.)

SAINT TERESA OF JESUS (Ávila) [1577]. *The Interior Castle: or The Mansions*. Trans. A Discalced Carmelite, Catholic Publishing. South Ascot, Bath: The Pitman Press, 1944. (Trad. bras.: Santa Teresa de Jesus, *Castelo Interior ou Moradas*. Rio de Janeiro: Vozes, 2014.)

SAMUEL, Flora. Animus, Anima and the Architecture of Le Corbusier. *Harvest Journal for Jungian Studies*, v. 48, n. 2, 2002.

SAMUELS, Andrew. *The Plural Psyche: Personality, Morality and the Father*. London/New York: Routledge, 1989. (Trad. bras.: *A Psique Plural: Personalidade, Moralidade e o Pai*. Rio de Janeiro: Imago, 1992.)

SANDERS, Joel. *Stud: Architectures of Masculinity*. New York: Princeton Architectural Press, 1996.

SARDELLO, Robert J. A Note on Old and New Buildings. In: SARDELLO, Robert; THOMAS, Gail Thomas. *Stirrings of Culture: Essays From the Dallas Institute*. Dallas: The Dallas Institute, 1986.

SAWYER, Keith R. et al. *Creativity and Development*. Oxford: Oxford University Press, 2003.

SCHERNER, Karl Albert. *Das Leben des Traumes*. Berlin: Heinrich Schindler, 1861.

SCHWALLER DE LUBICZ, René Adolphe [1949]. *The Temple in Man: Sacred Architecture and the Perfect Man*. Trans. Robert Lawlor; Deborah Lawlor. Illustr. Lucie Lamy. Vermont: Inner Traditions, 1981.

SCRUTON, Roger. *Aesthetics of Architecture*. London: Methuen, 1979. (Trad. portuguesa: *Estética da Arquitectura*. Coimbra: Edições 70, 2010.)

SEAMON, David. Concretizing Heidegger's Notion of Dwelling: The Contributions of Thomas Thiis-Evensen and Christopher Alexander. In: FÜHR, Eduard (ed.). *Building and Dwelling*. Munich/New York: Waxmann, 2000.

SEARLES, Harold. *The Nonhuman Environment in Normal Development and in Schizophrenia*. Madison: International Universities Press, 1960.

REFERÊNCIAS

SHAPLAND, Joanna; HALL, Matthew. What Do We Know About the Effects of Crime on Victims? *International Review of Victimology*, v. 14, 2007.

SHARR, Adam. *Heidegger's Hut*. Cambridge: MIT Press, 2006.

SHOVER, Neal. Burglary. *Crime and Justice*, v. 14, 1991.

SIMMEL, Georg [1909]. Brücke und Tür/Bridge and Door. Trans. Mark Ritter. *Theory, Culture & Society*, v. 11, n. 1, 1994.

SIMMONS, Laurence. *Freud's Italian Journey*. Amsterdam/New York: Rodopi, 2006. (Psychoanalysis and Culture.)

SIMONTON, Dean Keith. *Scientific Genius: A Psychology of Science*. Cambridge: Cambridge University Press, 1988.

SLOCHOWER, Harry. Freud's déjà vu on the Acropolis: A Symbolic Relic of "Mater Nuda". *Psychoanalytic Quarterly*, v. 39, 1970.

____. Freud's Gradiva: Mater Nuda Rediviva: A Wish-Fulfilment of the "Memory" on the Acropolis. *Psychoanalytic Quarterly*, v. 40, 1971.

SMITH, Edward L. [1985]. *The Body in Psychotherapy*. Jefferson NC: McFarland, 2001.

SONNENBERG, Stephen M. What Can Psychoanalysis Learn from an Enhanced Awareness of Architecture and Design? In: WINER, Jerome A.; ANDERSON, James William; DANZE, Elizabeth A. (eds.). *Psychoanalysis and Architecture, The Annuals of Psychoanalysis*, v. 33. New York: Mental Health Resources, 2005. (Institute for Psychoanalysis Chicago.)

STÄRCKE, August. The Castration Complex. *International Journal of Psychoanalysis*, v. 2, 1921.

STEINER, George. *Real Presences*. Chicago: University of Chicago Press, 1991.

STOKES, Adrian [1951]. *The Critical Writings of Adrian Stokes*, II. London: Thames and Hudson, 1978.

____ [1951]. *Smooth and Rough*. London: Faber and Faber, 1951.

____ [1965]. *The Invitation of Art*. London/New York: Routledge, 2001.

____. *The Image of Form: Selected Writings of Adrian Stokes*. Ed. Richard Wollheim. New York: Harper and Row, 1972.

SUGARMAN, Susan. *Freud on the Acropolis: Reflections on a Paradoxical Response to the Real*. Boulder: Westview, 1998.

SUSSMAN, Ann; HOLLANDER, Justin B. *Cognitive Architecture: Designing for How We Respond to the Built Environment*. London/New York: Routledge. 2015.

THIIS-EVENSEN, Thomas. *Archetypes in Architecture*. Oslo: Scandinavian University Press, 1990.

TSCHUMI, Bernard. *Architecture and Disjunction*. Cambridge: MIT Press, 1996.

TUAN, Yi-Fu. *Topophilia: A Study of Environmental Perception, Attitudes, and Values*. Englewood Cliffs: Prentice-Hall, 1974. (Trad. bras.: *Topofilia: Um Estudo da Percepção, Atitudes e Valores do Meio Ambiente*. Londrina: Eduel, 2012.)

____. [1977]. *Space and Place*. Minneapolis: University of Minnesota Press, 2001. (Trad. bras.: *Espaço e Lugar*. Londrina: Eduel, 2012.)

____. Time, Space, and Architecture: Some Philosophical Musings. In: RUAN, Xing; HOGBEN, Paul (eds.). *Topophilia and Topophobia: Reflections on Twentieth-Century Human Habitat*. London/New York: Routledge, 2007.

ULNIK, Jorge. *Skin in Psychoanalysis*. London: Karnac, 2008.

VENTURI, Robert. *Complexity and Contradiction in Architecture*. New York: The Museum of Modern Art, 1966. (Trad. bras.: *Complexidade e Contradição em Arquitetura*. São Paulo: WMF Martins Fontes, 2020.)

____. *Architecture as Signs and Systems: For a Mannerist Time*. Cambridge: Belknap Press, 2004. (The William E. Massey Sr. Lectures in the History of American Civilization.)

VIDLER, Anthony. *The Architectural Uncanny: Essays in the Modern Unhomely*. Cambridge: MIT Press, 1992.

VITRUVIUS (Marcus Vitruvius Pollio) [1486]. *Ten Books on Architecture*. Trans. Ingrid D. Rowland. Commentary and illustrations Thomas Noble Howe. Cambridge: Cambridge University Press, 1999.

WALLAS, Graham [1926]. *The Art of Thought*. Tunbridge Wells: Solis Press, 2014.

WALTER, Eugene Victor. *Placeways: A Theory of the Human Environment*. Chapel Hill/London: University of North Carolina Press, 1988.

WATKINS, Mary [2008]. Breaking the Vessels: Archetypal Psychology and the Restoration of Culture, Community, and Ecology. In: MARLAN, Stanton (ed.). *Archetypal Psychologies: Reflections in Honor of James Hillman*. New Orleans: Spring, 2012. (Studies in Archetypal Psychology Series.)

WERMAN, Davis S. Sigmund Freud and Romain Rolland. *International Review of Psycho-Analysis*, v. 4, 1977.

WHITEHEAD, Christiania. *Castles of the Mind: A Study of Medieval Architectural Allegory*. Cardiff: Wales University Press, 2003. (Religion and Culture in the Middle Ages Series.)

WIGLEY, Mark. *The Architecture of Deconstruction: Derrida's Haunt*. Cambridge: MIT Press, 1993.

WINNICOTT, Donald Woods. The Theory of the Parent-Infant Relationship. *International Journal of Psychoanalysis*, v. 41, 1960.

____. *The Maturational Processes and the Facilitating Environment: Studies in the Theory of Emotional Development*. London: The Hogarth Press/The Institute of Psycho-Analysis, 1965. (The International Psycho-Analytical Library.)

____. The Location of Cultural Experience. *International Journal of Psychoanalysis*, v. 48, 1967.

____. *Playing and Reality*. London/New York: Routledge, 1971. Routledge Classics. (Trad. bras.: *O Brincar e a Realidade*. São Paulo: UBU, 2019.)

WOODMAN, Ellis. Strata Tower Wins 2010 Carbuncle Cup. *Building Design*. Disponível em: <www.bdonline.co.uk>.

WORRINGER, Wilhelm [1911]. *Form Problems of the Gothic*. Trans. Herbert Read. New York: Schocken Books, 1964.

WORTIS, Joseph. *Fragments of an Analysis with Freud*. New York: Simon and Schuster, 1954.

YATES, Frances A. [1966]. *The Art of Memory*. London: Pimlico, 1992. (New edition.) (Trad. bras.: *A Arte da Memória*. São Paulo: Unicamp, 2013.)

ZEVI, Bruno [1948] *Architecture as Space: How to Look at Architecture*. 2. ed. revisada. Cambridge: Da Capo Press, 1993. (Trad. bras.: *Saber Ver a Arquitetura*. São Paulo: WMF Martins Fontes, 2009.)

ZIOLKOWSKI, Theodore. *The View from the Tower: Origins of an Antimodernist Image*. Princeton: Princeton University Press, 1999.

Relação de Imagens

Figuras

I.1   Strata SE1, Southwark, Londres

I.2   Exemplos de arquitetura estéril: Manchester, Reino Unido

I.3   Exemplo de arquitetura "excêntrica": M2 Tokyo, Aoyama Technical College

I.4   Face. Detalhe do edifício Whittle, Peterhouse College, Cambridge, Reino Unido

I.5   Face. Detalhe do Museu Grosvenor, Chester, Reino Unido

I.6   Face. Detalhe do portão de ferro, Gaskell Memorial Tower, Knutsford, Reino Unido

1.1   Freud, Diagrama da "Casa de Histeria", 1897

1.2   Fortificações medievais, Nurembergue, Alemanha

1.3   *The Professor's Dream* (O Sonho do Professor) (C.R. Cockerell, 1848)

1.4   A casa de C.G. Jung, 228 Seestrasse, Küsnacht; fachada (construída em 1907-1909)

1.5   A casa de C.G. Jung, 228 Seestrasse, Küsnacht: detalhe da torre

1.6   A casa da "Torre" de C.G. Jung, Bollingen (construída por volta de 1923-1956)

1.7   A casa da "Torre" de C.G. Jung, Bollingen: etapas de construção. Etapa 1: a "casa redonda"

1.8   A casa da "Torre" de C.G. Jung, Bollingen: etapas de construção. Etapa 2: o anexo em forma de torre

1.9   A casa da "Torre" de C.G. Jung, Bollingen: etapas de construção. Etapa 3: o cômodo redondo para "concentração espiritual"

1.10   A casa da "Torre" de C.G. Jung, Bollingen: etapas de construção. Etapa 4: o pátio e a *loggia*

1.11   A casa da "Torre" de C.G. Jung, Bollingen: etapas de construção. Etapa 5: o pavimento superior

3.1 Cariátides, Igreja de St. Pancras, Londres
3.2 Figuras humanas, esboço (Santiago Calatrava)
3.3 Gare do Oriente, Lisboa (Santiago Calatrava, 1998)
3.4 Centro Cultural Internacional Oscar Niemeyer, Estuário de Avilés, Astúrias, Espanha
3.5 Teatro Popular, Niterói, Rio de Janeiro (Oscar Niemeyer, 2007)
3.6 Esboço do *Turning Torso* (Santiago Calatrava)
3.7 Edifício Turning Torso, Malmö, Suécia (Santiago Calatrava, 2005)
3.8 Esboço da figura humana, detalhe do *Don Giovanni* no Walt Disney Concert Hall
3.9 Walt Disney Concert Hall, Los Angeles, Califórnia (Frank Gehry, 2003)

4.1 Santuario di Santa Maria dei Miracoli, Saronno, Itália (c. 1498): fachada (1596-1613)
4.2 Números 23 e 24, Leinster Gardens, Paddington, Londres: fachada (c. 1860)
4.3 Números 23 e 24, Leinster Gardens, Paddington, Londres: atrás da fachada
4.4 Vestíbulo, Biblioteca Laurentiana, Florença (Michelangelo, 1524)

5.1 Catedral de Ulm, Alemanha

c.1 Detalhe do "Look!" em uma rua na cidade de Nova York
c.2 "Listen to this wall". Distrito de Haight Ashbury, São Francisco
c.3 "*Daydream*": do grafite "Daydreamer" sob uma ponte em Cambridge, Reino Unido
c.4 Rua no Baixo Manhattan, cidade de Nova York
c.5 Piazza del Campo, Siena, Itália
c.6 London Bridge, Lake Havasu, Arizona

Índice Remissivo

Abercrombie, Stanley 73
Acrópole, Atenas; Erectêion 94, **95**
Freud na 21, 127-128, 160-168, 176, 180, *254n95*
Adams, Parveen *257n24*
Ades, Dawn *265n85*
Adorno, Theodor; Horkheimer, Max 100, 101, *252n39*
agorafobia 50, 54, 56, *241n37*
Alberti, Leon Battista (*De re aedificatoria*) XVI
Alexander, Christopher et al. 8
alteridade 90, 98, 99, 187
ambiente afetivo; anterior à mãe 112, 112-114; deslocamento e 152; e repressão 7; Freud sobre 21; Grotstein sobre 106; Heidegger sobre 65; reação ao 59; sombra e luz no 228-230
ambiguidade; como evocativo 225-237; deslocamento e 152; e "elemento vestigial" 235; e o inconsciente 42, 43, 145-150, 170, 172, 183; maneirismo e 232; sombra e 230
"animismo primitivo" 107, 114
Anna O. (paciente de Freud) 6
ansiedade espacial 50-51
Anzieu, Didier 87, 102-105, 120, *253n50*, *254n73*
Aristóteles 212
"armadura corporal" *249n30*
arquitetura do revivalismo gótico 145
arquitetura estéril XIII
arquitetura evocativa; ambiguidade e contraste 225-228; ausência de 128; Bollas sobre 74-75; características de arquitetura de sucesso XXII-XXIII, XXVIII, XXX, 4, 43-44, 77, 120, 198-199, 201-220, *264n52*; distorção e 231-232; Freud e 20, 21, 167-168; identidade e 86; Jung e 34, 40; mãe e 110-111; ruínas 254; simbolismo

e 67; sublime e numinoso 181-191; surpresa e 149; trabalho do sonho 140-145, 150-151, 155-160, 173, 176
arquitetura neoclássica 94, 145
arte da memória XIX-XX, XXI, XXII-XXIII, 3, 195, 211
assimilação 90, 92, 99
"aura" 85
autismo 82, 98
autocontinência; arquitetura maneirista e 147; construção bidimensional e 82; despersonalização e 116; e o estádio do espelho lacaniano 92, 105; e o eu-pele 104; simbolismo e 108; sombra e *264n63*; vilação da 56-57

Bachelard, Gaston 57-58, 226, *241n9*, *242n23*, *249n24*; *Poétique de l'espace, La* XXV
Bain, Alexander *256n13*
Balint, Michael *248n10*
Ballantyne, Andrew 76
Balmond, Cecil 73
bebê, desenvolvimento do 80, 87-94, 99, 100-102, 104-105, 107-117, 125; separação da mãe 109, 111, 112, 113, 114-117
beleza 83, 195-198, *261n53*
Bennet, Edward Armstrong 27, 31, 32, *245n87*
Benton, Tim *241n29*
Bick, Esther 87, 107-108, 120, *249n30*, *253n45*; "The Experience of the Skin in Early Object Relation" 101-102
Blake, William 214
Bollas, Christopher; *Being a Character* 74; *Evocative Object World, The* 75; objetos transformacionais e evocativos 74-77, 79, 91, 139-140, 155-160; sobre a

analogia romana de Freud 20; sobre a mãe *253n70*; sobre casas/lares anteriores 58; sobre demolição 56-57; sobre o caminhar *262n22*; sobre o estranho 178; sobre o inconsciente 153, *258n52*, *262n2*; sobre o inconsciente de Freud 172

Bollingen 32-46, *246n98*

Borch-Jacobsen, Mikkel 98-99, 178, *252n37*

Botting, Fred 145, 230

Breuer, Josef XXV; "casa da histeria" XXVII, 5-9, 11, 12-13, 15, *242n26*; influência sobre Jung 26; modelo da psique 2-3

Buchanan, Peter 55, *258n55*

Burke, Edmund 181, 191, 228-229

Caillois,Roger 228

Caird, Edward *262n27*

Calatrava, Santiago 95, **96**

Turning Torso 96, **97**

Camus, Albert

O Estrangeiro 263n33

Carbuncle Cup, prêmio **XI**

cariátides 94, **95**

Cariátides, Igreja de St. Pancras, Londres **95**

Carruthers, Mary XXI

"casa da histeria" (Breuer) XXVII, 5-9, 12, 15, *242n26*

casa de bonecas 116

casa onírica. *Ver* casa dos sonhos

casas dos sonhos (casa onírica) jungianas XXIV, XXV, 28-41, 42

casas/lares antigas 57-58

casas psicossomáticas 22-26

Catedral da Basileia 32

censor freudiano 10-11, 114, *256n12*, *257n22*, *258n54*

"cérebro de lebre" 133

Cícero, *De oratote* XX

Claparède, Édouard XXV, *242n26*

claustrofobia 50-51, 116

Claxton, Guy 133

Clinebell, John *249n30*

colunas XVI, 12-13, 24, 85, 94-95, 168, *243n51*

condensação 150-153, 156, 161, 163, 234, *258n54*

continência 76-77, 82, 83, 101-102, 105, 180

continência permanente/duradoura 54, 75, 82-83, 91, 99, 119-121

contrastes 225-228

Cook, J; Klotz, H (*Conversations with Architects*) *250n50*

Coop Himmelblau, "Open House" *257n24*

corpo e o projeto arquitetônico, o; ataque sobre 58; casas psicossomáticas 22-26; instabilidade 80-85; Merleau-Ponty sobre 122-124; mimese XVI, 1, 4-5, 85-89; sombra e 229-230; tato e 99-105

criatividade e pensamento inconsciente 132-140

criptomnésia *244n70*

Dalí, Salvador 233, 233-234, 236

Davies, Bret W. *263n29*

Da Vinci, Leonardo, *L'Uomo Vitruviano* (O Homem Vitruviano) XVII

Davis, Whitney 14, 15

Deamer, Peggy *250n56*

Debord, Guy *263n32*

De Botton, Alain 207, 209

De Certeau, Michel (*A Invenção do Cotidiano*) 216-218

deficiência corporal 80-85

Deleuze, G.; Guatarri, F. (*Mille Plateaux*) *263n40*

De Maistre, Xavier (*Voyage autour de ma chambre*) 214-216

De Quincey, Thomas 214

Descartes, René XX, 17, *241n5*

descorporificação 3, 25, 115-116, 221, *254n90*

deslocamento 219; do trabalho do sonho 150-155, 156, 226, 234, *258n55*; e imaginação 127; e morte 55, *252n37*; Freud e a Acrópole 161, 163

desorientação XXIII, 56-57, 124, 127, 188, 221

despersonalização 114-117, 185, *254n90*

devaneios 216; devaneios, sonhar acordado 22, *246n120*, *249n24*

dissonância 59

distração 86, 134-140, 150, 163, 178, 194, 203, 225

doenças psicossomáticas 81, 83, 171

Donald, James XXVI

Doppelgänger 229

ecopsicologia 60

"edifícios de memória" ("palácios de memória") XIX

edifícios em ruínas; e a mãe 116, *254n95*

Freud e XXVII, 12-13, 20-21, 58, 128, 143, 164; Meltzer e *257n24*

eficiência XII, **XIII**, 192, 202

ego; ansiedade espacial e 50; consciência do 19, 36, 36-37, 43, 47-49, 62, 64, 70, 71, 138, 149, 157, 163, 176, 192-193; corpo e identidade 88-89, 89-90, 92-99; e arquitetura 21, 42, 43-44, 45-46, 51, 57, 60, 66, 72, 104, 105, 117, 182; e escuridão 228-229; e o feio 195; e o numinoso 186; e o pré-consciente 10; e o sublime 183-184, 198; eu-pele 99-105; neurótico 3, 60; trabalho do sonho e 125-126, 153-154

ego cognitivo 72, 80, 102, 117, 159, 182-183, 184

ego neurótico 3, 60-61

Erectêion, Acrópole (Atenas) 94, **95**

escada/escadaria 3-4, 8-9, 15

escola "peripatética", filosofia, Grécia antiga 212

esquizofrenia *261n1*

estádio do espelho lacaniano 86-87, 92-93, 98-99, 113

estética. *Ver também* beleza; "casa da histeria" XXVII; de fachada XII; e a mãe 107-108; e o inconsciente 42-43, 171-173; e simbolismo 66-68; Kant sobre 68-69; Nietzsche sobre 53; Poincaré sobre 133-134; Rose sobre *255n105*; Scruton sobre *251n62*; Stokes sobre *255n105*; Winnicott sobre 108

estética apolínea 49, 53-54, 226, 228, *248n9*, *264n52*

estética dionisíaca 49, 226, 227-228, *248n9*, *264n52*

estranho, o (*unheimlich*) 178-182; como expressão de tensões 226-229; e alteridade 90, 98-99; Freud e a Acrópole 58, 127; maneirismo e 145; o numinoso e o sublime XXVIII-XXIX, 185-190

Estudos Sobre a Histeria (Studien zur Hysterie, de Breuer e Freud) 6, 12

ÍNDICE REMISSIVO

excedente infinito 51, 63-67, 90, 126, 129, 136, 140, 171

face humana XVII, **XVIII-XIX**, *250n37*
fachadas XVII, 15, 24, **30**, **142-143**, 141-144, 150, *257n22*
feiura e distorção 195, 195-200
Fiechter, Ernst 29
Filarete (Antonio di Pietro Averlino) *240n13; Tratta-to d'architettura* (Tratado de Arquitetura) XVI-XVII
filobatismo *248n10*
flâneur 214
Flannery, J.G. *259n73*
Fliess, Willhelm 11-12
fortificação/fortalecimento 56, 93, 94, 98, 119, 198
Freud, Sigmund; analogia arqueológica 12, 19; Anna O. 6; "Arquitetura da Histeria, A" 11-12, 13; "casa de moradia" como substituta do útero materno *254n74*; casa psicossomática 22-26; *Cinco Lições de Psicanálise* 21; consciência como dependente da inconsciência 12; "Construções em Análise" 19, *242n35; Das Unheimliche* (O Estranho) 178; e a Acrópole 21, 127-128, 160-168, 176, 180, *254n95*; edifícios da histeria de 11-16; "ego corporal" *252n13*; e o estranho 178-180; esboço XXVII, **14**; "Hereditariedade e a Etiologia das Neuroses, A" 12; identificação mimética 88-91; imaginário arquitetônico 24-25; *Interpretação dos Sonhos, A* XXII, 22, 211; livre associação 131, 132, 139; *Mal-Estar na Civilização, O* 16-17; metáforas arquitetônicas 9-11, 13; modelo da psique XXV, 1-5; "phantasy" e imaginação 18; "Resistência e Repressão" 10; Roma, analogia 16-23; sobre Londres *243n51*; sobre o ego 100; sobre o inconsciente 172-175, 175-178, 186, 189, 211; sobre o simbolismo 23, 52; sobre os surrealistas 235-236; trabalho do sonho XXII, XXX, 119, 126, 139, 140-155, 155-156, 166, 167-168, 173, 194, 219, 234, *258n55*
Frieden, Ken 144
funcionalidade XII, 63, 145, 192, 204-205, 220, 225, 231

Gadamer, Hans-Georg 73
Gagnebin, Murielle 66
Gaskell Memorial Tower, Knutsford, Reino Unido XIX
Gehry, Frank 96; Walt Disney Concert Hall, Los Angeles, Califórnia **98**
genitália 22-23, *243n55*
Glass House, New Canaan, Connecticut *257n24*
grafite, grafitagem 197
Grotstein, James 104, 106

Hall, James A. *244n69*
Harrison, Irving B. *259n73*
Hart, Vaughan *245n88*, *246n105*
Hauser, Arnold 147-148, 152, 232
Hawksmoor, Nicholas *257n30*, *262n20*
Heidegger, Martin XXIV, 38, 65, 73, *240n25*, *262n22*; "Bauen – Wohnen – Denken" (Construir, Habitar, Pensar) XX; *Philosophengang* (A Caminhada do Filósofo) 212
Heine, Heinrich *262n27*
Helmholtz, Hermann von *256n13*

Heráclito 52
Hillman, James 192-200
City and Soul (Cidade e Alma) 194; e a "torre" de Jung em Bollingen 45, 61, *248n11*; e *notitia* 205-207; modelo da psique 3; sobre ambientes estéreis 204; sobre arranha-céus 227; sobre portas *250n38*; sobre problemas no trabalho XV
histeria XXVII, 5-15, 23, *242n43*, *243n51*, *244n67*
Horowitz, Alexandra 205, 215; *On Looking* 205, 209
Husserl, Edmund 212

iluminação 138-139, 154, 155, 160, 163, 173
imaginário arquitetônico XVIII, XX, 1
imaginário onírico arquitetônico 24-28, 93, 176-178, *257n22*
imaginário arquitetônico cristão XXI
Incongruência essencial (*méconnaissance*) 99
inconsciente 129-140, 173-175; e ambiente 19; imaginário arquitetônico 22-23, 51; modelos de 175-190; o sublime e o numinoso 181-190
incorporação 80, 85, 90, 110, 158, 180
incubação (criatividade); e o estranho 178; Freud sobre 163, 167; Kant sobre 184; Poincaré sobre 137-140; projeção e 159-160; trabalho do sonho e 153-155, 173
inflexão *258n44*
inibição XXVIII, 46, 59-63, 192
inscrição 38, 55, 57, 102, 167, 168-170, 215
instabilidade 58, 72, 83, *248n10*, *254n95*
integridade estrutural 54, 56, 57, 59, 74, 85, 225
interrupções/recortes visuais 149, 225, 227
introjeção 85, 101

Jacobs, Jane 49, 64, 149, 222, 224, *249n31*, *257n37*, *264n41*, *265n86*
Jencks, Charles 233
Johnson, Philip *257n24*
Jones, Lindsay 63-64, 65, *250n50*, *251n69*
Jung, Andreas 29, 30, *244n73*, *247n143*
Jung, Carl Gustav 26, 26-41; a casa dos sonhos da psique 28-29; Bachelard e XXV, XXVI; casa da infância de 38-39; *Das Rote Buch* (O Livro Vermelho) ou *Liber Novus* 39, *246n106*; e a pedra 38-39, 41, *251n11*; e estética XXVII, 172; e o imaginário arquitetônico 1; e o inconsciente 141, 174-175, 175-178, 182-183, 186, 187, 189, 228-230; e o numinoso 181-188; e simbolismo 52; Flying Saucers *245n97*; impacto psicológico da arquitetura 128; *Man and His Symbols 245n76*; *Memories, Dreams, Reflections* 245; "Mind and Earth" 245; o elemento temático da casa nos sonhos 26; primeiras tentativas miméticas do bebê 101; sobre a consciência do ego 193; sobre a fachada *257n22*; sobre a mente moderna *262n3*; sobre a sombra *264n63*; sobre o pensamento inconsciente e consciente 130; sobre o "símbolo" de Freud 175-178; sobre os opostos 226; sobre sua própria casa 29-32; *Symbols and the Interpretation of Dreams 245n76*

Kant, Immanuel; descrição por E. Caird *262n27*; e o sublime 181-186, 192, 198; percepção imaginativa 69;

sobre o caminhar 212-213; sobre o imaginário arquitetônico xx
Kidel, Mark 250n37
Kierkegaard, Søren 212
Klotz, Heinrich 65
Koolhaas, Rem 232, 232-238; Delirious New York (Nova York Delirante) 233
Küsnacht 29-32, 37, 246n120

Lacan, Jacques; continência duradoura/permanente 119; estádio do espelho de 86, 92-94, 98-99, 113; estátua de 87, 92-99, 109; "Le Stade du miroir comme formateur de la fonction du Je telle qu'elle nous est révélée dans l'expérience psychanalytique" 92; sobre a identidade 105; sobre a identificação mimética 88, 92-95, 98-99; sobre autonomia 103; sobre a visão 252n39; sobre o "Imaginário" e o "Real" 252n22
lacunas e quebras 221, 221-225
Lafrance, Marc 103
Langer, Susanne 66
Leach, Neil xviii, 48, 51, 64
Le Corbusier xxv, 249n31; Le Modulor xvii
Lefebvre, Henri
Produção do Espaço, A 64
Lévy-Bruhl, Lucien 187
loci xxi
London Bridge, Lake Havasu City, Arizona 234, 235
Lynch, Kevin 154-155, 156, 217
Image of the City (A Imagem da Cidade) 149

m2 Tokyo, Aoyama Technical College xiv
MacCannell, Juliet 56, 59
Maclagan, David 64, 66, 172
mãe; arquiteto como a 240; distância do bebê da 254n86; e a experiência estética 253n70; Freud e a 89; fusão e separação da 105, 112-117; imaginário arquitetônico e a 107-117, 254n74 e 95; "memória existencial" e a 76; toque da 87, 101
Mahon, Eugene 81-82, 153
maneirismo 147-148, 232
Martini, Francesco di Giorgio (Trattati di Architettura, Ingegneria e Arte Militare) xvii
McGrath, William J. 12, 14-15
Meltzer, Donald 82, 257n24
memória; arquitetura e a mãe 107-111; arte da xxi, xxiii, xxiv, 3, 195; Breuer e a casa da histeria 9-26; casas/lares anteriores e 57; corpo e 78; "existencial" 76; feiura e 195-196; Freud e a Acrópole 160-168, 176; Freud e os edifícios da histeria 11-16; Jung e 39; loci de xx, 173; movimento e 211-212; Roma e 16, 19-22; trabalho do sonho 140-141, 144, 154
mente consciente 17; arquitetura neoclássica e 145; Breuer sobre 2, 8-9; e imaginação 202-203, 209, 219, 226, 234-235; Freud sobre 10, 11, 15, 21, 129, 131, 140, 151-152, 153, 156, 163, 175, 179; Jung sobre 26-27, 29-32, 39-40, 41, 128; Poincaré sobre 134-137; racionalidade e 42-43, 130-131, 183-184
"mente de tartaruga" 133
Merleau-Ponty, Maurice 109, 122-123

Método Crítico-Paranoico 233-234
Michelangelo (Biblioteca Laurentiana, Florença) 146
modernismo internacional 147
Moore, Charles 250n50
Moore, Richard A. 241n29
mortalidade 54, 55-57, 75, 252n37
movimento e arquitetura evocativa 210-213
movimento surrealista 233-236
movimentos "verdes" 60
Mugerauer, Robert 38
Museu Grosvenor, Chester, Reino Unido xviii
Myers, Steve 244n70

narcísica, identificação 92
narcisista, olhar 252n37
Niemeyer, Oscar 96; Centro Cultural Internacional, Estuário de Avilés, Espanha 97; Teatro Popular, Niterói, Rio de Janeiro 97
Nietzsche, Friedrich 49, 53, 226, 227, 248n9; Assim Falou Zaratustra 251n11
notitia 205-210, 215, 262n7
numinoso, o xxxi, 174, 175, 181-182, 186-190, 190-191, 228-229
Nurembergue 11-12, 14, 15

"objeto de fundo" 106
ocnofilia 248n10
odor xxiv, 240n25
Office of Metropolitan Architecture 233
Ogden, Thomas 104, 120
olhar panóptico 216
Otto, Rudolf 181-182, 186-187, 188-190, 191, 229, 260n40

paisagens urbanas 18, 131, 154, 157, 217, 227
Pallasmaa, Juhani 8, 84-85, 230, 250n37, 251n10, 259n74
paranoia xxvi, 61, 248n10, 250n37, 264n75
parkour 214, 217-220
paródia xiii, 78, 145, 237
participação; e dinamismo 63; e identificação 80; e olhar panóptico 216; e percepção imaginativa 71, 78, 118-119, 127-128; e significado 122-123; grafite/grafitagem e 197; lacunas e 221; notitia e 206-207
participation mystique 187, 251
pensamento não dirigido (inconsciente) 129-140, 144, 150-151, 168, 184, 215
"pensamento onírico" (associação livre) 71, 126-127, 157
percepção imaginativa 68-71; condensação e 152; de Freud e a Acrópole 128, 160, 167; e eu-pele 103; e o estranho 180; e o inconsciente 133, 158; e surpresas 145, 147, 150; movimento e 210; repressão da 203
percepção "patologizada" 195
Phillips, Adam 180
Philosophengang (A Caminhada do Filósofo), Königsberg (atualmente, Kaliningrado) 212
Pile, Steve 151
Platão 248; República 86
Plotino 196
Poincaré, Henri 134-140, 151, 211; Foundations of Science, The 134

ÍNDICE REMISSIVO

Potolsky, Matthew 86, 89, 90
"pré-consciente" 10, *242n29*
preparação (criatividade) 137, 162
"problemas psicológicos" no trabalho xv
projeção; do *self* 55, 84, 85; e arquitetura evocativa 159-160; e esquizofrenia *261n1*; e familiaridade 204; estádio do espelho lacaniano e 93; eu-pele e 100; Freud e a Acrópole 167; objetos e 53, 74, 114-115; o sublime e o numinoso 185-187
psicogeografia 213-214, 214-216, *263n32*

Quintiliano, *Institutio Oratoria* (Instituição Oratória) xx

Rawlinson, Christopher; Guaralda, Mirko 219
Redfearn, Joseph W.T. 88, 107, 111-112, 114-117
Reich, Wilhelm *249n30*
Reik, Theodor *241n37*, *248n10*
Renascença xvi, xix, 147
Rendell, Jane 14
repressão; acesso à xxi; Breuer sobre 7; de sensibilidades estéticas 192-193, 198, 202-204; e o sublime 185-186; Freud sobre 10-11, 13, 24, 52, 89, 138, 156, 157, 166, 172, 176-179; Jung sobre 27, 45; portas como emblema de 62; sexual 7
repressão sexual 7
Resina, Joan 14, 15, *242n43*
Rhetorica ad Herennium (Retórica a Herênio) xx
Rilke, Rainer Maria *249n23*
Rodman, F. Robert 54, 254
Roma 16-22, 143-144
Rose, Gilbert J. 109, 121-122, *253n70*
Rossi, Aldo 64
Roszak, Theodore 72, *249n29*
roubo como invasão do lar 58
Rousseau, Jean-Jacques; *As Confissões* 212; *Os Devaneios do Caminhante Solitário* 212
Rue de Rivoli, Paris 222
Ruskin, John 191, 229
Rykwert, Joseph 34

Samuels, Andrew *241n31*
Santa Teresa de Ávila, *El Castillo Interior* ou *Las Moradas* 240
Santuario di Santa Maria dei Miracoli, Saronno, Itália **142**
Sardello, Robert *260n51*
Scherner, Karl Albert xxv, xxvii, 5, 23-24
Schwaller de Lubicz, René Adolphe; *The Temple in Man: Sacred Architecture and the Perfect Man* (O Templo no Homem: Arquitetura Sagrada e o Homem Perfeito) 239
Scruton, Roger 77, *251n69*; *Aesthetics of Architecture* (Estética da Arquitetura) 68-71
Searles, Harold 88, 111-114, 116-117, 120, *254n86*, *261n1*; *Nonhuman Environment in Normal Development and in Schizophrenia, The* (O Ambiente Não Humano no Desenvolvimento Normal e na Esquizofrenia) 106
self dividido 52, 72-77, 90

separação 105, 109, 111-112, 113, 114-117
Shelling, Friedrich Wilhelm 178
significante e significado 65, 67-68
simbolismo 66-71
símbolos mnêmicos *243n51*, *244n67*
símbolos oníricos 22, *244n69*
Simmel, Georg 48
Simmons, Laurence 14
situacionismo 214
sombra e luz 228-230
sonhos; censura dos 11, *258n54*; imaginação e *256n20*; imaginário onírico arquitetônico 24-28, 93, 176, *257n22*; trabalho do sonho xxii, xxx, 119, 126, 139, 140-155, 155-156, 166, 168, 194, 219, 234-235
Sonnenberg, Stephen M. 73, 161-162
Spenser, Edmund (*The Faerie Queene*) *250n59*
Steiner, George *244n72*
St. George-in-the-East, igreja de, Londres *257n30*
St. George's, Bloombury, Londres *262n20*
Stokes, Adrian 110, 120, 121-122, *253n70*, *255n105*
St. Pancras, Igreja de, Bloomsbury, Londres 94, **95**
Strata se1 (Electric Razor, Knuckleduster) **xi**
sub-consciência 3
sublime 181-188, 191, 198
"sublime estadunidense" 192, 198
superabundância de significado 64, 68, 72, 141, 184, 186
Sussman, Ann;Hollander, Justin B., *Cognitive Architecture* 221-223

tato 87, 99-105
teoria das relações de objeto 87-89, 99-100
Thiis-Evensen, Thomas 120
topofilia (atração ao lugar) 48
topofobia (aversão ao lugar) 48
Torre Eiffel, Paris *248n18*
torre gótica, Catedral de Ulm, na Alemanha 189, 191
torres 3, 14, 33-38, 45, 61, 189-191
trabalho do sonho 173, *258n55*
transformação; a mãe e 110-113; Bollas sobre 74-77, 91, 155-160, 161-162; Freud sobre 126-127, 176; o numinoso e 182; o sublime e 185-186; Redfearn sobre 117
Tschumi, Bernard 64, *250n56*
Tuan, Yi-Fu 48, 54-55, 173, 249

urbanização 61, 196
utilitarismo ix, xii, xiii, 145, 147

valor mnemônico xx, 1, 21, 168
Venturi, Robert 210, 227, 232, 233, 235, *257n37*, *258n44*, *258n56*; *Complexity and Contradiction in Architecture* (Complexidade e Contradição em Arquitetura) 148
verificação (criatividade) 138
verticalidade xvii, 4-5, 6, 8, 94-95, 104, 193, *241n9*
vestíbulo, Biblioteca Laurentiana, Florença **146**
Vidler, Antony (*The Architectural Uncanny*) [O Estranhamento Arquitetônico]) 228, *259n10*
Vitrúvio (Marcus Vitruvius Pollio) xviii, 83, 95; *De architectura libri decem* (Dez Livros Sobre a Arquitetura) xvi

Wallas, Graham 137, 211, *256n10*, *256n15*; *Art of Thought, The* (Arte do Pensamento, A) 137-140

Walt Disney Concert Hall, Los Angeles **98**

Walter, Eugene Victor 20, *259n73*

Watkins, Mary *262n7*

Whittle, Peterhouse College, Cambridge **XVIII**

Wigley, Mark *250n56*

Winnicott, Donald Woods 87, 88, 105, 108-109, 110, 120

Woodman, Ellis *239n3*

Worringer, Wilhelm (*Formprobleme der Gotik* [Problemas de Forma do Gótico]) 189

Yates, Frances A. XXI, 195

Zevi, Bruno 73

Agradecimentos

O conteúdo deste livro foi concebido ao longo de uma década de pesquisas, tendo sido inspirado por muitas conversas, apresentações e discussões com uma ampla gama de pessoas e públicos. Por conseguinte, há muitas pessoas que contribuíram, de uma forma ou de outra, para a formação de minhas ideias e a quem desejo agradecer.

Em particular, agradeço a Martin Gledhill, Leslie Gardner e Joseph Laredo; àqueles que contribuíram com imagens para o livro; e a Susannah Frearson e Elliott Morsia, da Routledge, por seus conselhos amigáveis e proficiência. Agradeço também aos Opus Archives and Research Center na Califórnia, pelo apoio financeiro, que me permitiu desenvolver minhas várias ideias em relação à interpretação de James Hillman do ambiente construído.

Mais importante ainda, gostaria de agradecer especialmente a Eleanor Huskinson-Smith e David Sullivan, e a Arthur David Smith (*in memoriam*). Este livro é dedicado a eles e à casa em Lyndewode Road, 20, na qual morei desde a idade de um ano até ir para a universidade. Embora eu não resida mais lá, cada canto e recanto daquela casa continuam a viver em mim.